존 로빈스의
100세 혁명

HEALTHY AT 100

Copyright ⓒ 2006 by John Robbins
This translation published by arrangement with Random House, an imprint of Random House
Publishing Group, a division of Random House, Inc.
All rights reserved.
Korean Translation Copyright ⓒ 2011 by Sigongsa
This translation is published by arrangement with Random House, an imprint of Random
House Publishing Group, a division of Random House, Inc. through Imprima Korea Agency

이 책의 한국어판 저작권은 Imprima Korea Agency를 통해 Random House, an imprint of Random
House Publishing Group, a division of Random House, Inc.와의 독점 계약으로 시공사에 있습니다.
저작권법에 의해 한국 내에서 보호를 받는 저작물이므로 무단전재와 무단복제를 금합니다.

100세 쇼크, 우리는 과연 어떻게 살아야 하는가?

존 로빈스의
100세 혁명

존 로빈스 지음 | **박산호** 옮김

시공사

당신이 건강하길 기원합니다.
시간이 지나도 사라지지 않을
부를 지니길 기원합니다.
당신이 장수하길 기원합니다.
당신의 마음이 대지처럼 참을성이 많길
당신의 사랑이 황금빛 수확물처럼 따뜻하길
당신의 하루가 가득 찬 도시처럼 가득 차길
당신의 밤이 댄서처럼 환희에 넘치길
당신의 품이 집처럼 따듯하게 맞아주길
당신의 믿음이 신의 사랑처럼 오래가길
당신의 정신이 당신의 유산처럼 훌륭하길
당신의 손이 친구처럼 믿음직하길
당신의 꿈이 아이처럼 희망차길
당신의 영혼이 당신의 사람들처럼 용감하길
그리고 축복받기를.

Contents

Prologue '나이'에서 벗어나 오늘 당장 시작하라 9

Part 1 세상에서 가장 건강하게 오래 사는 사람들

은퇴를 모르는 압하지아의 노인들 22
영원한 젊음의 계곡, 빌카밤바 49
훈자, 아흔의 나이에 춤을 추는 사람들 79
간소함의 미덕, 오키나와 104

Part 2　우리의 음식, 우리의 삶

당신이 먹고 있는 게 바로 당신이다　132
죽은 음식을 먹는 살아 있는 사람들　159
10억 중국 대륙을 습격한 패스트푸드　176
건강과 치유를 위한 현명한 먹을거리　195

Part 3　몸과 마음의 관계

생각보다 더욱 경이로운 운동의 효과　226
살아 있는 한, 끊임없이 움직여라　241
건강한 정신을 지키기 위한 방법　266
'노화'의 고정관념 깨기　282

Part 4 왜 사랑인가

관계로 치유되는 마음의 상처 300
담배보다 치명적인 고독 318
사랑할 수 있는 시간을 놓치지 마라 335

Part 5 진정으로 살기

우리에겐 서로가 필요하다 358
슬픔과 고통을 직시할 수 있는 용기 391
당신은 얼마나 많은 것을 주고 떠나는가 404

Epilogue 감사의 글 425

Prologue
'나이'에서 벗어나 오늘 당장 시작하라

"젊은이는 자신이 영원히 살 거라고 믿는다."

어니스트 헤밍웨이가 한 말이다. 젊은 여자들도 그렇게 믿고 있을 것이다. 하지만 인생에 대한 우리의 믿음과 생각이 어떻든 부인할 수 없는 사실이 있다. 우리는 모두 나이 들어가고 있다는 점이다.

전 세계인이 똑같이 나이 들어가고 있지만 이 현실에 반응하는 방식은 문화별로 아주 다양하다.

현대 산업사회에 살고 있는 많은 사람에게 노화는 근심과 걱정의 원인이 된다. 우리는 늙는 것을 두려워한다. 우리가 보는 노인들은 대부분 점점 더 기력이 쇠하고 연약해지면서 행복하지 않다. 그래서 우리는 나이 드는 것을 고대하기보다 매년 다가오는 생일을 두려워하게 된다. 인생의 말년을 그간의 결실을 거두면서 계속 발전하고 원숙해지는 시기로 보기보다, 건강이 나빠지면서 삶의 질도 크게 떨어져 오래 산다는 것이 축복이 아니라 저주가 될까 봐 두려워한다.

노년에 대해 우리가 종종 떠올리는 이미지는 노쇠와 절망이다. 수영을 하고, 정원을 가꾸고, 사랑하는 사람들과 웃고, 아이들과 자연에서 기쁨을 찾는 우리의 모습보다는 양로원에서 시들어가는 모습이 더 현실적으로 보인다.

2005년 미국의 유명 작가 헌터 S. 톰프슨이 스스로 목숨을 끊었다. 그는 당시 67세밖에 되지 않았고, 불치병을 앓고 있는 것도 아니었다. 그는 부유하고 유명했으며, 32세의 부인은 그를 사랑했다. 하지만 톰프슨의 유언을 집행하는 유저(遺著) 관리자의 말에 따르면 톰프슨은 늙었다고 냉대를 받지 않기 위해 의도적으로 자살을 결심했다고 한다.

노인을 공경하지 않는 사회도 문제다. 드라마와 영화에서는 나이 든 사람들을 허약하고 비생산적이고며 매사에 툴툴거리면서 괴팍하게 구는 사람으로 묘사한다. 술에서 차에 이르기까지 온갖 종류의 물건을 파는 광고에는 젊고 아름다운 사람들만 나와 마치 나이 든 사람들은 이런 물건과는 관계가 없다는 인상을 심어준다. '괴상한 늙은이', '고루한 영감태기', '노처녀', '심술쟁이 영감', '색골 영감' 같은 표현은 노인의 품위를 떨어뜨리고, 나이 든 사람은 배려하거나 존중할 가치가 없는 존재라는 고정관념이 그대로 굳어지게 만든다.

축하 카드를 만드는 회사들은 일상적으로 노인들의 기동력, 지성, 성적 충동을 조롱하는 내용의 생일 카드를 제작하고 있다. 선물용품 회사들은 '한물간' 사람들을 위한 제품으로, 50세 생일을 축하하는 선물로 안에 자두 주스를 넣은 관 모양의 선물 상자나 일상적인 활동을 계획하는 데 도움을 주는 물건(육면체로 된 주사위로 '낮잠', '텔레비전', '쇼핑'과 같은 활동이 적혀 있다) 같은 선물을 팔고 있다. 60세 생일을 맞는 남자 선물로는 '평생 쓸 분량의' 콘돔(한 개), 한물간 사람을 위한 거품 목욕제(콩 통조림), '구식 노인네' 파티 모자 같은 것이 있다.

이런 우스꽝스러운 물건들을 보면서 아무 생각 없이 킬킬거릴 수도 있지만 노화에 대한 이런 부정적인 고정관념은 사람들의 의식에 알게 모르게 서서히 퍼지게 된다. 이런 것들이 노화에 대해 사회적 낙인을 찍어서 살고자 하는 당신의 의지에 영향을 미치고 심지어 수명을 단축할 수도 있다. 미국 정신의학회에서 발표한 연구에서 예일 공중보건대 교수인 베카 레비 박사는 본인이 의식하지 못하더라도 사회로부터 받아들이는 부정적인 생각이 건강에 영향을 미쳐 부정적인 결과를 불러올 수 있다는 결론을 내렸다.

다수의 중년이 그 연구에 참여해 20년 동안 여섯 번의 인터뷰를 했고 그중 하나로 '나이가 들어갈수록 점점 더 쓸모없는 사람이 되어간다는 말에 동의하는가?'란 질문에 답을 했다. 놀랍게도 노화에 대한 사람들의 생각이 혈압, 콜레스테롤 수치, 흡연과 운동 여부보다 수명에 더 많은 영향을 미치는 것으로 드러났다. 노화에 대해 긍정적인 생각을 하는 사람은 부정적으로 생각하는 사람보다 7.5년이나 더 오래 살았다.

노화에 대한 부정적인 이미지는 건강을 해치고 수명을 단축할 뿐 아니라 현재의 삶도 고통스럽게 만든다. 레비 박사의 연구에 따르면 노화를 부정적으로 생각하는 사람들은 자신의 삶이 가치 없고 공허하고 희망이 없다고 생각할 가능성이 큰 반면, 노화를 긍정적으로 생각하는 사람들은 자신의 삶이 충만하며 희망적이라고 바라볼 가능성이 더 많다고 한다.

우리가 노인들에게 불손하게 대하고 그들을 보이지 않는 존재로 만든다면, 우리 역시 나이 들어가고 있다는 사실을 무시하는 것과 같다. 우리는 노화의 조짐을 감추고 우리의 생활방식이 노화에 장기적으로 미칠 영향을 외면해버린다. 그 결과 당장은 괜찮을지 모르지만 결국엔 심각한 타격을 입을 선택을 한다.

얼마 전 나는 친구에게 나이가 들면 어떨 것 같으냐고 물었다. "어딘가에 있는 양로원에서 인생을 마감하겠지." 그는 씁쓸한 어조로 말했다. "코에는 영양제를 주입해주는 튜브를 꽂고, 방음이 된 천장만 쳐다보면서 똥오줌도 못 가리고, 발기불능에, 가난하게 살겠지." 애석하게도 내 친구만 이런 생각을 하고 있는 게 아니다. 나는 이런 범퍼 스티커를 본 적이 있다. '자식들에게 짐이 될 정도로 오래 살아 복수하자!' 노년이 행복할 거라고 믿지 못하면 춤을 추거나, 조깅을 하거나, 하이킹 같은 여가를 누리며 노년을 즐기는 모습을 상상하기 힘들다. 심지어는 인생의 모든 단계에서 성장하고, 변화하고, 창의성을 발휘할 수 있는 능력이 자신에게 있을 거라는 생각마저 하기 힘들어진다.

지난 100년 동안 산업사회에 살고 있는 사람들의 평균수명은 거의 30년이 늘었지만 많은 사람의 노년은 결코 행복하게 잘 사는 시간이 아니었다. 100년 전만 해도 서구의 일반적인 성인은 생의 1%에 해당하는 시간을 앓으면서 보냈지만 현대의 성인은 생의 10%가 넘는 시간을 질병에 시달린다. 현대인의 수명은 과거보다 늘어났지만 그만큼 더 오랜 시간 육체적으로 쇠약해지고, 인지 능력도 손상되는 만성질환을 앓으며 죽어가고 있다.

2025년이 되면 미국에서 만성질환을 관리하는 데 드는 연간 비용이 1조 달러가 넘을 것이다. 이미 65세 이상이 되는 성인의 절반이 두 가지 혹은 그 이상의 만성질환을 앓고 있으며, 25%에 해당하는 사람들은 병세가 너무 심각해서 일상적인 활동을 하는 데 지장을 받고 있다. 한편 만성질환을 앓는 사람들의 평균연령은 지속적으로 낮아지고 있다. 산업사회에 사는 사람들의 수명은 점점 더 길어지고 있지만 병에 걸리는 연령도 그만큼 낮아진 관계로 만성질환에 시달리는 기간 역시 늘어나고 있는 것이다.

나는 가끔 우리가 삶을 연장한 것이 아니라 죽어가는 과정을 연장한 건 아닌가 하는 생각을 할 때가 있다. 우리는 수명을 늘리긴 했지만 건강하게 살아가는 시간을 늘린 건 아니다.

노인들의 급격한 증가

노인들의 건강 상태는 점점 더 나빠지고 있지만 노인 인구는 계속 늘어나고 있으며, 이런 경향에 가속도가 붙고 있다. 켄 디치월드는 《나이의 힘》이란 책에서 현재 미국에 약 8,000만 명의 '베이비부머'가 노년을 향해 질주하고 있다고 밝혔다(베이비부머란 용어는 일반적으로 1945년에서 1960년 사이에 태어난 사람을 가리킨다).

1900년 미국에는 65세 이상인 사람이 300만 명밖에 없었다. 그런데 2000년이 되면서 그 수가 3,300만 명으로 훌쩍 뛰었다.

100년 전 미국에서는 100세까지 살 확률이 500명 중 한 명도 되지 않았는데 현재 인구조사국에서는 베이비부머 26명 중 한 명이 100세까지 살 것으로 예상하고 있다. 현재 20세인 미국인 할머니가 생존해 있을 확률(91%)은 1900년에 20세인 사람의 할머니가 생존해 있을 확률(83%)보다 훨씬 높다.

이런 노령 인구의 급증은 우리 시대에 일어난 가장 의미심장한 인구학적 사건이며, 세계적으로 산업화한 나라에서는 모두 일어나는 현상이다. 65세가 넘은 노인의 절반이 현재 생존해 있다.

칠레, 코스타리카, 멕시코, 베네수엘라에서 노령 인구의 비율은 2000년에서 2025년 사이에 두 배가 될 것으로 추정된다. 중국은 21세기 중엽이 되면 노인 인구가 3억 3,200만 명에 이를 것으로 예상된다. 한 나라에 살고 있는 노인 인구가 1990년대 전 세계 노인 인구를 합친 것보다도 더 많은 것이다.

유엔의 인구분과에 따르면 대략 64억의 세계 인구 중 10%가 60세 이상이라고 한다. 2050년이 되면 100억 인구의 20%가 60세가 넘는 노인일 것이고 그때쯤 되면 전 세계적으로 20억에 이르는 사람들이 60세 이상이 될 것이다. 이는 현재 전 세계 인구의 3분의 1가량에 해당하는 수치다.

이렇게 수명이 늘어나면서 건강과 지혜도 함께 늘어난다면 축복받은 일이겠지만 슬프게도 그렇지 않은 경우가 많다. 85세가 넘는 미국인의 절반 가까이가 알츠하이머병을 앓고 있다. 알츠하이머병이나 다른 만성질환을 앓는 노인이 급증해서 현재 21세기를 살아가는 일반적인 미국인은 자식을 돌보는 것보다 부모를 돌보는 데 더 오랜 시간을 보내게 될 것이다.

2040년이 되면 550만 명의 미국인(덴마크의 전체 인구보다 많음)이 양로원에서 살 것으로 추산된다. 그리고 1,200만 명(이스라엘, 싱가포르, 뉴질랜드의 인구를 모두 합친 것과 같음)이 지속적으로 자택 간호 서비스를 필요로 하게 될 것이다. 많은 사람이 죽기 전 몇십 년 동안 고독이나 우울증과 싸우게 될 것이다.

현대 의학은 수명을 연장할 뛰어난 능력을 갖췄지만 건강한 노화를 증진하는 능력은 그보다 떨어지는 것 같다. 2004년 한 코미디언이 다음과 같은 질문을 던졌다.

"만약 미래의 한 시점에 인간의 수명이 200년으로 늘어났다고 해도 남은 150년을 끊임없는 고통과 슬픔 속에서 보내야 한다면 그게 무슨 소용이 있단 말인가?"

고대 그리스신화에 아름다운 새벽의 여신인 에오스가 인간과 깊은 사랑에 빠지는 이야기가 나온다. 그 인간은 전사 티토노스였다. 죽음을 면할 수 없는 운명을 타고난 연인 때문에 비탄에 빠진 에오스는 올림포스 산과 그곳에 사는 신들을 다스리는 제우스에게 특별한 청을 올린다. 그녀는 연인에게 영원한 삶을 달라고 제우스에게 애원한다.

제우스는 불행이 닥칠 것을 예견하고 에오스에게 그것이 진정 그녀가 원하는 것인지 묻는다. 그녀는 그렇다고 대답한다.

처음에 에오스는 제우스가 소원을 들어준 것에 기뻐했다. 그러나 티토노스가 영원히 젊고 건강하게 살아가게 해달라고 부탁하는 것을 잊었음을 깨닫는다. 한 해 두 해 흘러가면서 그녀는 연인이 점점 더 늙고 병들어가는 것을 지켜보며 경악한다. 연인의 피부는 시들고, 내장은 썩어가고, 두뇌는 명석함을 잃어갔다. 수십 년이 흐르면서 티토노스의 몸은 점점 더 노쇠해졌지만 죽을 수는 없었다. 결국 한때 당당했던 전사는 고통스럽고, 악취가 나고, 부러진 뼈들로 이뤄진 불쌍한 몸뚱이로 전락하고 말았지만 그래도 계속 살아갔다.

티토노스처럼 점점 더 많은 사람이 더 오래 살아가고 있지만 그렇게 늘어난 수명은 종종 고통과 장애의 세월이 되고 있다.

더 오래, 더 건강하게

부정적인 사고방식이 폭탄만큼이나 효율적으로 자신을 파괴할 수 있다는 말이 있다. 우리가 자신의 부정적인 면만 보려 들면 행동력이 약화된다. 반면 삶에 대해 긍정적인 사고방식을 가지면 요즘 한창 인기를 끌고 있는 냉소주의를 무시하고 진정으로 건강한 삶을 일굴 수 있게 된다.

현재 널리 퍼져 있는 노화에 대한 부정적인 이미지와 현실을 새로운 비전으로 대체하는 것이 매우 중요하다. 노년을 보람차고 정열적으로 살아갈 수 있는 가능성을 잡는, 그런 비전을 가져야 한다. 현재 우리의 삶에 건강에 대한 진정한 가능성과 더 나은 내일을 위한 꿈을 조화시키는 것보다 더 중요한 것은 없다.

우리의 의학 모델이 건강보다 질병에 초점이 맞춰져 있다는 것은 참으로 서글프고 안타까운 일이다. 최근까지 우리의 의학은 질병에만 집착해왔기 때문에 건강하게 장수하면서 정력적이고 독립적인 삶을 살 수 있도록 해주는 특징에는 별로 관심을 쏟지 않았다. 그 결과 현대를 살아가는 우리 중 대다수가, 죽을 때까지 정력적이고 활기차게 살아가는 사람들이 사는 나라가 있어 왔고 지금도 있다는 것을 알지 못한다. 사실 나이 드는 것을 고대하고, 나이가 들어서도 건강하고 활력이 있으며 존경받을 것이란 점을 아는 사람들이 사는 사회가 있다는 것을 아는 사람도 별로 없다.

현재 자신의 신체와 삶의 자연적인 힘과 조화를 이루며 살아가고 싶어 하는 사람이 많다. 이 글을 읽는 독자 여러분도 그중 하나일지 모른다. 그렇다면 당신만 그런 생각을 하는 게 아니며 그런 목표를 달성할 수 있는 방법을 가르쳐줄 연장자들이 있다는 것을 알면 도움이 될 것이다. 시간이 지나도 변하지 않은 채 건강과 기쁨을 향한 길에서 스승이 될 수 있는 문화가 있다. 모든 주민이 원기 왕성하고, 정력적으로 70대, 80대, 90대, 심지어는 100세까지 건강하게 사는 곳이 있다. 그뿐만 아니라 그들은 공통점이 아주 많으며, 그들의 비결은 이미 과학적으로 입증됐고, 그중 많은 것이 최신 의학 연구를 통해 설명됐다. 새롭게 진행된 연구를 통해 우리는 더 오래 살면서 죽을 때까지 활동적이고, 생산적이고, 독립적으로 살 수 있는 도구를 갖추고 있다는 것이 드러났다.

이는 반갑고 희망찬 뉴스다. 이 뉴스는 노년이 우리가 필요로 했던 지혜와 활력의 시기라는 새로운 패러다임을 전해줬다. 이 건강한 문화를 통해 우리는 기쁘고 위엄 있게 목적의식을 가지고 사랑을 하면서 원숙해질 수 있는, 흥미진진한 비전을 찾을 수 있게 됐다. 우리는 아주 고귀한 일이 가능하다는 것을 보게 됐다. 나이 드는 것이 즐겁고 바람직스러운, 훨씬 더 밝은 미래를 보게 된 것이다. 그리고 그런 미래를 갖기 위해 할 수 있는 실제적인 방법도 보게 된다.

노화는 물론 65세 생일에 갑자기 시작되는 것이 아니다. 노년에 어떤 사람이 될 것인지는 그 전까지 하는 모든 선택과 자신을 돌보는 방식과 살아가는 방식, 심지어는 미래에 대한 사고방식과 같은 것에 의해 형성된다. 내가 이 책을 쓴 이유는 너무 많은 사람이 고통스럽고 비통하게 늙어가는 반면에 아름답고 활기 있게 늙어가는 사람들도 봤으며, 현대 서구 사회에서 정석으로 받아들여지는 것보다 훨씬 더 많은 활력과 행복과 내면의 평화를 지니고 늙어갈 수 있다는 것을 알기 때문이다.

내가 전에 쓴 책들을 읽어보지 못한 분은 내가 건강하게 장수하는 데 식습관과 운동이 어떻게 도움이 되는지에 대해 관심을 가진다는 점에 놀랄 것이다. 하지만 이들은 또한 강한 사회적 유대관계를 강조하는 것을 포함한 내 연구 결과에 놀라게 될 것이다. 나는 우리가 다른 사람들과 갖는 관계의 질이 우리의 정신적 건강뿐 아니라 육체적 건강에도 지대한 영향을 미친다는 것을 알게 됐다. 내가 연구한 결과, 고독이 흡연보다 더 빨리 사람을 죽게 할 수 있다는 사실을 발견했다. 마찬가지로 진심이 어리고 삶을 긍정하는 친밀한 관계는 막대한, 심지어는 기적적인 치유력을 발휘할 수 있다. 이 책에서 여러분은 왜 그런지 그 이유를 알게 될 것이며 수명뿐 아니라 건강하게 살아가는 나이를 크게 증가시킬 수 있는 다양하고 본질적인 방법을 알게 될 것이다. 이 책을 읽으면 수명을 늘리는 데 도움이 될 뿐 아니라 그 늘어난 수명(사실 당신의 남아 있는 시간 전부)을 행복하게 누리며 훌륭하고 현명한 자신의 본성이 만개하는 경험을 하게 될 것이다.

식습관이 좋지 않고 건강관리를 게을리했더라도, 다른 사람보다 훨씬 더 많이 고생하고 힘들었더라도, 이 책은 오늘과 내일 당신이 하는 선택이 미래에 대한 전망을 크게 향상할 수 있을 거라는 점을 보여줄 것이다. 이 책은 그동안 자기관리를 잘하지 못했던 점을 고칠 수 있는 기회를 줄 것이다. 이제는 영원히 사라졌다고 생각했을지도 모르는 힘과 삶에 대한 열정을 다시 찾는 법을 보게 될 것이다.

당신이 20대든 80대든 혹은 그 사이에 있든, 자신이 기가 막히게 건강하다고 생각하든 아니면 어찌 손을 써볼 수 없을 정도로 건강이 나빠졌다고 생각하든 시간이 흐르면서 퇴화하기보다는 재생하기 위해 필요한 내용을 이 책에서 찾을 수 있을 것이라고 믿는다. 이 책은 정신적 명료함, 체력, 정력과 기쁨을 다시 찾아서 유지하는 방법을 알려줄 것이다.

나는 독자 여러분의 여생의 질과 양 둘 다 증진하고 향상할 수 있는 방법을 제공하고자 이 책을 썼다. 이 책에는 노화에 대한 고정관념과 오해를 깨버리고 몸과 마음의 젊음을 되찾을 수 있는 방법이 나와 있다. 지금 당신의 나이에 상관없이 좀 더 건강하고 즐겁게 살 수 있도록 오늘 당장 시작할 수 있는 일들이 여기 나와 있다.

젊음에 집착하는 문화에서 노화란 큰 고통을 주는 원인이 된다. 나이 든 사람들은 종종 자신을 한 사람의 완전한 인간이 아니라 여러 가지 질병의 증상들이 합쳐진 하나의 덩어리로 본다. 하지만 꼭 그런 식으로 살아갈 필요는 없다. 인생의 모든 단계에서 아름다움과 사랑과 성취감을 느낄 수 있는 기회가 바로 여러분의 손안에 있다. 가장 아름답고 좋은 방식으로 평생을 살아갈 수 있는 것이다. 나는 여러분이 자신의 매 시간을 좀 더 활력적이고 기쁘게 쓸 수 있도록, 지금까지 상상했던 것보다 훨씬 더 가치 있는 삶을 살아갈 수 있는 방법을 배울 수 있도록 이 책을 썼다.

Part I

세상에서 가장 건강하게 오래 사는 사람들

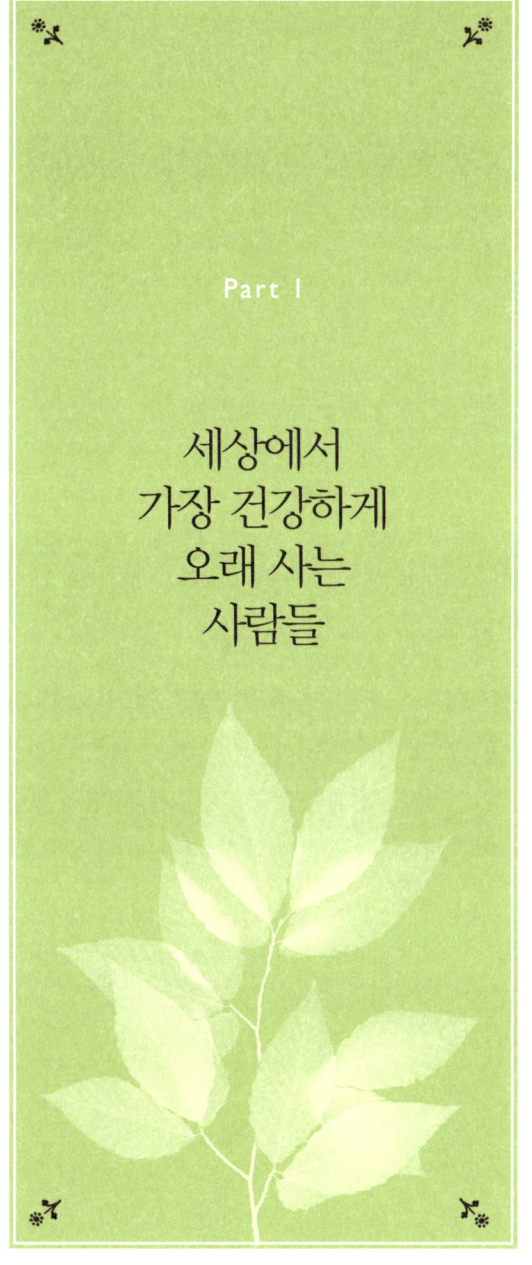

은퇴를 모르는 압하지야의 노인들

인간은 늙지 않는다.
인간이 늙을 때는 성장을 멈출 때다.
– 무명씨

    1970년대 초반 〈내셔널 지오그래픽〉에서 세계적으로 저명한 의사인 알렉산더 리프에게 세계 최고의 장수 노인들을 찾아가 연구하고 그에 대한 기사를 써줄 것을 청탁했다. 리프 박사는 하버드 의대 교수이자 매사추세츠 종합병원의 내과 과장으로 오랫동안 이 주제를 연구해왔으며 이미 그 전에 건강한 장수 노인들로 유명해진 문화 중 일부를 찾아가 연구한 적도 있다. 그런데 〈내셔널 지오그래픽〉에서 그에게 그런 여행과 조사를 계속해 건강하게 장수하는 주민들로 유명한 지역들을 연구하고 비교한 내용을 세상 사람들과 공유해달라고 의뢰한 것이다. 그때는 지금과는 달리 이런 지역과 문화가 어느 정도 순수하게 남아 있던 때였다.

    과학자로서 리프 박사는 목욕만 하면 기적적으로 영원한 젊음을 되찾을 수 있는 상상 속의 청춘의 샘이나 모든 고통을 즉시 치유할 수 있는 마법의 약을 믿지 않았다. 하지만 현대 서구 사회에서 정상으로 여겨지는 것보다 훨씬 더 건강하게 오래 사는 사람들이 사는 지역이 존재할 수 있다는 것은 믿었다. 그의 목표는 세계 최고령자를 찾아서 밝히는 것이 아니라, 많은 노인이 젊었을 때와 같은 신체적, 정신적 능력을 유지하고 정력적으로 삶을 즐기며 살아가는 사회가 실제로 존재한다면 그런 사회를 찾아서 연구하는 것이었다. 그의 목표는 신화나 만병통치약에 관심을 쏟는 것이 아니라 건강하게 장수할 수 있는 가능성에 영향을 미치는 주요 요인들을 이해하는 것이었다.

리프 박사는 여러 곳을 방문한 후 1973년부터 〈내셔널 지오그래픽〉에 영향력이 있는 일련의 기사들을 발표하면서 거기에 그 여행에 대한 내용을 실었다. 그의 글은 미래의 삶에 영향을 미치기 위해 우리가 할 수 있는 것을 알고자 하는 취지에서 실제적인 의학 지식과 연구 내용을 담은 최초의 권위 있는 작품이었다.

리프 박사가 여행과 연구를 시작할 당시, 세계적으로는 세 곳이 장수촌으로서의 명성을 지니고 있었다. 에콰도르의 빌카밤바 계곡과 파키스탄의 훈자 지역, 그리고 당시에는 소비에트 연방에 속해 있던 코카서스 산맥의 한 지역이었다. 이 세 곳은 세계 최고의 장수촌이란 명성을 오랫동안 누려왔다. 이 고산지대 주변을 떠도는 이야기에 따르면 이 지역에 사는 사람들은 무척 활력적이며 놀랄 만큼 오래 산다는 것이다.

리프 박사와 〈내셔널 지오그래픽〉의 사진작가 존 라우노이스는 이런 외딴 지역에 가서 사람들을 만나 사진을 찍고, 진찰하고, 세계 최고로 건강하게 장수한다는 명성을 얻은 사람들의 장수 여부와 건강 상태를 직접 평가했다. 리프 박사는 그들의 심장 소리를 듣고, 혈압을 재고, 식습관과 생활방식을 연구했다. 그는 그들이 춤추는 것을 지켜보고, 얼음처럼 차가운 산의 개울물로 목욕하는 것을 봤다. 박사는 그들의 일상생활과 희망과 두려움과 살아온 내력에 대해 그들과 이야기를 나눴다. 박사의 목표는 오류와 진실을 가려내고, 장수에 대한 진실을 밝혀내는 것이었다.

압하지야에서의 장수

"세계 어떤 지역도 러시아 남부 코카서스 지역이 지닌 장수촌으로서의 명성을 따라잡지는 못한다"라고 리프 박사는 썼다. 그리고 코카서스 지역에서도 100세가 넘은 건강한 노인이 압도적으로 많은 곳은 압하지야다. 1970년 인구조사에서 그 당시 소비에트 연방의 그루지야 내에 있는 자치구였던 압하지야를 세계 최고의 장수촌으로 밝혔다.

"우리는 100세가 넘은 노인들을 보고 싶었는데 압하지야가 바로 그런 곳인 것 같았어요."

압하지야는 흑해 동쪽과 코카서스 산맥의 주요 능선 사이에 펼쳐진 3,000제곱마일에 이르는 지역이다. 이곳은 북쪽으로는 러시아와 국경을 맞대고 남쪽으로는 그루지야와 접해 있다.

리프 박사가 방문하기 전에 압하지야 주민들은 150세까지 산다는 소문이 널리 퍼져 있었다. 그보다 몇 년 전 〈라이프〉지에서 161세라고 하는 시랄리 미슬리모프의 사진들과 그에 대한 기사를 실은 적이 있었다. 그 사진 중 하나에서 미슬리모프는 셋째 아내와 함께 찍혀 있었다. 그는 기자에게 110세 때 그 셋째 부인과 결혼했으며, 자신의 부모는 둘 다 100세가 넘게 살았고 남동생은 134세에 죽었다고 말했다.

리프 박사가 연구를 할 때 미슬리모프는 사망한 후였다. 흐파프 라수리아라는 여성 역시 〈라이프〉지에 특집 기사로 실린 적이 있었다. 리프 박사는 그녀를 만나고 싶어 했고, 압하지야의 쿠톨이란 마을에서 그녀를 찾아냈다. 그의 말에 따르면 그녀는 100세가 넘는 노인들로만 구성된 합창단에서 노래를 부르고 있었다.

나는 자신이 141세라고 주장하는, 키가 작고(그녀는 152센티미터도 되지 않았다) 정정한 그녀와 오랫동안 이야기를 나눴다. 그녀는 아주 멋지게 조각한 나무 지팡이를 들고 다녔지만 몸놀림이 민첩해서 지팡이가 필요 없어 보였다. 기억력도 대단히 좋은 것 같았다. 최근에 일어난 일이나 지나간 일이나 아주 쉽고 명료하게 이야기했다. 그녀는 75세에서 80세까지 산파로 일하면서 100명이 넘는 아이를 받았다. 그녀는 여성의 삶을 이렇게 묘사했다. "여자들은 혁명 전까지 아주 힘들게 살았어. 사실은 노예나 다름없었지." 그리고 그녀는 이렇게 건배하는 것으로 우리의 대화를 끝냈다. "난 만천하의 여자들을 위해 건배하고 싶어. 너무 힘들게 일만 하지 말고 식구들과 행복하게 지내라고 말이야."

리프 박사는 이 노부인의 매력과 활달한 기상에 깊이 감동하긴 했지만 그녀의 나이를 들은 그대로 받아들이진 않았다. 그와는 반대로 그는 그녀의 주장을 객관적으로 평가하기 위해 상당한 노력을 들였다. 인간의 신체에는 나무의 나이테처럼 그 사람의 연령을 말해주는 표지가 없기 때문에 이 일은 말처럼 쉽지 않았다.

힘겨운 조사 끝에 리프 박사는 라수리아 부인이 130세에 가깝다는 결론을 내렸다. 그는 물론 이 점에 대해서도 확신할 순 없으며 다만 어느 정도 자신을 가지고 최선을 다해 측정한 나이가 이 정도라고 말했다. 하지만 그는 한 가지는 확신하고 있었다. 그녀는 그가 만난 사람들 가운데 최고령자 중 하나였다.

리프 박사는 압하지야의 어느 곳을 가더라도 놀랄 만큼 건강한 노인들을 만나게 됐다. 이곳은 초고령 노인들의 메카라는 명성을 보증하는 것 같았다. 압하지야의 노인들을 연구했던 다른 학자들처럼 리프 박사도 흥미로운 이야기가 많았다. 그는 거의 100세가 다 됐는데 여전히 청력도 좋고 시력도 아주 우수한 한 노인에 대해 글을 썼다.

"한 번이라도 아픈 적이 있었습니까?" 리프 박사가 물었다.

노인은 한동안 생각하다가 대답했다.

"응. 아주 오래전에 열이 났던 기억이 나는구먼."

"병원엔 가본 적이 있나요?"

노인은 그 질문을 받고 놀라서 대답했다.

"내가 왜 그래야 하는데?"

리프 박사는 그 노인을 진찰하고 그의 혈압이 정상인 118/60이며 맥박은 분당 70회 뛴다는 것을 알았다.

"살면서 가장 행복했던 때가 언제였습니까?" 리프 박사가 물었다.

"난 항상 즐겁게 살아. 하지만 딸이 태어났을 때 제일 행복했어. 그리고 아들이 이질로 한 살에 죽었을 때 제일 슬펐지."

리프 박사가 만난 다른 노인들 중에 아주 유쾌한 노신사 삼총사가 있었다. 그들은 압하지야의 다른 노인들처럼 고령에도 불구하고 여전히 일을 하고 있었다. 이 삼총사 중 하나인 마르흐티 타르힐은 리프 박사가 추정하기에 104세였고, 테무르 타르바는 100세처럼 보였고, 티헤트 군바는 팔팔한 98세였다. 셋 모두 이곳에서 태어났다. 테무르는 아버지가 110세에 돌아가시고, 어머니는 104세에 돌아가시고, 형은 바로 그해에 109세로 사망했다고 말했다. 간단하게 검사를 해본 후 리프 박사는 테무르의 혈압이 젊은이들의 혈압과 같은 120/84에 맥박은 분당 69회 뛰고 있다고 말했다.

이 세 노인은 끊임없이 농담을 하고 서로 놀려대거나 리프 박사를 놀리면서 익살을 부렸다. 박사가 한 친구의 혈압과 맥박을 재는 동안 다른 두 명은 진찰을 받는 사람을 향해 슬픈 표정을 짓고 머리를 흔들면서 이렇게 말하곤 했다. "안 좋아, 아주 안 좋아!" 그들은 그렇게 싫증도 안 내고 친근하게 농담을 하고, 항상 재미있게 놀 새로운 방법을 찾아냈다. 리프는 머리도 좋고, 활달하고, 끊임없이 유머 감각을 발휘하는 이 노인들에게 감명을 받았다.

압하지야의 다른 많은 노인처럼 이 노인들은 날씨에 개의치 않고 산속의 차가운 개울에서 매일 수영을 했다. 하루는 리프 박사가 아침 수영을 가는 마르흐티 타르힐을 따라갔다가 104세 노인의 정력과 민첩한 몸놀림에 경악했다. 강까지 가려면 가파른 바위투성이 길을 반 마일쯤 내려가야 했는데 마르흐티는 아주 자신 있는 동작으로 빠르고 민첩하게 움직였다. 노인들의 뼈가 얇고 부서지기 쉬운 서구 사회에서 온 리프 박사는 마르흐티가 비탈길을 내려가는 것을 보고 노인이 떨어지기라도 할까 봐 걱정이 돼서, 마르흐티와 함께 언덕을 내려가면서 노인이 넘어지지 않도록 보살펴야겠다고 생각했다. 하지만 그렇게 할 수 없었다. 리프 박사는 그보다 훨씬 더 나이가 많은 노인인 마르흐티가 걸어가는 속도를 따라잡을 수 없었다. 뒤에서 보니 노인은 한 번도 발을 헛디디지 않고 잘 걸어갔다. 나중에 리프 박사는 그 지역 의사에게서 이렇게 활동적인 이곳 노인들은 골다공증이란 것이 없으며, 뼈가 부러지는 일도 아주 드물다는 이야기를 들었다.

마르흐티는 강둑에 도착하자 옷을 벗고 개울 속으로 헤엄쳐 들어가 몸 전체를 차가운 물에 담갔다. 리프가 모스크바에서 데려온 젊은 가이드 역시 옷을 벗고 물속으로 들어갔지만 이내 펄쩍 뛰어나오면서 물이 너무 차다고 소리쳤다.

마르흐티는 한동안 얼음처럼 차가운 물에서 멱을 감다 나와서는 몸을 닦고 옷을 입은 후 재빨리 다시 가파른 비탈길로 올라갔는데, 그보다 50살이나 어린 데다 체력도 좋다고 자부했던 리프 박사는 노인을 따라가느라 사력을 다해야 했다.

그들은 정말 그렇게 나이가 많을까

하지만 〈내셔널 지오그래픽〉에 리프 박사의 기사가 나간 후 일부 압하지야 주민들이 주장한 나이가 실제로 맞는지를 놓고 열띤 논쟁이 벌어졌다. 사람들이 자기 나이가 140세나 150세라고 하면 당연히 의심의 눈초리가 쏠리게 마련이다. 구소련 언론에서 시랄리 미슬리모프가 168세라면서 그의 얼굴이 나온 우표를 만들어 그의 장수를 기념했을 때 전 세계의 식견 있는 과학자들은 모두 회의적으로 나왔다. 거기에는 그럴 만한 이유가 있었다. 최근까지 기네스북의 수명에 관한 카테고리에는 다음과 같은 경고가 붙어 있었다. "장수보다 더 허영심과 기만과 거짓말과 의도적인 사기로 얼룩진 종목도 없다." 현재 기록으로 남아 있으며 반박할 여지가 없이 증명된 최고령자는 122세의 프랑스 여성 잔 루이즈 칼망이다.

정말 압하지야의 최고령 노인은 과연 몇 살일까? 아무도 확실히는 모른다. 이 노인들이 태어났을 당시에는 아마 세계 인구의 1%의 10분의 1도 안 되는 사람들만이 출생 기록을 보관했을 것이다. 코카서스 같은 지역에서 1920년대 이전에 태어난 사람들은 거의 다 그렇듯이 출생에 관한 기록이 부족하거나 미심쩍어서 동시대 연구자들은 노인들의 연령을 평가하는 창의적인 방법을 만들어내야 했다. 그런 작업을 하기 위해 사용된 진취적인 기법들에 대한 책이 많이 저술됐으며, 그만큼 많은 분량의 학술 서적이 그런 기법들을 비평하기 위해 출판됐다. 이건 정말 어려운 일이었다.

코카서스 지역에 사는 노인들의 극단적으로 많은 나이에 대해 가장 큰 의심을 품은 사람으로는 소비에트 연방 그루지야 공화국 출신의 유전학자 조레스 메드베데프가 있다. 그는 코카서스의 압하지야와 다른 지역 주민들의 정확한 나이를 입증하기 위해 사용한 방법론의 대가였다. 리프 박사의 글이 〈내셔널 지오그래픽〉에 실린 후 얼마 안 돼 압하지야 주민들의 실제 나이에 대한 의문을 표현한 그의 기사들이 과학 잡지인 〈노인학〉에 실렸을 때 많은 관심을 끌었다(노인학이란 노화에 따른 정신적, 육체적 문제들과 그 변화를 연구하는 학문이다). 그 기사들에서 메드베데프는 사람들이 120세가 넘게 산다고 하는 말은 믿지 말아야 한다는 자신의 주장에 대한 설득력 있는 증거를 제시했다. 하지만 그와 동시에 그는 그 지역에서 특이하게 장수하는 사람이 많이 나오는 것은 사실이며, 그 지역이 정말로 극히 건강한 고령의 노인이 많은 곳이란 사실은 인정했다.

논쟁이 펼쳐지는 동안 요구르트를 제조해서 판매하는 미국 기업들이 코카서스 지역에서 매우 건강하게 장수하는 사람들에 대한 선전을 아주 많이 했다. 이 기업들은 그 지역에서 경이로울 정도로 장수하는 사람들과 그들이 요구르트를 마신다는 점을 연계시키려고 노력했다. 수많은 사람이 본 다농 요구르트 회사의 광고에는 110살 먹은 엄마가 89살 먹은 아들의 볼을 꼬집으며 요구르트를 먹으라고 말하는 장면이 나온다. 100세가 넘은 소련인들이 나오는 이 기발한 광고와 이와 비슷한 광고들은 미국 시장에서 대성공을 거두었다. 이 광고들 덕분에 미국인들은 요구르트와 장수를 관련지어 생각하면서 순진하게도 코카서스 사람들은 종종 140세 혹은 그 이후까지도 산다고 믿었다.

유감스럽게도 1970년대와 1980년대에 많은 사람의 주목을 받았던 것은 초고령 노인들의 부풀려진 연령에 대한 주장이었다. 당시 서구 사회가 압하지야인들에게 관심을 가졌던 부분은 그들의 생활방식과 건강하고 멋지게 나이 들어가는 방식이 아니라 믿을 수 없을 정도로 오래 산다고 하는 이국적인 현상이었다. 이런 초고령에 대한 주장이 사실이 아닌 것으로 드러났을 때 압하지야인의 장수에 대한 모든 면을 사기로 무시해버리는 안타까운 일이 일어났다.

그러나 압하지야 주민의 장수에 대한 내 관심은 특정 개인이 120세 넘게 살았는지 여부에 달려 있지 않다. 나는 그 의문이 그렇게 중요하지 않다고 생각한다. 내가 이 사람들을 매혹적으로 생각하는 이유는 아주 많은 압하지야 주민들이 건강하고 활력적으로 살면서 고령에 도달했기 때문이다. 내가 놀랍게 생각하는 점은 압하지야 노인들이 육체적으로나 정신적으로 아주 건강하며 삶을 즐겁게 살아간다는 점이다.

그들만이 지닌 비결은 무엇일까

내가 알고 싶은 것은 그들이 어떻게 그렇게 했냐는 것이다. 어떻게 그들은 긴 인생을 마감할 때까지 활력과 힘을 유지할 수 있었을까? 더 오래 건강하고 기쁘게 살 수 있도록 우리는 그들의 삶의 방식에서 뭘 배울 수 있을까? 그렇게 비범할 정도로 건강하게 나이 들 수 있게 한 주요 원인들은 뭘까? 그들의 삶의 방식과 매우 건강하게 장수한 사람을 아주 많이 배출해낸 세계 다른 지역들의 삶의 방식에서 우리는 뭘 배울 수 있을까?

그렇다고 내가 압하지야 노인들이 완벽하거나 우리 모두 그들이 했던 모든 삶의 방식을 따라야 한다고 생각하지는 않는다. 이 사람들을 지나치게 낭만적으로 바라봐도 얻을 것은 하나도 없다. 이들 역시 인간이며 그 나름의 특징과 결점이 있다. 하지만 이들이 현재 우리 대부분이 노화에 대해 품은 부정적인 이미지와 균형을 이루는 긍정적이고 가치 있는 이미지를 제공할 수 있다는 사실은 변함없이 그대로 남아 있다.

현대 서구 사회에서 나이 들어가는 것을 고대하는 사람은 거의 없다. 우리에게는 노년이 가진 가능성과 기회에 대해 우리에게 말해줄 모델이 별로 없다. 압하지야인과 지속적으로 길고 활력 있는 생을 누렸던 세계 다른 지역의 주민들은 우리에게 보여줄 뭔가 중요한 것을 가지고 있다. 쇼토 고고기한 의학박사는 압하지야 장수에 대해 연구한 세계 유수의 권위자 중 하나다. 그는 23년간 압하지야의 공중위생국 국장으로 근무했으며, 그 이후 저명한 소비에트 의학 아카데미의 일부인 노인학협회의 이사가 됐다. 현재 거의 모든 노인학자처럼 그도 초고령에 대한 극단적인 주장들의 대부분(다는 아니더라도)이 부풀려져 있다는 것을 인지하고 있다. 하지만 압하지야의 거의 모든 노인을 개인적으로 직접 찾아가보고, 인터뷰를 하고, 그들의 연령을 평가한 후에 고고기한 박사는 압하지야 주민 대부분은 분명 범상치 않게 장수를 누리며 나이가 들어서도 놀랄 정도로 건강하다고 썼다. 90세가 넘은 압하지야 주민의 80%가 정신적으로 건강하며 외향적이라고 박사가 말했다. 단지 10%만이 건강이 좋지 않으며, 4% 미만이 시력이 나쁘다고 한다. 이는 미국과 다른 고도로 산업화된 나라에 사는 노인들의 건강과 비교해보면 경이로운 수치다.

이렇게 건강하게 나이를 먹는 압하지야인의 비결 중 일부는 일상적인 생활 속에 깊이 자리 잡은 규칙적인 운동량이 아주 많다는 것이다. 수년 동안 코카서스 지역에서 장수를 연구한 한 노인학자가 1970년대에 추측한 바에 따르면 압하지야 주민들에게 요구되는 지속적인 육체 활동 덕분에 심장과 폐 기능이 크게 발달돼서 더 많은 산소가 심장에 공급될 수 있었다고 한다. 이런 가정은 2005년 〈역학과 지역보건 저널〉에서 산에 사는 사람들이 저지대에 사는 사람들보다 훨씬 더 오래 산다는 사실을 발견한 연구를 발표하면서 확증됐다. 그 이유는? 그들의 심장이 일상적으로 운동을 더 많이 하기 때문이다. 연구자들은 평지보다 산소도 훨씬 더 적고 험준한 지형에서 걸어 다니면서 늘어난 육체 활동 덕분에 산간지방에 사는 사람들이 수명도 길고 심장병 발생률도 더 적은 것으로 봤다.

압하지야 주민들이 아주 건강한 이유는 가파른 지형에서 일하면서 살아가기 위해 필요한 조건이자 그 결과이기도 하다. 이곳에서는 단순히 일상적인 하루 일과를 수행하는 것만으로도 육체적으로 아주 많은 활동을 해야 한다. 여기서는 책상에 하루 종일 앉아서 일하는 사람도 없고, 출근하기 위해 뭔가를 타고 다니는 사람도 없다. 심지어는 노인들도 이 집에서 저 집으로 혹은 마을에서 주변의 밭에 가기 위해 가파른 산중턱을 몇 마일씩 오르락내리락하는 것쯤은 아무렇지도 않게 여긴다.

압하지야 주민들은 은퇴란 개념 자체를 모른다. 이들은 인생의 어떤 단계에서건 앉아서 일을 하거나 시간을 때우는 법이 없다. 대부분의 노인이 여전히 규칙적으로 일을 하는데 많은 사람이 과수원과 정원에서 과일이나 견과가 열리는 나무의 나뭇가지를 쳐내고, 죽은 나무를 베어내고, 묘목을 심으면서 일한다. 젊었을 때와 다름없이 장작을 패고, 물을 길어 오는 노인들도 있다.

이들은 고되게 일하지만 운 좋게 이들이 하는 일은 우리가 '일' 하면 종종 떠올리는 것처럼 정신적인 스트레스는 따라오지 않는다. 이들의 작업 속도는 생물학적인 리듬을 자연스럽게 표현한 것이며, 이들은 대부분의 산업화된 국가들의 작업 환경을 지배하는, 투지에 넘쳐서 서둘러 일하려 하는 그런 마음가짐이 없다. 실상 압하지야인은 서둘러 일하는 것을 싫어하며, 최종기한이나 마감이란 개념이 없다. 이들이 유일하게 절박함을 느낄 때는 집에 불이 났을 때와 같이 실제로 아주 드문 비상상황에서만 그렇다. 그렇지 않은 경우 이들은 경이로울 정도로 긴장을 풀고 여유롭게 일하면서 종종 농담을 하며 노래를 부른다.

현대를 살아가는 우리 중 과연 얼마나 많은 사람이 자신이 일하는 작업 환경도 그렇다고 말할 수 있을까? 우리 중 일부는 긴박감과 경쟁의식 없이 일하다간 게을러질 거라고 두려워하는 사람들도 있다.

하지만 압하지야인은 결코 게으르지 않다. 사실 이들은 깜짝 놀랄 정도로 건강하고 부지런하다. 알렉산더 리프 박사가 자신이 106세라고 주장하는 코스타 카시그라는 노인이 여름에는 고산지방의 목초지에서 염소를 치면서 보낸다는 말을 듣고 그 노인이 일상적으로 얼마나 많은 육체 활동을 하는지 그 수준을 직접 알아보기 위해 거기서 노인을 만나고 싶어 했다. 리프 박사는 어느 날 아침 일찍 두 명의 동료와 한 명의 젊은 지역 가이드와 함께 출발해서 노인을 찾을 수 있는 곳으로 올라갔다. 하지만 산길이 너무나 가파른 데다 질퍽질퍽해 올라가기 힘들어서 두 동료는 3분의 1쯤 올라가다 포기하고 다시 내려가버렸다. 리프 박사와 젊은 가이드만 계속 올라갔다.

무려 여섯 시간을 힘들게 올라간 끝에 숲이 나오면서 코스타 카시그가 염소들을 돌보며 여름을 보내는, 풀이 우거진 경사지가 나왔다. 리프 박사는 노인과 오랜 시간 이야기를 나눈 끝에 카시그가 106세가 아니라 아마 '고작' 90세밖에 되지 않았을 것이란 결론을 내렸다. 어느 나이가 맞든 카시그가 1년 중 넉 달을 몸이 날랜 염소들을 쫓아다니며 새벽부터 해가 질 때까지 산 중턱을 뛰어다닌다는 것은 놀라운 일이라고 리프 박사는 썼다.

마침내 리프 박사는 높은 목초지에서 오랜 시간을 들여 힘겹게 내려올 수 있었다. 다시 마을에 도착했을 때는 기진맥진했지만 고된 여행을 마쳤다는 점에 고무됐고, 또한 아주 빨리 내려왔다고 생각하고 자랑스러워했다. 그러다 106세인지 90세인지 확실치 않은 코스타 카시그가 똑같은 길을 자신이 온 시간의 절반에 온다는 이야기를 듣고 리프 박사는 깜짝 놀랐다. 압하지야 노인들 사이에 이 정도 체력은 대수롭지 않게 여겨진다.

즐거운 노년을 위해 건배

우리가 압하지야인의 생활방식을 이해할 수 있게 된 데는 슐라 베넷 박사가 실시한 연구의 힘이 크다. 뉴욕 시립대학 헌터 칼리지의 인류학과 교수인 그녀는 압하지야인이 모두 이해하는 러시아어를 유창하게 구사하고, 압하지야에서 몇 년 동안 살면서 컬럼비아 대학, 사회과학연구회, 인류연구회, 벤너 그렌 인류학연구재단의 후원을 받아 현지 조사를 실시했다. 그녀가 쓴 저서인 《압하지야: 장수하는 코카서스인들》은 문화인류학 분야에서 가장 훌륭한 사례 연구 중 하나로 손꼽히고 있다.

최고령 노인들의 실제 나이에 대한 논란에 대해 베넷 박사는 그건 별로 중요하지 않다고 생각했다. "만약 어떤 사람이 130세가 아니라 120세까지 건강하고 활력 있게 산다면, 그 사람이 고령이라는 사실은 거의 영향을 받지 않는다." 그녀는 이렇게 말했다. 어느 특정한 노인의 정확한 나이는 알지 못하지만 베넷 박사는 압하지야인이 6세대 전의 증조부, 증조모를 부르는 구체적인 용어나 표현이 있다는 놀라운 사실을 지적했다. 이 호칭은 죽은 조상에 대한 호칭이 아니라 살아 있는 이들을 부르는 호칭이다. 이렇게 여러 세대를 거슬러 올라가서 아직까지 살아 있는 조상을 부르는 호칭이 있는 언어는 거의 없다.

베넷 박사는 또한 압하지야의 초고령 노인들의 건강 상태에 큰 감명을 받았다. 그녀는 노인들 중에서도 가장 나이가 많은 노인들만이 얼굴에 주름이 있다는 점에 주목했다. 그리고 가장 나이가 많은 노인들이나 흰머리가 난 정도였다. 대머리인 노인은 매우 드물었다. 90세가 넘는 노인의 3분의 1 이상이 독서나 바늘에 실을 꿰는 것과 같은 일을 포함해 어떤 일을 할 때도 안경을 쓸 필요가 없었다. 대부분의 노인이 치아가 온전하게 남아 있었다. 그리고 베넷 박사는 초고령의 나이에도 허리가 굽지 않고 멋지게 쭉 곧은 자세로 걸어 다니는 노인들에게 감명을 받았다.

무엇보다도 그녀는 고령의 나이에도 질병이 정상적이거나 자연스러운 일로 여겨지지 않는다는 점을 발견했다.

베넷 박사가 보기에 압하지야 주민들의 놀랄 만한 건강과 장수 비결은 아주 많았다. 그중에서도 그녀가 특히 강조한 요인은 압하지야 문화의 큰 특징인 노인에 대한 존경이었다. 압하지야에서 사람의 지위는 연령에 비례해 올라가서 나이가 먹을수록 더 많은 특권을 가지게 된다. 이러한 노인에 대한 공경은 그 사람의 부나 직업에 구애되지 않는다. 노인들은 단지 노인이라는 점 하나로 존경받고 심지어 숭배를 받는다. 가난하고 단지 식구들에게만 그 존재가 알려진 노인들도 나이가 많지 않은 사람보다 부유하고 유명하며 압하지야 사회에서 사회적으로 더 높은 지위에 있다. 노인들이 이런 존경을 받기 위해 해야 할 일은 없다. 그들은 젊은 사람들과 경쟁해야 할 필요가 없다.

미국의 한 연구자가 한 무리의 압하지야인에게 부유한 미국에서는 노인들이 가끔 노숙자로 버려져서 굶주린다고 설명하자 모두 믿을 수 없어 했다. 그 연구자가 말한 어떤 것도 압하지야인은 현실에서 그런 일이 일어날 수 있다고 이해하지 못했다.

노인에 대한 압하지야인의 존경은 그들이 쓰는 말에서 확연히 드러난다. 그들의 언어에는 심지어 '노인'이라는 뜻의 말도 없다. 그 대신 100세가 넘은 사람들은 '오래 사는 사람'이라고 부른다. 그리고 모든 압하지야 마을은 노인에 경의를 표하여 '오래 사는 사람들의 날'이라고 하는 축제일을 지낸다. 매년 이날이 되면 노인들은 공을 들여 만든 의상을 입고 그들에게 경의를 표하기 위해 모인 마을 사람들 앞에서 행진을 한다.

젊음에 집착하는 현대 사회

압하지야 문화에 대해 알면 알수록 나는 현대 산업사회의 대조적인 면에 더 많이 눈뜨게 됐으며 또한 우리가 얼마나 젊음에 집착하고 있는지 알게 됐다. 압하지야에서는 사람들이 나이를 먹어도 존중받고 아름답다고 생각한다. 흰머리와 주름은 지혜롭고 성숙하며 오랫동안 힘들게 수고했다는 표시로 여겨진다.

반면 서구에서 노인은 추하고 젊은이는 아름답다고 생각해서 점점 더 많은 사람이 더 젊어 보이기 위해 주름을 펴는 성형수술을 받고자 기꺼이 많은 돈을 들이고 적잖은 고통을 감내하고 있다.

이런 사람들이 단순히 허영심이 강해서 자연스러운 삶의 현실을 받아들일 수 없어 두개골에 티타늄 나사를 박고, 속눈썹이 없는 눈꺼풀에 눈은 충혈되고, 회복 기간은 고통스러울 정도로 더디고, 유아식을 눈곱만큼씩 먹으면서 견뎌야 하는 일련의 과정이 수반되는 절차를 견뎌내는 것일까? 아니면 이들은 늙어 보이는 것이 미와 가치의 상실과 동일시되는 문화에서 나이가 들면 투명인간과 같은 존재가 되는 현상을 막기 위해 싸우고 있는 것일까? 어떤 사람들은 자신을 증오하는 사람만이 자진해서 그런 힘든 일을 겪는다고 말하지만 나는 생각이 좀 다르다. 젊음에 집착하는 사회에 살면서 그들은 아마 외모 때문에 받는 대접을 증오하는 건지도 모른다.

〈미운 오리 백조 되기(The Swan)〉와 〈도전! 신데렐라(Extreme Makeover)〉 같은 텔레비전의 인기 프로그램들은 이러한 성형수술의 붐을 일으키는 데 크게 일조했다. 한 프로그램이 절정에 이르렀을 때 참가자 한 명이(100만 달러 상당의 성형수술을 받은 여성) 마침내 모습을 드러냈다. 그녀의 남편은 잔뜩 들떠서 카메라를 보고 환하게 웃었다. "내게는 마흔 살 먹은 마누라가 있었는데. 이제 스물다섯 살로 보이는 마누라가 생겼네요." 부인 외모의 변화에 기뻐 어쩔 줄 모르는 그 남편은 그녀의 외모가 향상된 것을 단지 예전보다 더 젊어 보인다는 식으로 표현했다. 물론 그는 좋다는 표현을 그렇게 했겠지만 그의 말은 우리 문화에서 내가 문제라고 생각하는 부분을 그대로 반영하고 있다. 정말 마흔 살 먹은 부인보다 스물다섯 살 먹은 부인이 더 좋은 걸까? 더 젊다는 것이 그렇게 항상 더 좋은 것일까?

텔레비전 쇼인 〈심슨 가족〉은 종종 아주 현실적으로 현대의 문화적 트렌드를 풍자적으로 묘사한다. 한 에피소드에서는 스프링필드에 새 성형외과를 짓기 위해 기존에 있던 소아 병원을 허물어버리는 내용이 나왔다. 큄비 시장은 개원식에서 이렇게 말했다. "이 병원 덕분에 우리는 더 이상 자연스럽게 늙어가는 여성들의 딱한 모습을 두려워하지 않게 될 겁니다."

〈아메리칸 아이돌〉은 주류 서구 문화의 시각을 반영한 또 다른 텔레비전 프로그램이다. 이 프로그램의 시청률은 경이롭다. 2004년 시즌 최종회를 보기 위해 4900만 명이 넘는 시청자가 채널을 돌렸다. 이 프로그램에 나오는 평가단에게 성형수술을 받을 생각이 있느냐는 질문을 했을 때 그들 중 하나인 사이먼 코웰은 마흔이 넘는 여성들로 하여

금 모두 의무적으로 성형수술을 받도록 만들겠다고 대답했다.

그는 아마 사람들을 웃기려고 그런 말을 했을 것이다. 나는 그의 말이 마흔이 넘는 모든 여성과 실제로 언젠가는 마흔이 넘게 될 그보다 젊은 여성들에게 미칠 파장이 어느 정도인지 모르고 한 말이라고 생각한다.

이런 종류의 말이나 행동은 자신에게 관대하지 못한 여성들의 자기 이미지에 끔찍한 영향을 미친다. 2004년, 비누회사인 도브가 전 세계적으로 실시한 여론조사에 따르면 여성 중 단지 2%만이 자신을 아름답다고 생각했다. 그리고 여성의 나이가 많을수록 더 낮은 수치가 나왔다. 예순이 넘은 여성 중에서는 자신을 '평균적인 외모'라고 생각하는 사람조차 거의 없었다.

내가 보기에 이는 아주 잔인한 일이다. 하지만 현실에서는 결코 얻을 수 없지만 언론에서 일방적으로 내세우는 아름다움에 대한 이미지와 여성에게 나이 먹어가는 것을 두렵게 만드는 화장품 업계에 시달리는 곳에서는 이것이 일반적인 풍토다. 한 화장품 광고에서는 비장한 표정의 40대 여성이 이렇게 단언하는 장면이 나온다. "나는 우아하게 나이 들 생각은 없어요. 나는 매 순간 싸울 거예요."

하지만 나는 현대 서구 문화가 제시한 방식이 사람들이 살아갈 수 있는 유일한 방식도 아니며 이 문화의 일반적인 생각이 사람들이 생각할 수 있는 유일한 사고방식도 아니란 사실에서 용기가 난다. 게다가 심지어는 현대 세계에서도 이런 점들이 바뀔 수 있다는 조짐들이 보이고 있다. 예를 들어 도브 스킨케어 제품이 실시하는 새로운 광고 캠페인에서는 런던의 양로원에서 찾아낸, 눈부신 미소를 가진 96세의 여성 이렌 싱클레어가 주인공으로 나온다. 그 광고는 이렇게 질문한다. "우리 사회는 노인도 아름다울 수 있다는 사실을 받아들일까?"

노인이 아름다운 곳

압하지야에서는 '동안이시네요' 혹은 '나이 들어 보이시지 않네요'라는 말을 모욕으로 여긴다. 거기 사람들은 '오늘 나이가 들어 보이시네요'라는 말을 칭찬으로 여기는데 이 말의 뜻은 그 사람이 성숙하고 현명하고 아름답다는 뜻이다. 압하지야에서는 노인들이 자신의 나이에 대해 거짓말을 할 때 서구에서처럼 나이를 깎아서 말하지 않는다. 그들의 문화에서는 나이가 많을수록 지위가 올라가기 때문에 나이를 올려서 말한다.

학자인 댄 게오르가카스는 압하지야의 노인들이 차지하는 높은 사회적 위상을 이렇게 설명했다.

> 노령은 성공적인 인생에서 받는 선물이다. (…) 노인에 대한 정신적 풍토는 아주 긍정적이어서 정부가 후원하는 요양원들이 실제로 사용되는 경우는 거의 없으며, 심지어는 식구 수가 별로 없는 가정일지라도 노인을 모시는 명예를 탐내는 친척이 많다.

압하지야인은 오랜 시간에 걸쳐 만족스러운 삶을 살 거라고 예상하고, 노년이 되길 기대하는데 거기에는 그럴 만한 이유가 있다. 전통이 계승되는 데 큰 가치를 둔 사회에서 연장자들이란 없어서는 안 될 존재다. 이들은 결코 짐으로 생각되지도 않고, 그런 경험을 겪지도 않는다. 그와는 반대로 노인들은 사회에서 가장 소중하게 여기는 자원이다. 사람들이 즐겨 말하는 압하지야 속담 중에 이런 말이 있다. "우리는 신도 필요하고 노인도 필요하다."

현대 서구에서 성에 관심을 보이는 노인들은 가끔 '색골 영감'이란 표현을 써서 경멸의 대상이 된다. 반면 압하지야에서는 노년까지 적극적인 성생활을 계속하는 것이 건강한 식욕을 유지하거나 숙면을 취하는 것처럼 자연스럽게 여겨진다. 압하지야인은 나이가 들었다고 해서 인간적인 기능을 박탈당해야 할 이유가 없다고 생각한다.

압하지야를 찾아온 사람들은 거의 다 압하지야 주민들의 삶에서 노래와 음악과 춤이 차지하는 중요성에 대해 언급한다. 압하지야의 모든 연령대의 사람들은 노래하길 좋아하고, 모든 상황에 맞춰 부르는 노래가 있다. 이를테면 자장가가 있고, 노동가가 있고, 상처를 치료하는 노래가 있다. 결혼식에 부르는 노래도 있고, 다른 의식에 쓰이는 노래도 있다. 정기적으로 하는 자잘한 일을 할 때 부르는 노래도 있다. 밭에서 일을 할 때면 사람들은 일제히 여러 그룹으로 나뉘어 합창을 한다.

압하지야 문화에서 음악은 약처럼 사용된다. '다친 사람을 위한 노래'라는 제목의 노래가 있는데 이 노래는 다친 사람의 회복을 빌기 위해 친구들과 친지들이 부르는 노래다. 가끔은 다친 사람도 그들과 같이 노래를 부른다. 누군가 병이 나면 친구와 집안사람들이 모여 그의 일을 맡아서 해주는 것 외에도 그의 머리맡에 모인다. 그들은 그렇게 모여 농담을 하고 이야기를 나누며 노래를 부르고 춤을 춘다. 누군가 임종을 할 때는 친구들과 집안사람들이 머리맡에서 조용히 노래를 부르며 추도식에서도 그렇게 한다.

노래는 건강과 아무 상관이 없는 것 같지만 나는 관계가 있을지 모른단 생각이 들었다. 사람들이 삶을 찬미하고 즐길 때는 그들의 세포에 삶을 긍정하는 메시지를 보내는 게 가능하지 않을까? 세상 어느 곳이건 장수하는 사람들은 삶을 즐기며 사는 사람들인 경향이 짙다는 건 바로 이런 이유에서가 아닐까? 그들은 춤을 추고, 노래를 부르며, 눈앞에 펼쳐지는 삶 그대로를 찬미한다.

아이들

나는 또한 압하지야에서 아이들을 키우는 방식이 결국은 그들이 성장해서 어떤 노인이 되는가에 큰 영향을 미친다고 생각한다. 미국에서 오래 살았고 압하지야에서도 몇 년 산 술라 베넷은 압하지야 아이들이 행동하는 방식과 그들을 다루는 방식에 깊은 감동을 받았다.

나는 한 번도 아이가 울면서 항의하거나 부모가 언성을 높이거나 때리겠다고 위협하는 소리를 들어본 적이 없다. 한 번 지시한 것을 두 번 반복하는 일도 없다. 가만히 있지 못하고 안달을 해대는 미국 청소년의 교사로 일했던 나는 압하지야 학생들을 보면서 감탄을 금치 못했다. 압하지야 아이들은 몇 시간씩 집중해서 앉아 있곤 했다. 이런 놀라운 결과는 아이들이 교사를 겁내서 그런 것이 아니었다.

압하지야 부모들은 결코 아이들을 꾸짖거나 잔소리하지 않으며, 흠을 잡거나 벌을 주지 않는다. 그렇다면 그들은 아이들이 적절하게 처신하도록 어떻게 교육할까. 베넷은 이렇게 설명했다.

> 압하지야 부모들은 자녀의 행동이 마음에 들지 않을 때는 평상시에 많이 해주던 칭찬을 하지 않는다. 압하지야에서 아이들에게 필요하며 좋다고 여겨지는 훈육이란 개념은 징벌이란 개념과 얽혀 있지 않다. 압하지야인은 체벌을 하게 되면 아이들이 어른을 경멸하게 된다고 느낀다. 압하지야의 훈육 방식은 가학적인 충동을 아주 경미하게라도 표현하지 못하도록 하고 있다. 징벌의 위협이 없기 때문에 어린이들은 결코 분노를 표현하지 않는다. 나는 이들이 분노 자체를 느끼지 않는다는 것을 서서히 인식하게 됐다.

불행하게도 현재 매년 56만 5,000명의 아이들이 부모나 후견인에 의해 살해당하거나 심각하게 다치는 미국에서는 사정이 다르다.

만약 모든 아이가 압하지야에서와 같은 존중을 받으며 키워진다면 현대인의 삶은 얼마나 더 나아질까? 압하지야 학교에서 아이들은 절대 열등하다는 느낌을 품지 않도록 교육받는다. 아이들을 가르치는 데 결코 아이들을 조롱하는 방법은 사용하지 않는다. 학생을 경멸하거나 거부하는 행위 자체가 교과과정에 들어올 수 없다. 그리고 육체적으로 강압적인 행위도 결코 쓰지 않는다.

압하지야인은 한결같이 자신과 타인의 신체를 존중한다. 그들은 결코 아이나 어른이나 동물에게 물리적인 처벌을 가하지 않는다. 압하지야에서 가정폭력뿐 아니라 강간이 존재하지 않는 것도 바로 이런 이유에서 기인했을 것이다.

압하지야인에게 우정은 아주 중요하다. 압하지야인의 집에 손님이 도착하면 그들은 포옹을 하고 키스를 해서 손님을 맞이하며 주인은 손님의 머리 위에 원을 그리는 동작을 하고 이렇게 말한다. "당신의 주위를 배회할지 모르는 모든 악령이 내게 오기를."

그들은 과연 무엇을 먹고 살까?

다농 요구르트 광고 덕분에 미국과 다른 곳에 사는 사람들은 종종 압하지야와 코카서스 사람들이 장수하는 이유가 요구르트 섭취 때문이라고 믿는다. 하지만 실제 압하지야인은 요구르트를 먹지 않는다. 이들은 염소, 소, 혹은 양젖으로 만든 '마즌'이라고 하는 발효시킨 음료를 하루에 한두 잔 마신다. 이렇게 다양하게 발효시킨 우유는 코카서스 지방에서 몇 세기 동안 만들어졌으며, 아마 여기가 원산지일 확률이 높다. 전통적인 압하지야 식단은 근본적으로 유제품은 먹는 채식주의로서 고기는 거의 먹지 않으며, 이들이 먹는 유제품은 주로 발효시킨 우유인 마즌이다.

베넷 박사에 따르면 압하지야인은 대개 정원에서 막 딴 신선한 채소로 만든 샐러드로 아침 식사를 한다. 봄에는 물냉이, 골파, 무와 같은 톡 쏘는 채소를 주로 먹는다. 여름과 가을에는 토마토와 오이를 많이 먹고, 겨울에 먹는 샐러드에는 소금물에 절인 오이와 토마토와 무와 양배추와 오이가 들어간다. 딜(미나릿과 식물)과 고수풀을 넣을 수도 있지만 드레싱은 사용하지 않는다. 압하지야에서 야생으로 자라는 많은 식물도 샐러드에 들어간다. 아침 식사에는 또한 종종 마즌 한 잔이 포함된다. 압하지야인은 삼시 세끼 모두에 그들이 '사랑하는 아비스타'라고 하는 옥수수가루로 만든 죽을 항상 새로 요리해서 따뜻하게 데워 먹는다.

끼니 사이에 배가 고프면 압하지야인은 대개 집의 과수원이나 정원에서 키우는 제철 과일을 먹는다. 온화한 기후 덕분에 1년에 7~8개월은 신선한 과일을 먹을 수 있다. 이 시기에 압하지야인은 나무나 덩굴에서 직접 딴 많은 양의 과일을 즐겨 먹는다. 봄에는 체리와 살구가 있다. 여름 한철에는 배와 자두와 복숭아와 무화과와 여러 종류의 산딸기류 열매가 있다. 가을에는 포도와 감뿐 아니라 사과와 배도 있는데 사과와 배 둘 다 야생에서 풍부하게 자란다. 돌배는 감미료를 넣지 않은 채 사과잼처럼 진하게 졸여 시럽을 만든다. 그때그때 먹지 않는 과일은 겨울에 먹기 위해 저장하거나 말린다. 그래서 많은 과일을 1년 내내 먹을 수 있다.

아주 특별한 경우가 아니면 채소는 생으로 먹거나 물을 아주 조금 넣고 익힌다. 압하지야인은 전통적으로 음식을 튀겨 먹지 않는다. 그리고 음식의 신선함을 아주 중요하게 생각한다. 채소는 상에 차리거나 요리하기 직전에 따며, 남은 채소는 버린다. 완전히 신선하지 않은 음식은 건강에 해롭다고 생각하기 때문이다. 현대의 도시 생활자들은 그런 습성에 대해 지나치게 까다롭다고 비웃을지 모르지만 여기에는 그럴 만한 이유가 있다. 신선함을 극히 중요하게 여기기 때문에 상해서 병원성 미생물이 있을지 모르는 음식은 먹지 않는 것이다. 또한 식품의 영양가가 최고이면서 영양소의 손실이 최소일 때 먹게 되는 장점이 있다.

압하지야 요리에서 견과는 큰 역할을 하며 그들의 식단에서 주요 지방원이다. 아몬드, 피칸, 너도밤나무 열매, 개암을 재배하며, 다른 야생 견과 나무와 함께 밤나무가 지천에서 자란다. 사실상 매 끼니에 어떤 형태로든 견과가 들어간다.

압하지야인은 비교적 고기를 적게 먹으며, 고기를 먹을 때는 살았을 때는 건강했고 신선하게 도살된 짐승의 고기를 먹는다. 하지만 고기를 먹을 때도 고기나 가금의 지방은 결코 먹지 않는다. 고기를 식탁에 낼 때는 아주 작은 지방 덩어리라도 제거해버린다. 압하지야인은 기름진 요리를 전혀 좋아하지 않는다. 이들은 또한 설탕도 먹지 않고, 소금은 조금 먹으며, 버터도 거의 먹지 않는다.

그래서 100세가 넘는 압하지야 노인들의 평균적인 콜레스테롤 수치가 98인 것이다. 이는 미국에서 평균으로 여겨지는 수치가 200인 것에 비하면 아주 좋은 수치다. 미국에서는 최근까지도 일부 경우에는 250도 '정상'으로 여겨졌다.

압하지야 식단의 가장 뚜렷한 특징 중 하나는 미국인에 비교해서 이들이 아주 조금 먹는다는 점이다. 대부분의 압하지야인이 하루에 2,000칼로리 미만을 소비하는 반면 많은 미국인은 글자 그대로 그 두 배를 먹는다. 그리고 다른 대부분의 나라와 달리 압하지야인의 식단은 재산이 늘어나도 크게 달라지지 않는다. 부자건 가난하건 압하지야인은 여전히 단백질은 적당하게 섭취하고, 지방은 주로 견과류에서 얻으며, 탄수화물은 주로 채소와 과일과 옥수수가루 같은 전곡으로 만든 시리얼에서 섭취한다.

사실 압하지야인은 과식하는 법이 거의 없다. 이들은 과식을 사회적으로 부적절하며 위험한 행동이라 생각한다. 그래서 압하지야인은 일반적으로 아주 튼튼하고 날씬하며 체지방이 별로 없는 것이다. 이들은 천천히 꼭꼭 음식을 씹으면서 매 순간을 음미하며 사랑하는 사람들과 함께 그 순간을 즐긴다.

압하지야인이 식사 초대를 할 때 그 초대장의 문구를 보면 이 놀라운 사람들이 무엇을 중요하게 생각하는지 잘 알 수 있다. 초대장에는 항상 이렇게 적혀 있다. "와서 우리의 손님이 돼주세요." "식사하러 오세요"라는 말은 절대 하지 않는다. 물론 손님이 오면 기쁘게 식사를 준비해서 즐겁게 나눠 먹는다. 하지만 중요한 것은 음식이 아니라 같이 먹는 기쁨인 것이다. 이들은 다른 무엇보다 우정이 주는 기쁨을 만끽하는 사람들이다.

그들의 지혜에서 배우기

물론 압하지야인 역시 모든 인간의 삶에 존재하는 시련과 위기에 맞서 힘겹게 살아왔다. 또한 최근 현대 세계가 압하지야를 잠식해 들어왔고, 1990년대 초반 전 소비에트 연방이 해체되면서 특히 힘든 일이 많았다. 이 점에 대해서는 나중에 더 자세히 말하겠지만 지금은 현대 세계에 사는 우리가 이 싹싹하고, 오래 살고, 행복하고, 놀랄 정도로 건강한 사람들에게서 배울 수 있는 것에 초점을 맞추고 싶다.

얼마 전만 해도 나는 무의식적으로 노화를 정신적 명민함, 감각적 예민함, 육체적 유연함, 성적 욕망과 다른 많은 인간적 능력들을 상실하는 것과 동일시했다. 나는 나이 들어가면서 우리 모두 점점 더 약해지고 쉽게 질병에 걸릴 것이 거의 확실하다고 생각했다. 나는 우리가 할 수 있는 최선은 이 '어쩔 수 없는' 일들을 품위 있게 받아들이는 데 만족하는 것이라고 생각했다. 하지만 압하지야인에 대해 더 많이 배울수록 나는 점점 더 많은 희망을 품게 됐다. 그들은 우리에게 또 다른 가능성이 있다는 것을 제시하는 것 같았다. 만약 우리가 현명한 선택을 한다면 우리 역시 건강한 몸과 마음으로 장수할 수 있을 것이다. 어쩌면 우리의 노년 역시 활력과 기쁨과 성취감으로 가득 찰 수 있을 것이다. 이제 보게 될 것처럼 압하지야인은 이 매력적인 가능성을 대변하는 유일한 문화가 아니기 때문이다.

영원한 젊음의 계곡, 빌카밤바

한 사회의 품격과 내구성은 그 사회가 노인들을 대하는
존경과 보살핌의 척도로 잴 수 있다.
– 아널드 토인비

  〈내셔널 지오그래픽〉의 요청으로 알렉산더 리프 박사가 방문한 두 번째 지역은 빌카밤바다.
  빌카밤바는 에콰도르의 안데스 산맥 깊숙이 숨어 있는, 아주 외딴 마을이다. 4,500피트의 고지에 조용히 자리 잡고 있는 빌카밤바 계곡은 페루 국경에서 그리 멀지 않고 태평양에서 100마일쯤 떨어진 오지다. 잉카 인디언의 언어로 빌카밤바란 '신성한 계곡'을 뜻하는데 실로 이곳에는 마법과 같이 신비로운 분위기가 깃들어 있었다. 우선은 기후가 극히 온화하다. 1년 내내 평균기온 섭씨 20도에 계절적인 변화가 거의 없는 빌카밤바는 다양한 곡물과 과일과 채소를 쉽게 재배할 수 있으며 다른 많은 채소가 야생에서 자라서 따 먹을 수 있고, 갖가지 식물이 무성하게 우거진 아열대 농업 지역이자 목가적인 땅이다.
  1981년 의사이자 의학 전문 기자인 모튼 워커가 빌카밤바 사람들의 건강에 대한 일련의 연구를 실시하고 그 연구 결과에 대해 과장된 묘사를 했다.

　서반구에서 퇴행성 질환이 거의 발생하지 않는 곳이 한 곳 있다. 이곳 사람들은 심장병, 암, 당뇨, 뇌졸중, 간경변, 노망, 동맥경화증이란 걸 모르며 산업국가의 국민들이 흔히 앓는 질환과 장애와 사망의 원인이 되는 혈류 장애와 관계된 증상도 전혀 없다. 이들은 퇴행성 질환으로 사망하지 않기 때문에 인류에게 허락된 생―한 세기가 넘는 시간을 완전히 살아낼 수 있다.
　빌카밤바는 진정한 지상낙원이다. 오랫동안 이 신성한 계곡은 '영원한 젊음의 땅', '고요하고 평화로운 계곡', '잃어버린 낙원'이란 다양한 이름으로 불렸다. 이런 다양한 이름이 생긴 것은 이 계곡의 고독, 고요함, 깨끗한 공기, 눈부신 햇살, 끝없이 푸른 하늘, 맑은 광천수, 서로 돕는 이웃과 질병이 별로 없고, 모든 사람의 영혼에 스며들어 행복하게 만드는 도처에 있는 아름다움 때문이다.

늘 신중하게 처신하는 과학자인 리프 박사는 이런 감상적인 산문을 쓰는 성향은 없다. 하지만 그는 상당히 많은 노인이 활기차게 사는 것을 보고, 그와 동료들이 연구한 그들의 생활방식에 대해 깊은 인상을 받았다. 이 사람들 중에는 안경도 쓰지 않고 바늘에 실을 꿰는 103세의 할머니도 있었고, 동네 제과점에서 행복하게 일하는 95세의 할머니도 있었다. 제과점에서 일하는 할머니를 검진한 후 리프 박사는 이렇게 말했다. "이분은 오랫동안 아주 건강하게 살아오셨습니다. 이분은 심장도 튼튼하고 아주 정정하십니다."

장수 마을의 명성

빌카밤바는 미국 의사인 유진 H. 페인(파크 데이비스 제약회사의 임상연구자)이 1954년 〈리더스 다이제스트〉의 기사에 이 지역에서 심장이나 순환계 질환이 발생했다는 증거를 찾지 못했다고 쓴 이후 처음으로 국제적인 관심을 끌기 시작했다.

1년 뒤 또 다른 미국 의사인 알버트 크래머가 심장 발작을 일으킨 후 건강을 회복하러 빌카밤바에 갔다가 고국으로 돌아와서 그 어느 때보다 더 건강이 좋아진 것을 느꼈다. 그는 수많은 사람이 읽은 기사들을 통해 거기서의 경험을 묘사했다. 곧 멕시코와 일본에서 온 심장병 환자들이 빌카밤바 계곡에서 몇 주 휴양을 한 후 가파른 산을 뛰어다니게 됐다는 이야기가 들려오기 시작했다.

1956년 신디케이트 신문사의 사장들이 167세로 알려진 자비에 페레이라는 이름의 빌카밤바 사람을 뉴욕에 데려와 대중에게 소개하고 '믿거나 말거나'라는 특집기사를 내보냈다.

얼마 못 가 과학자들이 조사를 시작했다. 1969년 키토(에콰도르의 수도)의 심장 전문의인 미구엘 살바도르 박사가 이끄는 에콰도르의 의사들로 이뤄진 연구팀이 빌카밤바에서 사는 사람들의 건강에 대해 최초로 대대적인 연구를 실시했다. 살바도르와 그의 팀은 빌카밤바 주민 338명을 연구하고 그들이 동맥경화증과 심장병뿐 아니라 암, 당뇨, 류머티즘, 골다공증, 알츠하이머 질환과 같은 퇴행성 질환도 없다는 것을 발견했다. 연구자들은 노인들의 일반적인 체력 기준을 '경이롭다고' 표현했다. 빌카밤바 계곡은 어떻게 된 일인지 다른 지역에서 수명을 단축시키는 육체적 문제들에 대한 면역력을 제공하고 있다고 에콰도르 의사들은 결론을 내렸다.

1970년대에 데이비드 데이비스라는 이름의 영국 노인학자가 빌카밤바 계곡을 네 차례 찾아가 노인들의 건강과 그들의 삶의 방식을 연구했다. 과학 잡지들에 쓴 일련의 기사와 대중을 위해 쓴 《안데스의 100세가 넘는 사람들》이란 제목의 책에서 그는 이렇게 주장했다.

> 발카밤바의 노인들이 사고나 외부에서 온 방문자들이 들여온 질병 때문에 사망할 수는 있지만 외부 세계에서 발생하는 주요 질환으로 사망하지는 않는다.

빌카밤바인의 건강과 장수를 격찬하는 리프 박사의 기사가 1973년 〈내셔널 지오그래픽〉에 발표된 후 빌카밤바의 노인들은 그들의 치아와 눈과 귀를 진찰하고, 혈압을 재고, 심장과 가슴 모니터에 연결해 검사하기 위해 몰려온 노인학자들과 다른 분야의 연구자들에게 시달려야 했다. 과학자들은 노인들의 머리, 타액, 소변 샘플을 채취하고, 그들의 식단을 기록하고, 그들의 성생활에 대해 인터뷰를 했다.

1978년 국립 노화연구소와 건강학에 대한 고등 학술 연구를 위한 포가티 국제 센터가 빌카밤바 노인들의 건강에 초점을 맞춘 국제회의를 공동으로 후원했다. 리프 박사가 이 회의의 공동 사회자였는데 여기에는 빌카밤바에서 작업했던 일본, 캐나다, 프랑스, 에콰도르, 미국에서 온 과학자, 의사, 연구자들이 모두 참석했다. 참석자들은 빌카밤바 주민의 70%가 넘는 사람들이 놀랄 정도로 심혈관계가 건강하고 고혈압인 사람이 거의 없으며, 선진국의 같은 연령대 사람들에게서 많이 발견되는 심장 기형 사례가 여기서는 3분의 1 정도밖에 없다는 점에 동의했다. 연구자들은 빌카밤바 노인들의 경이로운 심혈관 건강 상태를 그들의 날씬한 체격과 식단과 낮은 콜레스테롤 수치와 높은 수준의 육체 활동과 연관 지었다.

그 후 몇 년이 흐르는 동안 일본 연구자들은 빌카밤바 노인들의 수면 패턴을 연구하기 시작했다. 현대 세계에서 65세가 넘는 사람들에게는 수면성 무호흡, 즉 잠을 자는 동안 호흡 곤란을 겪는 경우가 아주 흔하다. 일본 연구자들은 휴대용 호흡 모니터 장치를 사용해 84세에서 95세에 이르는 빌카밤바 노인들의 호흡 패턴을 기록해서 거의 모든 참가자가 건강하고 평화롭게 잠을 잔다는 사실을 발견했다.

1993년 〈로스앤젤레스 타임스〉의 한 기사가 이 풍경을 한 단락으로 요약해 열정적으로 표현했다.

빌카밤바 사람들은 장수를 누리기로 유명하다. 그것도 아주 오랜 생을. 여기서는 한 세기 이상을 살았다고 말하는 사람이 꽤 된다. 80대와 90대 노인들은 평범해 보일 정도다. '고대인'이라고 불리는 이들은 죽을 때까지 건강과 활력을 유지한다.

이들의 진짜 나이는 얼마일까

하지만 압하지야에서 그랬던 것처럼 빌카밤바 노인들의 실제 연령에 대해 큰 논란이 일었고 초고령이란 주장에 대해 의혹이 그치지 않았다. 현대 과학이 완벽하게 검증한 최고령 나이가 122세인데 자신의 나이가 167세라고 하면 쉽게 믿을 수 없는 법이다.

압하지야와 빌카밤바와 같은 곳에 사는 노인들의 연령을 증명하는 것은 말처럼 쉬운 일이 아니다. 이렇다 할 기록이 거의 없는 압하지야와 달리 빌카밤바에는 지역 교회에서 보관하는 세례 기록과 호적 등기소에서 보관하는, 1860년대까지 거슬러 올라가는 출생 기록이 있다. 하지만 이 기록들은 오래됐고 불완전하다. 여기저기 누락된 페이지들도 많은 데다가 너무 낡아서 읽을 수 없다. 게다가 빌카밤바 부모들은 자녀가 태어났을 때 항상 출생 신고를 하는 것도 아니었다. 설상가상으로 빌카밤바에 사는 사촌들과 다른 가까운 친척들은 종종 같은 이름을 짓곤 했다.

빌카밤바 주민의 장수에 대한 열광이 세계적인 현상으로 커지고 나서 몇 년 후 두 명의 미국인 과학자—방사선 학자인 리처드 B. 마제스 박사와 인류학자인 실비아 H. 포먼 박사가 빌카밤바 노인들의 연령에 대해 가능한 한 확실하게 밝히기 위해 빌카밤바에 도착했다. 그들은 꼼꼼하게 가가호호 방문하며 인구조사를 실시하고 찾아낼 수 있는 모든 출생, 사망, 혼인 서류를 확인하고, 끝으로 다양한 서류를 비교 검토했다. 이는 도무지 갈피를 잡을 수 없는 서류들의 미궁이었지만 마제스와 포먼 박사는 마침내 일관적으로 연령이 부풀려지는 패턴이 존재했다는 결론을 내렸다.

예를 들어 죽기 얼마 전 자신이 132세라고 주장했던 한 노인의 경우 그들은 그 남자가 실제로 사망 시에 93세밖에 되지 않았다는 사실을 발견했다. 그 남자는 자신의 실제 나이를 부풀리기 위해 자신과 이름이 같으면서 나이가 더 많은, 사망한 친척의 세례 기록을 자신의 기록으로 취했다. 조사 결과 실제로 그의 어머니가 그가 말한 출생 날짜보다 5년 후에 태어난 것으로 밝혀졌다. 이는 현대에 들어 아무리 생식 기술이 놀랍게 발전했다고 해도 도저히 복제할 수 없는 기적이 일어난 셈이다.

마제스와 포먼은 결국 이런 일이 흔한 일이며 빌카밤바에 살면서 100세가 넘었다고 주장하는 노인 23명 중 누구도 실제로는 100세가 안 됐다고 믿게 됐다. 1979년 〈노인학 저널〉에 이들이 연구 결과를 발표했을 때 이들은 기사 제목을 '에콰도르, 빌카밤바의 장수와 연령 부풀리기'라고 짓고, '초고령이란 부정확하거나 입증되지 않았다'라고 선언했다. 그 결과 과학계의 많은 이가 빌카밤바의 장수를 완전히 믿을 수 없는 것으로 치부하게 됐다.

당시 빌카밤바에는 사람이 1,000명 정도밖에 살지 않았다. 마제스는 그렇게 인구가 적은 곳에서 100세가 넘는 사람이 한 명이라도 발견된다는 것도 극히 드문 일일 것이며, 만약 그런 사람이 둘이 있다면 진정으로 경이로운 일이라고 말했다. 그는 100세가 넘었다고 주장하는 사람 10명을 목록에 올렸지만 사실은 모두 85세에서 95세 사이라고 생각했다.

아마 마제스와 포먼의 평가가 옳았을 것이다. 하지만 그로부터 15년이 지난 후 마제스가 목록에 올렸던 10명 중 두 명이 아직 살아 있었는데 이는 마제스가 당시 추정했던 연령에 따르면 1994년에 적어도 1,000명이 사는 그곳에서 100세가 넘는 사람이 두 명 나왔다는 뜻이 된다. 이는 마제스 자신이 직접 경이로운 일이라고 말했다.

리프 박사는 물론 노인들이 자신의 나이를 과장해서 말하는 경향을 잘 알고 있었다. 그와 그의 팀은 또한 구할 수 있는 기록들을 연구하느라 길고 힘든 시간을 보냈고, 결국 빌카밤바 노인들이 실제로는 자신의 나이를 정확히 모르며 그래서 그들이 밝히는 나이는 사실상 쓸모가 없다는 결론을 내렸다. 그렇지만 그는 노인들이 자신들이 주장하는 나이보다 실제로는 10년이나 20년쯤 더 젊을지 모르지만 그들의 체력과 건강은 나이에 비해 놀랄 정도로 뛰어나다는 사실에 깊은 인상을 받았다.

1990년 빌카밤바 주민들의 장수와 건강을 연구하기 위해 리프 박사가 조직한 과학 탐험대의 대장 중 하나였던 에콰도르 의사 길레르모 벨라 치리보가 박사는 《빌카밤바의 비밀》을 출판했다. 리프 박사가 떠난 후 연구를 계속해온 그 역시 특정 개인이 극도로 오래 산다는 주장을 입증할 만한 증거를 찾을 수 없었다. 그리고 리프 박사처럼 그는 사람들이 자신의 나이를 잘 모르고 노인을 크게 공경하는 문화에서는 나이를 올려 말할 만한 동기가 있다는 점을 인식했다. 하지만 그는 계속해서 건강하고 활력 있게 노년을 보내면서 현대 세계의 노인들에게는 아주 흔한 심혈관 질환을 앓지 않는 수많은 노인들을 찾아냈다. 그는 이렇게 썼다.

> 자신이 130세라고 주장하는 가브리엘 에라조와 자신이 100세가 넘었다고 주장하는 다른 사람들이 실제로는 20년 혹은 30년 더 젊다고 해도 이런 현실이 무효가 되지는 않는다. 빌카밤바에서는 초고령 노인들이 건강한 몸과 영혼을 가지고 있다는 점을 발견했다.

치리보가 박사는 또한 빌카밤바 주민들 중에서 아주 나이가 많은 노인들도 골절, 골다공증 혹은 다른 곳에 사는 노인들에게는 흔한 관절염을 앓는 일이 드물다는 사실을 발견했다. 의학적으로 훈련을 받은 그의 눈으로도 고령의 노인들에게서 암, 당뇨, 비만, 심장질환, 관절염, 치매가 있다는 증거는 찾을 수 없었다. 그는 아주 나이가 많은 빌카밤바 주민들도 민첩하고 정신이 또렷하며 유머감각이 풍부하고 경탄스러울 정도로 건강하다고 말했다. 그리고 이들은 경쟁심이 없이 평화로운 상태를 즐기며 부의 축적을 경멸한다고 전했다.

그레이스 할셀

빌카밤바를 보는 사람들의 많은 관점 중에 내가 특별히 흥미롭게 생각하는 것은 그레이스 할셀이란 미국 여성의 관점이었다. 그녀는 1970년대에 빌카밤바에서 2년 동안 살았고 그 후에 《노인들》이란 제목으로 그곳 사람들에 대한 책을 썼다.

그레이스 할셀이 굉장한 인물이란 말만으로는 그녀의 진가를 다 표현할 수 없다. 그녀는 작가 고어 비달이 표현한 것처럼 '우리 시대의 어떤 미국인보다 가장 흥미롭고 용기 있는 삶을' 살다가 2002년 사망했다. 저명한 기자였던 그녀는 3년 동안 백악관에서 린던 존슨 대통령의 연설문 작성자로 일했다. 그녀가 러시아, 중국, 마케도니아, 알바니아뿐 아니라 한국, 베트남, 보스니아의 교전 지역에서 쓴 기사들은 〈뉴욕 포스트〉, 〈뉴욕 헤럴드 트리뷴〉, 〈크리스천 사이언스 모니터〉와 다른 유력 일간지에 실렸다.

그녀는 또한 《영혼의 자매》라는 책을 포함해서 12권의 책을 쓴 작가다. 이 책에서 그녀는 피부를 검은색으로 만들기 위해 약을 먹은 후 가난한 흑인으로 할렘과 미시시피에서 산 경험을 묘사했다. 그녀가 쓴 또 다른 책인 《베시 옐로우헤어(Bessie Yellowhair)》에서는 애리조나의 외딴 인디언 보호 거주지에서 나바호족과 함께 살다가 그들의 승낙을 얻어 피부색을 황토색으로 물들이고 백인들 사이에서 인디언으로 통하면서 살아간 경험을 적었다. 그런 경험 중에는 로스앤젤레스에서 백인 가정에 들어간 나바호족 입주 도우미로서의 경험도 있었다.

미국의 불법 이민자들에 대한 책을 쓰기 위해 조사하다가 스페인어를 유창하게 하는 할셀은 자신이 직접 불법 이민자가 돼서 이주 증명서가 없는 '웨트백(wetback, 미국에 불법 입국하는 멕시코인)'으로 가장해 미국에 들어오기 위해 리오그란데 강을 헤엄쳐 건너와서, 국경 순찰대를 피해 하수구를 기어서 통과하고, 사람들이 두려워하는 밀수업자들의 협곡으로 알려진 무시무시한 협곡에서 세관 관리들을 피해 다녔다. 그다음에 기자임을 밝히고 그녀는 스페인계 이민자들의 상승세를 두려워하는 선벨트(미국 남부 15개 주에 걸쳐 있는 지역) 지역의 백인들을 인터뷰하고, 그 후엔 무장한 국경 순찰대원들을 인터뷰하면서 그들이 구멍투성이인 미국—멕시코 국경을 봉쇄하기 위해 헛되이 노력하는 동안 그들과 같이 차를 타고 다니면서 그들이 하는 일을 지켜봤다.

그레이스 할셀은 놀라울 정도로 사람들과 쉽게 친해지고, 그들의 눈을 통해 세상을 보는 능력이 있었다. 그녀의 자서전은 그런 그녀의 성품에 딱 맞게 《그들의 입장에서》라는 제목으로 나왔다.

빌카밤바에서 사는 2년 동안 그레이스 할셀은 알렉산더 리프 박사의 통역사이자 조수 중 한 명이었다. 리프 박사는 영어와 스페인어 둘 다 완벽하게 구사하는 뛰어난 통역사이자 빌카밤바 사람들뿐 아니라 미국인에 대해서도 많이 아는 것처럼 보이는 그녀가 사실은 무일푼의 빌카밤바 농부가 아니라 세계적으로 유명한 미국의 저널리스트로서 그 전에는 정기적으로 에어포스 원을 타고, 대통령들과 수상들과 영화 스타들과 왕들을 인터뷰했던 사람이라는 것을 결코 알아차리지 못했다.

하지만 리프 박사와 다른 과학자들과는 달리 그레이스 할셀은 이곳 사람들을 자세히 들여다보고, 조사하고, 분석하기 위해 온 것이 아니었다. 그녀는 이들의 혈압이나 콜레스테롤 수치를 재러 온 것이 아니었다. 그녀는 이들 중 하나가 되기 위해 온 것이었다.

나는 항상 한 가지 생각을 품고 다른 땅으로 갔다. 그곳 사람들을 만나 그들에 대해 알아보자는 생각 하나였다. 나는 그들의 노래를 배워서 부르고, 그들의 춤을 추고, 그들이 먹는 음식을 먹었다. 나는 내가 살고 있는 땅의 사람들 중 하나가 되려고 노력했다.

의사, 과학자, 연구자들은 빌카밤바의 경이에 대해 많은 설명을 제시했다. 어떤 사람들은 독특하게도 음이온이 풍부한 이곳의 청정한 공기 덕분에 사람들이 장수한다고 말했다. 다른 사람들은 자연 그대로 가공하지 않고 몸에 좋은 식단과 빌카밤바인의 생활양식에 내재된 엄청난 양의 운동에 공을 돌렸다. 일부는 토양과 토양에 있는 높은 수치의 셀레늄과 다른 무기물을 지적했다. 빌카밤바인이 마시는 식수에 장수의 비밀이 숨어 있다고 말하는 사람들도 있었다(분명 빌카밤바는 남미에서 식수를 그대로 마실 수 있을 뿐 아니라 몸에 좋은, 몇 안 되는 나라 중 하나다. 따라서 이 점을 이용한 일부 회사들이 이 물을 유럽에 파는 것도 놀랄 일도 아니다).

그레이스 할셀은 이런 견해들을 이해하고 그 진가를 인정했는데 그 중에서도 특히 식단과 운동에 대한 견해에 공감했다. 그녀는 다양하고 신선한 과일들과 텃밭에서 재배한 신선한 채소를 아주 좋아했다. 그리고 매일 초록색 언덕들을 오르락내리락하면서 엄청나게 걷는 것도 좋아했다. 아름답기 그지없는 경치와 깨끗한 공기와 수정같이 맑은 물도 좋아했다. 하지만 무엇보다 그녀의 눈과 마음을 사로잡은 것은 빌카밤바인의 인간관계였다. 그녀가 보기에 빌카밤바인의 친밀함은 아주 컸으며, 그들이 그렇게 건강하게 장수하는 이유 중에서도 가장 중요한 이유인 것 같았다. 빌카밤바를 방문했던 다른 연구자들과 의사들처럼 그녀 역시 사람들의 건강과 장수의 근원적인 이유를 이해하려고 노력했다. 하지만 그녀가 독특했던 이유는 냉정하게 사람들과 거리를 두려고 하기보다 애정을 가지고 빌카밤바인을 대했다는 점이다.

내가 그들을 찾아간 이유는 그들이 나이가 많다는 말을 들었기 때문이다. 하지만 내가 그들과 함께 머물렀던 이유는 그들이 가장 사랑스러운 사람들이었고, 그들로부터 배우고 싶었기 때문이다. 그 사람들은 자신이 베푸는 정도로 자신의 가치를 잴 수 있다고 믿는 것 같았다. 나는 그렇게 적게 가진 사람들이 그렇게 많이 베푸는 것을 처음 경험했다. 물질적인 소유 없이도 이들은 인격과 개성과 베풀고자 하는 권리를 자연스럽게 드러냈다. 스페인 신부들에게서 그들이 들은 성서에 나온 모든 계율 가운데 노인들은 '받는 것보다 주는 것이 더 축복된 일이다'라는 구절을 인생의 좌우명으로 받아들인 것 같았다.

웃는 사람이 오래 산다

할셀은 현대 산업사회에 살면서 우리가 당연하게 받아들이는 사치품에 익숙해져 있었지만 빌카밤바에서의 소박한 삶을 '자유'로 받아들였다.

여기는 거울도 없고 양치질할 수돗물도 없다. 나는 다리와 겨드랑이의 털을 밀고, 겨드랑이에 탈취제를 뿌리고, 눈썹을 정리하고, 손톱에 매니큐어를 칠하고, 머리를 곱슬곱슬하게 마는 것과 같이 시간을 잡아먹는 모든 여성적인 활동에서 해방됐다. 성스러운 계곡에서 사는 것은 다시 아이가 되는 것과 같다. 매일 아침 해가 뜨면 일어나서 머리를 빗어 하나로 묶고, 매일 입는 옷을 입으면 빌카밤바식으로 하루를 맞이할 준비가 끝난다.

현대적인 기준으로 보면 빌카밤바인은 물질적인 면에서 가난하지만 그레이스 할셀은 그들이 다른 면에서 부유하다고 생각했다. 빌카밤바인은 물질적으로 풍요로운 현대인들이 종종 끝없이 추구하는 자신감과 마음의 평화를 온몸으로 발산하고 있기 때문이다. 그녀는 빌카밤바인의 경이로운 건강과 장수의 근본 원인은 그들이 서로를 대하는 방식에 있다고 생각하였다.

노인들과 같이 살면서 나는 한 번도 그들이 말다툼을 하거나 싸우거나 논쟁을 벌이는 것을 본 적이 없다. 그들은 이런 면에서 '고상한' 문화를 지니고 있다. 그들은 아름답고 우아하게 아주 다정한 미사여구를 써가며 말한다. 이들의 말 자체가 하나의 애무와 같다.

그녀는 두 명의 지역 경찰 중 하나에게 이 성스러운 계곡에서는 어떤 종류의 범죄가 일어나는지 물었다. "별로요. 범죄라고 할 만한 범죄는 실상 일어나지 않습니다." 그는 이렇게 말했다.

할셀은 빌카밤바의 건강과 조화로운 생활의 관건은 모든 연령대의 사람들이 서로 친밀한 관계를 맺고 있는 것이라고 믿었다. 유대가 강한 가족과 함께 살면서 이들은 사랑하는 사람들과 삶을 함께하는 데서 오는 모든 장점과 위로를 한없이 즐기고 있다. 그녀는 모든 연령대의 사람들이 고립되지 않고 함께 살아가는 것을 봤다.

나는 종종 안젤 모데스토와 함께 치장벽토를 바른 집 밖에 있는 벤치에 앉아 노인과 아이가 서로를 필요로 한다는 것에 대해 생각해봤다. 아직 채 두 살이 안 된 안젤의 증손자인 루이 페르난도는 항상 그의 옆에 있었다. 그 둘은 실과 바늘 같아 보였다. 둘은 친족임을 대번에 알아볼 수 있게 걸음걸이도 같고 걷는 속도도 같았다. 둘은 서로를 위해 시간을 보내고 사랑하고 서로 관심을 기울였다. 아주 오랫동안 나는, 지칠 줄 모르는 루이 페르난도가 뛰어놀고, 달리고, 웃으면서 다리와 팔을 휘둘러대며 힘을 시험해보고, 세상 속에서 자신의 자리를 찾아가면서 그가 하는 모든 행동을 칭찬하고 격려하는 증조할아버지의 사랑에 찬 시선을 느끼면서 매일 좀 더 자신감을 키워가는 모습을 지켜보곤 했다. 둘은 서로가 있다는 사실을 의식하고 아주 쉽게 진실한 사랑을 나누었다. 나는 루이 페르난도의 삶에 증조할아버지가 있다는 것이 그의 현재와 미래의 행복에 있어 엄마의 젖을 먹는 것만큼이나 중요하다는 점을 느꼈다.

압하지야인처럼 빌카밤바인은 노인에 대한 존경으로 가득 찬 사회에서 살고 있다. 어떤 노인도 결코 버림받거나 고립될까 두려워하지 않는다. 현대 미국 문화와는 극히 대조적으로 노인들은 그들이 가진 재산에 상관없이 단순히 있는 모습 그대로 사랑받는다. 젊은이들은 그들의 지혜를 존경하고, 그들이 연장자이기 때문에 공경하는 것이다. 젊은이들은 노인들 주위에 모여들어 함께 있는 것을 즐기며 노인들에게서 뭔가 배울 수 있는 점을 감사하게 생각한다. 젊은이들이 짐짓 생색내거나 가짜로 공경하는 척하면서 노인을 대하진 않는다. 젊은이들은 진심으로 노인을 존중한다. 노인들은 뒤로 물러나 있지 않고 젊은이들이 하는 일에 개입하면서 민감하게 반응한다. 할셀은 한 번도 노망이 난 노인을 보지 못했다고 말했다.

할셀은 미국 문화를 속속들이 알고 있다. 그녀는 젊음에 집착하는 문화에서 노인들이 종종 구식으로 보이고, 진보를 방해하는 것처럼 보인다는 것을 알고 있다. 소외된 사람들에 대해 절절히 공감하는 그녀는 어린이들과 노인들을 포함한 가장 취약한 사람들이 빌카밤바에서 받는 대우와 미국에서 받는 대우의 차이를 통렬하게 인식했다.

이들과 같이 살면서 나는 노인에게 은행 예금 계좌가 아니라 자신이 결코 혼자 살지 않을 것이며, 혼자 죽지도 않을 것이라는 확신이 안정감을 준다는 사실을 알게 됐다. 성스러운 계곡에서는 나이에 상관없이 노인이 버림받거나 원치도 않은데 요양 시설에 타의로 들어가서 방치된 채 시들어 죽어가게 될 거라는 두려움을 품지 않는다. 미국에서는 죽어라고 열심히 일하면서 살다가 결국엔 퇴물이 되고 만다. 미국 노인들의 현실은 우울해질 충분한 이유가 있는 것이다. 빌카밤바 노인들은 결코 그렇게 버림받고 우울하고 황량한 감정을 알게 될 일이 없다.

빌카밤바 노인들의 건강을 연구하기 위해 찾아온 의사 한 명은 미국 노인들에게는 우울증이 아주 흔하다는 것을 알고 있었다. 그는 라몬이라는 이름의 노인에게 이렇게 물었다.

"영감님은 자주 우울하신가요?"

라몬은 간단하게 대답했다. "그럴 이유가 있을 때만 우울하지."

의사는 노인에게 최근에 우울했던 경우를 하나 들어달라고 했지만 라몬은 그런 경우를 생각해낼 수 없었다. 마지막으로 그가 우울했던 때는 아주 오래전 일로 그의 집이 타버렸을 때라고 말했다. "그때 우울했어. 하지만 다른 사람들의 도움으로 새 집을 짓고 다시 행복하게 살았지."

이와는 대조적으로 현대 세계에서는 어떤 이유로든 사람들이 우울해지면 종종 프로작이나 다른 항울제를 받는다. 물론 이런 약을 먹고 힘든 시기를 극복하는 사람들도 있다는 것을 나는 알고 있다. 하지만 의기소침해지는 상실감이나 패배를 겪었을 때 약에만 의지하는 것보다 자신을 지지해주고 사랑해주는 사람들에게서 위안을 찾고 상처를 치유하는 것이 훨씬 더 좋지 않겠는가.

압하지야와 빌카밤바 문화의 큰 장점 중 하나는 사람들이 아주 깊은 관계를 맺고 있다는 것이다. 이들은 함께 씨를 뿌리고, 수확하고, 음식을 먹을 뿐 아니라 이웃과 함께 출산과 사별을 겪고, 아이들이 결혼하고, 부모님이 돌아가시는 경험을 함께 나눈다. 이런 식으로 이 공동 사회는 삶에서 가장 기쁘거나 두려운 순간을 함께하는 것이다. 누구도 그런 일들을 혼자 겪을 필요가 없는 것이다.

이런 식의 생활방식이 가능하다는 것을 알게 되는 것은 고무적이지만 이 지역의 삶에 대해 지나치게 감상적인 눈으로 바라보고 싶지는 않다. 빌카밤바에서 자살한 사람이 없다는 것은 사실이다. 안경을 쓰거나 보청기를 낀 노인도 없으며 극소수의 아주 나이가 많은 노인들만이 지팡이나 목발을 짚고 걷는다는 것도 사실이다. 하지만 성스러운 계곡이라 불리는 곳에 사는 사람들도 분명 그들 나름의 어려움이 있다. 거기에도 사고가 일어나고, 사람이 죽으며, 이혼을 하고, 관계에 실망을 하기도 한다.

하지만 그곳 사람들은 고통에 대비해 무장하지도 않고, 서로를 피해 껍질 속으로 움츠러들지도 않는다. 이들은 상처를 입으면 울고, 사랑하는 사람이 죽으면 슬퍼한다. 슬퍼하는 행동 자체가 삶의 일부이자 배움과 사랑의 일부로 여긴다. 그리고 계속해서 단단하고 친밀한 인간관계를 유지하면서 그렇게 배우고 나누는 삶 속에서 인생에 대한 미소가 더 깊어진다.

"빌카밤바인이 가장 마음에 드는 점은 아주 많이 웃으면서 산다는 것이다." 그레이스 할셀은 이렇게 썼다.

그들의 비결

빌카밤바에 대해서는 배울 게 많으며, 가진 게 거의 없는데도 그렇게 기쁘게 살 수 있는 그들의 능력을 존경하지만 가난한 생활이 고상하다고 생각하지는 않는다. 현대 세계에서는 돈이 없으면 기본적으로 인간적인 생활을 하는 데 제약을 받게 되고 궁상스럽게 살게 된다. 지갑이 비면 인생을 사는 데 무거운 짐을 끌고 다니는 것과 마찬가지다. 모든 인간이 음식과 옷과 집과 의료와 교육과 고용과 평생에 걸친 평화를 누릴 수 있도록 가난을 근절하기 위해 노력하는 것이 아주 중요하다.

동시에 현대를 살아가는 우리는 부의 축적을 너무나 중요하게 생각해서 종종 우리와 우리의 가치를 얼마나 많은 돈을 쓸 수 있는가로 규정하는데 이는 수치스러운 일이라고 생각한다. 우리는 돈을 성공의 척도로 만들었다. 한 풍자시인이 영어에서 가장 아름다운 두 단어는 '수표 동봉'이라고 꼬집어 말한 적이 있다.

데일 터너 목사는 소개를 받고 뉴욕 시로 온 인도의 한 신비주의자에 대한 이야기를 들려줬다. 시인의 가이드가 아침 출근 시간이 피크에 달할 때 타임스 스퀘어 전철역으로 데려갔다. 그 인도 방문자는 서류가방을 든 사람들이 서로 밀어제치는 모습과 사람들이 미친 듯이 운전하는 광경을 보고 질겁했다. 사람들이 왜 그렇게 정신없이 행동하는지 이해하지 못한 그가 물었다. "늑대가 저 사람들을 쫓아오기라도 하나요?"

"아니요." 가이드가 대답했다. "저 사람들은 달러를 쫓아가고 있어요."

부의 축적에만 몰두하는 삶은 그 부를 기쁨으로 바꾸는 방법을 알지 못하는 한 쓸모가 없는 삶이다. 이는 지혜와 이기적이지 않은 마음이 필요한 기술인데 빌카밤바인은 가진 것은 적지만 이런 자질은 아주 풍부하게 갖고 있는 것 같다. 아마 그들은 우리에게 삶의 성취란 더 많은 것을 소유하자고 악다구니를 써대는 게 아니라는 것을 일깨워줄 수 있을 것이다. 아마 이들은 우리에게 소박한 삶의 지혜와 인간관계의 중요성을 일깨워주고 '다른 사람들도 소박하게 살 수 있도록 소박하게 살라'고 충고했던 간디의 가르침을 제대로 깨달을 수 있도록 도와줄 수 있을 것이다.

현대인이 받아들이기 어렵겠지만 삶에서 실제로 과다하게 물질을 소유하지 않을 때 생기는 장점도 있다. 그레이스 할셀은 이렇게 썼다.

> 빌카밤바 노인들은 교통수단으로서의 바퀴 때문에 문제가 생긴 적이 없다. 이들은 차도 없고 자전거도 없다. 그렇다고 성스러운 계곡의 험준한 곳을 타고 다닐 말이나 작은 당나귀가 있는 것도 아니다. 이들은 그냥 걸어 다닌다. 이들은 걸어서 일하러 가고 일을 마치면 걸어서 집에 온다. 이렇게 걸어 다니면서 이들의 삶의 질은 높아지고 몸은 강해진다.

그녀는 빌카밤바인의 이런 면과 주로 앉아서 생활하면서 걷는 것이 무슨 대단하고 신기하며 칭찬을 받아야 할 일이나 되는 것처럼 '산책 가자'고 말하는 미국인들을 대조시켰다. 현대를 살아가는 우리는 어디를 가든 차를 타고 간다. 우리는 자동차에서 내리지 않은 채 이용할 수 있는 세탁소를 가고, 은행을 가고, 패스트푸드 레스토랑에 간다. 어떤 사람들에게는 운동을 한다는 것은 차를 타고 골프장에 가서 전기 자동차를 타고 돌아다니는 것을 뜻한다.

빌카밤바에서는 압하지야와 마찬가지로 아주 나이가 많은 사람들도 매우 활동적이다. 집에서나 뜰에서는 항상 몸을 써서 해야 할 일이 있고 남녀 모두 아주 어려서부터 죽는 날까지 그런 일들을 해낸다. 그들에게는 운동 기구가 필요 없다. 그저 매일 가파른 지대를 왔다 갔다 하면서 일상적으로 해야 할 일만 해도 근육이 생길 뿐 아니라 심장혈관도 아주 건강하게 유지되기 때문이다.

엄청나게 많이 걷고 일을 한 결과 빌카밤바의 초고령 노인들까지도 뼈가 아주 튼튼하다. 산업사회의 노인들과 달리 이들은 넘어져서 팔이나 다리나 엉덩이가 부러지는 일이 거의 없다. 심지어는 그렇게 노령인데도 다리를 절거나 장애가 생기는 일도 드물다.

현대 세계에서 사람들이 낙심하거나 우울할 때는 종종 '쉬엄쉬엄 하라'는 말을 한다. 이는 침대에 누워서 긴장을 풀고 쉬라는 뜻이다. 하지만 빌카밤바와 압하지야에서 사람들이 '우울증'이 생길 때는 좀 더 활동적으로 지내면서 사람들을 더 많이 만나는 식으로 대처한다. 자기 속으로 침잠해서 가만히 있기보다는 다른 사람을 찾아가 만나는 즐거움을 맛보기 위해 오래 걷는 편을 택한다. 친구를 만나기 위해 걸어가는 일이 큰 치유 효과를 발휘한다는 것을 알기 때문에 빌카밤바에는 이런 속담이 있다. "우리에게는 두 명의 의사가 있다. 왼쪽 다리와 오른쪽 다리."

이들이 먹는 음식

빌카밤바인의 식단은 어떤 종류의 음식으로 구성되어 있을지 궁금할 것이다.

이들에게는 포장된 식품들을 고를 수 있는 식료품 가게나 시장 같은 것이 전혀 없다. 이들의 집에는 통조림 식품이 없으며, 이들은 아침에 먹는 시리얼이나 팬케이크 가루나 크래커 상자를 열어본 일도 없다. 빌카밤바의 노인들은 살아오면서 가공식품을 먹어본 경험이 거의 없다. 이들은 대부분의 현대 식품에 들어 있는 인공 방부제와 다른 화학 첨가물에 대해서는 알지도 못한다.

채소는 영양가가 완전한 상태에서 텃밭에서 막 딴 것을 먹는다. 과일은 종종 바로 딴 자리에서 먹는다. 빌카밤바의 식단은 거의 채소로 구성돼 있고 주로 전곡, 채소, 과일, 씨앗, 콩, 견과를 먹는다. 가끔 우유나 달걀을 먹기도 하지만 그런 음식은 드물다. 노인들은 고기도 거의 먹지 않고, 버터는 전혀 먹지 않는다. 이들의 전반적인 식단은 칼로리가 아주 낮다(동시대 미국인의 표준 식단과 비교해서). 빌카밤바에는 과체중인 사람이 없다.

이들은 채소와 전곡과 다양한 콩에서 단백질을 얻는다. 탄수화물은 항상 정제되지 않은 곡물로 섭취하는데 주로 옥수수, 퀴노아(안데스 산맥에서 자라는 곡물_옮긴이주), 밀, 보리 같은 전곡과 감자, 유카(용설란과의 여러해살이 풀_옮긴이주), 고구마를 포함한 덩이줄기 작물을 먹는다. 지방은 주로 아보카도, 씨앗과 견과로 섭취한다.

빌카밤바의 식단은 압하지야의 식단과 놀랄 정도로 비슷하다. 빌카밤바의 식단은 전통적인 압하지야 식단처럼 단백질과 지방이 거의 전적으로 채소에서 나온다. 이 두 지역의 식단은 칼로리가 낮다. 그리고 두 문화 모두 가공식품과 대량으로 생산된 식품보다는 자연적인 식품에 전적으로 의존하고 있다.

현대 세계에서 우리가 디저트로 알고 있는 음식은 빌카밤바에는 존재하지 않는다. 빌카밤바의 노인들은 단 음식을 먹고 싶으면 무화과, 파인애플, 수박, 오렌지, 바나나, 나란질라(작은 오렌지), 파파야, 망고 같은 신선한 과일을 먹는다. 이곳에서는 모든 종류의 과일이 1년 내내 풍성하게 열린다. 빌카밤바인이 이웃에 놀러 갈 때면 종종 선물로 신선한 과일을 가져간다.

미국에서 온 그레이스 할셀은 좀 더 복잡하고 다양한 식단에 익숙해져 있었다. 그러나 그녀는 이곳에서 흥미로운 점을 찾아냈다.

빌카밤바에서는 한 번도 음식에 대해 깊이 생각해본 적이 없다. 짜증스러운 일이 없어서 초콜릿을 먹고 싶은 생각도 들지 않았다. 어쩌면 설탕과 가공식품을 구할 수 없기 때문에 나도 모르게 그런 욕구가 절제됐을 수도 있다. 하지만 나는 평소라면 당연히 생겼을 단것에 대한 욕구가 없어진 것에 다른 이유가 있지 않을까 하는 생각이 들었다. 그곳에서는 살면서 스트레스를 받지 않았다. 차가 막혀서 열 받는 일도 없었고, 어떤 음식을 먹어야 할지 고민할 필요도 없었다. 특정 브랜드의 포테이토칩을 먹게끔 유도하는 텔레비전 광고들의 습격 때문에 먹고 싶은 충동이 생기지도 않는다.

산을 오르락내리락하면서 노인들과 나는 한 번도 음식에 대해 이야기를 해본 적이 없다. 우리의 마음은 음식보다는 러브 스토리나 다른 더 흥미로운 생각에 사로잡혀 있었다. 그리고 먹기 위해 다들 같이 앉을 때는 모두 공손하게 행동했으며 그때도 역시 먹는 것보다는 말하는 데 더 신경이 쏠려 있었다. 나는 음식을 가지고 욕심을 부리거나 자기 몫을 먹지 못할까 봐 두려워하는 사람을 한 번도 본 적이 없다. 그리고 과식을 하는 사람도 보지 못했다. 나는 다섯 가지 코스 요리를 먹는 한 무리의 미국인들보다 훨씬 욕심이 적은 가족이 옥수수 한 접시를 나눠 먹는 모습을 봤다. 나는 그들의 좋은 영향을 받아서 예전보다 적게 먹었다.

현저한 차이

빌카밤바가 현대 산업사회와 큰 차이가 있다는 것은 쉽게 알 수 있다. 만약 당신이 현재 서양에 살고 있다면 빌카밤바인과는 아주 다른 음식 환경에서 살고 있는 것이다. 당신이 사는 곳은 패스트푸드 레스토랑들로 둘러싸여 있고, 지속적으로 정크푸드 광고에 노출돼 있을 가능성이 아주 높다. 많은 주택가에서 사과 하나 찾는 것보다 스니커스, 맥도널드의 빅맥 혹은 콜라를 찾는 것이 더 쉽다.

미국에서 건강에 대한 조언을 듣기 위해 병원에 간다면 대기실에서 〈가정의: 건강과 행복을 위한 가이드〉라는 제목을 가진, 표지에 광택이 나는 243쪽 분량의 잡지를 보게 될 것이다. 미국가정의협회에서 발간해 2004년 미국에 있는 5만 명의 가정의들의 사무실에 무료로 보낸 이 잡지는 맥도널드, 닥터 페퍼, 초콜릿 푸딩, 오레오 쿠키의 반짝거리는 전면 컬러 광고로 꽉 차 있다.

한편 미국에서 학교에 다니는 아이들은 엠앤엠스(M&M's)를 세는 것으로 셈을 배우고 캔디 회사들이 제공하는 학습 계획안을 사용한다. 아이들이 고등학교 복도를 걸어 다닐 때는 "엠앤엠스가 전 과목에서 A학점을 받는 것보다 좋아"라고 발랄하게 말하거나 "스니커스로 대학교에 대한 꿈을 만족시켜 봐"라고 적힌, 밝은 색으로 칠한 일련의 미니 보드들을 보게 된다.

정부 수치에 따르면 미국 아동은 놀랍게도 현재 전체 칼로리의 50%를 첨가지방과 설탕에서 얻는다고 한다. 건강을 의식하는 많은 사람은 미 공식 식단 지침이 좀 더 영양가가 많은 음식을 위해 더 강력한 입장을 취하지 않는다고 비판했지만 그것도 현재 미국 아동의 1%도 안 되는 아이들만 그 지침에 나온 식단을 규칙적으로 지키고 있다.

몇 주 전에 나는 70대의 친지들과 저녁 식사를 했다. 이들은 대체로 고기와 설탕을 많이 먹으며, 그날 저녁 식사도 예외는 아니었다. 한편 그들의 대화는 주로 이런저런 육체적 통증과 고통에 대해 불평을 늘어놓으면서 삶이 얼마나 황폐해져 가고 있는지에 대해 하소연을 하는 데 초점이 맞춰져 있었다. 마지막으로 낙관적으로 생각하려고 노력하면서 그들 중 하나가 이렇게 말했다. "뭐, 늙는 것도 그렇게 나쁘진 않은 것 같아. 그 대안을 생각해보면." 그가 한 말의 의미는 비참하더라도 죽는 것보다는 늙어가는 게 낫다는 뜻이었다.

나는 그가 긍정적으로 삶을 보려고 노력하는 것은 좋다고 생각했지만 만약 죽음 외에 또 다른 길이 있다면, 우리가 지금 가능하다고 생각하는 것보다 훨씬 더 건강하고 충만한 삶을 살 수 있는 생활방식과 식습관을 알게 된다면 삶이 얼마나 더 만족스러워질 수 있는지 궁금했다.

우리 자신에 대해 뭘 배울 수 있을까

압하지야가 그런 것처럼 빌카밤바에도 시련은 존재한다. 사실 인간이 사는 곳이라면 시련이 존재한다. 순수하고 훼손되지 않은 삶의 방식에 대한 막연한 동경에 눈이 멀어서 이런 지역에서의 삶을 낭만적으로 그리는 것은 잘못된 일이다. 압하지야나 빌카밤바 둘 다 에덴동산이 아니다. 이 사람들에게 우리가 꿈꾸는 이상적인 사회에 대한 환상을 투사하는 것은 정서적으로 이기적인 행위일 뿐 아니라 지적으로도 변호할 여지가 없는 일이다.

하지만 그와 동시에 이 특별한 곳에 우리의 삶에 영감을 주는, 아름다운 면이 있다는 것을 알아차리지 못한다면 이 또한 큰 실수일 것이다. 만약 우리 자신에 대해 더 잘 이해하고 싶다면, 왜 어떤 사람들은 병들고 절망하면서 늙어가는 반면 또 어떤 사람들은 평화롭고 활력 있게 늙어가는가에 대해 알고 싶다면 이런 지역에서 사는 사람들의 소박함과 선함에 대해 배울 점이 많을 것이다. 또한 60세의 나이에 이미 육체적으로 쇠약하고, 삶에 좌절하고, 우울해하는 사람이 되거나 혹은 90세에도 정력적이고, 정신이 초롱초롱하고, 행복한 사람이 되는 데 영향을 미치는 요인들을 알고 싶다면 이곳에 사는 사람들의 예에서 뭔가 배울 것이 있다고 나는 확신한다.

압하지야처럼 빌카밤바에서도 삶의 자연스러운 변화에 대해 변함없이 깊이 존경하는 마음이 깃들어 있다. 이들은 나이를 먹는 것을 찬미하고, 노인들을 공경하는 마음이 깊다. 이에 비하면 젊음에 집착하는 현대 문화는 얼마나 다른가. 이런 문화는 나이 먹는 것을 끔찍하게 생각하는 경향이 있어서 마치 삶의 목적이 영원히 25세에 머무르는 것처럼 행동하고 있다.

너무 빈번하게 우리 문화는 삶의 변화에 극렬하게 저항하면서 죽음을 살아남지 못한 실패로 보고, 노화를 젊음을 유지하지 못한 실패로 보는 경향이 있다. 우리가 이런 문화적 이데올로기를 받아들일 때 자신에게 통탄할 일을 저지르게 되는 것이다.

노년에 대한 잘못된 사회적 통념과 고정관념이 미국 사회에 너무 깊숙이 박혀 있어서 이런 관념들을 제대로 파악하지도 못한 채 우리 의식에 스며들 수 있다. 우리 문화가 노화에게 보내는 메시지를 벗어나기란 힘들다. 노인을 조롱하는 생일 카드부터 노인의 품위를 떨어뜨리는 언어가(괴팍한 늙은이, 고루한 영감태기, 노처녀, 색골 영감, 심술쟁이 영감) 널리 퍼져 있고 광고와 텔레비전 프로그램에 나온 노인들의 긍정적인 이미지가 별로 없기 때문에 우리는 끊임없이 노인들에 대한 반감에 젖어들게 된다.

나는 59세인데 우리 사회가 노화를 보는 유해한 시각을 꽤 잘 알고 있고, 우리가 그런 시각을 받아들임으로써 우리 자신을 어떻게 망가뜨리고 있는지 잘 알고 있다고 생각했다. 하지만 얼마 전 아침, 나는 전날 잠을 별로 못 자고 욕실로 들어갔다. 거울을 보던 나는 거울에 비친 내가 너무 나이 들어 보여서 충격을 받았다. 나는 본능적으로 주춤했고, 불쾌해서 얼굴을 찡그리느라 눈썹이 이마 한가운데로 모인 모습을 보노라니 거울에 비친 내가 더 맘에 안 들었다. 나는 끔찍한 기분이 들었고, 무슨 일이 일어났는지 그리고 내가 무슨 짓을 했는지 이해하기까지 시간이 좀 걸렸다.

나는 노화의 신호를 유쾌하게 받아들이지 않고 당황하면서 무시했던 것이다. 나는 자연스럽고 아름다울 수 있는 삶의 단계에 대해 널리 퍼진 문화적 혐오를 받아들였고, 피곤한 나 자신을 가엾게 여기면서 존중하기보다 경멸하는 눈빛으로 본 것이다.

내가 무슨 짓을 저질렀는지 이해했을 때 나는 거울로 돌아가서 거울에 비친 남자에게 크게 소리 내어 사과했다. 나는 이렇게 인생을 배우는 경험을 기억하고, 이제부터는 노화와 연약함의 징후를 찡그리기보다 미소를 지으며, 경멸하기보다 다정하게 맞기로 결심했다.

수많은 면에서 주류 서구 문화는 우리에게 젊음을 높이 평가하고 늙음에는 가치를 두지 말라고 가르친다. 영화에서 성숙한 여배우들이 맡아야 할 역할을 젊고 섹시한 여배우들이 하는 경우가 얼마나 많은가? 예를 들어 2005년 영화 〈알렉산더〉에서 알렉산더 대왕(콜린 파렐이 연기함)의 어머니를 안젤리나 졸리가 맡았는데 실상 그녀는 콜린 파렐보다 고작 한 살 많았다.

그러나 가끔 노화가 자연스럽고 건강한 삶의 한 양상이라는 메시지를 전달하는 영화가 만들어지기도 한다. 2003년 실화에 바탕을 둔 〈캘린더 걸〉이란 영화는 영국 요크셔를 배경으로 지역여성협회 회원들인 노부인들에 대한 이야기다. 이 협회는 별다른 변화가 없는 인습적인 단체로 회원들은 지루해서 시시한 짓을 하며 시간을 때운다. 이 회원 중 한 사람의 남편이 암으로 죽자 그녀는 병원 대기실에 새 소파를 놓아주기 위해 기금을 모으기로 결심한다. 그 전에 몇 년 동안 이 협회 회원들은 다양한 대의를 위해 케이크, 잼, 꽃 같은 물건들을 찍은 달력을 만들어 판매해서 기금을 모았지만 별로 많은 돈이 걷히지 않았다. 올해에는 뭔가 다르게 해야 할 필요가 있다는 것을 깨닫고, 돈이 될 만한 것을 해보자는 생각을 하다가 그들은 죽어가는 남편이 썼던 연설문을 기억해냈다. 그는 그 연설문에서 "요크셔의 여성들은 요크셔의 꽃과 같다. 그녀들은 점점 더 아름답게 성숙해가며 마지막으로 꽃을 피울 때가 항상 가장 아름다운 법이다"라고 단언했다.

이제는 고인이 된 남자의 말에 영감을 받아 그 노부인들은 자신들의 모습을 누드로(고상하게) 찍은 달력을 팔기로 한다.

〈캘린더 걸〉은 지금까지 수백만 명의 관객이 봤고, 영화의 바탕이었던 실화를 대대적으로 광고했다. 한편 실제 캘린더 판매로 새 암 병동(새 소파도 포함해서)을 짓기 위해 160만 달러 이상을 모았다.

이 영화에 고무된 세계 도처의 나이 많은 여성들이 2003년과 2004년 가치 있는 일을 위해 기금을 모으려고 1,000개가 넘는 캘린더를 제작했다. 그들은 그 경험이 아주 즐겁고 기쁘다는 점을 깨달았고, 나이든 여성의 독특한 아름다움을 찬미할 수 있고, 여성이 나이를 들어가면서 필연적으로 매력이 없어진다는 문화적 억측에 저항할 수 있게 됐다.

고령자 차별

'고령자 차별'은 미국 국립노화연구소의 창립 이사인 로버트 버틀러가 1969년 만들어낸 용어다. 그는 인종차별과 성차별 같은 다른 형태의 편견에 이를 비유하면서 고령자 차별을 늙었다는 이유로 노인들을 차별하고 노인에게 불리한 체계적인 고정관념을 만들어내는 것으로 규정했다.

고령자 차별 결과는 다른 그룹에 대한 차별을 떠올릴 때 연상되는 것과 비슷하다. 편견과 편협한 관념에 노출된 사람들은 주도적인 그룹의 부정적 이미지를 흡수해서 그런 부정적 이미지에 부합하는 식으로 행동한다. 따라서 노인들은 종종 동년배와 자기보다 나이가 더 많은 사람들을 차별하는 시선으로 바라보고, 심지어는 자신의 가치마저 낮추어 보는 경향이 있다.

우리는 우리 문화가 기대하는 내용을 배우고, 어느 정도는 그런 기대에 부응해 행동한다. 노화에 대한 일반적인 이미지가 노인들이 섹스를 하지 않고, 지적으로 완고하고 편협하며, 잘 잊어버리고, 보이지 않는 존재로 있기를 기대하면, 많은 노인들은 그렇게 하는 것이 이전까지 살아온 삶의 방식을 거스르는 것이라고 해도 그런 특징들을 받아들이게 된다. 만약 사회의 시각이 나이가 아주 많은 사람들의 건강 문제에 대한 적절한 해법이 그들을 양로원에 수용해서 사회의 주류에서 추방하는 것으로 본다면 분명 많은 노인이 결국엔 직원도 부족하고 생기 없는 시설에서 시들어가다 생을 마감하게 될 것이다.

고령자 차별은 사람들이 오래 산다면 결국에는 언젠가 속하게 될 집단에 대한 편견을 나타내고 있다. 그 결과 노화와 퇴보를 동등하게 보는 이데올로기는 모든 사람과 우리 생의 모든 단계의 희망을 앗아 간다.

우리는 우리의 노년에 대한 사회의 각본을 묵인하고, 노년을 상실과 패배의 시기로 규정하는 시각에 굴복할 수 있다. 하지만 나는 실제 노화와는 동떨어진 문화적 억측에 이의를 제기하고자 한다. 나는 늙어가는 과정이 인생을 살아가는 여정의 다른 단계들처럼 경이와 아름다움으로 가득 차 있다고 생각한다.

노화에 대한 건전한 사고방식을 형성하고 싶다면 압하지야와 빌카밤바 같은 문화가 생활주기에서 우리가 어떤 위치에 있는지 이해하는 방법에 대해 가르쳐주는 바가 많다. 이 문화권의 노인들은 존중받고, 그들이 지닌 지혜를 제대로 평가받는다. 이들은 자신이 사회적으로 유익하고 필요한 존재라고 느끼며 심지어는 아주 나이가 많은 노인들도 일반적으로 정신적인 기능과 육체적 능력을 그대로 유지하고 있다. 반면 현대 산업사회에서 노인들은 종종 자신이 쓸모가 없으며 사회와 단절되어 있다고 느낀다. 나이 들어갈수록 우리는 허허벌판으로 끌려 나와 오직 우리의 소소한 질환에 대해서만 생각하고 타인의 복지와 행복에 기여할 수 있는 기회는 점점 줄어들게 된다. 오랫동안 살아오면서 우리는 중요한 것을 몇 가지 배웠을 수 있지만 주도적인 사회 환경은 우리가 지역사회를 위해 그렇게 배운 바를 표현할 수 있는 길을 점점 더 줄여갈 따름이다. 빌카밤바와 압하지야의 경우에서 우리는 좀 더 충만하고 즐겁게 노화를 경험하고, 좀 더 잘 살 수 있는 방법을 배울 수 있다.

내게는 빌카밤바로 이주한 친구가 몇 명 있다. 그들이 왜 그렇게 했는지 이해는 되지만 내가 거기로 이사 가서 노년을 보낼 생각은 없다.

그리고 빌카밤바인이 전통적으로 살아온 것처럼 현대 첨단기술이 없는 삶의 방식으로 돌아가고 싶은 생각도 없다. 나는 부드러운 잠자리 없이 잠을 자봤고, 냉장고 없이 살아보기도 해서 그런 것들이 없어도 행복할 수 있다는 걸 알지만 그런 물건들이 주는 안락함을 즐기며, 그런 것들이 있어서 고맙다고 생각하고 있다. 나는 흙바닥에 난방도 거의 안 되는 집에서 살고 싶지 않고, 수도와 실내 배관이 되지 않은 곳에서 살고 싶지 않다. 나는 공중 보건과 위생이 발전하면서 그 결과 영아 사망률이 낮아진 점을 높이 평가하고, 현대 세계가 제공하는 복잡한 특징들과 도전의 진가를 인정한다. 나는 현대 서구 사회의 삶을 사랑하고, 단점과 한계가 있긴 하지만 그곳을 내 집으로 소중하게 여기고 있다. 나는 또한 현대 세계의 독성의 일부가 전통적인 빌카밤바의 삶의 방식에 침투해서 변화시켰다는 것을 알고 있으며, 그 변화는 나중에 좀 더 자세하게 다룰 것이다.

그렇다. 나는 빌카밤바로 이주하기보다 빌카밤바의 정신과 지혜를 현대의 삶 속으로 가져오고 싶다. 나는 원시적인 환경에서도 이 사람들이 활력 있고 아름답게 살 수 있었던 원칙들을 이해하고 그 원칙을 우리의 삶에 적용하고 싶다.

나는 빌카밤바의 노인들을 흉내 내고 싶지 않지만 그들을 존경하고 싶고, 그들을 가이드이자 우리를 일깨워주는 사람이자 친구로 삼고 싶다. 그들의 삶은 압하지아인의 삶처럼 우리에게 노화는 질병이 아니며, 늙어간다는 것이 꼭 재앙이 될 필요는 없으며, 우리가 서로를 사랑할 때 생의 모든 단계가 활력과 영혼과 기쁨으로 가득 찬 삶을 살 수 있을 거라고 기대할 수 있을 것이다.

훈자, 아흔의 나이에 춤을 추는 사람들

풍부한 것이 아름답다.
- 윌리엄 블레이크

압하지야인과 빌카밤바인보다 훨씬 더 믿기지 않는 이야기의 주인공이 된 사람들이 있는데, 이들 또한 〈내셔널 지오그래픽〉의 의뢰를 받아 알렉산더 리프 박사가 방문했다. 이곳은 전설적인 땅 훈자라는 곳이다.

훈자는 러시아와 중국과 접한 파키스탄의 북쪽 끝에 있다. 이곳은 무려 여섯 개나 되는 산맥이 한데 모이는 장엄한 곳으로 외경심을 불러일으키는 곳이다. 이 산맥들 정상의 평균 높이는 2만 피트이며 라카포 산맥 같은 경우는 2만 5,000피트에 이른다.

훈자는 별까지 닿을 정도로 높게 뻗어 있는 험준한 성벽들 사이에 아늑하게 자리 잡은 매우 비옥한 계곡이다. 이 계곡에서는 2,000년 동안 1만 명에서 1만 3,000천 명에 이르는 사람들이 외부 세계와 거의 완벽하게 고립된 채 살아왔다. 최근까지는 외부인들의 접근이 거의 불가능했고, 거의 1년 내내 유일한 출입구는 훈자 계곡을 둘러싼 채 높이 솟아 있는 산들 사이로 구불구불하게 이어지는 위험한 산길 밖에 없었다. 어떤 곳에서는 산길의 폭이 60센티미터밖에 되지 않았고 너덜너덜하게 닳아 몹시 위험한 밧줄 다리를 건너야 하는 곳도 있었다. 또 다른 곳에서는 산길이라는 게 사실상 몹시 가파른 바위투성이 벽 위에 삐걱거리는 소리가 나는 나무 발판을 이용한 외팔보로 만든 길이기도 했다. 이곳이 역사적으로 오랫동안 고립되어 왔다는 사실은 훈자 주민들이 다른 언어들과 아무 관련이 없는 고립 언어인 부루샤스키어를 구사한다는 점에 나타나 있다.

리프 박사가 훈자에 도착해서 처음 주목한 점 중 하나는 그가 연구하러 온 노인들이 놀랄 정도로 명랑하고 활력이 넘친다는 점이었다. 가는 곳마다 그는 경이로울 정도로 활기차고 놀랄 정도로 쉽고 민첩하게 가파른 산비탈을 오르락내리락하는 노인들을 만나게 됐다.

리프 박사는 100세로 추정되는 한 노신사에 대해 이렇게 썼다.

그 노인은 마르고 몸이 날렵하며 그 나이에도 여전히 도로를 만들기 위해 바위를 부수는 일을 하며 살아간다. 그는 작업할 때 사용하는 큰 쇠망치를 보여줬는데 (…) 한 손으로 아주 쉽게 그 망치를 휘둘러댔다. 숙소에서 나와 산비탈을 올라오던 우리를 세 노인이 따라잡았다. 우리는 몇 걸음씩 올라갈 때마다 숨을 돌리고 정신없이 뛰는 심장을 진정시키기 위해 멈춰야 했는데 그 노인들은 20도나 30도 정도 가파르게 경사진 곳을 아주 쉽게 올라갔다. 우리 짐을 날라주던 또 한 노인은 사진 촬영 장비가 든 무거운 박스 하나를 어깨에 걸쳐 메고 마치 날렵한 산양처럼 험준한 지형을 뛰어 올라갔다.

병을 모르는 사람들

훈자인의 건강에 대해 언급한 초기 과학자들 중 하나로 영국 의사인 로버트 맥캐리슨 박사가 있다. 인도 보건성의 소장이었다가 나중에 인도 영양학 연구 책임자가 된 맥캐리슨 박사는 영국 외과 대학에서 자주 강연을 했고, 영국 의학저널에도 글을 썼다. 그는 당시 인도를 크게 괴롭히고 있던 질병인 소유행열이 모래파리에 물려 생긴다는 것을 밝혀내 세계적으로 명성을 얻었다.

20세기 초에 이 역사적인 발견을 한 지 얼마 안 된 맥캐리슨 박사에게 영국 육군이 훈자인을 위한 건강과 보건 시스템을 설립하라는 임무를 맡겼다. 그는 훈자인과 몇 년 동안 같이 살면서 그들의 가계도를 추적하고, 매일 인터뷰와 신체검사를 실시하고, 이를 모두 꼼꼼하게 기록으로 작성했다. 그는 훈자인에 대해 더 많은 것을 알아갈수록 그들의 건강과 강한 체력에 깊은 인상을 받았다.

특히 아주 나이가 많은 노인들의 육체적, 정신적 상태에 큰 충격을 받았다. 수년간에 걸친 신중하고 세밀한 조사를 바탕으로 그는 훈자인들의 건강에 대해 열광적으로 묘사했다.

내가 직접 만난, 육체적으로도 완벽하게 건강할 뿐 아니라 병이란 걸 아예 모르는 사람들을 한 예로 제시하겠다. 훈자인은 장수를 누리면서 젊고 활기차게 살아가며 놀랄 정도로 인내심이 강하고, 대체로 병이란 걸 모르고 살아간다. 세련된 문명사회와 멀리 떨어져 사는 이들은 육체적으로 경이로울 정도로 강건하며, 늙어서까지 활기찬 젊음을 유지한다. 이들은 가임 능력이 대단히 뛰어나고 장수하며 신경계가 아주 안정되어 있다. 이곳에서 암이란 존재하지 않는다.

1964년 또 다른 저명한 서양 의사가 훈자인을 연구하고 그 감상을 밝혔다. 심장 전문의인 폴 더들리 화이트 박사는 심장 발작을 일으킨 미 대통령 드와이트 아이젠하워를 치료하기 위한 심장병 전문의로 뽑히면서 1950년대에 국제적인 명성을 얻었다. 진보적인 사고방식을 지닌 이 의사는 또한 미국 심장학회를 설립했다.

화이트 박사는 소문대로 훈자인이 정말 어떤 심장 질환도 없이 장수한다는 것이 사실인지 직접 확인하기 위해 배터리로 작동되는 휴대용 심전계를 가져왔다. 증거 자료가 부족해서 그가 연구한 훈자 노인들의 실제 연령은 확인할 수 없었지만 노인들의 혈압과 혈중 콜레스테롤 수치, 심전도를 잰 후 극히 노령의 노인들조차 심장병의 흔적이 없다는 것을 발견했다. 〈미국 심장학회〉지와 다른 잡지에 기고한 글에서 화이트 박사는 자신이 진찰한 훈자인 25명에 대해 이렇게 묘사했다.

> 상당히 믿을 만한 증거에 따르면 이들은 90세에서 110세 사이인 것으로 추정된다. 이들 중 어느 누구도 심장질환, 고혈압 혹은 높은 콜레스테롤 수치를 보이지 않았다. 이들은 양쪽 눈의 시력이 2.0에 충치도 하나도 없다. 인구 3만 명이 사는 나라에서 혈관, 근육, 장기, 호흡, 뼈에 관계된 질환을 앓고 있는 사람이 하나도 없었다.

이런 기사 내용을 읽은 미국 국립노인병학협회에서 제이 호프먼 박사에게 훈자에 가서 이 외딴 곳에서 살아가는 독특한 사람들의 건강과 장수에 대해 연구해달라고 요청했다. 호프먼 박사가 미국에 돌아왔을 때 그는 훈자에서 본 것에 완전히 매혹되어 있었다. 그는 이렇게 썼다.

예나 지금이나 모험가들과 유토피아를 찾는 사람들은 열정적으로 청춘의 샘을 찾아 온 세상을 다녔지만 찾지 못했다. 그러나 믿기 힘들겠지만 청춘의 샘이 실제로 히말라야 산속 고지에 있다. 이곳 사람들에게는 심장병, 암, 관절염, 고혈압, 당뇨, 결핵, 건초열, 천식, 간 질환, 쓸개 질환, 변비 같은 흔한 질병 또는 세상 사람들을 괴롭히는 다른 많은 질환이 없다. 게다가 여기에는 병원, 정신병원, 약국, 술집, 경찰, 감옥, 범죄, 살인, 거지도 없다.

비범한 등산가들

이와 비슷한 내용의 보고서를 썼던 다른 의사들의 말을 믿는다면 훈자인의 건강은 오랫동안 경이 그 자체였다고 할 수 있다. 그리고 등산가들은 분명 훈자인의 체력과 민첩성과 강인함에 큰 감명을 받았다. 최초로 에베레스트 산 원정에 네 차례나 참여한 전설적인 등산가인 에릭 십턴은 그 지역을 등반할 때 종종 훈자인을 짐꾼으로 고용했다. 그는 훈자인이 네팔의 전설적인 셰르파(히말라야에 사는 부족으로 등반가들을 위한 길 안내나 짐 운반을 자주 함-옮긴이주)보다 훨씬 더 뛰어난 등산가라고 말했다.

십턴만 이런 평가를 내린 게 아니었다. 많은 등산가가 훈자인을 세계 최고의 등반가로 생각했다. 이들은 무거운 짐을 지고 히말라야 지역을 하루에 40마일 이상 갈 수 있다. 한 목격자는 이렇게 말했다. "이들은 겁도 없이 무시무시하게 빠른 속도로 깎아지른 듯한 암벽을 올라갈 수 있다. 그리고 아주 침착하게 가파른 벼랑도 기어 올라갈 수 있다."

등산의 세계에서 훈자인은 활력과 육체적인 스태미나뿐 아니라 견딜 수 없을 정도로 힘든 환경에서도 밝고 긍정적인 태도를 지닌 것으로 유명하다. 〈왕립 지리학 저널〉에서 한 탐험대 대장은 이렇게 썼다.

> 훈자인은 우리랑 두 달 동안 같이 지내면서 짐을 진 사람이 다니기에는 아마 세계에서 최악인 나라에서 계속 이동했다. 항상 뭐든 할 준비가 된 그들은 우리가 같이 여행한 사람들 중 가장 유쾌하고 자발적으로 일하는 사람들이었다.

또 다른 등산가는 말 한 마리가 무리에서 벗어나 도망가버렸을 때의 상황을 들려줬다. 훈자 짐꾼이 그 달아난 말을 쫓아 거의 이틀 동안 억수같이 쏟아지는 빗속에서 맨발로 높은 산을 다니다가 마침내 말을 잡아서 다시 데려왔다고 한다.

극히 힘들었던 등반 원정대의 대장들이 훈자인을 결코 지치지 않는 것처럼 보이는 사람들로 묘사하는 내용이 계속 나온다. 한 대장은 훈자인이 무거운 짐을 진 채 낮에는 울퉁불퉁한 산중턱을 20마일씩 걸어 다니고 밤에는 늦게까지 춤을 추며 노는 것이 흔한 일이라고 말했다. 그리고 그다음 날 일찍 일어나 또 걷고 밤에는 춤추는 나날들이 계속 이어진다고 말했다.

또 다른 대장은 어떤 훈자인이 한겨울에 얼음이 꽁꽁 언 연못에 구멍을 두 개 뚫어서 계속 한 구멍으로 들어갔다 다른 구멍으로 나오는 걸 봤는데 언뜻 보기에는 북극곰이 그러는 것처럼 얼어붙을 것 같은 물에 들어갔다 나갔다 하면서 원기를 북돋워주는 것 같았다고 했다.

건강한 훈자인의 눈

1960년대에 미국의 유명한 텔레비전 프로그램인 〈재미있는 사람들 (People Are Funny)〉의 사회자인 아트 링클레터가 오랫동안 건강과 노화와 장수에 관심을 가져온 네브래스카의 안과의사인 알렌 E. 바닉 박사가 훈자를 방문하는 데 자금을 댔다.

바닉 박사는 특히 훈자인의 눈과 시력에 관심을 기울였다. 서양에서는 대부분의 사람이 40대에서 50대에 노안이 시작되면서 눈의 탄력이 서서히 없어진다는 것을 박사는 잘 알고 있었다. 노안이 진행되면 사람들은 눈의 초점을 제대로 맞추기 위해 책, 잡지, 신문, 메뉴 그리고 다른 읽을거리를 저만치 거리를 두고 보게 된다. 수를 놓거나 글씨를 쓰는 것처럼 대상을 바로 앞에 두고 봐야 할 때는 두통이 생기거나 눈이 피로해진다. 안과의사들은 일반적으로 노안을 피해갈 방법은 없다고 믿고 있다. 평생 한 번도 시력에 문제가 없었던 사람이라도 살다 보면 언젠가는 노안이 찾아온다고 생각한다.

그러나 바닉 박사는 훈자인 중에서 극히 나이가 많은 노인들도 미국의 노인들이 걸리기 쉬운 안과 질환이나 시력 약화나 노안으로 고생하지 않는다는 것을 발견했다. 그는 이렇게 고찰했다.

훈자인의 눈은 아주 훌륭했다. 나는 그들의 눈이 대단히 건강하며 난시의 징후가 거의 없다는 걸 알아냈다. 심지어는 나이가 아주 많은 노인들도 시력이 좋았는데 이는 이들의 수정체가 탄력을 잃지 않았다는 것을 의미한다.

바닉 박사는(공동 저자인 르네 테일러와 함께) 그가 발견한 내용을 《훈자 지역: 뛰어난 건강과 젊음의 원더랜드》라는 제목을 붙인 책에 실었다. 그는 훈자인에게 매료돼서 이렇게 썼다.

> 수세기 동안 살아온 이 민족은 비범한 생기와 활력을 지니고 있다. 거의 2000년 동안 고립돼서 살아온 훈자인은 먹고, 생각하고, 운동하고, 살아가는 방식을 자체적으로 발전시켜 수명을 늘릴 수 있었던 것 같다. 이들은 돈도 없고, 빈곤도 없으며, 질병도 없다. 이곳은 사람들이 건강을 누리며 서로 신뢰하며 품위 있게 살아가는 곳이다.
>
> 훈자인은 세상 어느 곳과도 견줄 수 없을 정도로 긴 세월 병을 앓지 않고 튼튼하게 사는 사람들이다. 미국에서는 종종 분명하게 드러나는 노쇠 현상을 보이지 않은 채 노인들이 정력적으로 일하며 살아가는 모습은 경이롭다.

바닉 박사는 훈자인의 건강과 장수가 어렸을 때 시작된다는 결론을 내렸다. 행복한 아이들의 모습에 감동받은 박사는 이런 말을 했다. "아이들은 쉽게 웃고 모든 사람에게 친절한 마음을 가지고 대한다. 훈자에는 청소년 범죄라는 게 없다."

인생을 찬미하는 사람들

훈자를 방문한 거의 모든 사람이 그곳의 평화로운 분위기와 그곳 사람들의 쾌활하고 친절한 태도에 대해 묘사했다. 노화에 대한 미 상원 특별위원회의 위원인 일리노이 주 상원의원 찰스 퍼시가 훈자를 방문하고 이런 말을 남겼다.

> 우리가 그곳을 방문했을 때 분위기는 전반적으로 호의적이었다. 가는 곳마다 마을 사람들이 인사를 하고, 우리 손을 꼭 쥐어줬다. 남자들은 남자들에게 인사하고, 여자들은 여자들에게 인사했다. 아이들은 과수원으로 달려가 우리를 위해 신선하고 달콤한 살구를 따거나 들꽃과 사과를 내밀었다.

다른 사람들은 특히 이슬람 국가에서 훈자 여성들이 자유롭게 활동하는 것을 보고 놀랐다고 말했다. 훈자 여성들은 베일도 안 쓰고 다니고, 바지를 입고 들판에서 일하며, 남자와 같이 재산을 물려받는다. 이혼이 흔한 건 아니지만 남자만큼 여자도 쉽게 이혼할 수 있다. 여성들은 학대를 받거나 과로하지 않는다. 이들은 대개 터울을 크게 둔 자녀를 둘이나 셋 낳는다. 그리고 모유 수유를 아주 중요하게 생각한다. 아이들은 많게는 세 살까지 엄마 젖을 먹고 자라며, 어떤 경우에는 그보다 더 오래 먹기도 한다.

미국 노인병학협회의 제이 호프먼 박사가 훈자에서 돌아왔을 때 그런 풍경을 호들갑스럽게 요약했다.

> 훈자인은 세상에서 제일 행복한 사람들로 보인다. 이들이 행복한 이유

는 이들이 진정으로 살아 있기 때문이다.

흙의 비밀

로데일 프레스는 미국에서 가장 큰 독립 출판사로 〈맨즈헬스〉를 비롯한 여러 개의 잡지를 42개국에서 출간하고 있다. 그리고 로데일 연구소는 유기농업과 원예를 후원하는, 세계에서 가장 강력한 지지자다.

로데일 프레스와 로데일 연구소 둘 다 제롬 어빙 로데일이 시작했다. 친구들에게는 JI라고 불리는 그는 건강과 행복에 평생 동안 관심을 가지고 있었고, 출판사가 성공을 거두는 동안 미국에서 유기농 운동을 대중화했다. 1971년 〈뉴욕 타임스〉의 커버스토리에서는 유기농 원예와 건강한 삶의 방식을 장려하는 그의 노력을 묘사하면서 그를 '유기농 음식 컬트의 지도자'라고 불렀다(유기농 음식이 당시 컬트라고 불렸던 것을 보면 지난 수십 년 동안 우리가 얼마나 발전했는지 알 수 있다. 현재 〈오가닉 가드닝(Organic Gardening)〉는 세계에서 가장 많이 읽히는 원예 간행물이다).

로데일은 유기농 식품에 깊은 믿음을 지니고 있었다. 그는 사람의 건강은 그가 먹는 음식의 질에 달려 있고, 그 음식의 질은 그 음식이 자라는 토양의 건강에 달려 있다고 생각했다. 그가 보기에 토양의 건강보다 더 근본적이거나 중요한 건 없었다.

이것과 훈자인이 무슨 관계가 있을까?

로데일은 훈자인의 삶의 방식을 열정적으로 배웠으며, 훈자인을 연구하면서 유기농 농업에 대한 독창적인 아이디어들을 많이 개발할 수 있었다. 그는 훈자인의 전설적인 건강과 활력이 훈자의 흙에서 길러진 것이며, 그 흙의 활력은 그들의 농법에서 비롯됐다고 믿었다. 그의 개인적인 견해로는 훈자 농업은 유기적인 삶의 방식의 정점에 있으며 인류가 따라야 할 이상적인 모델이었다.

〈프리벤션(Prevention)〉지의 창간호를 발행하기 2년 전 로데일은 《건강한 훈자인들》이란 제목의 책을 썼다. 이 책에서 로데일은 지난 2000년 동안 훈자인이 계속 열심히 일해서 주기적으로 산속의 개울과 강물을 산비탈의 계단식 논과 밭으로 돌리는 훌륭한 관개 시스템을 설계해 계곡 전체에 아주 비옥한 일련의 계단식 논과 밭을 일궈놓은 과정을 자세히 설명했다.

로데일이 훈자의 계단식 논과 밭과 관개 시스템의 정교함과 그 규모에 대해 장황하게 격찬을 늘어놨다면 미국 노인병학협회의 제이 호프먼 박사는 그야말로 완전히 열광했다.

우리가 가장 감동했던 것은 계곡 멀리까지 그리고 높은 산비탈까지 쭉 펼쳐져 있는 계단식 논과 밭이었다. 훈자를 방문했던 최고의 엔지니어들조차 최초에 계단식 논밭을 만든 사람들이 어떻게 역사상 최고의 공학 기술을 써서 관개 시설이 갖춰진 이 논밭들을 수천 개나 만들 수 있었는지 이해할 수 없었다. 훈자의 계단식 논밭이 세계 7대 불가사의로 등재되지는 않았지만 난 그 장엄함과 공학 기술과 이들을 만드는 데 들어간 과학적 능력을 생각해볼 때 여기에 들어갈 자격이 충분하다고 생각한다.

호프먼 박사가 훈자의 계단식 농업을 세계 7대 불가사의에 비유하는 말을 처음 들었을 때 나는 그가 과장했다고 확신했다. 하지만 그 계단식 논밭에 대해 점점 더 많이 배우고 그 원리에 대해 알게 되자 나는 그가 그렇게 열광했던 게 당연하다고 느꼈다.

훈자에는 계단식으로 일군 논밭 수천 개가 계곡 전체에 펼쳐져 아름답기 그지없는 장관이 만들어졌다. 그 논밭을 채운 흙은 수천 피트 밑에 있는 강에서 바구니로 채워서 가파른 산비탈까지 날라 온 것이다. 밭들은 모두 제방을 쌓아서 가장자리가 땅보다 몇 인치 높다. 이렇게 해서 계단식 경작지는 지난 몇 세기 동안 힘들게 절벽 속으로 깎고 파 들어간 60마일이 넘는 수로들과 도관들을 통해 주변의 산에서 흘러내린 미네랄이 풍부한 물에 잠길 수 있었다. 침니가 아주 많은 그 물에는 훈자의 풍경을 내려다보고 있는 빙하에서 부서진 미세한 돌가루가 들어 있다. 따라서 그 물은 훈자의 작물을 비옥하게 할 뿐 아니라 이미 비옥한 흙에 귀중한 광물들로 얇은 막을 씌운 셈이었다.

몇 세기 동안 이 과정이 끝없이 반복되면서 지속적으로 축적된 광물 덕분에 이곳의 토양은 아주 비옥해졌다. 로데일은 훈자인이 경이로울 정도로 건강한 것이 이것과 관계가 있다고 확신했다.

> 훈자인이 아주 건강한 이유는 (…) 그들이 먹는 음식의 재배 방법에 있는데 (…) 나는 훈자의 땅에 흘러 들어오는 가루가 된 돌먼지가 훈자인이 거둔 경이로운 결과에 중요한 원인이 됐다고 확신한다.

오랜 세월 비료나 살충제를 구할 수 없었기 때문에 훈자의 농업은 당연히 전적으로 유기농으로 지었다. 최근 파키스탄 정부가 훈자인에게 해충이 끓어서 작물이 위태롭다고 경고를 하고 작물을 보호하기 위해 살충제를 사용하라는 의견을 냈지만 훈자 지도부는 쓰지 않기로 결정했다. 그 대신 훈자인은 음식을 조리할 때 불을 피우고 생긴 재를 모아서 해충들이 좋아할 만한 식물 주위의 흙 위에 올려두었다. 그러자 고알칼리성 재거름이 벌레들을 쫓아내는 역할을 했다. 그리고 그 재거름이 흙속으로 스며들면서 그 속에 있던 광물 함유량이 높아져 흙을 더욱더 비옥하게 만들었다. 이런 식으로 훈자인은 흙에 아무 해를 끼치지 않으면서 작물을 보호했고, 그 과정에서 토양을 더 비옥하게 했다.

한번은 인조 비료를 쓰면 작물 수확량이 늘어날 거라고 설득하는 한 세일즈맨에게 넘어간 적이 있었다. 그러나 훈자인들은 곧 비료를 친 작물을 재배하기 위해서는 더 많은 물이 필요하며, 수확량은 늘어났지만 곡물의 질은 떨어졌다는 것을 깨달았다. 그래서 그들은 다시 유기농법으로 돌아갔고, 인조 비료의 사용을 금지했다.

분뇨의 농업적인 가치와 분뇨에 내재된 세균의 위험을 잘 알고 있는 로데일은 현대 기술의 도움 없이 훈자인이 토양을 비옥하게 만드는 분뇨를 안전하게 사용할 수 있도록 퇴비로 만드는 방법을 개발한 점에 깊은 감동을 받았다. 그는 이렇게 썼다.

전반적인 농업 활동의 모든 단계에서 훈자인은 신비로울 정도로 현명한 결정을 내렸다. 문명 세계가 물과 하수의 위생에 대한 단순한 사실을 배우는 데 그렇게 오랜 세월이 걸린 반면 훈자인이 원시적이고 궁벽한 산촌에서 이미 1000년 전에 그 사실을 효과적으로 이용한 것을 보면 아무래도 생각에 잠기지 않을 수 없다. 훈자인은 흙을 구슬려 식량을 재배해내는 방법에 있어 그야말로 초자연적인 능력을 가지고 있다. 훈자인은 손가락으로 땅의 맥박을 짚어낸다. 훈자인은 총명하고 토양 유실이 위험하다는 것을 잘 알고 있기 때문에 토양 침식을 최소화한다. 훈자인은 토양을 보존하는 방법으로 농사를 지을 수 있는 시간과 에너지가 있다.

로데일은 기저토가 침식되면 문화에 어떤 영향을 미치는지 잘 이해하고 있었다. 토양 침식은 고대 이집트, 그리스, 마야 문명을 포함한 많은 위대한 문명이 쇠락해서 소멸하는 데 결정적인 역할을 했다. '표토와 문명'에서 버논 카터와 톰 데일은 토양 침식이 일어난 곳은 어디든 그 문명이 기반으로 삼는 비옥한 토대가 파괴됐고, 결과적으로 그 문명은 멸망했다고 지적했다.

표토는 수분을 함유한 거무스름하고 광물이 풍부한 흙으로 우리가 먹는 식물을 먹여 살려서 결과적으로는 우리를 먹여 살린다. 표토는 지구상에서 우리가 생명을 유지할 수 있는 기본적 토대 중 하나다. 200년 전 미국 농경지의 대부분은 적어도 21인치의 표토로 덮여 있었는데 그 이후 표토 유실률이 가속화하고 있다. 미국은 이미 가장 소중한 자연 자원 중 하나의 75%를 잃었다. 사람의 손길이 닿지 않는 자연과 500년의 세월이 있어야만 표토 1인치를 만들 수 있다. 현재 미국은 16년마다 표토를 1인치씩 잃고 있다.

현대 사회에 토양 건강의 중요성을 최초로 각성시킨 사람 중 하나인 로데일은 훈자인이 수천 년 동안 작은 계곡에서 표토를 전혀 잃지 않은 채 사회 구성원 전체를 먹여 살려왔다는 사실의 중요성을 간파했다. 세월이 흐를수록 그들의 토양은 점점 더 비옥해지며, 한때는 바위투성이에 지나지 않았던 곳에 실제로 비옥한 토양을 만들어냈다는 사실에서 그는 깨달음을 얻었다.

훈자인은 어떻게 그런 위업을 달성했을까? 그들은 토양을 비옥하게 만들기 위해 가능한 한 모든 것을 다 넣었고, 아무것도 낭비하지 않았다. 여름에 그들이 키우는 염소와 양이 높은 산 중턱을 올라갈 때는 아이들이 동물들의 똥을 찾기 위해 산을 올라가는 놀이를 했고, 그렇게 주워 온 똥을 퇴비 더미에 보탰다. 과수와 채소를 키우는 데 쓸 수 있는 모든 것을 부지런히 모았는데 거기에는 죽은 나뭇잎, 썩어가는 나무, 그리고 찾을 수 있는 동물의 똥도 포함되어 있었다. 이 모든 것을 신중하게 고안해서 땅을 깊이 파 만든 퇴비 구덩이에 모았다가 수천 개의 계단식 논밭 곳곳에 조심스럽게 뿌렸다.

훈자의 농업은 지구 역사상 가장 훌륭하고, 영구적이고, 끊임없이 지속되는 농업이다. 미국인들이 고작 200년 만에 토양의 10분의 1을 죽인 반면, 훈자인은 2000년 동안 그 토양에 의지하면서 지속적으로 토양을 더 비옥하게 만들었다.

그들이 먹는 음식

훈자인은 세계의 위대한 불가사의 중 하나라고 불리는 비옥한 계단식 논밭에 어떤 종류의 식량을 재배할까? 그들은 살구, 복숭아, 배, 사과, 자두, 포도, 체리, 오디, 무화과 그리고 여러 종류의 멜론을 포함한 다양한 과일을 재배한다. 이들은 여기다 여러 종류의 야생 베리류를 즐기는데 신선하게도 먹고 말려서도 먹는다. 훈자의 사과는 거대해서 사과 하나가 1파운드가 넘는다. 하지만 모든 과일 중에서도 그들이 가장 많이 먹는 과일은 그들이 좋아하는 살구다. 훈자인은 스무 가지가 넘는 살구를 개발했는데 그 맛과 영양가가 현재 서구에서 흔히 나오는 살구와는 비교할 수 없을 정도로 탁월하다. 훈자의 살구는 지구상에서 가장 감미롭고 달콤한 과일 중 하나로 묘사돼 왔다.

살구 과수원은 훈자 도처에 있으며 거의 집집마다 살구나무가 있다. 늦여름의 훈자 계곡을 보면 화려한 오렌지색 지붕 수천 개가 햇빛을 받아 반짝거리는 모습이 보이는데 이는 모든 집의 지붕이 글자 그대로 햇볕에 말라가는 살구들로 덮여 있기 때문이다. 평평한 바위 표면 역시 살구들로 덮여 있는데 모두 햇빛에 말리기 위해 쪼개놓았다. 과일은 여름에는 갓 따서 신선하게 먹고 겨우내 그리고 봄에는 말린 과일을 먹고 요리와 빵에도 넣어 먹는다. 훈자의 겨울에 전형적으로 먹는 아침 식사는 말린 살구와 수수로 만든 죽으로 막 빻은 아마씨를 뿌린다.

훈자에는 목초지가 아주 적어서 동물을 키운다는 것이 거의 불가능하다. 그래서 빌카밤바인과 압하지야인처럼 고기는 아주 조금 먹는다. 극히 드물지만 축제날에는 염소나 양고기를 먹고, 또 다른 날에는 염소젖이나 양젖으로 만든 발효시킨 우유를 마신다. 하지만 리프 박사의 말에 따르면 고기와 유제품은 합쳐서 전체 식단의 1%밖에 되지 않는다고 한다.

훈자인의 식단이 빌카밤바인, 압하지야인의 전통적인 식단과 거의 흡사하다는 것은 사실 아주 흥미로운 일이다. 이들은 각각 다른 지역에 살지만 모두 경이로울 정도로 건강한 이 세 곳의 전통적인 식단은 현대 기준으로 봤을 때 칼로리가 낮다. 세 곳 모두 단백질과 지방을 거의 전적으로 식물에서 섭취하고 있다. 그리고 세 곳 모두 가공식품과 대량생산된 식품이 아닌 자연적인 식품만 먹는다.

장수하는 문화의 식단	압하지야	빌카밤바	훈자
탄수화물의 칼로리 비율	65%	74%	73%
지방의 칼로리 비율	20%	15%	17%
단백질의 칼로리 비율	15%	11%	10%
일반적인 하루 전체 칼로리 (성인 남자)	1,900	1,800	1,900
식단 중 식물성 음식 비율	90%	99%	99%
식단 중 동물성 음식 비율	10%	1%	1%
소금 소비	낮음	낮음	낮음
설탕 소비	0	0	0
가공식품 소비	0	0	0
비만 발생 정도	0	0	0

    이 세 문화에 사는 사람들은 모두 상당히 많은 양의 전곡을 먹는다. 훈자에서 주로 먹는 곡물은 밀, 보리, 수수, 메밀, 염주라고 하는 단단하고 진주같이 생긴 씨가 달린 풀을 먹는다.

    채소 역시 훈자인의 식단에 큰 부분을 차지하는데 특히 푸른색 채소를 잘 먹으며 여기에는 겨자 잎, 시금치와 상추 그리고 당근, 순무, 감자, 무와 같은 근채류와 콩과 병아리콩, 렌즈콩 같은 다양한 콩과 다른 많은 종류의 호박이 들어간다. 이들은 요리에도 넣고 약으로도 쓰기 위해 박하와 백리향을 비롯한 여러 종류의 허브를 재배한다. 그리고 아마씨를 재배하며 어떤 형태로든 음식에 갓 빻은 아마씨 가루를 넣는다.

훈자 사람들은 음식의 대부분을 날로 먹는다. 여름에는 많게는 음식의 80%를 자연 그대로 먹는다. 제철 채소는 먹기 직전에 따서 거의 생으로 먹는다. 예를 들어 알갱이가 속대에 그대로 붙어 있는 옥수수는 절대 익혀 먹지 않는다. 겨울에는 렌즈콩과 콩과 완두콩을 며칠 동안 물에 불려뒀다가 젖은 수건 위에 올린 후 햇볕에 말린다. 그리고 거기에서 싹이 날 때 먹는다.

채소를 익힐 때는 대개 물을 아주 조금 넣고 살짝 찐다. 그리고 채소를 익힐 때 넣는 물은 채소를 먹으면서 같이 마셔서 그 안에 농축된 영양분까지 모두 섭취한다.

대부분의 음식을 날로 먹고, 나머지 음식은 아주 살짝 익혀 먹는 훈자인의 요리법에는 두 가지 장점이 있다. 요리를 하는 데 필요한 연료를 최소한으로 유지할 수 있는데, 연료원이 풍부하지 않은 훈자에서 생태학적으로 아주 중요한 일이다. 동시에 채소의 영양소를 그대로 보존할 수 있다.

냉철한 경고

훈자인은 아마 지구상 어떤 민족보다 더 건강한 사람들일지 모른다. 아프지도 않고 정신도 또렷한 많은 노인들이 영양가가 풍부한 요리에서 자양분을 얻고, 깨끗한 공기와 물과 흙이 있는 아름다운 환경에서 살아간다. 훈자는 오랫동안 놀라운 곳이었고, 거기에 우리가 배울 점이 많다.

하지만 평생에 한 번 찾아가기 힘든 이 땅에 대한 주장들을 평가할 때는 신중해야 한다. 일부 연구자들은 훈자의 삶의 방식에 홀딱 반해서 객관성을 잃는 경우도 있었다.

훈자인의 건강에 대해 연구한 연구자 중 하나는 책에서 훈자의 남자들과 여자들은 죽기 전까지, 120세 혹은 그 이후까지 들판에서 일한다고 썼다. 그리고 식구들과 저녁을 먹고 잠자리에 든다고 했다. 그러다 아침에 가족들이 일어나 노인이 밤에 자다가 조용히 숨을 거둔 걸 발견한다고 했다. "대부분의 사람처럼 병에 걸려 죽을 때까지 고생하고 비참해하다 죽는 게 아니니 이 얼마나 근사하게 생을 마감하는 방법이란 말인가. 훈자 사람들은 병에 걸려 고생하다 죽는 게 어떤 건지 모른다." 그는 이렇게 썼다.

현대 서구 세계의 노인들이 말년에 종종 몇 년씩 지속되는 만성질환을 앓으면서 쇠약해지는 기간이 훈자에서는 훨씬 짧다고 나도 확신하지만 이 저자는 훈자인의 삶을 허황되고 근거 없이 낭만적으로 묘사했다는 생각이 든다. 물론 훈자의 일부 운 좋은 사람들은 그가 묘사한 것처럼 목숨을 거뒀을 것이고, 많은 훈자인이 죽기 몇 주 전 혹은 며칠 전까지 건강하게 살 것이다. 하지만 우리에겐 훈자인이 120세까지 살았다는 구체적인 증거도 없으며 더 중요한 것은 훈자인의 삶과 죽음에 고통이 전혀 없다고 묘사해서 우리가 얻을 수 있는 게 없다는 것이다.

나는 훈자인의 삶을 연구한 연구자 중 일부가 가끔 그들이 보기에 지상낙원인 것 같은 곳을 묘사하기 위한 열정에 너무 빠져버린 게 아닌가 하는 의심이 들 때가 있다. 훈자에서 쓰는 언어를 구사하지 못하는 일부 연구자들은 훈자의 지도자들이 보여주고 싶은 것만 봤다. 다른 연구자들은 여름에만 훈자에 있어서 산속에서 보내는 추운 겨울이 얼마나 힘든지 보지 못한 경우도 있다.

그리고 연구자들의 인식을 왜곡할 수 있는 또 다른 요인이 있다. 훈자의 건강한 생활방식에 대해 선입견이 있는 작가들과 과학자들은 그런 시각을 입증하는 것만 찾으려고 할 수도 있다. 사람들이란 이미 믿고자 마음먹은 것만 들으려고 할 때 아주 쉽게 속아 넘어갈 수 있다. 훈자의 삶에 대해 아주 열광적으로 빠져든 사람들 중 일부는 어느 정도는 훈자인을 실제와는 다른 사람으로 만드는 죄를 범했을 수도 있다. 유감스럽게도 이 문제는 현재 확실히 판단할 수 있는 단순한 문제가 아니다. 현재 파키스탄의 사회적, 정치적 도전이 외딴 곳에 있는, 순수하고 소박한 이 땅까지 침범해오기 시작했기 때문이다(이 문제는 나중에 자세히 다룰 것이다).

하지만 일부 연구자가 훈자인의 삶에 대해 과장하고, 잘못 전달하기도 했지만 압하지야와 빌카밤바처럼 훈자에서도 많은 노인이 육체적 능력을 유지하고, 활기 있게 살면서 죽기 바로 몇 달 혹은 몇 주 전까지 삶을 즐겼다는 것은 부인할 수 없는 진실이다. 그리고 이 지역에 사는 노인들이 심장병, 암, 비만, 관절염, 천식, 노망 그리고 서양의 수많은 노인을 괴롭히는 다른 퇴행성 질환에 걸리는 비율이 극히 낮다는 것은 기정사실이다. 그리고 이들이 나이를 먹어도 대개 놀랄 정도로 건강하고 활동적인 생활을 유지한다는 것 역시 사실이다.

역경에 대응하다

훈자의 비결은 무엇일까? 내 생각에 부분적으로는 역경과 궁핍에 직면했을 때 이들은 창의적으로 대담하게 대응했다. 생활력이 뛰어난 이들은 여러모로 불리할 수 있는 상황을 호전시켜 왔다.

이들은 연료가 부족해서 대부분의 음식을 날로 먹어 음식의 영양가를 높였다. 그리고 냉장고가 없기 때문에 음식을 먹기 직전에 수확해서 다시 한 번 영양학적인 장점을 확보했다. 또한 전기조명도 없기 때문에 기나긴 겨울엔 훨씬 더 오래 수면을 취해서 태양의 복사열이 가장 낮을 때 에너지를 보존한다. 작물을 키울 만한 평지가 거의 없이 극히 험준하고 가파른 지역에 사는 그들은 세계 역사상 가장 독창적인 계단식 논밭을 만들었다. 흙이 심각하게 부족한 상황에서 이들은 아무것도 낭비하지 않고 뭐든 흙에 영양분을 줄 수 있는 것은 신중하게 넣어 비옥한 뜰을 가꿔냈다. 목초지가 거의 없는 바위투성이 환경에 있는 훈자인은 몸에 좋은 채식 식단을 선택했다. 현대 사회에 흔히 쓰이는, 노동을 절약해주는 장치가 별로 없어서 이들은 아주 활동적이며 따라서 문명의 이기에 익숙해진 우리는 상상할 수 없을 정도로 활력적이고 체력이 강하다.

이것이 현대의 삶과 무슨 관계가 있을까? 나는 훈자의 모든 생활방식을 모방할 가치가 있다고 말하려는 것은 아니다. 하지만 우리는 이 사람들에게서 배울 수 있다. 우리가 지구에 끔찍한 피해를 입히고, 대량소비와 한 번 쓰고 버리는 문화를 발전시키는 동안, 이들은 제한된 자원을 가지고 균형 잡히고 건강한 삶을 창조해냈다. 현대 세계가 지속하기 힘든 수준의 과도한 자원 소비를 요구하는 것처럼 보이는 반면, 훈자인은 조화롭고 건강한 삶을 이끌어가기 위해 절제하고 억제하는 태도를 지녀야 한다는 것을 이해했다. 그들은 아무것도 낭비하지 않는 법을 배웠고, 모든 것에 대한 용도를 찾아냈다.

내가 보기에 이 사람들이 경이로운 점은 이들이 어떤 고생도 하지 않았다는 것이 아니라 시련과 도전을 이용해 인간으로서 좀 더 강인해질 수 있는 방법을 찾아냈다는 점이다. 내가 그들을 사랑하는 이유는 그들의 삶이 완벽해서가 아니라 역경에 대처해서 그들 본연의 힘을 찾아냈다는 점이다. 그들을 보면 프리드리히 니체의 격언이 떠오른다. "나를 죽이지 못하는 것은 나를 강하게 만들어준다."

왜 삶의 가장 깊은 통찰력과 진실은 살아가면서 한계에 부딪히고 슬픔에 잠겼을 때 떠오르게 되는지 나는 그게 항상 의문이었다. 어렸을 때 나는 종종 왜 신은 이렇게 달콤하고 맛있는 아이스크림에 비타민을 더 많이 넣지 않고 맛도 없는 채소에 넣었는지 궁금해했다. 하지만 성장하면서 나는 훈자인이 이해할 수 있었던 것처럼 보이는 뭔가를 배우게 됐다. 그것은 모든 고통은 한편으로 축복이 될 수 있다는 것이다. 우리는 종종 역경과 시련을 겪으면서 강해진다. 고통은 영적 지도자인 람 다스가 말한 것처럼 '격렬한 형태의 은총'인 것이다.

확실히 우리 모두는 이 생에서 우리 몫의 고통을 가지고 있다. 엄청나게 다양한 세상에서 이것 하나는 우리 모두 가지고 있는 공통점이다. 데일 터너 목사는 우리에게 이 점을 일깨워줬다.

우리 각자에게는 이런저런 장애가 있습니다. 어떤 이들은 육체적, 정신적 혹은 정서적 질환이 있습니다. 또 어떤 이들은 가족들과 소원해지는 고통을 맛보기도 합니다. 그리고 열등감이나 수줍어하는 마음을 안고 평생

몸부림치는 이들도 있습니다. 경제적 궁핍에 따르는 문제로 고생하는 사람들도 수백만 명이나 됩니다. 이 사람은 이런 장애가 있고, 저 사람은 저런 장애가 있습니다. 인생이란 경주는 발에 족쇄를 채우고 달리는 것과 같습니다.

나는 전적으로 훈자인처럼 살고 싶지는 않다. 하지만 나는 그들이 용기 있게 창의적으로 역경에 대처했으며, 도전을 기회로 바꾼 것에 대해 영감을 받고 고무됐다. 반면 현대 세계는 문제나 괴로운 일이 생기면 거기에 집중하지 않고 신경을 딴 곳에 쏟은 채 물질을 소비하는 식으로 반응하게 만드는 면이 있다. 이런 식으로 대처하면 소중한 뭔가를 잃게 된다.

나는 도전에 직면했을 때 습관적으로 움츠러드는 데 익숙해진 현대 서구 사회의 노인을 너무나 많이 알고 있다. 이들은 불편하고 불쾌한 일은 모두 피하려고 노력한다. 이들에게 장애나 병이 있는 건 아니지만 사실상 그런 것과 다름없다. 자신과 삶에 실망한 그들은 조금씩 비전과 희망을 단념해왔다. 왜 그런지 모르지만 이들은 너무 낙심하고 실망해서 삶에 대한 정열을 안락함과 안전에 대한 집착으로 바꿨다. 이들은 완벽하게 건강하지만 더 이상 꿈을 추구하지 않는 것에 대한 변명으로 나이를 들먹인다.

풍부한 기지와 불굴의 의지를 지닌 훈자인은 또 다른 가능성을 표상하고 있다. 그래서 그들의 예가 현대인의 삶과 밀접한 관계가 있는 것이다.

아무리 열심히 노력해도 인간은 나이 들어가면서 일부 능력을 잃게 된다. 이 능력들은 살아오는 내내 보유했던 능력으로 거기에 의존해서 당연하게 살아왔던 것일 수 있다. 하지만 이런 상실감을 겪었다고 해서 용기를 잃고, 이 세상과 사랑하는 이들에게 당신의 독특한 재능을 가지고 기여할 수 있는 일을 중단하거나 아직도 매 순간 존재하는 기회와 선택을 보지 못하고 지나쳐선 안 된다.

나는 건강한 생활방식을 따르면 결코 병에 걸리지 않는다고는 믿지 않는다. 더 오래 살고 더 많은 것을 볼수록 나는 살면서 우리 모두는 우리 몫보다 더 많은 역경과 불행을 만나게 된다는 결론을 내리게 됐다. 훈자인과 압하지야인과 빌카밤바인을 포함해서 세상 어떤 사람도 고통과 슬픔을 피할 수는 없다. 하지만 이런 문화들은 실제로 삶의 고통을 크게 줄이고, 살아가면서 만나게 될 역경을 좀 더 또렷한 의식으로 창의적으로 대처할 수 있도록 만들어줄 방법을 제시하고 있다. 이 방법은 당신을 좀 더 건강하고, 강하고, 병에 잘 걸리지 않게 만들어 주고, 치유와 기쁨의 힘에 좀 더 긴밀하게 연결될 수 있도록 만들어줄 것이다. 이 경이로운 사람들에 대해 더 많이 알아갈수록 나는 나이가 몇 살이든 살아가면서 부딪히는 문제들을 생명의 힘과 내면의 아름다움을 가지고 대처할 수 있다는 것을 깨달았다.

나는 지금 사무엘 울만(1840~1924)에 대해 생각하고 있다. 그는 생의 대부분을 미시시피 주의 나체즈와 앨라배마 주의 버밍햄에서 백인 사업가이자 랍비로서 백인 아이들과 비슷한 교육을 흑인 아이들도 받을 수 있도록 일생을 바친 사람이다. 현재 그의 삶과 사회 정의에 대한 그의 헌신적인 노력은 버밍엄에 있는 앨라배마 대학의 사무엘 울만 박물관에 고이 간직되어 있다. 나이가 들면서 그는 완전히 청력을 잃었지만 그것 때문에 창의성이나 정열이 꺾이지는 않았다. 그 대신 그는 계속해서 자신의 생각을 표현하고 다른 사람들을 위해 일했다. 청력을 잃고 나서 오랜 시간이 흐른 후에 그는 전 세계인들을 감동시킨 '청춘'이라는 제목의 아름답고 시적인 에세이를 썼다.

청춘은 인생의 어느 한 시기가 아니라 마음가짐이다. 청춘은 장밋빛 볼, 붉은 입술, 유연한 무릎이 아니라 강인한 의지와 풍부한 상상력과 왕성한 감수성이다. 청춘은 신선하고 깊은 생명의 숲이다.

청춘은 수줍음을 이기고 용기를 내는 것이고, 쉬운 것에 대한 사랑보다 모험을 갈망하는 것이다. 청춘은 종종 스무 살짜리 애송이보다 60세 노인의 마음속에 깃들어 있다. 단순히 살아온 나날의 수만으로 늙는 사람은 없다. 이상을 버릴 때 그때 늙는 것이다.

세월이 흐르면 피부에 주름이 지겠지만 열의를 잃어버리면 영혼에 주름이 진다. 걱정, 두려움, 자신에 대한 회의는 심장을 굽히고 영혼을 먼지로 돌아가게 한다. 60세건 열여섯 살이건 모든 사람의 마음속에는 경이로운 것에 매혹되고, 다음엔 어떤 일이 생길지 아이처럼 궁금해하는 호기심이 숨어 있다.

당신과 내 마음의 한가운데에는 무선 전신국이 있다. 사람들과 무한한 존재에게서 아름다움, 희망, 유쾌함, 용기, 힘의 메시지를 받는 한 언제까지나 청춘으로 남아 있게 될 것이다.

간소함의 미덕, 오키나와

우리 문화의 모든 자기 중족적 예언들 가운데 늙으면 퇴보하고
건강도 나빠진다고 하는 것이 아마도 가장 치명적인 가장일 것이다.
– 메릴린 퍼거슨

노인들이 놀랄 정도로 건강하게 장수를 누리는 몇 개의 문화권을 살펴본 바—압하지야, 빌카밤바, 훈자—우리는 그들이 전통적으로 저칼로리에 채소를 기반으로 해서 자연식품 위주의 식사를 했다는 것을 알게 되었다. 우리는 또한 노인들에 대한 존경과 노인들이 아주 활기 있고 정력적으로 살아갈 수 있도록 해주는 사회적, 환경적 현실에 대해서도 잘 알고 있다. 하지만 이런 사회들은 노인들의 실제 연령을 입증할 수 있는, 믿을 만한 데이터를 충분히 가지고 있지 못하다는 점이 항상 문제였다. 유감스럽게도 이 사회들 중 어느 곳에 사는 노인도 정밀한 과학적 방법을 통해 연구된 적이 없다. 게다가 이 지역들은 최근 들어 그 순수성을 잃어가면서 그들의 전통과 건강에 대한 현실을 이해하는 것이 점점 더 어려워지고 있다. 인간의 건강과 장수에 영향을 미치는 요인들을 이해하기 위한 이상적인 조건은 현재 사람들이 아주 건강하게 오랫동안 장수를 누리며 살고, 유아와 아동 사망률이 낮고, 우리 사회를 괴롭히는 질병들이 흔치 않은 문화권을 찾는 것이다. 우리의 목적에 부합하는 이상적인 곳이 되려면, 그렇게 믿어지지 않을 정도로 건강하게 장수를 누리는 사회가 현재 우리가 사는 세계의 일부라야 한다. 따라서 그 예는 우리의 삶에 직접적으로 관계가 있을 것이고, 접근하기도 쉬운 곳에 있어서 정식 훈련을 받은 과학자들이 꼼꼼하게 연구할 수 있을 것이다.

그런 최고의 조건들을 갖춘 곳에서 완벽한 자격을 갖춘 과학자들이 이미 수십 년 동안 건강하게 장수를 누리는 사람들을 연구하고 평가해오면서, 그들과 그들의 의학 데이터를 다양하게 테스트하고 분석해볼 것이다. 우리는 완벽하게 갖춰진 건강진단 파일, 포괄적인 생화학 검사 결과, 치매 발병 여부, 일상생활 활동 조사, 영양물 섭취 조사, 연령 확인 서류와 같은 데이터를 보유하게 될 것이다. 이상적으로 말하면 이 데이터는 우리에게 이 문화권에 사는 사람들은 서구 사회에서 평균으로 여겨지는 것보다 심장병, 유방암, 결장암, 전립선암, 당뇨, 비만, 골다공증, 치매와 같은 질환들이 훨씬 덜 발생한다는 명백한 증거를 제시해줄 것이다. 우리는 아주 많은 사람이 100세를 넘어서도 건강하게 살아가면서 즐기는 삶과 연령과 건강에 대한 철저하고도, 반박할 수 없는 증거 자료를 손에 넣게 될 것이다.

만일 현재 그런 사회가 존재하고 우리가 그 사회의 구성원들에 대한 데이터를 가지고 있다면 우리는 최대한 오래 살면서 건강을 즐기는 방법에 대한 큰 단서를 손에 쥐고 있는 셈이다.

놀랍게도 그런 사회가 실제 존재하며 그 구성원들은 최고의 신뢰도를 보장하는, 30년에 걸친 과학 연구의 대상이 되어왔다. 우리는 현대판 지상 낙원과 상당히 비슷한 곳을 찾아냈으며, 그 사실을 입증할 서류도 가지고 있다.

오키나와

　일본의 최남단 현인 오키나와는 140만 명의 인구가 거주하는 161개의 아름다운 섬으로 이루어져 있다. 야자수들로 장식되고 다양한 식물과 동물과 원시 그대로의 다우림이 풍부한 이 아열대 섬들은 일본 본토와 대만 사이에 800마일가량 뻗어 있다. 오키나와는 날씨가 상쾌하고, 7월 평균 기온이 27.7도이며 1월 평균 기온이 16.1도로 쾌적해 '일본의 하와이'라고 불린다.
　대부분의 북미인에게 오키나와는 극동에서 가장 큰 미군 부대가 주둔하는 곳이자 제2차 세계대전 당시 오랫동안 가장 치열했던 격전지로 알려져 있다. 히로시마와 나가사키에 투하된 원자폭탄으로 죽은 사람들보다 오키나와에서 더 많은 사람이 죽었다는 것을 기억하는 이들도 적지 않다. 오키나와 본도의 최남단에 있는 이토만 시에 오키나와인이 세운 전쟁 기념관을 보면 워싱턴에 있는 베트남 전쟁 기념관이 떠오른다. 하지만 이토만 시에 있는 기념관이 훨씬 더 규모가 크며 이곳은 아군과 적군, 민간인과 군인을 가리지 않고 전쟁에서 목숨을 잃은 모든 이의 이름이 새겨진 기념비가 있는 지구상 유일한 전쟁 기념관이다.
　최근 오키나와는 죽음과 전쟁의 폐허와는 정반대되는 것으로 유명해졌다. 이곳의 새로운 명성은 일본의 보건복지부가 오키나와 100세 장수 노인 연구에 자금을 대기 시작한 1975년 시작됐다. 이 연구는 현재까지 계속되고 있다. 이 연구의 목적은 오키나와인의 예사롭지 않은 장수와 건강에 대한 수많은 보고서가 과연 타당한 것인지 평가하기 위한 것이다.

30년에 걸친 연구 끝에 나온 결과는 가장 낙관적인 연구자들의 예상마저 초월했다. 일본의 오키나와 현은 과학적으로 철저하게 연구해서 현재 세계에서 가장 오래, 그리고 건강한 사람들이 사는 곳으로 입증됐다. 이 결과들은 많은 과학 논문에 발표됐으며 《오키나와 프로그램》이라는 제목의 2001년 베스트셀러를 통해 대중적으로 알려졌다.

장수와 건강에 대한 연구에서 가장 중요한 증거는 신뢰할 수 있는 연령 확인 데이터다. 유감스럽게도 압하지야, 빌카밤바, 훈자에서는 이 데이터가 부족했다. 하지만 오키나와에서는 이 문제가 해결됐다. 오키나와에서는 모든 도시와 읍과 마을에 1879년 이후로 출생과 결혼과 사망을 꼼꼼하게 기록한 호적 제도가 있다. 철저하게 출생과 건강 기록을 보관해둔 덕에 장수했다는 주장에 의심을 품을 여지가 없다. 이 데이터는 믿을 만한 것이다. 오키나와는 기록으로 입증된, 세계에서 가장 건강한 사람들이 사는 곳이자 사람들의 수명이 가장 긴 곳이며, 100세를 넘은 노인이 가장 많이 사는 곳이다.

과학자들은 100세나 100세를 넘긴 노인들을 특히 중요한 연구 대상으로 여기는데 이는 그들이 대개 성공적인 노화의 살아 있는 본보기이기 때문이다. 오키나와 100세 노인 연구뿐 아니라 뉴잉글랜드 100세 노인 연구를 포함한 많은 연구에서 100세 혹은 그 이상까지 사는 사람들은 종종 살아오면서 내내 아주 건강했다는 사실이 밝혀졌다. 의학 용어로 말하면 이들은 대개 인생의 말기에 이르러서야 급격히 체력이 쇠퇴하며, 삶이 끝날 때쯤 노화 현상이 집중적으로 일어나게 된다. 이는, 즉 이들이 평생 건강한 삶을 누리다가 죽을 때가 돼서야 건강 문제를 경험하는 경향이 있다는 뜻이다. 100세 노인 연구에 따르면 100세까지 사는 노인의 95%가 90세까지 큰 병을 앓지 않고 살았다고 한다.

증명된 초고령(110세 혹은 그 후까지 사는 사람들) 노인들로 말하자면 오키나와는 독보적인 곳이다. 현재 오키나와의 인구는 세계 인구의 0.0002%에 해당하지만 기록으로 증명된 초고령 노인의 15%가 이곳에 거주하고 있다.

오키나와 100세 노인 연구의 저자들과 연구자들은 연구팀과 함께 600명이 넘는 100세 이상 장수 노인과 80대와 90대인 수천 명의 노인을 찾아가 연구했다. 그들이 탄 밴은 완벽한 노인병학적 평가를 내리기 위해 필요한 장비들로 가득 찼다. 이들은 생화학적 분석과 노인병학적 분석을 하기 위해 피를 뽑을 주사기와 신경계의 건강을 평가하기 위해 반사작용을 테스트해보는 해머와 심장의 건강을 측정하는 심전계와 정신 상태를 평가하기 위한 질문지와 최첨단 종골 농도계(뼈의 건강과 골다공증의 위험을 측정하는 휴대용 기계)를 가져왔다.

오키나와의 노인들을 꼼꼼하게 연구한 후 이 연구자들은 오키나와에서는 '자기 집에서 활기차게 살면서 정원을 가꾸고 주말에는 노인연금을 타먹을 만한 손자들이 찾아오는 증조부와 증조모들'을 매일같이 찾을 수 있다고 말했다. 오키나와에서는 100세가 넘어도 활동적이고 건강하게 동안으로 살아가는 사람들이 아주 흔하다고 연구자들이 말했다. 전통적인 오키나와 방언에 '은퇴'라는 말은 존재하지 않는다는 점을 이들이 지적했다.

1990년이 되자 오키나와인의 평균수명은 일본 인구 연구 협회에서 추정한 인구 수명의 절대 한계 수치마저 넘어섰다. 그래서 오키나와인의 경이로운 장수 현상을 설명하기 위해 한계 수치를 상향 조정해야 했다.

30년간 지속적으로 연구한 후 의학 연구팀은 오키나와 노인들 중에 심장병을 앓는 노인은 극소수였으며, 유방암을 앓는 노인은 아주 희귀해서 유방 엑스선 촬영 기계가 필요 없었다고 보고했다. 서구의 주된 세 가지 살인적인 질환—관상동맥 질환, 뇌졸중 발작, 암—이 오키나와 노인들에게 발생하는 비율은 현대 과학에서 철저하게 연구한 어떤 노인 인구보다 낮았다. 의학 연구팀은 이렇게 말했다.

연구에 따르면 노인들은 놀랄 정도로 동맥이 젊고, 심장병과 뇌졸중에 걸릴 확률이 낮았고, 호르몬에 관계된 암(건강한 유방, 자궁, 전립선과 결장)에 걸릴 위험도 낮았다. 뼈도 튼튼하고, 정신도 맑고, 체격도 날씬하고, 자연스럽게 폐경기가 찾아왔으며, 성호르몬 수치도 적절하고, 스트레스도 낮으며, 정신적으로 아주 건강하다. 만약 북미인이 오키나와 노인들처럼 산다면 미국에 있는 결장 치료 병동의 80%와 암 병동의 3분의 1을 닫아야 하며, 많은 양로원 또한 문을 닫게 될 것이다.

오키나와 노인들이 누리는 건강과 장수와 현재 미국과 다른 서구 국가들에 사는 노인들이 흔히 경험하는 노화 사이에는 아주 서글픈 면이 있다. 북미에 있는 대부분의 양로원을 찾아가보면 별로 아름답지 못한 광경을 보게 될 것이다. 다양한 상태의 노쇠와 무력함 그리고 종종 절망에 빠진 노인들을 보게 될 것이다.

그렇다고 인생의 말년에 이르러서야 이런 차이점이 두드러지는 것은 아니다. 오키나와 노인들은 죽기 한두 해 전까지도 경이로울 정도로 건강하고 정력적으로 살아가지만 현대 서구 사회에서는 훨씬 전부터 이전에 누리던 삶을 누리지 못하게 된다. 현재 미국과 비슷한 나라에 사는 대부분의 사람은 육체적으로 20대와 30대에 절정에 이르렀다가 그 후로 서서히 쇠퇴하게 된다. 70세에 이르면 대부분의 사람이 최대 호흡 능력의 60%, 신장과 간 기능의 40%, 골부피의 15~30%, 그리고 힘의 30%를 잃게 된다.

오키나와는 이와 매우 달라서 많은 노인이 아주 건강하고, 완전히 독립적으로 생활하며, 100세 혹은 그 이상이 돼도 농사 같은 아주 활동적이고 육체적인 일을 계속한다. 오키나와 100세 노인 연구에서 인터뷰한 한 노인은 자신이 완벽하게 건강하다고 말했다. 심전계를 포함한 노인병학 평가를 완전히 마친 후 연구자들은 그의 말이 옳다는 결론을 내렸다. 아무리 노력해도 그들은 그 노인의 몸에서 아무런 이상을 찾아낼 수 없었다. 나이가 100세인데도 그 노인은 아주 건강했다.

이 노인이 희귀한 경우일까? 전혀 그렇지 않다. 오키나와 노인들을 연구하는 연구자들은 계속해서 100세에도 완벽하게 건강한 노인들을 찾아냈다.

오키나와에 심장병이 있을까?

인간의 심장은 실제로는 하트 모양으로 생기지 않았지만 아주 경이롭고 아름다운 근육이 있는 것은 사실이다. 커다란 배만 한 크기의 심장은 임신한 지 몇 주 후부터 뛰기 시작하며 자궁 속에서, 그리고 세상 밖으로 나와서도 끊임없이 삶의 리듬을 펌프질한다. 오직 죽음이 찾아오는 순간에만 심장은 멈춘다.

심장이 고동치는 데는 분명한 목적이 있다. 피를 신체의 모든 부분으로 펌프질하는 것이다. 우리 세포의 생명은 피가 흐르면서 가져다주는 산소와 영양분에 의존하고 있다. 만약 어떤 이유에선지 신선한 피를 받지 못하는 근육은 빨리 죽게 된다.

심장 역시 근육이기 때문에 지속적으로 신선한 피를 받아야 한다. 심장의 심실에 항상 피가 가득 차 있기 때문에 심장에 혈액을 공급받는 것은 문제가 되지 않을 거라고 생각할지 모른다. 하지만 심장은 심실 내에 있는 혈액을 직접적으로 사용할 수 없다. 그 대신 심장 근육이 관상동맥이라고 하는 두 개의 특정한 혈관을 통해 공급되는 혈액을 받아들인다.

건강한 사람은 관상동맥을 통해 혈액이 쉽고 자유롭게 흐르며, 그렇게 혈액을 잘 공급받은 심장은 원래 기능대로 힘차게 펌프질한다. 하지만 만약 관상동맥 중 하나, 혹은 그 지류 하나가 막혀서 심장에 혈액을 공급하지 못하게 되면 심장의 심실에 피가 가득 차 있다고 해도 막힌 동맥에 의존하는 심장의 일부는 죽게 된다.

의학적 용어로 이것을 '심근경색'이라고 한다. 대부분의 사람은 이 증상을 심장마비로 알고 있다. 심장마비는 현재 미국에서 남성과 여성 모두에게 제1의 사망 원인으로 꼽히고 있다. 25초마다 한 명씩 심장마비를 일으키며, 45초당 한 명이 심장마비로 목숨을 잃는다.

심장마비가 갑자기 일어나며, 종종 경고도 없이 발생하지만 그렇다고 심장마비가 그냥 일어나는 건 아니다. 심장마비는 '아테롬성 동맥

경화증'이라고 불리는, 동맥에서 서서히 느리게 일어나는 과정의 사실상 최종 단계인 것이다.

아테롬성 동맥경화증이란 동맥들의 내벽 안에 단계적으로 지방과 밀랍같이 말랑말랑한 침전물이 축적돼서 혈액이 흐를 수 있는 공간의 크기를 줄여가는 과정이다. 동맥의 내벽에 달라붙는 외부의 침전물질을 '아테롬' 혹은 '플라크'라고 부른다.

이 플라크가 많이 늘어나면 침전물의 지방성 내용물이 동맥을 찢고 들어가 혈전을 만든다. 이 혈전들이 그렇지 않아도 좁아진 동맥의 틈을 막아서 동맥 내 혈액의 흐름을 완전히 막게 된다. 만약 혈전이 유일한 생명원인 혈액을 공급하는 두 개의 관상동맥 중 하나에 생긴다면 그 관상동맥은 혈전 때문에 막혀서 심장에 피가 공급되지 않아 심장마비가 일어나는 것이다.

현재 북미에서 대부분의 남자가 관상동맥 질환으로 인해 치명적인 심장마비를 일으켜 사망한다는 것을 독자 여러분은 알지도 모르겠다. 하지만 남자들만 그런 것이 아니다. 만약 독자 여러분이 북미에 사는 여성이라면 심장마비로 사망할 확률이 거의 50%나 된다. 이는 유방암으로 사망할 확률보다 열 배나 높은 것이다. 우리는 현재 동맥경화로 인한 심장 질환을 너무나 당연하게 받아들여서 이 질병이 인류가 직면한 가장 큰 유행병 중 하나로 중세에 흑사병으로 죽은 사람보다 더 많은 사람이 이 병 때문에 사망했다는 사실을 깨닫지 못한 것 같다.

그래서 오키나와 100세 노인 연구에 따라 오키나와 노인들이 북미 노인들에 비해 심장마비에 걸리는 경우가 20%밖에 되지 않는다는 결과가 그렇게 특별한 의미가 있는 것이다. 그 연구를 실시한 연구자들에 따르면 아주 나이가 많은 오키나와인의 혈관도 매우 튼튼하다는 것이다. 그들의 관상동맥은 놀랄 정도로 젊고, 유연하고, 깨끗하다.

게다가 오키나와인이 심장마비를 일으킨다고 해도 이들은 북미인보다 살아남을 확률이 두 배나 더 높다. 하지만 그보다 더 중요한 사실이 남아 있다. 관상동맥 질환은 삶의 질을 크게 떨어뜨린다. 심장마비로 이어지는 동맥 질환은 심장으로 가는 혈관을 손상시킬 뿐 아니라 나머지 순환계 또한 손상시켜서 몸 전체가 일찍 노화하게 만든다.

나는 오키나와 노인들이 먹는 것처럼 먹고 그들의 생활방식을 따른다면 우리 역시 일찍 늙는 것을 크게 줄이고, 삶의 질을 향상시키고, 심장 질환에 걸릴 위험을 80%나 줄일 수 있다는 사실에 깊이 감동받았다.

이런 효과가 모두 들어 있는 약을 어떤 제약회사가 개발한다면 어떤 일이 일어날지 상상할 수 있겠는가? 그 약은 비아그라 마케팅이 무색할 정도로 전 세계적으로 대대적인 마케팅과 광고를 거쳐 판매될 것이다. 이 약은 사실상 전 세계 모든 잡지와 신문과 텔레비전의 건강 프로그램에서 격찬을 받을 것이다. 그리고 그 약을 만든 제조업자는 수백억, 수천억 달러를 벌어들일 것이다. 하지만 생활방식을 바꾸도록 격려해서 거둘 만한 이익이 상대적으로 거의 없기 때문에 대중은 그런 변화로 이룰 수 있는 놀라운 이점들을 모르는 것이다.

암

그렇다면 암은 어떨까? 나이 들어가면서 심장병에 걸릴 위험을 피했는데 그랬다가 끔찍한 암에 굴복하게 되면 무슨 소용이 있겠는가?

사실 이런 생각은 한두 사람만 하는 생각이 아니다. 많은 사람이 암에 걸릴까 두려워하면서 살고 있다. 그리고 그들에겐 그럴 만한 이유가 있다. 미국의 닉슨 대통령이 공식적으로 암에 대한 전쟁을 선포한 후 30년이란 세월이 흘렀다. 그리고 인력과 재원과 자금이라는 면에서 막대한 노력이 투입됐는데도 전쟁을 선포했을 때보다 승리에 더 가까워진 것 같지 않다. 신약들이 지속적으로 승인을 받고 있으며 그중 많은 약이 일시적으로 암의 크기를 줄일 수 있다. 하지만 어떤 종류의 암이든 완전히 뿌리를 뽑을 수 있는 효과가 있는 약은 발견되지 않았다.

2004년 3월 22일 〈포춘〉에 '왜 우리는 암에 대한 전쟁에서 지고 있는가?'라는 맥 빠지는 제목의 특집 기사가 실렸다. 그 기사를 쓴 사람은 〈포춘〉의 편집주간이면서 호지킨병(악성 림프종—옮긴이주)에 걸렸다 살아난 클리프톤 리프다. 자신이 아주 운 좋게 살아났다는 생각을 하면서도 그는 용기를 내서 이렇게 질문을 던졌다. "왜 우리는 암에 대한 전쟁에서 별 진전을 이루지 못했을까?" 그의 기사는 현재 암 치료의 세계가 얼마나 허약한지 적나라하게 드러냈다.

- 그간 미국이 참전한 모든 전쟁의 전사자를 합친 것보다 향후 14개월 동안 암으로 사망할 사람이 더 많을 것이다.
- 연령대를 조정하더라도 암으로 사망한 미국인의 비율은 암에 대한 전쟁이 시작된 이후로 향상되지 않았다.
- 암의 생존율이 높아졌다고 그렇게 만천하에 과시했지만 그건 사실이 아니다. "가장 흔한 형태의 암에 대한 생존율은 추가로 늘어난 햇수가 아니라 개월 수로 측정된다."

• 암 환자의 수명이 늘어난 이유는 치료가 향상돼서가 아니라 초기에 발견했기 때문이다. 현재 암 환자들은 대개 예전 환자들과 같은 단계에서 사망하지만 이전보다 암이 있다는 것을 일찍 알았기 때문에 훨씬 더 오래 '산' 것처럼 보이는 것이다.

• 극소수의 극적인 발견(호지킨병처럼)들은 주로 암에 대한 전쟁이 선포된 초기에 일어났다. 의학계의 주장과는 반대로 최근 몇십 년 동안 실질적인 진전은 거의 이뤄지지 않았다.

암 치료에 거의 발전이 없었다는 것을 대중은 잘 모르고 있다. 의사들은 자신의 실패에 대해 이야기하고 싶어 하지 않고, 제약 회사들은 항상 신약에 대해 과장 광고를 한다. 따라서 실제로는 어떤 발전도 없었는데 발전이 이뤄졌다는 잘못된 인상을 심어줄 수 있다. 하지만 암에 대한 전쟁이 지금까지 대체로 실망스러웠다는 것을 깨달았다고 해서 희망을 잃을 필요는 없다. 진정한 희망, 즉 암 예방이라는 단단한 대지로 관심을 돌릴 수 있다.

암 예방에 대해서는 오키나와 노인들로부터 배울 점이 많다. 암에 관해서라면 이 운 좋은 사람들에 대한 의학적 데이터는 놀랍기 그지없기 때문이다. 북미인과 비교해 극히 오래 사는데도 불구하고 이들의 암 발병률은 서구의 발병률보다 훨씬 더 낮다. 미국인과 비교해서 오키나와의 노인은 유방암으로 사망할 확률이 85% 낮고, 전립선암으로 사망할 확률은 88%, 난소암으로 사망할 확률 70%, 결장암으로 사망할 확률이 70%가 낮다.

이는 실로 놀라운 통계 수치다. 그리고 이 수치 뒤에는 서구의 엄청나게 많은 사람이 암으로 인해 고통 받고 불필요하게 죽어간다는, 무시무시한 현실이 숨어 있다.

전립선암이 북미와 유럽 남성에게 가장 흔한 암이며, 현대 서구 산업사회에서 남성 사망 원인의 두 번째 암인 반면 오키나와 남성이 전립선암에 걸리는 경우는 극히 드물다. 류큐 대학의 비노기과 연구자들이 오키나와인의 전립선암에 대한 연구를 실시했을 때 실제 그 병에 걸린 사례가 너무 소수여서 굳이 그 결과를 발표하지도 않았다. 대부분의 오키나와 남성은 전립선암에 대해 들어본 적도 없다.

유방암은 어떨까?

유방암은 매년 미국에서 4만 6,000명의 여성을 죽인다. 평균적으로 이 여성들은 수명이 20년 단축된다. 하지만 이 수치만으로는 그들의 개인적인 고뇌와 고통, 막대한 재정적 부담, 엄마를 잃어버린 아이들, 박살난 가정들의 비극을 알 수 없다.

서구 산업사회의 거의 모든 성인이 유방암에 걸렸거나 걸리게 될 누군가를 알고 있다. 유방암은 너무나 흔해서 당신의 여자 형제 중 하나가 걸리지 않으면 필경 딸이나 사촌이 걸리게 된다. 대조적으로 오키나와 의료 연구팀은 이런 말을 했다.

당신이 오키나와 여성이라면 당신이 아는 누군가가 유방암에 걸리거나 걸리게 될 확률은 없습니다. 유방암에 대해 들어본 적은 있지만 그 병에 걸린 사람은 본 적이 없습니다. 그 병은 그 정도로 희귀합니다. 한 방에 오키나와 여성 10만 명을 넣어야 유방암으로 사망할 여섯 명의 여성을 찾을 수 있을 겁니다.

이는 완전히 산업화된 사회로서는 놀라운 결과다. 이렇게 유방암 발병률이 낮은 곳이라면 자연 그대로의 환경을 그대로 간직해서 현재 우리 환경에 침투한 발암성 화학물질에 아직 주민들이 노출되지 않은 훈자나 빌카밤바 같은 곳일 거라고 여러분은 생각할 것이다. 혹은 사람들이 일찍 죽어서 암에 걸리지 않을 그런 사회에서나 유방암의 발병률이 이렇게 낮을 거라고 생각할지도 모른다.

하지만 오키나와 노인들 사이에 유방암 발병률이 극히 낮다는 것은 화학물질이나 오염이 없거나 수명이 짧아서라고 설명할 수 없다. 오키나와의 강 중 세 개의 강이 현재 일본에서 가장 오염된 다섯 개 강에 들어간다. 그리고 오키나와 여성은 세계 역사상 기록을 남긴 어떤 나라나 지역보다 더 오래 장수를 누리고 있다.

골다공증

미국의 노인, 특히 폐경기를 맞은 여성에게 가장 큰 고통을 유발하는 또 다른 질병으로 골다공증이 있다. 여러분은 이제 내가 무슨 말을 할 것인지 짐작할 수 있을 것이다. 그렇다. 오키나와인은 이 점에서도 아주 큰 특혜를 받았다. 오키나와인은 뼈가 훨씬 더 튼튼하고 북미에서 일어나는 고관절 골절의 반도 일어나지 않는다.

서구에서 폐경기 여성은 종종 뼈와 심장을 보호하고 갱년기 증상을 완화하기 위해 에스트로겐 대체 치료를 받으라는 말을 듣는다. 에스트로겐을 맞지 않으면 심장병과 골다공증이 일어날 확률이 급증한다는 말도 듣는다. 수년 동안 프레마린이 미국에서 가장 잘 팔리는 약이었다. 비록 우리는 지금 프레마린이 유방암 발생률을 높이는 부작용이 있다는 것을 알게 됐지만 말이다.

하지만 오키나와에서 나이 든 여성은 제약회사의 도움을 구하지 않는다. 그들에게 노년이란 대개 활력과 평화와 기회의 시기다. 서구 여성 수백만 명이 에스트로겐 대체 치료를 받는 반면에 그렇게 하는 오키나와의 여성은 사실상 하나도 없다.

그 이유 중 하나는 잃어버리지 않은 것을 대체할 필요가 없기 때문이다. 오키나와 100세 노인 연구에 따르면 평균 100세 오키나와 여성의 에스트로겐 수치는 미국 평균 70대 여성의 에스트로겐 수치와 같다고 한다. 여성의 에스트로겐 수치는 나이가 들면서 자연적으로 감소하고, 종종 아주 낮은 에스트로겐 수치가 노화의 상징이 되고 있기 때문에 이는 놀라운 결과다. 약도 먹지 않는 오키나와의 폐경기 여성이 서구 여성보다 열감을 느끼는 횟수도 훨씬 적고, 고관절 골절이 발생하는 비율도 절반에 못 미치는 데다, 심장병이 발생할 확률도 80%나 낮은지 설명이 된다.

테스토스테론

폐경기에 접어든 여성의 에스트로겐 수치 감소가 언론에 많이 다뤄진 반면 남성에게도 이와 아주 유사한 문제가 있다. 미국과 다른 현대 서구 국가에서 대부분의 남성의 테스토스테론 수치는 30대에 정점을 이루었다가 그 후에는 한 해에 1~2%씩 감소한다. 이렇게 테스토스테론이 감소하면서 나이 든 남성에게 심각한 건강 문제가 발생할 수 있다는 것이 점점 더 많이 인지되고 있다. 테스토스테론 결핍의 전형적인 징후로는 가늘어지는 머리, 줄어드는 성욕, 늘어나는 체지방, 줄어드는 근육량, 기억력 문제, 줄어드는 활력과 늘어나는 우울증이 있다.

매사추세츠 남성 노화 연구는 건강하게 나이 든 남성과 높은 테스토스테론 수치가 밀접한 연관성이 있다는 것을 입증해주고 있다. 이 연구와 다른 연구들은 생물학적으로 이용할 수 있는 테스토스테론 수치가 높을수록 골밀도가 높고, 고관절 골절이 발생할 위험이 줄어들며, 근육의 힘이 증가하고, 심장 건강도 나아진다는 것을 발견했다.

나이를 먹어가면서 테스토스테론 수치가 상대적으로 높은 남성은 그렇지 않은 남성과 비교했을 때 심장병에 훨씬 적게 걸리고 노망 증상도 적다. 높은 테스토스테론 수치는 또한 남성의 향상된 발기 능력과도 밀접하게 관련되어 있다. 그러니 현대 서구 사회에서 젊었을 때 누렸던 여러 가지 장점을 회복하기 위해 테스토스테론 제품을 시험 삼아 써보는 나이 든 남성이 늘어나는 것도 당연하다. 하지만 오키나와에서는 그럴 필요가 없다.

오키나와 100세 노인 연구에서는 오키나와 남성 노인들의 테스토스테론 수치가 그들보다 30세가 적은 미국 남성의 테스토스테론 수치와 유사하다는 점을 발견했다. 이런 이야기가 있다.

오키나와 버스에 점잖은 한 노신사가 앉아 있었다. 버스 안은 아주 혼잡했고, 많은 승객이 통로에 서 있었다. 노인은 예쁜 아가씨가 앞에 서 있는 걸 봤다. 노인은 기사도 정신에 입각해서 정중하게 자리를 양보했다.

"내가 늙었다는 건 나도 알지만 아가씨가 여기 앉는다면 기쁘겠어요."

"고맙습니다." 아가씨는 미소를 띠며 말했다. "하지만 전 서 있는 게 좋아요."

버스는 계속 덜컹거리며 가다가 급정거를 해서 서 있는 사람들이 여기저기 넘어졌고, 그 젊은 아가씨는 노인의 무릎으로 쓰러졌다. 그녀가 허둥지둥 다시 일어나자 노인은 다시 한 번 권했다. "아가씨가 이렇게 넘어지는 걸 보고 싶지 않은데. 내 자리에 앉지 않겠다면 내 무릎에 앉아서 가는 건 어때요?"

그녀는 생긋 웃고 노인의 무릎에 살짝 걸터앉았다. 버스는 덜컹거리며 계속 나아갔다.

1분쯤 지난 후에 오키나와 노인이 아가씨의 어깨를 톡톡 두드렸다.

"아가씨, 아무래도 다시 일어나는 게 좋겠어요. 난 내가 폭삭 늙은 줄 알았는데 아무래도 아닌 것 같네요."

그들의 비결

오키나와 노인들은 대체 어떻게 그렇게 건강한 걸까?

압하지야 빌카밤바와 훈자에서처럼 오키나와 문화는 노인을 무척 공경하며, 오키나와인은 항상 이웃과 나누면서 서로 보살펴주는 태도가 몸에 배어 있다. 그리고 앞서 언급한 사회들처럼 오키나와인은 일상생활에서 육체 활동을 아주 많이 한다. 하지만 한 가지 차이점은 산소가 희박한 고지에서 맑은 공기를 마시며 산을 오르락내리락하면서 운동을 많이 하는 대신 대부분의 오키나와인은 바닷가나 바다 가까운 곳에 산다는 점이다.

오키나와 노인들에게 그렇게 건강하게 오래 장수하는 비결을 물어보면 그들은 대개 그들이 먹는 소박하고 영양가가 많으며 몸에 좋은 음식을 이유로 든다.

서구인은 종종 음식을 일종의 오락이나 여흥으로 보거나 번잡한 문제들로부터 잠시 머리를 식히고 삶의 다른 면에서 정서적으로, 그리고 감각적으로 결핍된 부분을 보상하기 위해 먹는다. 하지만 오키나와인은 음식을 완전히 다르게 생각한다. 음식에 대한 전통적인 오키나와 속담들은 대부분 서구의 건강 식품점 벽에서 볼 수 있는 글귀 같다. 한 속담을 보면 "음식은 삶에 양분을 공급한다. 음식이 보약이다." 이런 속담도 있다. "좋은 음식을 먹으면 힘이 세지고 건강해질 것이다."

현대 과학은 이런 점들을 어떻게 보고 있을까? 오키나와 100세 노인 연구를 실시했던 연구자들에 따르면 식단이 정말로 그들의 놀라운 건강에 근본적인 역할을 했다고 한다. 이 연구자들의 꼼꼼한 조사 덕분에 우리는 노인들이 섭취한 음식을 아주 소상하게 엿볼 수 있다. 그리고 세계적으로 경이로울 정도로 건강하게 장수한 사람들의 식단에 공통점이 아주 많다는 것을 볼 수 있다.

- 모두(서구 기준으로 봤을 때) 전체적인 칼로리가 낮다.
- 풍부한 전곡, 채소와 과일을 포함한 좋은 탄수화물의 비율이 아주 높다.
- 모두 '자연식품'으로 가공하거나 정제한 음식, 설탕, 옥수수 시럽,

방부제, 인공 조미료나 다른 화학물질이 들어간 음식은 먹지 않는다.
- 모두 신선한 음식을 먹으며 통조림 식품이나 장거리로 운송된 식품보다는 그 지역에서 재배한 제철 음식을 먹는다.
- 모두 저지방 음식이며(지방이 극도로 적게 들어 있는 것은 아니다), 그 지방은 씨, 견과류와 같은 식물성 지방이고 가끔은 생선에서 지방을 섭취하지만 병에 든 오일이나 마가린이나 동물성 포화지방은 먹지 않는다.
- 단백질은 콩, 완두콩, 전곡, 씨, 견과류를 포함한 식물에서 주로 섭취한다.

소식하면 장수한다

압하지야, 빌카밤바, 훈자, 오키나와의 전통적인 식단과 현대 미국인의 식단 사이에 가장 두드러진 차이점 중 하나는 이 전통적인 식단들의 칼로리가 모두 낮다는 것이다. 아주 활동적인 삶을 살았는데도 이 지역에 사는 평균 남성은 하루에 고작 1,900칼로리밖에 섭취하지 않았다. 반면 주로 앉아서 생활하는 미국의 평균 남성은 하루에 2,650칼로리를 섭취한다.

그리고 많은 미국인이 그보다 훨씬 더 많이 먹는다. 〈슈퍼 사이즈 미〉라는 다큐멘터리에서 영화 제작자인 모건 스퍼록은 한 달 동안 하루 세 끼를 모두 맥도널드에서 해결해 하루에 섭취하는 칼로리가 5,000칼로리를 초과했다. 물론 이는 맥도널드만 문제란 말이 아니다. 하디스에서 프렌치프라이 하나와 햄버거 하나만 주문해도 2,000칼로리가 넘는다. 디저트를 보면 치즈케이크 팩토리(미국 패밀리 레스토랑 전문 업체—옮긴이주)에서 파는 당근 케이크 한 조각이 무려 1,560칼로리가 넘는다. 그리고 미국인들은 일반적으로 고지방, 고칼로리의 식사를 마친 후에 또 거대한 디저트를 먹는다.

하지만 장수 문화권에 사는 사람들의 시각에서 볼 때 이들은 '저칼로리 음식'을 먹는 게 아니다. 이들의 관점에서 보면 우리가 먹는 음식이 칼로리가 높은 것이다. 그리고 자신들의 섭취량이 적은 것이 아니라 우리가 지나치게 많이 먹는다고 보는 그들의 생각에는 일리가 있다. 우리가 기름기 많은 버거, 설탕, 하얀 밀가루, 그리고 칼로리는 높은데 영양가는 별로 없는 음식을 먹느라 바쁜 반면, 이 전통적인 사회의 구성원들은 평균적인 미국의 음식보다 필수 영양소는 훨씬 더 많으면서 칼로리는 훨씬 낮은 식단에 의지해서 아주 건강하고 오래 살아왔다.

오키나와인은 끼니때마다 배를 든든히 채우는 것을 좋아하지 않아서 절대 과식하지 않는다. 이들은 배가 부른 느낌을 좋아하지 않는다. 우리 몸의 생물학적 원리를 고려해보면 이치에 맞는 일이다. 가끔 아직도 뭔가를 먹고 있을 때보다는 먹고 난 후 20분이 지났을 때 배가 더 부르다는 것을 느껴본 적이 있을 것이다. 이는 위에 있는 신장 수용기가 음식을 섭취한 지 20분이 지난 후 뇌에게(콜레키스토키닌 호르몬을 통해) 실제로 당신이 얼마나 배가 부른지 말해주기 때문이다. 만일 완전히 배가 꽉 찰 때까지 먹는다면 실제로는 끼니마다 20%씩 초과해서 먹는 셈이다. 그리고 그렇게 규칙적으로 먹으면 위가 그 많은 음식을 받아들이기 위해 조금씩 늘어나게 된다. 그러면 다음번에는 그만큼 포만감을 느끼기 위해 더 많은 음식을 먹어야 한다.

이것이 바로 천천히 음식을 먹어야 좀 더 만족스럽고 몸에 좋은 이유 중 하나다. 서둘러 먹지 않을 때는 위에서 뇌에 있는 식욕 중추에 음식이 도착했다는 것을 알릴 시간이 있고 따라서 좀 더 많은 만족을 누릴 수 있게 된다.

오키나와 노인들은 배가 80% 정도 차면 그만 먹는다. 이들은 '오래 살기 위해 음식을 적게 먹는다'고 말한다. 그들에게 있어 이는 상식이자 전통적인 생활방식이다. 하지만 성공적인 노화를 위한 최신 의학 연구에서 발견한 모든 사실이 그들의 원칙이 지혜로웠다는 것을 입증해준다.

저칼로리 식단 연구의 세계적 지도자인 리처드 웨인드러치 박사와 라진더 소할 박사가 1997년 〈뉴잉글랜드 저널 오브 메디슨〉에 오키나와인에 대해 썼을 때 이들은 오키나와 노인들의 저칼로리 섭취(미국인을 기준으로 했을 때)를 그들의 뛰어난 건강과 장수의 중요 원인으로 꼽았다. 이와 비슷하게 오키나와인을 연구했던 지치 의과대학 교수 야스오 가가와는 이들의 장수와 건강의 원인으로 그들이 섭취하는 상대적으로 낮은 칼로리를 꼽았다.

이 연구자들이 그렇게 생각하는 데는 그럴 만한 이유가 있다. 현대 과학 연구에서 나온 가장 주목할 만한 발견 중 하나는 수명을 늘리는 데 영양소는 최대로 높이면서 칼로리를 낮추는 것보다 더 중요한 방법(담배를 끊는 것을 포함해서)은 없다는 것이다.

많은 연구자가 이 관점을 개발하는 데 기여했지만 로이 월포드 의학 박사만큼 큰 공헌을 한 사람은 없다. 월포드 박사는 노인학 분야의 최고 전문가 중 하나로 국제적인 명성을 누려왔다. 국립보건원이 35년 이상 UCLA에서 그가 한 연구의 자금을 대왔으며, 그는 노화와 건강에 대해 각종 의학 잡지에 350개가 넘는 기사를 써왔다. 그는 이런 글을 썼다.

> 칼로리는 제한되어 있으면서 영양은 최상인 식단으로 수명을 최대한 연장할 수 있다는 것이 확실하다. (…) 현재 이에 대한 명확한 증거—누군가의 말에 따른 증거도 아니고, 임상학적 에피소드도 아니고, 그럴듯한 주장에 입각한 증거도 아니고, 심지어 다른 현상과 관련된 증거는 아니다. 하지만 이 모든 것들이 골고루 존재하는—최적의 영양을 제공하는 저칼로리 식단이 수명을 크게 연장시키고, 대부분 혹은 모든 노화 관련 질환의 발병을 막거나 발병하는 빈도를 줄이며, 실제 나이보다 훨씬 젊은 수준의 생물 지표를 유지하고, 성교 능력을 유지하고, 전반적으로 활기 있는 생활을 영위하며, 고령에도 스포츠를 즐길 수 있고, 뇌의 퇴화를 늦추게 하는 명확하고, 잘 통제되어 있으며, 확고하게 입증된 실험상의 증거가 있다.

전반적인 칼로리 섭취가 낮은 많은 개발도상국 시민의 수명이 종종 유감스러울 정도로 짧은 것은 사실이다. 하지만 그곳 사람들은 대개 못 먹고 사는 데다 영양실조에 걸려 있다. 이들의 식단은 칼로리만 낮은 게 아니라 많은 비타민, 미네랄, 단백질과 필수 영양소가 결핍되어 있다.

이와 마찬가지로 사람들(대개 젊은 여성)이 체중을 줄이는 데 집착해서 음식을 거의, 혹은 전혀 먹지 않는 정신 질환인 거식증에도 의학적인 이익은 하나도 없다. 이들은 글자 그대로 서서히 스스로를 아사시키고 있으며 실제로 1982년 후반 인기 가수인 카렌 카펜터가 그랬던 것처럼 죽음에 이르는 경우도 더러 있다.

요지는 저칼로리 식단이 좋다는 말이 아니라 최적의 영양을 제공하는 저칼로리 식단이 건강과 장수에 좋다는 말을 하려는 것이다. 신체에 필요한 적절한 양 이하로 칼로리를 낮추는 것은 어떤 이점도 없을 뿐 아니라 오히려 아주 위험한 행위다. 이는 특히 고칼로리를 소비해야 하는 아동과 임신한 여성에게 적용되는 말이다. 하지만 모든 연령대의 사람들에게 최선의 식단이란 매 칼로리마다 영양소가 가득 찬 식단이 최선이라는 증거는 점점 더 분명해지고 있다.

2006년 전에 대부분의 칼로리 제한 연구는 쥐와 다른 작은 동물들을 대상으로 이루어졌다. 최상의 영양이 함유된 소박한 식단으로 먹인 동물들은 대개 충분히 먹인 형제들보다 수명이 30% 길었고, 심장병과 암도 훨씬 덜 걸렸다. 하지만 그런 연구를 인간에게 하기는 힘들었다. 그러나 2006년 연구자들이 〈미국심장학회지〉에 주목할 만한 연구 결과를 발표했다. 닥터 월포드의 아이디어에 따라 영양은 풍부하고 칼로리는 낮은 식단을 실천하는 사람들로 이뤄진 '칼로리 제한 모임'의 회원 25명을 대상으로 한 연구에서 영양학적으로 균형이 잘 잡히고 건전한 저칼로리 식단을 먹은 사람들은 심장이 경이로울 정도로 건강해서 노화의 징후를 보이기 시작해야 할 시기가 훨씬 지난 후에도 젊고 정력적인 생활을 한다는 결과가 나왔다.

칼로리 제한 모임에 참여한 25명은 각 영양소의 일일 권장량을 100% 공급하면서 하루에 평균 1,671칼로리를 소비하는, 영양학적으로 균형이 잡힌 식단을 3년에서 5년 동안 자발적으로 실시했다(전형적인 서구 식단을 따르는 사람들은 하루에 2,000~3,000칼로리를 섭취한다).

세인트루이스의 워싱턴 대학에 근무하는 루이기 폰타나 의학박사는 이 연구의 수석 조사관으로 칼로리 제한 모임 회원들의 심장이 실제 연령보다 15년이나 젊은 상태로 보인다고 말했다. 이들은 혈압도 상당히 낮고, 염증도 적으며, 심근섬유화증도 덜했다. 이들의 심장은 훨씬 젊은 사람들의 심장과 유사한 방식으로 뛰는 사이사이 휴식을 취할 수 있었다. 이들은 또한 C-반응성 단백질, 종양괴사인자, 변형성 성장인자를 포함한 염증 표지도 상당히 낮은 것으로 나타났다. 그리고 칼로리 제한 모임 회원들은 대조군보다 심실들의 탄력이 뛰어나며 심장 확장 기능도 더 뛰어난 것으로 나타났다. "대부분의 사람은 나이를 먹어가면서 심장 확장 기능이 떨어집니다. 하지만 이 연구에서 우리는 칼로리를 제한한 사람들의 심장 확장 기능이 그들보다 15년이나 젊은 사람들의 심장 확장 기능과 유사하다는 점을 밝혀냈습니다." 폰타나 박사가 이렇게 전했다.

그리고 폰타나 박사는 또 다른 점을 지적했다. 최상의 영양을 공급하면서 칼로리가 제한된 식단을 따른 참가자들은 지금까지 평균 6년을 그렇게 해왔지만 그들의 심장은 15년 더 젊어진 것으로 보인다는 점이다. 이는, 즉 그 식단이 사람들을 젊게 만들었다는 뜻이다.

그 연구의 공동저자인 존 홀로스지 박사는 이렇게 말했다. "칼로리 제한이 노화와 관련된 질환에 대비해 인체를 보호하는 강력한 효과가 있다는 것이 분명하다. 그 각각의 개인들이 결국 얼마나 오래 살게 될지 우리는 모르지만 그들은 분명 평균연령보다는 오래 살 것이다. 이들이 심장마비나 뇌졸중이나 당뇨로 죽을 가능성이 높지 않기 때문이다. 그리고 사실(연구에서 알 수 있듯이) 그들의 심장이 다른 일반적인 사람들보다 더 천천히 나이 들어가기 때문에 그들이 오래 살 거라고 생각할 수 있다."

이 연구는 의도적으로 수년에 걸쳐 고영양, 저칼로리 식단을 유지해온 사람들을 의학적으로 심도 있게 연구한 첫 연구이지만 다른 많은 연구는 최적의 영양을 공급하면서 칼로리를 낮춘 식단이 혈당 조절을 향상시키고, 외모가 더 젊어지고, 체격이 더 날씬해지고, 정신이 더 또렷해진다는 점을 보여줬다. 그뿐만 아니라 영양가는 높으면서 칼로리는 낮은 식단이 인간의 노화 속도를 늦춰주면서 젊음과 중년의 시기를 크게 연장하고, 심장병, 당뇨, 암과 같은 노화에 관련된 질병을 앓을 위험을 줄여주고, 심지어는 어떤 연령대에서도 질병이 생길 가능성을 전체적으로 줄여주는 역할을 하는 것으로 나타났다.

나는 음식을 사랑하며, 칼로리 제한 모임 회원들이 그랬던 것처럼 의식적으로 칼로리를 제한하는 식단을 받아들일 수 있을지 자신이 서질 않는다. 그러나 만약 건강하고 오래 살고 싶다면 가공된 음식과 영양가 없이 칼로리만 높은 음식을 피하는 대신 영양가는 높으면서 칼로리는 낮은 식단을 먹는 것이 관건이라는 것을 인식하는 것이 중요하다. 그렇게 하면 암, 심장병, 뇌졸중, 당뇨, 자가면역 질환과 다른 많은 질병에 걸릴 확률이 크게 줄어들 것이다. 또한 그런 식단은 월포드(58세의 나이에 히치하이킹을 하고 보트를 타고 중미의 강을 건넜던 경험을 지닌)에 따르면 다음과 같은 이점이 있다.

더 나은 시력과 나이에 상관없이 청력이 좋으며 정신상태가 기민하고 명료하며, 행복감이 늘어나고 좀 더 나이가 들어서도 활기 있게 성생활을 즐기며 생식력도 뛰어나다.

로이 월포드 박사가 묘사한 것처럼 저칼로리, 고영양 식단을 고수함으로써 얻을 수 있는 이런 건강 상태는 액면 그대로 받아들이기에는 너무 환상적으로 느껴질 수도 있다. 특히 현대 서구 사회에서 흔히 볼 수 있는, 건강하지 못한 노화의 모습에 익숙해진 요즘 같은 때는 더욱 그렇다. 하지만 월포드 박사는 막연히 희망적인 생각에 빠진 게 아니다. 그는 현실적이면서 객관적이고 과학적인 관찰과 분석에 전념해 있다. 그의 묘사는 오키나와인, 압하지야인, 빌카밤바인, 훈자인이 건강하게 나이 들어가는 과정을 정확하게 묘사한 것이며, 이들의 식단은 실제로 영양소는 풍부한 반면 칼로리는 아주 낮았다(서구 기준으로). 영양가는 높으면서 칼로리는 낮은 식단을 따르는 사람들이 누리게 될 경이로운 건강 상태에 대해 월포드 박사가 묘사한 내용은 절대 몽상이 아니다. 이는 지구상에서 가장 오랫동안 건강하게 살아온 사람들의 현실을 보여준 것뿐이다.

Part 2

우리의 음식,
우리의 삶

당신이 먹고 있는 게 바로 당신이다

그것은 단지 당신이 받은 유전자 카드를
어떻게 쓰냐에 대한 문제가 아니다.
우리는 우리 스스로의 삶을 만들어갈 힘이 있다.
현실은 단지 좋은 부모를 선택하는 것보다는
훨씬 더 낙관적인 시나리오다.
- 존 로

인간을 위한 최적의 식단에 대한 문제는 최근 몇 년 동안 끊임없이 논란의 대상이 돼왔다. 온갖 종류의 방법을 옹호하는 책들이 수백만 권씩 팔렸다. 딘 오니시 박사를 포함한 일부 저자들은 장수의 비결은 저지방, 고탄수화물이라고 말한다. 로버트 앳킨스 박사 같은 저자들은 고지방, 고단백질, 저탄수화물의 식단을 지지한다. 이런저런 방법의 지지자들이 앞으로도 오랫동안 논쟁을 벌일 것은 자명한 사실이다. 하지만 우리의 노인들을 보면서 뭔가를 배울 수는 없는 것일까? 사람들이 실제로 경이로울 정도로 건강하고 오래 살았던 문화로부터 우리는 무엇을 배울 수 있을까?

오키나와 100세 노인 연구의 저자들에 따르면 기록으로 남아 있는 한 가장 오래 살면서 놀랄 만큼 건강했던 오키나와 노인들은 하루 평균 채소를 일곱 번 먹고, 전곡을 일곱 번 먹었으며 콩으로 만든 음식을 하루 두 번 먹었다고 한다. 이들은 일주일에 생선을 두세 번 먹었

미국인과 오키나와 노인들의 식단 비교		
	미국	오키나와
고기/가금/달걀	29%	3%
유제품	23%	2%
과일	20%	6%
채소	16%	34%
곡물	11%	32%
콩 제품	0.5%	12%
생선	0.5%	11%

백분율은 무게로 측정했다. 이렇게 비교하기 위해 일단 미국인들이 막대한 양의 설탕, 옥수수 시럽, 첨가 지방을 소비하지만 오키나와 노인들은 거의 먹지 않는다는 점은 고려하지 않았다.

다. 그 대신 유제품과 고기는 거의 먹지 않았다. 그리고 설탕이나 첨가 지방도 거의 먹지 않았다.

위의 표를 보면 몇 가지를 곧장 알아차리게 될 것이다. 오키나와 노인들이 미국인보다 고기, 가금, 달걀, 유제품과 과일을 아주 적게 먹는다는 것을 알게 될 것이다. 그리고 채소, 전곡, 콩으로 만든 음식과 생선을 훨씬 많이 먹는다는 것도 보게 될 것이다(오키나와 노인들은 세계적으로 어떤 민족보다 콩 소비량이 높을 것이다).

하지만 마찬가지로 상당히 중요한 몇 가지가 표에는 나오지 않았다. 우선 오키나와 노인들은 마가린이나 경화유, 트랜스 지방이 들어간 음식을 먹지 않는다. 그리고 표에는 오키나와 노인들이 곡물을 훨씬 많이 먹는 것으로 나와 있지만 이들이 먹는 곡물 종류에 아주 큰 차이점이 있다. 오키나와 노인들은 주로 정제하지 않은 전곡을 먹는다. 하지만 서구에 사는 대부분의 사람은 다른 길을 택했다.

빵이 흴수록 더 빨리 죽는다

흰 밀가루는 밀의 섬유질이 풍부한 껍질과 영양소가 많은 싹을 깎아내고 영양소가 대폭 감소된 전분만 남은 것이다. 밀은 현대 서구 세계에서 주로 소비되는 곡물인데 대부분 흰 밀가루 형태로 소비된다. 미국에서 현재 소비되는 밀의 98%가 흰 밀가루 형태로 소비된다.

밀이 정제 및 가공 처리 과정을 거쳐 흰 밀가루로 생산되는 이유는 유통기한을 연장하기 위해서다. 이렇게 하면 사업에는 도움이 되지만 통밀가루가 흰 밀가루로 변화하면서 인간의 건강에는 큰 악영향을 미치게 됐다.

통밀가루가 흰 밀가루로 정제됐을 때 손실된 영양소의 비율을 보면 단백질(25% 손실)을 제외한 섬유질, 칼슘, 철분, 칼륨, 비타민 B군, 비타민 E 등의 영양소가 절반 이상 손실됐다.

많은 사람이 흰 밀가루에 비타민을 더하면 영양소가 회복될 것이라고 생각한다. 그러나 사실은 그렇지 않다. 통밀가루를 제분해서 흰 밀가루로 만들면서 영양소를 보강하면 제거된 스물다섯 가지의 영양소 중 오직 다섯 가지의 영양소만 화학물질로 대체될 수 있다.

암 예방에 전곡이 중요한 역할을 한다는 점은 〈미국 영양학회 저널〉에 실린 2001년 보고서에 자세한 설명이 나왔다. 보고서의 저자들은 전곡과 암의 위험에 대해 입수할 수 있는 모든 과학적 문건을 검토하는 메타분석을 실시해서 이와 같은 결론을 내렸다. 전곡과 암에 대한 45건의 연구 중 43건의 연구에서 전곡을 섭취하면 몇 가지 암으로부터 상당히 보호받을 수 있다는 것이 밝혀졌다. 좀 더 명확하게 말하면 전곡을 섭취해서 암을 예방할 수 있는 상관관계가 직장암의 경우 10건 중 9건에서 언급됐고, 위암은 7건의 연구 중 7건 모두 언급됐고, 다른 소화기 계통 암은 6건 중 6건 모두 언급됐고, 호르몬에 관계된 암(유방암, 전립선암, 난소암, 자궁암)은 7건 중 7건 모두 언급됐고, 췌장암은 4건 중 4건 모두 언급됐고, 다른 종류의 암은 11건 중 10건이 언급됐다.

분명 전곡은 암을 예방하는 효과가 있다. 하지만 이걸로 끝이 아니다. 〈미국 공중보건 저널〉에 실린 아이오와 주의 여성 건강 연구에 대한 보고서에서 연구자들은 하루에 적어도 한 끼는 전곡을 섭취하는 여성은 그보다 적게 섭취하는 여성에 비해 암, 심장혈관 질환과 다른 질환으로 인한 사망률을 포함한 전반적인 사망률이 상당히 낮은 것을 밝혀냈다. 하루에 전곡을 고작 한 끼만 먹어도 이런 결과가 나올 수 있는 것이다. 하지만 유감스럽게도 대부분의 미국인은 그 한 끼도 먹지 않는다. 전곡은 평균 미국인의 식단 구성의 1%도 되지 않는다.

전곡과 정제된 곡물 둘 다 탄산화물의 수치가 높지만 신체에서는 각기 다른 작용을 한다는 것을 이해해야 한다. 전곡은 곡물의 낟알이 모두 포함되어 있고, 섬유질이 풍부한 겨도 그대로 있고, 영양소가 풍부한 싹도 있다. 반면 정제된 곡물은 제분 과정에서 이런 영양소들이 모두 제거된다. 흰 밀가루, 흰 쌀과 다른 정제된 곡물 식품들은 아주 빠르게 혈류에 흡수돼서 혈당 수치를 급격하게 변화시킨다. 전곡에 있는 섬유질은 이 변화의 속도를 늦추고, 콜레스테롤 수치를 낮추고, 소화관을 깨끗하게 유지하고, 다른 많은 장점을 제공한다. 게다가 전곡에는 비타민 B, 비타민 E와 건강을 증진시키는 물질이 많이 들어 있다.

왜 원더 브레드(미국, 캐나다, 멕시코 3개 회사에서 제조하는 흰 빵을 일컬어 부르는 말)라는 이름이 붙었는지 아는가? 그 빵을 먹고도 아직 살아 있는 게 기적이라는 뜻에서 그런 이름이 붙은 것이다.

슈거 타임

세계에서 가장 오래, 그리고 건강하게 장수하는 사람들이 먹는 식단은 전곡 외에 몸에 좋은 탄수화물의 비율이 아주 높다. 이런 면에서 이들의 식단은 로버트 앳킨스 박사와 다른 비슷한 저자들이 주장하는 저탄수화물 다이어트 식단과 크게 다를 바가 없다. 하지만 저탄수화물 다이어트가 추구하는 바에는 정말 심각한 문제가 있다. 즉 서구 다이어트 식단에는 정제된 탄수화물이 과도하게 포함되어 있다는 점이 문제다. 오키나와 노인들과 다른 지역에서 세계적으로 장수하는 사람들은 그런 정제된 탄수화물이 든 음식을 거의 먹지 않는다.

몸에 좋지 않은 탄수화물을 섭취하는 점에 있어서는 미국인이 1등이다. 미국인은 매년 믿을 수 없을 정도로 많은 양의 크리스피크림 도넛, 던킨 도넛, 호스키스 트윙키, 딩동 도넛들을 먹어치운다. 이는 실로 수백억 개에 달하는 수치다. 현재 평균 미국 식단 칼로리의 3분의 1이 정제 설탕과 옥수수 시럽에서 나온다.

식품 제조업자들은 사람들의 식욕을 증진시킨다는 단순한 이유에서 음식에 막대한 양의 정제 설탕을 넣는다. 식욕이 자극된 사람은 음식을 훨씬 더 많이 먹는다. 이렇게 되면 식품회사의 매출에는 좋지만 한편으로 과도한 설탕 소비와 비만 사이에 강한 상관관계가 형성된다. 정제되고 가공된 식품을 많이 먹는 사람은 가공하지 않은 음식을 먹는 사람보다 대개 25%의 칼로리를 더 소비한다.

현재 서구 산업사회의 어린이와 성인이 소비하는 설탕의 양은 그야말로 손을 쓸 수 없는 수준에 이르렀다는 것을 나도 안다. 하지만 전에는 얼마나 상태가 심각했는지 미처 실감하지 못했다. 현재 평균적인 미국인은 매일 설탕 53스푼이라는 어마어마한 양을 섭취하고 있다. 이는 남성, 여성, 어린이가 10일마다 5파운드(약 2.3킬로그램) 분량의 설탕 한 봉지씩을 먹고 있다는 말이 된다.

매년 미국의 옥수수 재배업자는 연방보조금으로 대략 40억 달러를 받기 때문에 고과당 옥수수 시럽이 너무나 저렴해서 거의 모든 가공식품과 전에는 달지 않았던 수프와 샐러드드레싱 같은 음식에까지 이 시럽을 넣는다. 일부 연구에 따르면 옥수수 시럽은 사탕수수 설탕보다 훨씬 더 나쁘다고 한다. 이 주장은 아직 뚜렷한 결론이 나지 않았지만 의심할 여지 없이 확실한 부분도 있다. 소다수 12온스 캔 하나에는 고과당 옥수수 시럽이란 형태의 설탕 13스푼이 들어가 있다. 현재 평균 미국인은 1년에 55갤런(약 209리터)의 소다수를 마신다. 미국 10대 소녀들이 소비하는 칼로리의 10~15%가 청량음료에서 나온 것이다. 현재 미국의 많은 학교에 식수대보다 청량음료 자판기가 훨씬 더 많이 비치되어 있다.

설탕과 옥수수 시럽이 뭐가 그렇게 나쁠까? 이 둘을 많이 섭취한다면 아주 몸에 안 좋다. 과도한 설탕 소비는 비만의 직접적인 원인이 될 뿐 아니라 신장 결석, 골다공증, 심장병과 충치를 일으킬 수 있다.

설탕과 옥수수 시럽은 또한 중독성이 있다. 더 많이 섭취할수록 더 많이 원하게 된다. 게다가 설탕과 영양가는 하나도 없는 칼로리를 더 많이 섭취하게 될수록 매일 필요한 최소한의 비타민과 다른 영양소를 얻기 위해 더 많이 먹어야 하는 악순환이 계속된다.

그 결과는 참담하다. 과체중에 과식을 하면서도 항상 허기가 지고 실제로 영양실조에 걸리는 사람이 늘어나는 것이다. 이들은 실로 엄청난 양의 칼로리를 섭취하고 있지만 이들의 세포는 정작 필요한 영양소를 얻지 못하고 있는 것이다.

게다가 설탕(흰 밀가루처럼)은 섬유질이 낮아서 거의 영양소가 없는 음식을 사람들이 섭취하고 있을 뿐 아니라 이런 음식을 섭취함으로써 혈당과 인슐린이 치솟아서 체중이 늘어나게 되는 것이다.

그리고 치아 문제도 있다. 입속에서 자연스럽게 생기는 박테리아는 설탕을 먹고 산다. 설탕이 많이 들어간 음식을 먹고 몇 분만 지나면 입속에 있던 박테리아가 부산물을 만들어내서 치아의 법랑질을 부식하는 산이 발생돼 충치와 충치로 인한 구멍이 생기게 된다.

따라서 간단하게 말하면 비만이면서 영양실조에 이빨까지 몽땅 빠지고 싶다면 설탕과 옥수수 시럽이 많이 들어간 음식을 먹는 것이 가장 좋은 방법이다.

내가 저탄수화물 다이어트의 팬은 아니지만 그 다이어트 덕분에 정제된 탄수화물의 섭취량을 줄이는 데 일조했다는 점은 인정한다. 이런 다이어트들의 폭넓은 인기 덕분에 인터스테이트 베이커리는 2004년 파산보호 신청을 해야 했다. 이 회사의 1등 상품은? 트윙키와 원더 브레드다.

모든 것을 다 가졌던 남자

가끔 우리는 건강을 잃기 전까지는 건강이 얼마나 소중한지 깨닫지 못한다. 몇 년 전 나는 부모님의 이웃인 마빈 데이비스란 사람을 만나면서 이를 실감하게 됐다. 아버지와 내가 마빈의 저녁 초대를 받아 그의 집에 걸어가고 있을 때 아버지가 마빈이 세계 최고 갑부 중 하나라고 말씀하셨다. 나는 나중에 〈포브스〉지에서 그의 재산이 58억 달러에 이르는 것으로 추정한 기사를 발견했다. 이 석유 재벌은 21세기 폭스 스튜디오, 페블 비치 골프 코스와 비벌리힐스 호텔 같은 것을 사고파는 것으로 유명해졌다.

여러분도 쉽게 상상할 수 있듯이 그의 집은 대궐 같았다. 그의 집에 갔을 때 처음 내 눈에 들어온 것은 모든 문, 심지어는 욕실 문까지 두 짝이라는 것이었다. 나는 집주인을 만나기 전까지 그 이유를 궁금해했다. 그 불쌍한 남자—돈이 없어서 불쌍한 게 아니라 건강하지 못해서 불쌍하다는 뜻—는 몸무게가 200킬로그램쯤 나가는 것 같았다. 그는 체격이 너무 비대해서 보통 문은 고사하고, 특대 크기의 문 한 짝으로는 몸이 빠져나갈 수 없었다. 나는 그의 서글픈 상황에 마음이 아팠다. 이 남자는 세상의 거의 모든 것을 살 수 있을 만큼 돈이 많았지만 동시에 너무나 비만이라서 돌봐주는 사람들의 도움이 없이는 화장실도 가지 못했다.

마빈이 스테이크, 바닷가재, 캐비아와 같은 음식들을 끝도 없이 먹는 모습을 지켜보던 그날 저녁 느꼈던 기분을 말로는 적절히 표현할 수 없을 것 같다. 그와 이야기를 나누고, 그가 다른 사람들과 상호작용하는 모습을 지켜봤는데 그는 대화에 집중하지 못하고, 스트레스에 시달리면서 불행해 보였다. 어떤 사람들은 그의 엄청난 재력을 부러워할 수도 있겠지만 난 그저 그가 불쌍해 보일 뿐이었다. 내 마음속에는 모리스 센닥(미국의 그림책 작가 옮긴이주)의 말이 계속 떠올랐다. "모든 것을 가지는 것보다 인생에는 더 중요한 일이 있다."

마빈과 압하지야, 빌카밤바, 훈자, 오키나와 사람들이 너무나도 극명하게 대조됐다. 날씬하고 가볍고 행복한 이들은 생기 있게 걸으면서 즐겁고 경쾌하게 이야기한다. 이들은 음식을 천천히 먹고 자신들이 가진 것에 감사하고 과식하지 않으며 항상 경이로울 정도로 자신의 삶에 만족스러워한다. 이들은 웃고 농담을 많이 하며, 이들의 눈에는 기쁨과 평화가 가득하다. 이들은 물질적으로는 가진 게 거의 없지만 필요 이상으로 재물을 축적하는 법이 없다. 그 대신 이들은 가진 것을 자발적으로 남들과 나눠 가진다. 이들의 문화에서는 부를 축적하는 사람이 존경받지 않는다. 애정 어린 성품과 삶에 지혜가 넘치는 사람들이 존경받는다. 얼마나 많이 가졌느냐가 중요한 것이 아니라 얼마나 많이 베푸느냐가 중요한 것이다.

나는 마빈 데이비스를 부러워하지 않았다. 아마 내가 그를 공평하지 못하게 대하는 거겠지만 내가 보기에 그는 현대 사회에서 끔찍하게 어긋난 뭔가를 구체적으로 표현하고 있는 것 같았다. 우리는 경제적인 여유가 있다면 가리지 않고 사들인다. 맛이 좋은 음식이 있다면 그걸 먹는다. 우린 돈을 못 써서 안달하는 사람이 된 것이다.

여기에는 심각한 문제가 도사리고 있다. 만약 우리가 장기적인 결과를 고려하지 않은 채 단기적인 만족감만 계속 추구한다면 언젠가는 끔찍한 일이 일어나게 된다. 욕망의 충족에는 한계가 없기 때문이다.

마빈 데이비스가 2004년 사망했을 때〈로스앤젤레스 타임스〉는 1면에 그의 생애에 대한 장문의 기사를 실어서 그가 몇십 년 동안 남부 캘리포니아에서 가장 부유한 사람이었다고 말했다. 그 기사에는 그가 팔거나 사들인 전문 축구팀, 농구팀, 야구팀과 그가 수십억 달러를 쓴 다른 일들에 대해 언급했다. 고인에 대한 예의 때문인지 '비만'이라는 단어는 나오지 않았다.

비대한 나라

　사람은 키가 작은 사람도 있고 큰 사람도 있고, 체격이 작은 사람도 있고 큰 사람도 있고, 이런 다양성이 인간이 가진 아름다움의 일부다. 그러나 현대 사회는 문화적인 이상형에 맞지 않는 몸을 가지고 있는 사람에게 아주 잔인해질 수 있다. 나는 분명 큰 체격의 사람들이 자신의 몸 때문에 현대 문화에서 종종 인내해야 하는 고통이 더 심해지게 만들고 싶지 않다. 체중 때문에 소외되거나 멸시받는 사람이 있어서는 안 된다.

　하지만 이제는 비만이 건강에 미치는 무시무시한 영향에 대한 이야기를 시작해야 할 필요가 있다. 매년 과체중 때문에 일찍 사망하는 미국인의 수가 흡연으로 일찍 사망하는 사람의 수를 크게 앞지르고 있다. 현재 비만이 흡연보다 만성질환과 의료보험 비용에 더 큰 손해를 미치고 있는 것이다. 랜드 연구소에서 비만은 실제 연령보다 20년 일찍 늙는 것과 같다고 했다.

　프레드 허친슨 암연구센터의 연구자들이 50세에서 76세에 이르는 7만 3,000명의 성인을 연구했을 때 이들은 비만이 41가지의 건강에 해로운 상태와 밀접한 관계가 있다는 것을 밝혀냈다. 이런 상태 중 일부는 심장마비와 같이 목숨이 위험한 것도 있었다. 고혈압같이 좀 더 심각한 질환이 발생할 위험을 높이는 증상도 있었다. 불면증과 만성 피로 같은 것을 포함한 다른 증상들도 역시 삶의 질을 크게 떨어뜨렸다.

비만은 심각한 질환이며, 현대 사회에서는 일종의 전염병처럼 번지고 있다. 지방흡입은 미국에서 가장 인기 있는 성형수술 중 하나로 매년 거의 50만 건의 수술이 행해지고 있다. 미국 의사의 절반이 넘는 사람들이 과체중이다.

몇 주 전 병원에 가는 친구를 따라갔다가 그 병원의 접수원이 적어도 150킬로그램이 넘을 것 같은 모습을 보고 걱정스러워했던 적이 있다. 그 접수원 아가씨가 우리를 의사에게 인도했는데 그 의사에 비하면 그녀는 날씬해 보일 정도였다.

2001년 미국 공중위생국 국장이 과체중인 미국 아동 비율이 지난 25년간 3배로 증가한 점에 주목하고 비만이 전염병 수준에 이르렀다고 선포했다. 2006년 〈소아 비만 국제 저널〉에서 2010년이 되면 서반구 아동의 거의 절반이 비만이 될 것이라고 발표했다. 콜로라도 대학 건강과학센터의 영양학 센터 이사인 제임스 힐은 이렇게 말했다. "만약 이런 경향이 지속되면 몇 세대 내에 모든 미국인은 비만이 될 것이다."

이미 전체 미국인의 3분의 2가 과체중이거나 비만인 상태다. 그리고 이 문제는 단지 미국만의 문제가 아니다. 비만은 현재 세계 모든 나라에서 증가하고 있다.

알래스카 에스키모도, 에벤크족도(시베리아에서 순록을 치는 목동), 왈피리(오스트레일리아의 원주민)에도 비만 인구가 증가하고 있다. 이집트, 칠레, 페루, 독일, 멕시코 아동의 25%가 넘는 아이들이 현재 비만이다.

잠비아와 모로코의 네 살짜리 아동의 거의 20%가 비만이다. 멕시코에서는 5인 가족이 일주일에 평균 6갤런(약 23리터)의 코카콜라를 마시며, 전체 인구의 65%가 과체중이거나 비만이다.

국제비만연구협회 회장인 스테펀 로스너 박사는 이런 현상에 불안해하고 있었다. "세계 어느 나라고 비만 인구가 증가하지 않는 나라가 없습니다. 심지어는 그럴 염려가 없다고 생각하는 개발도상국에서도 이 전염병이 아주 빠르게 번지고 있습니다."

영국에서 아동 비만은 지난 20년간 세 배로 늘어났다. 2004년 유행병처럼 번지는 비만을 조사하던 영국 의회 위원회는 과도한 체중 때문에 심장마비로 사망한 세 살짜리 소녀의 사건을 특히 강조했다. 하원 건강위원회가 작성한 보고서에서 인용한 한 전문가의 말에 따르면 비만 때문에 호흡기가 좋지 않아 집에서 인공호흡기의 보조를 받아야 했던 아이들도 있다고 한다. 그 아이들은 "자신의 지방에 눌려 숨을 제대로 쉬지 못했다"라고 쉴라 메켄지 박사가 말했다.

앳킨스 다이어트와 사우스 비치 다이어트

로버트 앳킨스 박사가 쓴 책들은 20개가 넘는 언어로 2,000만 권 이상 팔렸다. 앳킨스 다이어트가 2004년 상반기에 인기의 절정을 누렸을 때는 저탄수화물 파스타와 저탄수화물 구미베어를 포함해서 미국에서 1,864개의 새로운 '저탄수화물' 식품이 출시됐다. 하인즈 케첩에서 미켈럽 맥주에 이르기까지 식품 산업의 전 부문이 저탄수화물 열풍에 뛰어들었다. 크래프트는 저탄수화물 오레오 쿠키를 출시했다.

라운드 테이블 피자는 저탄수화물 피자 크러스트를 내놓았다. 심지어는 종자상인 W 애틀 버피 앤 코도 소비자들이 텃밭에 '저탄수화물' 식품을 키우기 위해 심을 씨앗을 쉽게 고를 수 있도록 탄수화물 함량에 따라 채소 씨앗의 순위를 매겼다. 2004년 실시한 한 여론조사에서 미국 인구의 절반이 저탄수화물 다이어트를 하고 있거나 시도해봤거나 미래에 해볼 계획이라고 응답했다.

사람들은 살을 빼는 문제에서 때로 필사적일 수 있으며, 많은 사람들이 열렬하게 오랫동안 기다려온 성과를 거두기 위해 저탄수화물 다이어트를 선택했다. 사람들이 저탄수화물 다이어트로 체중을 줄였을 때는 전보다 칼로리를 적게 섭취하고, 몸에 좋지 않은 정제된 탄수화물의 소비를 줄인 이유가 크다. 단기적으로는 이런 다이어트가 실제로 다른 대부분의 저칼로리 다이어트보다 같은 양의 칼로리를 소비했을 때 체중 감소량이 더 크다. 이 다이어트의 지지자들은 이런 현상을 저탄수화물 다이어트의 '신진대사 효과'라고 부른다. 탄수화물 섭취를 크게 제한하는 다이어트를 하게 되면 인체는 뇌와 적혈구처럼 포도당을 필요로 하는 조직을 위해 탄수화물을 만들어내려고 에너지를 쓰게 된다. 따라서 운동을 하지 않아도 가외로 칼로리가 소비되는 것이다.

유감스럽게도 이런 식으로 살을 빼면 그 효과가 오래가지 못한다. '신진대사 효과'가 지속되지 않는 것이다. 2004년 영국의 의학 잡지인 〈란셋(The Lancet)〉에서 앳킨스와 다른 저탄수화물 다이어트가 체중 감량에 발휘하는 효과는 1년 내에 사라질 수 있다는 연구 결과를 발표했다. 이 보고서는 또한 저탄수화물 다이어트의 부작용으로 사람들이 변비, 두통, 구취, 설사, 근육 약화, 복통 같은 증상을 경험했다고 밝혔다.

이런 종류의 부작용들은 실제로 저탄수화물 다이어트에서 흔히 일어나는 증상이다. 또 다른 연구에서(이번 연구는 앳킨스 본인이 직접 자금을 댄 연구다) 6개월 동안 앳킨스 다이어트를 실시한 환자의 70%가 변비에 걸렸고, 65%가 구취가 있었으며, 54%가 두통을 호소했고, 10%가 탈모 현상이 일어났다.

하지만 다이어트 전쟁은 계속 진행 중이다. 2005년 미국 의학협회 저널에서 앳킨스와 오니시를 포함한 네 가지 인기 다이어트를 면밀하게 비교했다. 터프트 대학 연구자들이 무작위로 160명의 과체중인 사람들을 네 가지 중 하나의 다이어트에 지정하고, 그들에게 설명서를 배포하고 네 차례 교육을 실시한 후 향후 1년간 그들의 체중을 조사했다. 1년이란 조사 기간 동안 오니시 다이어트를 따랐던 이들의 체중 감소가 가장 큰 반면, 앳킨스 다이어트를 따랐던 이들의 체중 감소가 가장 적었다. 게다가 오니시 프로그램을 따랐던 사람들은 LDL 콜레스테롤(나쁜 콜레스테롤) 수치가 가장 많이 떨어진 반면 앳킨스 다이어트를 했던 사람들은 같은 콜레스테롤 수치 감소량이 가장 적었다. 다른 두 가지 프로그램 웨잇 워처와 존 다이어트는 체중 감소와 LDL 콜레스테롤 감소에 있어서 오니시와 앳킨스의 중간 수치가 나왔다. 연구를 완료한 참가자들 중 오니시 다이어트를 실시한 참가자는 평균 7.5 킬로그램이 빠졌고, 콜레스테롤 수치는 21.5mg/dl이 줄어서 연구에 참가한 참가자들 중 최상의 결과가 나왔다.

연구 대상이었던 다른 다이어트 방법과 달리 오니시의 저지방, 채소 위주의 다이어트는 아테롬성 동맥경화증의 증세를 완화하고, 협심증을 줄이고, 영구적인 체중 감소를 야기하고(5년 혹은 그 이상), 심장마비와 같이 심장에 관련된 사고를 크게 줄인다. 이런 장점을 발견한 연구 결과들이 일류 의학 잡지에 실렸다. 이 연구에 따르면 심장병이 꽤 진행된 환자들도 오니시 다이어트를 따르면서 그 프로그램에서 요구하는 생활방식으로 맞춰가자 관상동맥 바이패스 수술과 혈관 형성 수술을 피할 수 있었다. 반면 저탄수화물 다이어트의 위험을 지적하는 연구가 상당히 많았다. 예를 들면 2000년 〈맥관학〉지에서 앳킨스 다이어트를 하는 사람들의 심장에 피가 잘 공급되지 않는다는 점을 발견한 연구가 발표됐다.

저탄수화물 다이어트를 지지하는 핵심적인 주장은 탄수화물이 혈중 인슐린 수치를 높여서 인체에 더 많은 지방을 저장하게 한다는 것이다. 앳킨스 책의 한 장은 이런 제목이 붙어 있다. "인슐린—당신을 뚱뚱하게 만드는 호르몬."

2003년 사람들에게 앳킨스 다이어트, 존 다이어트, 웨이트 위처 프로그램, 오니시 다이어트를 하게 만들었던 연구자들이 미국 심장학회에 연구 결과를 제출했다. 네 가지 다이어트 중 오니시 다이어트가 인슐린 수치를 크게 줄인 유일한 다이어트였다. 앳킨스 다이어트는 그런 목적을 가지고 설계된 다이어트였지만 별 효과를 보지 못했다.

저탄수화물 다이어트는 안전한가?

앳킨스의 책이 처음 출판됐을 때 의학계가 두 손 벌리고 환영한 건 아니었다. 하버드 대학의 영양학과 학과장은 의사들에게 앳킨스 다이어트를 권하는 것은 '의료 과오'의 경계를 넘나드는 행위라고 경고했다. 미국 영양협회 회장은 이렇게 말했다. "지난 50년간 제시된 모든 기괴한 다이어트 중에서도 앳킨스 다이어트는 단기간이라도 따르게 된다면 가장 위험할 다이어트 방법이다."

메릴랜드 주의 건강 담당 관리는 앳킨스 다이어트의 어떤 점이 문제냐는 질문에 이렇게 대답했다.

수면제를 과다 복용했을 때는 뭐가 문제인가? 그렇게 하면 목숨이 위험해진다. 이 영양학적으로 건전하지 못한 다이어트를 실천했을 때 체중은 줄일 수 있지만 그와 동시에 당신의 건강과 목숨이 위험해지게 된다.

최근 미국 식이요법협회에서 앳킨스 다이어트를 '악몽의 다이어트'라고 부르자 로버트 앳킨스는 그런 비평을 '영양사들이나 하는 말'로 치부하며 무시해버렸다. 그는 이렇게 비웃었다. "영양사들이 그렇게 하기 전에 우리 집 개가 먼저 영양가가 있는지 없는지 알아낼 것이다."

하지만 앳킨스와 그의 집 개에게는 안타깝게도 세상에 존재하는 거의 모든 훌륭한 건강 과학 단체에서 그의 다이어트에 반대하는 의견을 강력하게 내세웠다. 그런 단체들로는 미국 심장학회, 미국 과학한림원, 미국 암협회, 미국 암연구소, 미국 신장기금, 미국 스포츠의학회, 국립보건원을 들 수 있다.

2002년 미국 심장학회는 이런 다이어트의 위험에 대해 대중에게 경고하는 주의보를 일류 의학 잡지인 〈순환〉지에 발표했다. "이 다이어트를 하는 사람들은 심장병에 걸릴 위험이 있으며, 우린 정말 이 점에 대해 깊이 우려하고 있습니다." 그 논문의 저자이자 미국 심장학회의 영양학위원회 회장인 로버트 에켈 박사가 말했다. "이런 다이어트들은 나쁜 콜레스테롤의 수치를 높이고 심장병이 발생할 위험을 높이는데 특히 심장마비를 일으킬 가능성을 증가시킨다."

콜로라도 의대 교수인 에켈은 구체적으로 앳킨스, 존, 프로틴 파워, 슈거 버스터, 스틸맨 다이어트를 이런 위험한 다이어트들로 언급했다. 에켈 박사는 사람들이 종종 이런 다이어트로 일시적으로 살이 빠지면서 전반적인 콜레스테롤 수치도 일시적으로 내려가는 점에 주목했다. "하지만 이런 방법으로 체중이 줄어들면 몇 주 혹은 몇 달 동안 그 몸무게가 그대로 유지되는 반면 콜레스테롤, 특히 LDL 콜레스테롤의 수치는 더 올라가게 된다. 많은 사람들의 LDL 콜레스테롤 수치는 이 다이어트를 계속하는 한 올라가게 된다."

나는 몇 번 앳킨스 박사의 라디오 쇼에 게스트로 나갔고, 그 후에도 몇 번 앳킨스 박사와 이야기를 했다. 그는 자신이 사람들이 더 건강하게 삶을 즐길 수 있도록 돕고 있다고 믿었다. 마찬가지로 현재 다른 저탄수화물 다이어트를 옹호하고 있는 사람들은 자신들이 하는 일이 옳다고 믿고 있을 것이라고 나는 생각한다. 하지만 이 다이어트들은 서구 세계의 비만 전염병에 대한 원인으로 탄수화물 하나만을 비난하는 잘못을 저지르고 있다. 이런 다이어트들은 사람들에게 설탕과 흰 밀가루 같은 정제된 탄수화물을 덜 먹게 하는데, 이런 것은 긍정적인 면이다. 하지만 그런 긍정적인 면이 있다고 해도 이 다이어트를 따르는 사람들에게 유감스러울 만큼 상당히 큰 부작용도 있었다.

2004년 플로리다 주의 델레이 비치에 사는 53세의 조디 고란이란 남자가 로버트 앳킨스 박사와 앳킨스 다이어트를 홍보하는 회사를 고소했다. 그가 앳킨스 다이어트를 따르는 동안 그의 콜레스테롤 수치는 정상보다 훨씬 낮은 수치인 146에서 건강에 아주 위험한 수치로 여겨지는 230까지 치솟았다. 다이어트를 시작하기 전 그의 건강 기록에 보면 정맥이 깨끗했지만 앳킨스 다이어트를 시작한 지 2년 만에 그는 가슴 통증을 세 번이나 경험했고, 의사들은 그의 주요 동맥이 99% 막혀 있는 것을 발견했다. 그래서 혈관 확장 수술을 실시해서 혈관이 계속 막히지 않고 있도록 스텐트(혈관에 넣는 협착 방지용 튜브—옮긴이주)를 집어넣었다.

2003년 사우스 비치 다이어트는 아주 큰 인기를 얻으며 최신식 저칼로리 다이어트로 떠올랐다. 앳킨스 다이어트처럼 사우스 비치는 처음 2주 동안 탄수화물 섭취를 극단적으로 제한한다. 그 후에는 앳킨스 다이어트와 다른 방법을 쓴다. 이 다이어트는 버터와 소시지 같은 포화지방 섭취를 권장하는 대신 좀 더 많은 섬유질과 전곡을 섭취하도록 한다. 사우스 비치 다이어트를 시작하는 2주 동안 과일이나 전곡을 먹어선 안 되지만 그 후 소량은 허락된다.

사우스 비치는 앳킨스 다이어트보다는 여러모로 향상된 다이어트지만 나로서는 사과, 살구, 산딸기류, 사탕무, 당근, 전곡으로 만든 빵 같은 자연식품을 삐딱한 시선으로 보는 다이어트를 적극적으로 받아들이긴 힘들다. 아침 식사로 베이컨과 달걀을 먹고 그다음에 콜레스테롤 수치를 낮추는 약을 먹는 것이 몸에 좋은 방법으로 느껴지지 않는 것이다. 하지만 그게 바로 사우스 비치 다이어트의 개발자인 심장병 전문의 아서 애거스톤이 권하는 바다.

백악관에 있을 때 빌 클린턴 미 대통령은 딘 오니시 박사와 건강 문제를 상담했다. 오니시 박사는 클린턴 대통령에게 고지방 동물성 식품을 멀리하라고 조언했다. 하지만 대통령은 버거를 좋아해서 그 대신 사우스 비치 다이어트를 따랐다. 2004년 빌 클린턴 전 대통령이 응급 관상동맥 우회수술을 받았을 때 그는 스테이크와 치즈버거로 이루어진 저탄수화물 식이요법을 따를 것이 아니라 딘 오니시 박사의 조언을 따를 걸 그랬다고 후회했다.

그렇게 했더라면 훨씬 좋았을 뻔했다. 오키나와, 압하지야, 빌카밤바, 훈자에서 건강하게 장수하는 사람들은 오니시 다이어트와 비슷한 식단으로 식사를 했다. 저지방, 전곡, 채소 위주의 식단으로 모두 자연식품으로 구성되어 있으며 복합탄수화물이 풍부하게 들어 있다. 그리고 그들은 세상에서 가장 날씬한 사람들 중 하나다.

시들해진 저탄수화물 다이어트의 열풍

저탄수화물 다이어트 열풍은 2004년 절정에 이르렀다가 이후 앳킨스 다이어트와 사우스 비치 다이어트를 따르는 추종자가 크게 감소했다. 2005년 8월 1일 저탄수화물 섭취를 국제적 다이어트 열풍으로 조성했던 회사인 앳킨스 뉴트리셔널 주식회사가 법원에 파산 보호 신청을 했다. 이 회사는 상환할 수 없는 부채가 3억 달러에 달했다.

이날은 그 회사와 직원들에게는 슬픈 날이겠지만 대중의 건강에는 희소식이 나온 날이다. 이는 점점 더 많은 사람이 체중을 줄이기 위해 건강에 좋은 탄수화물을 삼갈 필요가 없다는 것을 이해하고 있다는 의미이기 때문이다. 만약 세계 최고 장수 문화들의 예를 따르려 한다면 그에 대한 답은 탄수화물 섭취를 완전히 중지하는 것이 아니라 정제된 탄수화물 섭취를 중단하는 대신 전곡, 채소, 과일과 함께 씨, 견과, 콩과 식물들을 식단의 기본 구성 요소로 삼아 몸에 좋고 가공하지 않은 탄수화물을 섭취하는 것이다.

이를 입증하는 증거는 일관되게 나오고 있다. 전곡, 채소, 견과, 씨와 콩을 중심으로 채식 위주로 음식을 먹는 사람은 상당히 많은 양의 동물성 제품을 섭취하는 사람보다 매우 날씬한 경향이 있다. 예를 들어 2004년 4개국의 4,000명이 넘는 40세에서 50세의 여성과 남성이 참여한 연구에서 가장 날씬한 사람들이 가장 몸에 좋은 탄수화물을 섭취하는 것으로 밝혀졌다. 이 연구를 주도했던 노스웨스턴 대학의 예방의학 교수인 린다 반 혼 박사는 그 연구 결과를 제44회 미국 심장학회 연차 회의에 제출했다. "예외 없이 복합 탄수화물이 많이 들어간 식단은 (…) 낮은 체질량과 결부되어 있었습니다. 바람직한 탄수화물이란 섬유질이 높은 복합 탄수화물, 즉 전곡과 과일과 채소입니다." 린다 교수는 이렇게 말했다.

오키나와 100세 노인 연구를 실시했던 의학 연구자들은 저탄수화물 다이어트에 대해 어떻게 생각할까? 세계 최고 장수 노인들의 건강과 식단을 꼼꼼하게 분석한 이 연구자들은 이렇게 썼다.

> 영양학 연구 역사상 이보다 더 뚜렷하고 일관된 증거도 없었다. 고(정제되지 않은)탄수화물에 저칼로리에 채소 위주의 식단이 장기적인 건강에 가장 좋다는 증거가 바로 그것이다. 저탄수화물, 고단백 다이어트를 옹호하는 책에서 어떤 내용을 읽었을지 모르겠지만 이 점은 논란의 여지가 없이 분명하다.

소박한 기쁨

압하지야, 빌카밤바, 훈자 노인들처럼 오키나와 노인들의 식생활은 설탕과 칼로리는 높고 영양가는 적은 맛있는 음식을 주로 먹는 현대인의 식생활에 비하면 검소하고 엄격해 보일 수도 있다. 하지만 이렇게 장수하는 사람들은 분명 삶의 기쁨을 거부하는 사람들이 아니었다. 이들은 자연스럽게 오감을 느끼는 데서 기쁨을 찾고 즐겁게 시간을 보내는 데도 아주 탁월한 사람들이었다. 이들은 자신을 둘러싼 세계에서 소박한 기쁨과 즐거움을 만끽하며 삶을 긍정하는 사람들이었다. 이들은 캔디, 감자 칩, 아이스크림, 핫도그 같은 음식은 먹어본 적이 없지만 항상 생기발랄했다. 이들은 자주 미소 지었고, 크게 소리 내어 웃었다. 그리고 노래하고 춤을 추며 살아갔다.

사실 과로와 수면 부족에 시달리면서 패스트푸드로 연명하는 우리 현대 세계를 볼 때 나는 실제로 감각적으로 결핍된 삶을 살아가는 사람들은 우리 현대인들이고, 장수 노인들이야말로 진실로 삶을 찬미하는 사람들이란 생각이 들었다.

알코올을 예로 들어보자. 현대 세계에서 알코올의 과도한 소비가 얼마나 큰 악영향을 미치는지 모두 잘 알고 있을 것이다. 장수를 누리는 문화권의 사람들은 모두 알코올음료를 즐긴다. 하지만 지나치게 많이 마시며 흥청대는 대신 이들은 절제해서 기분 좋을 정도만 마시며, 그곳에는 알코올중독이라는 개념 자체가 없다. 사실 이들은 술에 취해 인생에서 도피하기엔 삶을 너무 사랑한다.

적당한 양의 알코올을 마시면서 그 진가를 음미하며 즐기는 이 문화들은 레드 와인을 적당히 마시면 심장에도 좋고 다른 건강상의 장점들이 있다는 현대 의학의 연구 결과와도 일치한다(물론 이런 장점들은 술을 과도하게 마실 경우에는 사라진다).

유전자의 역할

우리가 먹는 음식, 생활방식, 혹은 삶을 즐기는 방식이 건강과는 별로 상관이 없다고 믿는 사람들도 있다. 이들은 건강하게 장수할 수 있는 유일한 방법은 좋은 유전자를 타고 나는 축복뿐이라고 믿는다. 과연 이들의 생각이 옳은 걸까?

뉴욕 시의 마운트 시나이 병원과 마운트 시나이 의대 학장이며 개인이 선택한 생활방식과 유전적 특징의 상대적 중요성에 대한 최고 전문가인 존 로우 박사의 말에 따르면 그렇지 않다고 한다. 로우 박사는 성공적인 노화에 대한 맥아더 재단 연구 네트워크가 발족된 이래 계속 회장직을 역임해왔다. 맥아더 재단은 따로 자란 일란성 쌍둥이들과 이란성 쌍둥이들에 대한 대대적인 연구를 실시했다. 로우 박사는 이렇게 설명했다.

요지는 아주 분명합니다. 거의 예외 없이 육체적 노화의 30%만 유전자를 탓할 수 있습니다. 그리고 나이 들어갈수록 유전적 특징은 상대적으로 덜 중요하게 됩니다. 이 연구 결과는 노화 과정이 이미 정해진 것이란 잘못된 믿음을 박살냈습니다. 맥아더 연구는 우리 스스로가 자신의 노화에 책임이 있다는 강력한 증거를 제시했습니다.

물론 유전적 특징에 따라 크게 결정되는 질병(혈우병, 낭포성 섬유증, 어린선, 겸상적혈구빈혈, 혈색소 침착증, 테아삭병, 헌팅턴 무도병)도 있긴 있다. 유전자가 건강에 어떤 영향을 미치는가에 대해 당연히 알아낼 수 있는 것은 모두 알아내야 한다. 하지만 이제 우리는 암, 심장병, 고혈압, 류머티즘 관절염과 다른 많은 질환에 걸리기 쉬운 유전적 소질들이 있지만 몸에 좋은 음식을 먹고 규칙적으로 운동하면 그런 질병이 발생할 가능성을 크게 줄이거나 혹은 대부분 예방할 수 있다는 것을 알고 있다.

하버드 대학의 성인 발달 연구는 아마 세계에서 가장 역사가 오랜, 노화에 대한 연구일 것이다. 이는 전향적 연구, 즉 과거에 일어난 일에 대한 사람들의 기억에 의존해서 하는 연구가 아니라 연구자들이 1,000명 가까이 되는 사람들을 60년에 걸쳐 연구한 것이다. 이는 또한 병에 걸린 사람들보다 건강한 사람들의 삶을 연구했다는 점에서 아주 희귀한 연구라고 할 수 있다.

2002년 이 연구의 책임자인 조지 밸리언트 박사는 60년이 넘는 세월 동안 알아낸 사실들을 돌이켜본 후 대부분의 경우 많은 사람이 믿었던 것과 달리 유전적 특징이 중요한 요인이 아니었다는 결론을 내렸다.

많은 사람이 보기에 심장마비나 암은 심술궂은 신이 찾아와서 내린 벌이며 노년에 겪는 대부분의 고통은 잔인한 운명이나 잔인한 유전자에 달려 있는 것 같을 것이다. 가끔은 늙어가는 일이 전적으로 우리가 통제할 수 없는 일처럼 느껴진다. 그러나 전향적으로 수집한 데이터를 확보한 결과 나는 건강한 노화 혹은 그렇지 못한 노화가 어느 정도 우리가 통제할 수 있는 요인들을 가지고 예측할 수 있다는 점을 알고 경악했다.

오키나와인은 어떤가? 그들의 경이로운 건강과 장수의 근본적인 원인이 일종의 특별한 유전적 특징 때문은 아닐까? 다른 나라의 노인들은 병들고 시들시들해질 때 오키나와 노인들은 건강을 유지할 수 있게 해주는 훌륭한 유전자를 가지고 태어난 복을 누린 건 아닐까?

이런 의문들이 철저하게 연구됐다. 이주 연구에 따르면 오키나와인이 다른 곳에 이주해서 새로운 곳의 식습관을 받아들이면 그곳에 사는 주민들과 같은 비율로 같은 질환에 걸리게 되고, 같은 연령대에 죽게 된다는 사실이 발견됐다. 예를 들어 브라질로 이주한 오키나와인의 평균수명은 17년 줄었다.

미국 국립보건원은 '오키나와 100세 노인의 경이로운 장수 유전학'이라 불리는 연구에 자금을 댔다. 이 연구에 따르면 오키나와인이 누리는 대부분의 건강상의 장점은 유전적 특징이 아니라 그들의 생활방식과 그들이 먹는 음식에서 나왔다고 한다.

현재까지 오키나와인이 누리는 건강의 주된 원인이 유전적 특징이 아니라는 가장 강력한 증거는 현재 젊은 오키나와인의 생활방식과 건강에서 찾을 수 있다. 물론 젊은 오키나와인 역시 오키나와 노인들과 같은 유전자를 가지고 있다. 아주 오랫동안 노인들에게 대단한 성과를 안겨준 건강 습관과 생활방식을 젊은 세대가 버리고 있다는 것은 슬프고도 냉엄한 현실이다.

어떻게 이런 일이 일어났을까? 제2차 세계대전 말 미군은 강제로 대다수의 군사기지와 미국 군인 가정을 위한 거주지를 짓기 위해 오키나와 부동산의 대부분을 점령했다. 미국은 이 사안에 대해 격식을 갖춰 공식적으로 요청하지도 않았고 대가를 치르지도 않았다. 그들은 주민들에게 총검을 들이대면서 무작정 땅을 빼앗아 그들이 원하는 식으로 땅을 사용하기 위해 불도저를 밀고 나갔다.

1951년 오키나와는 법률적으로 미국의 소유가 됐고, 미군의 오키나와 점령은 연합군의 일본 본토 점령보다 20년이나 긴 1972년에야 끝났다. 심지어 1972년 다시 오키나와의 통치권이 일본으로 넘어간 후에도 오키나와 내의 미 군사 주둔지는 그대로 남아 있었다.

아직까지 미군 5만 명과 39개의 미군 기지가 오키나와에 남아 있으며, 오키나와 현의 6분의 1을 미군이 점령하고 있다. 이렇게 거대한 미군의 존재가 오키나와의 문화와 생활방식에 막대한 영향을 미쳤다. 미군이 들어오면서 미국의 패스트푸드 레스토랑들이 같이 들어왔다. 맥도널드, KFC, A&W(캐나다의 햄버거 브랜드), 버거킹과 배스킨라빈스가 도처에 들어섰다. 오키나와는 현재 일본의 다른 어떤 곳보다 햄버거 레스토랑이 더 많이 있다.

게다가 1960년대 일본 정부는 오키나와의 젊은이들이 일본의 다른 지역에 있는 젊은이들보다 체중도 덜 나가고, 섭취하는 칼로리도 훨씬 적은 점에 주목하게 됐다. 이것이 문제라고 오해한 일본 정부는 젊은 오키나와인이 저체중이라고 선포하고 이 '문제'를 바로잡기 위해 고안한 학교 급식 프로그램을 실시하기 시작했다. 채소, 전곡, 콩으로 만든 음식, 생선과 채식 위주의 저칼로리 식사를 하는 오키나와 학교의 식단이 고지방 우유와 정제된 흰 빵으로 대체됐다.

이런 일들이 복합적으로 작용해서 현재 오키나와의 젊은이들은 조상들이 먹었던 것보다 훨씬 더 서구화된 음식을 먹고 있다. 이들은 조상들보다 훨씬 더 높은 칼로리와 더 많은 지방과, 더 많은 가공식품과 더 많은 육류, 설탕, 옥수수 시럽을 먹고 있다. 그 어느 때보다 더 많이 인스턴트식품에 의존하고 미국식 패스트푸드 레스토랑에서 외식이 잦은 오키나와의 젊은 세대는 육체 활동도 줄어들고, 지역사회에 참여하는 일도 줄어들었다.

그로 인한 대조는 극명하게 드러났다. 노인들이 여전히 고구마, 신선한 채소, 두부와 같은 음식들로 구성된 전통적인 식단을 고수하고 있는 반면, 현재 젊은이들은 그곳에 주둔하는 수만 명에 이르는 미군의 영향을 크게 받아 오키나와 현에 거주하는 다른 어떤 사람들보다 가공된 육류에 1인당 세 배 그리고 통조림 식품에는 거의 다섯 배나 더 많은 돈을 지출하고 있다.

건강 상태와 장수가 철저하게 기록으로 남은 오키나와 노인들이 먹는 식단은—압하지야, 빌카밤바, 훈자의 식단처럼—채소 위주로 칼로리가 낮으며 설탕이나 가공식품은 거의 먹지 않는다. 하지만 젊은 세대가 쇼핑을 할 때면 그들의 쇼핑 카트에는 베이컨, 젤리 롤(젤리를 바른 스펀지케이크-옮긴이주), 소시지와 소다수로 가득 찬다. 현재 젊은 오키나와인은 실제로 1인당 소비량을 기준으로 했을 때 스팸과 다른 종류의 육류 통조림과 가공된 육류를 세계에서 가장 많이 소비하는 소비자가 됐다.

오키나와 조상들이 살던 방식을 버리면 당연히 그에 따른 건강 문제가 생기게 된다는 것은 쉽게 예상할 수 있다. 이 문제들은 심각할 뿐 아니라 나는 이런 문제들이 생겼다는 사실 자체가 아주 슬프다. 현재 젊은 오키나와인은 일본에서 비만율이 가장 높으며, 심혈관계 질환과 관상동맥 질환이 발생할 확률도 가장 높고, 요절을 하게 될 확률도 가장 높다. 현대 과학이 철저하게 연구한 끝에 세계에서 가장 건강하고 오래 사는 사람들로 밝혀진 조상에 비하면 이 얼마나 비참하고 서글픈 대조란 말인가.

현재 40대에서 50대로 과체중인 오키나와인이 점점 더 증가하고 있으며 이들이 90대 혹은 그보다 연로한 노인들보다 심장마비와 암으로 사망할 확률이 훨씬 더 높다. 한창때 정력적으로 활동해야 할 사람들의 부고가 신문에 실리는 경우도 늘어만 가고 있다. 이런 때 이른 죽음은 대부분 당뇨, 암, 뇌졸중, 심장병, 즉 나이 많은 세대에서는 거의 볼 수 없었던, 식습관과 관련된 죽음이었다. 현재 오키나와 노인들의 삶에서 일어나는 큰 비극 중 하나는 자주 손자 손녀의 장례식에 참석해야 한다는 것이다.

오키나와에서 각 세대 간에 전면적이고 급속도로 식습관과 건강상의 변화가 일어나 재앙이 발생하면서 이를 지켜보는 사람들은 큰 슬픔에 잠기게 됐다. 그렇게 건전하고 건강에 좋은 생활방식이 건강에 극히 해로운 생활방식으로 대체되고 있는 모습을 목격하는 것은 비극이다. 하지만 잃어버린 것에 대해 슬퍼하는 동시에 우리는 또한 뭔가 중요한 것을 배울 기회가 왔다는 것을 깨달을 수 있다. 현재 오키나와에서 우리가 목격하는 것은 건강한 삶과 그렇지 못한 삶의 극단적인 예다. 둘 다 같은 유전자를 가진 사람들이 살아가는 삶의 방식이며, 둘 다 과학적 연구자들이 철저하게 연구할 수 있게 같은 시대에 일어나고 있다.

연구자들은 그 일을 해냈다. 그들은 건강에 관해 오키나와의 각각 다른 세대에서 아주 다른 결과가 나온 원인들을 분명하게 밝혔다. 이제는 그간 배운 것을 가지고 어떤 행동을 취할 것인지 우리 각자가 판단해야 한다.

죽은 음식을 먹는 살아 있는 사람들

꿈을 꾸는 대신
후회하기 시작할 때 늙는 것이다.
– 무명씨

오키나와 노인들과 젊은이들 간에 나타난 식습관과 건강의 애처로운 대조는 서구의 영향과 가공식품에 식민지가 된 많은 토착 문화들에게 일어났던 패턴이 비극적으로 재현된 것이다. 19세기에 시작돼서 20세기가 되자 도저히 막을 수 없을 정도로 위세를 떨친 이 패턴은 지구상의 거의 모든 원주민의 문화적 전통을 파괴했다. 그리고 이러한 현상은 1930년대에 철저하게 기록되기 시작했다.

1930년대는 현대 문명의 진화에서 흥미로운 시기다. 사진촬영 장비가 상당히 저렴하면서 휴대하기 쉬워진 반면 세계 도처에서는 아직도 점점 커져가는 서구 문화의 영향에 노출되지 못한 문화와 종족이 많이 남아 있었다. 1930년대에 웨스턴 프라이스란 이름의 미국 치과의사가 카메라를 들고 세계 구석구석을 누비면서 다양한 사람이 먹는 음식과 그들의 건강 간의 관계를 밝히려고 노력했다.

지구를 한 바퀴 도는 길고 힘든 여행을 하면서 프라이스는 구체적으로 사람들이 아직까지 먹고 있는 전통 음식을 찾으려고 노력했다. 그는 원주민들에게 그들의 식습관에 대해 물어보고, 그 후에는 그들의 치아를 검사하고 사진을 찍었다. 그와 동시에 같은 문화권에서 서구 음식에 노출돼 흰 밀가루, 흰 설탕, 마멀레이드와 통조림에 든 식품을 향토 음식 대신 먹기 시작한 사람들에 대해서도 비슷한 검사를 하고 마찬가지로 그들의 사진을 찍었다.

프라이스가 1939년에 출판한 책《영양과 육체적 퇴화》에 실린 많은 사진들에 나온 차이는 경악할 수준이었다. 프라이스는 몇 번이고 되풀이해서 아직까지 조상 대대로 내려온 전통 식단을 고수하는 사람들은 충치가 거의 없거나 전무한 상황이고 건강도 아주 좋아 보였던 반면, 서구에서 온 가공되고 정제된 음식을 먹는 사람들은 충치도 많고 치열궁이 기형일 뿐 아니라 점점 더 늘어나는 질병과 기능 장애로 고통을 받고 있다는 사실을 발견했다. 프라이스는 충치는 주로 영양 결핍 때문에 발생했으며 충치를 일으킨 원인 때문에 신체의 다른 부위에 질병이 생겼다고 믿게 됐다.

거의 10년 동안 웨스턴 프라이스와 부인 모니카는 매년 여름 세계의 다른 곳으로 여행을 떠났다. 연구를 하다 보니 그들은 고립된 스위스 마을도 찾아가고, 스코틀랜드의 외딴섬에 가기도 했다. 이 부부는 오스트레일리아의 원주민, 뉴질랜드의 마오리족, 알라스카의 에스키모, 캐나다의 원주민 부족, 플로리다의 에버글레이드, 페루와 아마존의 원주민, 남양 제도인, 아프리카의 원주민을 연구했다.

프라이스는 모두 합쳐서 14개의 다른 부족들의 전통적인 식단이(물론 모두 개별적으로 크게 다르긴 했지만) 충치가 생기지 않도록 해주었을 뿐 아니라 질병에 저항할 수 있는 힘을 길러줬다는 사실을 발견했다. 그리고 언제나 이 원주민들이 '현대 상업을 통한 대체 식품'이라고 프라이스 박사가 부르는 음식을 먹기 시작하면 끔찍한 일이 일어났다. 향토 음식을 먹을 동안에는 건강하고 활기차게 병을 모르고 살던 사람들이 수입한 흰 밀가루, 설탕, 잼, 젤리, 쿠키, 연유, 통조림에 든 채소, 마가린, 채소 기름, 과자와 다른 정제된 음식을 먹기 시작하자 건강이 급속도로 나빠졌다.

프라이스는 치과의사이며 그의 주된 관심사는 그가 만난 사람들의 치아와 치열궁에 관한 것이었다. 원주민들이 기존의 식단을 고수하는 한 그들의 입과 턱은 자연스럽게 발달해서 치아가 한쪽으로 쏠려 있거나, 피개 교합, 앞니 반대 교합 혹은 충치 같은 문제를 겪지 않았다. 사랑니가 생기더라도 항상 사랑니가 들어설 충분한 공간이 있었다. 하지만 프라이스 박사의 사진이 분명하게 보여준 것처럼 일단 그들이 전통 음식을 먹는 지혜를 버리고 '문명화된' 음식을 먹기 시작하면 끔찍한 일이 일어났다. 전에는 있는지조차 몰랐던 모든 치과적인 문제가 기승을 부리게 됐다.

그리고 이것은 단지 치아로 끝날 문제가 아니었다. 프라이스는 사람들이 정제된 음식을 먹기 시작하면서 선천적 장애가 늘어나고, 감염질환이나 만성질환에 훨씬 더 쉽게 걸리게 됐다는 것을 발견했다. 원주민들이 정제되고 생명이 빠져나간 음식을 먹자 그들의 자손들은 그들보다 훨씬 더 약해지고 온갖 종류의 질병에 훨씬 더 쉽게 걸리게 됐다.

가공식품의 해악

그런 문명의 음식을 먹기 전 원주민들은 아주 건강하고 뛰어난 신체적 특징을 보여줬다고 프라이스 박사가 말했다. 그는 원주민의 놀라운 시력에 경외감을 나타내며 현대 세계에 사는 우리는 망원경이 있어야 볼 수 있는 별까지 원주민들은 볼 수 있다고 말했다. 뉴질랜드의 마오리족은 맨눈으로도 목성의 달까지 볼 수 있다고 썼다. 그 증거로 마오리족이 망원경을 보고 있는 사람에게 목성의 달에 대해 묘사를 했는데 그 묘사가 정확하다는 것이었다.

그는 오스트레일리아의 원주민이 1마일 떨어진 거리에서 움직이는 동물을 볼 수 있으며, 사냥감을 추적하는 기술이 너무나 뛰어나 마치 초능력을 가진 것 같았다고 썼다. 프라이스 박사는 원주민들이 전통 음식을 먹는 한 몇 세대에 걸쳐 완벽하게 다져온 신체와 뛰어난 건강을 완벽하게 유지해왔다는 사실을 거듭 발견했다. 하지만 프라이스 박사는 일단 현대 서구 음식이 원주민들의 식단에 들어가면 걷잡을 수 없이 빠르게 건강이 나빠진다는 불길한 경고를 했다. 그는 이렇게 썼다.

> 오스트레일리아의 원주민 같은 원주민들은 수세기에 걸쳐—얼마나 오랜 세월인지는 아무도 모르지만—자손을 낳았지만 치열궁이 고르지 못한 경우는 한 번도 없었다. 하지만 이들이 백인의 음식을 받아들이고 난 이후 세대에서는 아주 많은 아이들이 눈에 띄는 안면 기형과 함께 치열궁의 이상을 일으켰다.

프라이스 박사는 반복해서 가공식품의 위협에 대해 경고했다. 그가 보기에 인간의 식단에 가공식품이 들어오면서 인간의 건강과 삶의 질이 끔찍한 위협을 받았다. 그는 이렇게 말했다.

만약 자를 1마일 정도로 늘릴 수 있고, 수십 년이란 시간을 인치 단위로 잴 수 있다면, 앞서간 1마일보다 마지막 몇 인치에서 더 많은 퇴보가 일어났을 것이다. 이걸 보면 우리 현대 문명 때문에 생긴 독성이 어느 정도인지 알 수 있다. 특정한 형태의 영양소, 특히 현대 문명인들이 일반적으로 먹는 식품 때문에 인간이 육체적으로 그렇게 빨리 퇴보할 수 있다는 것은 걱정스러운 문제일 뿐 아니라 경각심을 일깨워주는 일이 아닐 수 없다.

프라이스 박사는 그가 찾아간 모든 원주민에게서 이 비극이 일어나는 것을 목격했다. 그는 다양한 원주민을 연구했다. 그들은 다양한 문화와 민족성을 가지고 있으며, 각기 다른 고도와 위도와 기후대에 살고 있다. 하지만 이 문화들에 대해 계속 써가면서 프라이스는 가공식품과 정제식품이 들어오기 전에는 원주민들이 아주 건강했던 점과 그런 음식이 이들 식단의 일부가 되면서 필연적으로 육체적으로 쇠약해진 점을 모두 언급했다. 프라이스의 메시지가 지닌 강력한 힘은 말로만 전달된 것이 아니었다. 그가 찍은 사진 중 일부에서는 지구상에 존재하는 다양한 원주민이 그들이 사는 곳에서 나는 자연적인 음식을 계속 먹는 한 눈부시게 건강한 모습이 생생하게 묘사됐다. 반면 나머지 사진들은 문명화된 음식이 들어오면서 조상들이 먹던 음식과 생활 방식을 버렸을 때 어떤 일이 일어나는지 생생하게 뇌리에 남을 정도로 표현됐다.

프라이스에게 결론은 분명해 보였다. 설탕, 정제된 밀가루 음식, 단맛을 낸 음식, 통조림 식품, 흰 쌀, 그리고 다른 가공식품들이 백인의 질병들을 원주민에게 전달한 것이다. 원주민들이 건강을 유지하려면 식단의 식민화에 저항하면서 조상의 지혜와 원래 식단으로 돌아가야 한다.

원주민의 다채로운 전통 식단

경이롭게도 프라이스는 원주민이 오랫동안 번성할 수 있게 해준 원동력인 전통적인 식단이 지역별로 크게 다르고 다채롭다는 점을 발견했다. 이 식단들은 사실상 원주민이 사는 환경만큼이나 다양했다. 강, 호수, 혹은 바다 근처에 사는 원주민은 대개 생선과 해산물 위주로 음식을 먹었다. 추운 북부 지역에 살아서 채소를 구할 수 없는 곳에 사는 원주민은 야생의 사냥감을 주로 먹었다. 반면 좀 더 온화한 지역에 사는 원주민은 주로 채식주의자로 압하지야, 빌카밤바, 훈자와 오키나와 원주민(프라이스는 이들을 한 번도 만나거나 연구한 적이 없다)처럼 전곡, 과일, 채소를 먹었다. 어떤 원주민은 근본적으로 유제품은 먹는 채식주의자로 주로 씨, 견과, 전곡, 채소와 과일을 비롯한 채소를 먹지만 유제품도 식단에 포함된다. 다른 많은 원주민은 페스코-베간, 즉 고기, 유제품, 달걀을 많이 먹진 않지만 조금씩은 먹으며 채소와 생선을 많이 먹는 경우도 있었다. 아프리카 마사이족처럼 주로 그들이 키우는 소의 피, 우유와 고기를 먹는 원주민도 있다. 마사이족이 사는 곳의 북서쪽에 사는 키쿠유족처럼 주로 고구마, 옥수수, 수수, 콩과 바나나를 먹는 원주민도 있다.

이런 다양성은 끝이 없다. 어떤 문화에서는 대부분의 음식을 익혀 먹는다. 반면 대부분의 음식을 날로 먹는 문화도 있다. 어떤 문화는 키우는 소, 염소, 낙타에서 나온 유제품을 먹는 반면 다른 문화에서는 아주 궁벽한 곳에 살아서 우유를 몇 방울 이상 본 적도 없는 곳도 있다. 이 원주민 중 일부는 인간이 살아가기에는 너무나 척박한 곳에 살고 있어서 몇 개 안 되는 채소만 먹고 살아가야 하는 반면 다양한 과일, 채소, 곡물, 콩을 즐기며 살아가는 사람들도 있다. 어떤 종족은 전곡을 주식으로 삼기도 하지만 전곡이 아주 귀한 종족도 있다. 곡물이 식단에 별다른 자리를 차지하지 못하며 가끔은 야생동물의 간을 아주 신성한 음식으로 여기는 곳도 있다.

원주민의 식단들이 아주 다채롭고 다양하긴 하지만 프라이스 박사가 보기에 몇 가지 공통점이 있었다. 가장 큰 공통점은 흰 밀가루, 설탕, 통조림 식품, 저온 살균한 우유나 탈지유나 정제된 경화유같이 정제되거나 생명이 빠져나간 음식이 이들의 식단에 없다는 것이다. 그리고 이들은 모두 칼로리가 낮은 경향(현대 식단과 비교해)이 있다. 프라이스는 설령 그것이 곤충이나 생선이나 우유일지라도 모든 식단에 동물성 식품이 소량 들어 있다는 것을 발견했다.

프라이스 박사가 연구한 모든 건강한 원주민의 식단에서 발견한 공통점을 오키나와, 압하지야, 빌카밤바, 훈자의 식단에서도 볼 수 있다는 것은 이 얼마나 흥미로운 일인가.

시대를 앞서간 남자

많은 서구인이 원주민을 서구 문명의 영향을 받아야 할 필요가 있는 야만인으로 생각할 때 웨스턴 프라이스는 이런 태도가 무지하고, 거만하고, 파괴적이라고 생각했다. 도처에 있는 토착 문화들이 서구화에 의해 파괴되고 있을 때 프라이스는 조상으로부터 받은 지혜를 고이 간직한 원주민에 대해 깊은 존경심을 가지고 글을 썼다. 서구인이 그의 의견에 좀 더 관심을 기울였다면 더 많은 원주민과 그들의 문화가 살아남았을 것이다.

게다가 프라이스는 정제식품과 가공식품의 흐름이 점점 더 거세지는 상황에 맞서 거리낌 없이 자신의 의견을 밝힌 최초의 인물 중 하나였다. 이런 면에서 그는 일종의 현대 자연주의 식품 운동의 선조라고 할 수 있다. 서구인이 그의 메시지를 들었더라면 얼마나 많은 고통과 질병을 피할 수 있었을 것이며, 정제되고 가공된 식품 위주로 변화하는 대세를 막을 수 있었을지 아무도 모른다.

하지만 오랜 시간이 흐른 지금도 1930년대에 웨스턴 프라이스가 쓴 글의 대부분이 변함없이 옳았다는 것이 그 후에 실시된 일련의 연구를 통해 입증됐다. 그는 서구 문화에 흔한 여러 질병이—암, 심장병, 당뇨, 천식, 관절염, 충치, 비만을 포함해서—그들이 사는 곳에서 키운, 자연적이고, 신선하고 가공하지 않은 음식을 주식으로 하는 세계 도처의 원주민들 사이에서는 희귀했다는 점을 최초로 알아차린 몇 안 되는 인물 중 하나였다. 그리고 그는 이 원주민들이 인위적으로 가공하고 생명이 빠져나간 음식을 먹기 시작했을 때, 설탕과 흰 밀가루와 통조림 식품을 먹기 시작했을 때 이런 질병을 앓는 비율이 급증하기 시작했다는 것도 알고 있었다. 그가 많은 원주민이 힘겹게 생계를 꾸려가며 살아가고 있지만 놀랄 만큼 건강하게 장수하며 오랫동안 젊음을 만끽했다고 보고했던 사실은 과장된 것이 아니었다. 일부 문화권에서는 현대인이 앓는 대부분의 질병이 존재한다는 것조차 모르며, 여성은 서구보다 상대적으로 고통이 적고 더 수월하게 아이를 출산하고, 남성은 하루 종일 달려도 피곤한 줄 몰랐다는 것은 사실이다. 이런 사실들은 프라이스뿐 아니라 이런 견해를 입증했던 다른 많은 연구자를 통해 알게 됐다.

작가이면서 암 전문가인 랄프 모스는 19세기 중반 고도로 훈련된 의료인들이 여행을 시작해 원주민과 함께 살게 됐을 때 어떤 일이 일어났는지 자세히 묘사했다. 그들은 고국에 경이로운 뉴스를 가지고 돌아왔다. 이 다양한 원주민이(많은 원주민이 물질적으로는 가진 게 거의 없었다) 서구인보다 일반적으로 훨씬 더 건강하다는 사실이었다. 이들 중 일부는 영아 사망률이 높으며, 홍역, 천연두, 결핵과 같이 한 번도 접해보지 못한 전염병에 쉽게 걸린다는 것도 사실이었다. 하지만 이들은 서구인보다 천식, 알레르기, 소화불량, 심장병과 암에 훨씬 더 적게 걸렸다.

당시 서구에서는 암 발생률이 급증하기 시작한 때였기 때문에 원주민에게 암이 거의 발생하지 않는다는 사실은 특히 놀라웠다. 이 사실을 토대로 프랑스 의학박사인 스타니슬라스 탄초는 '탄초 독트린'이라는 이름으로 알려진 법칙을 만들어냈다. 암의 발병률은 그 민족의 문명화에 정비례한다는 이론이 바로 탄초 독트린이다. 이 이론은 의학박사로서 강한 영향력이 있는 의사이자 캘리포니아 대학의 초대 학장이 된 존 르 콩트 박사가 받아들였다. 르 콩트 박사가 이 이론을 열렬하게 받아들이면서 일단의 의료 자격을 갖춘 선교사, 인류학자와 다른 사람들이 세계의 여러 원주민에게 암이 있는지 열심히 찾게 됐다. 하지만 그 결과는 항상 같았다. 75년 동안 유능한 의학 조사관들이 연구한 원주민 수만 명 가운데 암에 걸린 원주민은 한 명도 없는 것으로 나왔다. 예를 들어 하버드에서 교육을 받은 인류학자인 빌하무르 스테펀슨(Vilhjalmur steffansson)은 에스키모와 11년 동안 살았는데 한 번도 암에 걸린 사람을 본 적이 없었다. 그 후에 그는 《암은 문명의 질병인가?》란 제목의 책을 썼다.

유감스럽게도 원주민이 암에 대해 가지고 있던 방어력은 많은 사람이 서구의 생활방식을 받아들이기 시작한 1920년대부터 잃기 시작했다. 그때부터 원주민의 암 발병률이 꾸준히 상승했으며 결국에는 백인의 발병률과 비슷해지게 됐다.

그림 전체를 보다

분명 웨스턴 프라이스는 뭔가 아주 중요한 것을 알고 있었다. 현대 서구 문명에 독성이 있고, 질병을 유발하며, 암에 걸리게 하는 특징이 있다는 것은 의심할 여지가 없는 사실이다. 전체적으로 봐서 프라이스는 아주 훌륭한 일을 해냈고, 특히 영양학이 막 싹을 틔우기 시작한 때에 살면서 기록을 남겼던 점을 고려하면 그의 업적은 아주 놀라운 것이었다. 그의 연구는 카시미르 풍크(폴란드의 생화학자-옮긴이주)가 '비타민'이란 말을 만들어내기 훨씬 전부터 시작됐다.

그러나 그의 의견에 한계가 있다는 것도 알아야 한다. 대부분의 경우 프라이스는 그가 사진을 찍고 기록을 남긴 문화권에 아주 짧게 머물렀다. 그리고 주로 여름에 여행을 했기 때문에 그가 방문한 지역과 원주민들에 대해 부분적인 그림만 그릴 수 있었다. 따라서 겨울에 겪게 되는 시련이나 날씨가 추워지면서 따라오게 될 질병들과 어려움은 보지 못했다. 그가 방문한 사람들의 건강에 대해 막대한 관심을 쏟았던 점을 고려해볼 때 그가 남긴 기록에서 영아 사망률에 대한 언급은 찾아볼 수 없었다는 것 또한 유감스러운 점이다.

또한 프라이스는 그가 방문한 지역의 언어를 구사하지 못했고 그 원주민과 며칠, 길어야 몇 주 동안 같이 지냈다. 그러니 자신의 문화와는 아주 다른 새로운 문화에 대해 깊이 있게 이해할 수 있는 시간이 절대적으로 부족했던 셈이다. 만약 그가 방문했던 곳의 원주민이 그에게서 뭔가 감추고 싶었다면 별 어려움 없이 그렇게 했을 수 있다.

게다가 프라이스는 문화 인류학적인 교육을 받지 않았기 때문에 자신의 문화적 편견을 배제한 채 객관적으로 원주민의 문화들을 식별하는 훈련을 받지 않았다. 가는 곳마다 똑같은 패턴을 발견했다는 사실은 그가 아주 중요한 법칙을 발견했다는 증거로 해석될 수 있다. 하지만 이는 또한 그가 선호하는 이론이 있어서 어딜 가든 그 이론이 그의 의견에 영향을 미쳤다는 뜻도 될 수 있다. 당신이 어딜 가든 같은 것을 보게 된다면 아마 그것은 당신이 찾아가는 장소의 문제일 뿐 아니라 당신의 눈에도 문제가 있다는 이야기도 될 수 있다.

프라이스는 원주민의 건강이 쇠약해져가는 과정을 광범위하고 감동적으로 썼다. 그 과정을 묘사할 때 항상 원인은 흰 밀가루, 설탕, 잼, 젤리, 쿠키, 가당연유, 통조림에 든 채소, 마가린, 채소기름, 과자, 그리고 원주민이 서구의 생활방식에 노출되면서 먹기 시작한 다른 정제식품이었다. 이런 음식들을 많이 먹으면 건강에 아주 좋지 않다는 점은 확실하며 이런 점을 부각시킨 프라이스에게 그 노고를 치하하는 바이지만 그가 아주 자세하게 분류하고 사진을 찍은 원주민의 건강이 퇴보한 데는 그 밖에도 다른 원인들이 작용했을 것이라는 점을 기억해야 한다. 예를 들어 그는 원주민에게 아무 저항력이 없었던 낯선 병균들의 역할과 사회적 네트워크와 친족 그룹의 붕괴가 건강에 미친 영향과 과거보다 오래 앉아서 생활하는 방식으로 생활방식이 바뀌게 된 점과 가공식품과 같은 경로로 원주민에게 들어온 알코올의 과도한 섭취가 건강에 미친 영향에 대해서는 거의 언급하지 않았다.

원주민의 이상화를 극복해야 한다

유감스럽게도 너무나 열정적으로 가공식품이 초래한 피해를 보여주기 위해 프라이스는 모든 원주민이 이런 문명화된 식품에 노출되기 전까지는 근본적으로 아주 모범적이고 훌륭한 사람들이었던 것으로 묘사했다. 500쪽이 넘는 그의 책에서 그가 방문한 원주민 중 아직 전통적인 음식을 먹고 있는 사람들의 생활방식에서 나타나는 어떤 특징이나 건강 상태에 대해 단 한 번이라도 부정적으로 언급한 곳이 하나도 없다.

원주민도 다른 곳에 사는 사람들처럼 형태와 크기와 성향이 다 제각각인 법이다. 어떤 문화는 위대한 지혜와 연민을 구현한 반면 그렇지 못한 문화도 있다. 대부분의 문화가 오랫동안 지속될 수 있는 삶의 방식을 찾았지만 모든 문화가 따라할 만한 가치가 있는 삶의 방식과 관습을 만들어낸 것은 아니다. 예를 들어 일부 원주민은 인간을 제물로 바치는 의식을 행하거나 노예로 삼거나 여성을 잔인하게 억압하기도 한다.

지금도 아프리카의 피그미족과 부시먼처럼 사냥과 채집을 하는 부족공동체로 구성원 간에 긴밀하게 협력하면서 폭력적인 성향이 없이 생명을 존중하고 아끼는 원주민이 있는가 하면 생명을 긍정하지 않는 부족도 있다. 예를 들면 아체족은 파라과이 동쪽의 밀림에 사는 소수의 원주민이다. 1978년에서 1995년까지 뉴멕시코 대학의 인류학자 킴 힐과 막달레나 후타도와 동료들이 아체족을 연구했다. 아체족은 수렵 채집으로 먹고살면서 1970년대까지 외부 세계의 영향을 별로 받지 않았다. 이들은 힘이 세고 정력적인 사람들로 아주 최근까지 그곳 고유의 음식만 먹었다. 프라이스는 그들을 방문한 적이 없지만 만약 그랬다면 그들을 아주 훌륭하고 인상적인 사람들이라 생각했을 것이다.

하지만 갓 태어난 아체족 여자아이의 40%는 첫 번째 생일까지 살아 있지 못한다. 그리고 아체족의 관습에 따라 부모가 죽은 아이들은 살해해서 고아란 존재를 아예 만들지 않는다. 힐과 후타도는 예쁘고, 건강하고, 행복하게 살고 있는 열세 살짜리 여자아이를 죽인 아체족 남자를 인터뷰한 적이 있었다. 그 남자가 그 소녀를 죽인 이유는 그녀의 엄마가 전염병에 걸려 죽었기 때문이다.

정제되거나 가공된 음식이 들어오기 전에 일부 부족들이 어느 정도 타락했는지를 보여주는 또 다른 예를 들어보겠다. 1519년 스페인 사람인 에르난 코르테스가 처음으로 멕시코에 있는 아즈테카 왕국의 수도에 들어왔을 때 그는 아즈테카 왕가에 의해 매년 2만 명의 살아 있는 사람을 제물로 바치며 번영을 누리고 있는 사회를 발견했다. 그들은 포로를 피라미드 꼭대기까지 끌고가서 돌로 만든 평평한 의식용 테이블에 눕혀져 심장을 찢어 죽였다. 그리고 그들의 사지를 떼어낸 후 요리해서 왕족들이 먹었다.

인간의 문화에 내재된 많은 전통적인 삶의 방식에서 건강과 긍정적인 가능성에 대한 멋진 것들을 배울 수 있지만 원주민들을 낭만적으로 묘사하는 데는 실질적인 위험이 도사리고 있다. 우리는 통찰력을 가져야 할 필요가 있다.

현재 웨스턴 프라이스의 많은 추종자는 엄청난 양의 고기와 우유를 섭취하면서 다른 사람들에게도 그렇게 하도록 강요한다. 그 이유로 마사이족의 건강에 대해 프라이스가 경탄했다는 말을 든다. 마사이족은 주로 그들이 키우던 소의 피와 우유와 고기를 먹는다. 프라이스는 마사이족이 주변 부족들을 지배할 수 있었던 능력이 그들의 식습관에서 비롯됐다고 생각한 것이다. 프라이스는 이렇게 썼다.

> 매번 이 부족은 주변 부족들을 제압했다. 이들은 육체적으로 뛰어나고, 아주 용감하며 총명해서 주변 부족들을 지배할 수 있었다. 마사이족은 가차 없이 전투를 벌이는데 주로 기습을 해서 상대편 남자들을 몰살시키고, 여자와 아이들을 포로로 끌고 그들의 소나 염소들을 몰고 왔다.

프라이스는 이런 호전적이고 공격적인 행동을 힘이 세고 건강하다는 증거로 봤지만 또 다른 각도로 보면 피에 굶주리고 잔인하다고 볼 수도 있다. 많은 사람이 긴밀하게 연결된 세계에서 우리에게 필요한 자질은 이웃을 기습해서 지배할 수 있게 만들어주는 음식물이 아니라 다른 사람들과 조화롭고 건강하게 살아가면서 창조할 수 있게 만들어주는 음식물이다. 우리에게 필요한 음식물은 우리를 좀 더 호전적이고 공격적으로 만들어주는 것이 아니라 보람찬 삶을 살 수 있고 스스로 행복감을 느끼면서 다른 사람들과 평화롭게 살 수 있게 만들어주는 음식물이다.

원주민을 찬미하면서 웨스턴 프라이스는 우리에게 과거로―좀 더 단순한 시대, 기술이 덜 발달한 시대, 현대성이 우리의 삶을 타락시키고 우리의 환경을 오염시키기 전, 우리 조상들의 식단으로 돌아가자고 촉구했다.

하지만 우리는 더 이상 조상들의 세계에 살고 있지 않다. 우리가 사는 세상은 그와는 아주 다른 세상이다. 프라이스가 1930년대에 방문했던 원주민이 그들이 살고 있는 환경에서 나온 음식에 맞춰 살면서 그들이 살던 세계와 조화를 이뤄 사는 법을 배운 것처럼 우리 역시 이제 건강하게 살면서 우리 환경 속에서 존재하는 음식을 현명하게 먹는 방법을 배워야 한다. 확실히 그의 저작은 흰 밀가루, 설탕, 캔디, 통조림 식품과 사람들에게 아주 큰 피해를 끼치는 다른 가공식품의 위험에 대해 기꺼이 들을 용의가 있는 사람에게는 설득력 있는 이야기를 해준다. 우리가 그 이야기를 듣는 것은 아주 중요하다. 왜냐하면 슈퍼마켓 선반에서 자기를 사가라고 소리를 질러대는 대다수의 포장식품과 패스트푸드 레스토랑에서 판매되는 대부분의 음식들은 정제되고, 생명이 빠져나간 불량 식품이기 때문이다. 프라이스 박사가 하는 이야기를 들어야 하는 이유는 현재 현대 서구식 음식물의 칼로리의 30%가 설탕에서 나온 칼로리이며, 현재 서구에서 먹는 밀의 98%가 흰 밀가루의 형태로 섭취되는 것이기 때문이다. 자연식품과 헤어지면서 입은 피해는 글자 그대로 헤아릴 수 없을 정도다.

하지만 우리의 조상들이 먹던 식습관으로 다시 돌아갈 수 있는 사람은 거의 없다. 세상은 돌이킬 수 없게 변해버렸다. 뉴욕 시에서 야생식물과 카리부(북미 순록·옮긴이주)를 먹는 것은 현실적이지 않다.

우리는 일부 원주민이 그랬던 것처럼 물고기만 먹으면서 살 수는 없다. 이제는 물고기가 전 세계적으로 고갈되거나 급격하게 줄어들고 있으며, 우리의 바다와 호수는 오염됐고, 현재 잡히는 생선은 수은과 다른 독성 물질이 많이 들어 있기 때문이다. 그렇다고 야생에서 사냥을 하면서 살아갈 수도 없다. 그럴 만큼 야생동물이 많지도 않고 또한 많은 동물이 멸종에 가까운 상태이기 때문이다. 그렇다고 우리 모두 풀을 먹여 키운 소의 고기를 먹을 수도 없는 것이 점점 더 늘어나는 엄청난 수의 소들을 먹일 만한 방목장을 구할 수 없기 때문이다. 그리고 현재 파는 상업용 쇠고기를 먹는다면 우리는 밀림의 파괴와 완전하게 남아 있는 극소수의 원주민들이 멸종되는 데 일조하게 되는 것이다.

좋든 싫든 우리는 과거로 돌아갈 수 없다. 우리의 임무는 우리가 가진 정보와 안목을 활용해서 지금 당장 우리 자신과 가족과 사회를 위한 최적의 삶의 방식을 결정하는 것이다.

우리가 나아가야 할 방향은 결코 돌아갈 수 없는 과거로 돌아가는 것이 아니다. 우리는 앞으로 나가야 한다. 지구상의 다른 60억이 넘는 인구와 함께 건강하고 활기 있게 오랫동안 살 수 있도록 해주는 농업 시스템과 음식물을 만드는 미래, 우리의 지혜를 써서 지구를 더 잘 관리하고, 좀 더 가볍게 살아가면서 생태계에 부담을 지우는 미래를 향해 나아가야 한다.

우리의 임무는 프라이스가 '지난 몇 세기 동안 자랑스럽게 살아왔던 사람들의 영광과 힘'이라고 불렀던 시대로 돌아가는 것이 아니다. 우리의 임무는 과거를 존중하면서 과거로부터 배우고 건강하고 지속 가능한 미래를 향해 나아가는 것이다. 전통을 소중히 여기는 것도 중요하지만 변화도 받아들여야 한다.

10억 중국 대륙을 습격한 패스트푸드

삶은 얼마나 많이 숨을 쉬었는지로 그 가치를 평가하는 게 아니라
숨이 멎을 만큼 멋진 순간이 얼마나 많았는지로 평가된다.
– 무명씨

현재 전 세계 곳곳에서 놀랄 만큼 빠르게 무수한 변화가 일어나고 있다. 아마 머나먼 우리의 조상이 1000년에 걸쳐 목격한 변화를 우리는 단 1년 안에 그보다 더 많이 지켜보고 있는 건지도 모른다.

현재 가장 두드러지고 빠르게 변화가 일어나고 있는 곳은 인구가 가장 많은 중국일 것이다. 25년 전만 해도 중국 정부는 개인의 차 소유를 금지했다. 하지만 현재 중국은 거의 세계 최고의 차 수입국이며 전 세계 주요 차와 트럭 제조회사들이 생산 라인을 세우기 위해 중국으로 몰려오고 있다. 중국의 차량 수는 1980년에서 2001년 사이에 130배로 어마어마하게 늘어났다.

얼마 전만 해도 중국은 1인당 국민소득이 고작 200달러밖에 되지 않았지만 지금은 소비자 경제가 무시무시한 속도로 부상하고 있다. 1996년 중국에는 700만 개의 휴대전화가 있었고 미국에는 4,400만 개의 휴대전화가 있었다. 그로부터 7년 후, 중국의 휴대전화가 2억

9,600만 개로 늘어난 반면 미국이 보유한 휴대전화는 1억 5,900만 개였다.

미국에서 가장 큰 쇼핑몰은 미네소타 주의 블루밍턴에 있는 널리 알려진 '몰 오브 아메리카'다. 하지만 지난 몇 년 사이에 중국에는 몰 오브 아메리카보다 더 큰 쇼핑몰이 네 개나 지어졌으며 동관시에 있는 사우스 차이나 몰은 몰 오브 아메리카보다 세 배나 더 크다.

중국만 이런 것이 아니다. 수많은 사람이 열렬하게 현대화를 추구하면서 아주 빠르게 대량 소비자가 됐다. 하지만 중국은 소비를 추구하는 속도가 무모하게 느껴질 정도로 세계에서 가장 빠르며 그로 인한 환경 문제 역시 가장 심각하게 느껴지고 있다. 중국은 현재 통제할 수 없을 정도로 엄청나게 심각한 공기와 수질 오염 문제에 맞서고 있다. 도시뿐 아니라 북서쪽에 펼쳐진 방대한 사막의 공기까지, 중국은 현재 거대한 환경 문제를 안고 있다.

아찔할 정도로 빠르게 너무나 많은 것이 변하는 세계에서 살다 보면 수만 년 전부터 그랬던 것처럼 우리 몸은 지금도 맑은 공기, 깨끗한 물, 운동, 몸에 좋은 환경과 완전한 자연식품을 필요로 한다는 사실을 쉽게 잊는 사람들도 있다.

최근 중국에서는 최고로 오래 그리고 건강하게 살 수 있는 비결에 대한 연구가 실시됐다. 나는 지금 〈뉴욕 타임스〉에서 '식습관과 질병이 일어날 위험 간의 상관관계에 대해 이제까지 실시한 것 중 가장 크고 포괄적인 연구'라고 부른 비범한 중국 연구에 대해 말하고 있다.

어떻게 대대적인 규모의 경제적, 사회적 변화가 시작되려는 나라에서 극히 많은 사람의 식습관과 건강에 대한 연구가 세계 의학 역사상 그 어떤 연구와도 견줄 수 없을 정도로 깊이 있게 진행될 수 있었을까? 이는 참으로 흥미로운 이야기다.

중국 연구

1970년대 초반 중국 총리 저우언라이가 암으로 죽어가고 있었다. 이 불치병에 고통 받던 저우언라이 총리는 중국인들의 암 발병 정도와 암 환자들이 사는 곳에 대한 정보를 수집하는 전국적인 연구를 시작하라는 지시를 내렸다. 그 결과 지금까지 실시된 생물의학 연구 프로젝트 중 가장 야심찬 프로젝트에 65만 명의 인원이 동원됐다. 이 암 연구는 진정 기념비적인 연구였다. 이 연구는 2,400개가 넘는 현에서 12개의 다른 종류의 암으로 인한 사망률을 분류하고, 중국 인구의 96%인 8억 8,000만 명의 소재를 파악했다.

연구 결과 중국의 일부 지역이 다른 곳보다 훨씬 더 암이 빈번하게 발생한 것으로 나타났다. 이는 두 가지 이유에서 아주 흥미로운 사실이었다. 첫째는 중국의 현들 사이의 암 발병률 차이가 세계 각국의 암 발병률 차이보다 훨씬 더 크다는 점이다. 두 번째로 인구의 87%가 같은 인종 그룹(한족)에 속하며 유전적으로도 비슷한 나라에서 이런 차이가 발생한다는 사실이다.

각 현 간의 암 발생률의 차이는 어마어마하게 크다. 예를 들어 어떤 현에서는 결장암으로 인한 사망률이 다른 군보다 20배나 더 많았다. 유사한 차이가 유방암, 폐암, 간암과 다른 많은 형태의 암에서 발견됐다. 전국적으로 일부 지역에서 가장 발생률이 높은 몇 가지 암은 그 암의 발생률이 가장 낮은 지역보다 무려 100배나 그 비율이 더 높았다.

이는 진정 놀라운 수치다. 이 점을 다시 생각해보자면 롱아일랜드에서 유방암 발생 비율이 증가한 이유에 쏟아진 세상의 관심을 떠올려보면 된다. 왜 롱아일랜드에 있는 두 군의 유방암 발생률이 뉴욕 주 평균 유방암 발생률보다 10~20% 높은지 조사하기 위해 수천만 달러와 셀 수 없는 인력과 시간이 투여됐다. 그와 비교해볼 때 중국에서 연구한 바에 따르면 일부 현의 유방암 발생률이 다른 군들보다 20배(2,000%)나 높았다.

세계 의학계는 중국에서 무슨 일이 일어나고 있는지 알고 싶었다. 왜 각기 다른 현의 암 발생률이 그렇게 큰 차이가 나는 것일까? 비슷한 유전자를 가지고 있는 사람들의 암 발생률 차이가 그렇게 큰 이유는 무엇일까? 중국의 어떤 지방에 사는 사람들이 다른 지역에 사는 사람보다 식도암으로 사망할 확률이 435배나 높다는 사실을 어떻게 설명할 수 있을까? 그리고 미국과 다른 서구 국가보다 중국에서 암이 훨씬 덜 발생하는 이유는 뭘까?

전 세계 의학계의 권위자들은 이런 의문들이 확실히 밝혀진다면 중국인뿐 아니라 전 세계인에게 아주 중요한 의미가 있을 것이라는 점을 이해했다.

1983년 저우언라이 총리가 간암으로 사망한 지 7년이 지나고 그가 주도한 암 연구 조사는 전국적으로 확대되었다. 이는 의학 역사상 생활방식에 따른 요인들과 인간의 건강을 대상으로 실시한 가장 야심찬 국제적인 과학 연구가 됐다.

중국 연구는 모든 면에서 국제적인 사업이었다. 이 연구는 미국의 코넬 대학, 중국 예방의학 아카데미, 중국 의학 아카데미와 영국의 옥스퍼드 대학이 협력해서 실시했다. 그리고 이 연구는 중국의 식습관과 건강 분야의 최고 권위자인 연구소 부국장인 준시 첸 박사와 중국 전역을 대상으로 한 '암 지도 조사'의 저자 중 하나이자 중국 의학 아카데미의 주요 과학자 중 하나인 준야오 리 박사와 세계 최고의 유행병 학자 중 하나로 꼽히는 옥스퍼드 대학 교수인 리처드 페토경과 미국 과학한림원의 기념비적인 보고서인 '식생활과 영양과 암'의 공동 저자인 콜린 캠벨 박사가 참여했다.

프로젝트 책임자로 선정된 캠벨 박사의 이력은 눈부셨다. 그는 과학한림원 보고서의 공동 저자였을 뿐 아니라 300개가 넘는 과학 논문을 썼고 미국 암연구회와 암 연구 재단의 수석 과학 자문이었다.

이 방대한 사업의 자금은 프로젝트에 참가한 나라들이 분담했다. 초기에 대부분의 자금은 미국 국립암연구소와 국립보건원에서 댔다. 중국 보건부도 컴퓨터와 팩스(중국 연구에서 1985년 중국에 처음 팩스기를 도입했다)로 무장한, 350명이 넘는 보건 근로자의 월급을 지급하는 것으로 자금을 지원해서 암의 여러 가지 발병 원인에 대한 역사상 가장 포괄적으로 축적된 데이터베이스를 만들어냈다.

놀라운 기회

세계 의학계는 중국 연구가 인류 역사에서 단 한 번 있는 기회라는 것을 깨달았다. 1980년대에 중국은 식생활과 질병의 패턴을 연구하는 데 완벽한 '살아 있는 실험실'로서 세계 어느 곳과도 견줄 수 없는 곳이었다. 그 이유는 중국인들이 태어나서 죽을 때까지 한곳에 머물러 사는 경향이 있어서였다.

중국은 아마도 세계적으로 그런 연구를 실시할 수 있는 마지막 장소였을 것이다. 서구에서는 많은 사람이 자주 이사를 다녔고, 음식도 전 세계 음식을 골고루 먹었다. 하지만 1980년대 중국은 한곳에서 평생을 사는, 수많은 사람을 연구할 수 있는 기회를 제공해줬다. 당시 연구했던 현에 거주하는 성인의 90%가 넘는 사람들이 그곳에서 태어나서 계속 살고 있었다.

게다가 이 사람들은 태어나서부터 그 지역에서 나오는 음식을 먹고 살았다. 그리고 중국은 인접한 지역 간의 식생활에도 큰 차이가 있었다. 당신이 중국 음식을 먹어본 유일한 곳이 서구의 중국 레스토랑이라면 중국인의 식생활이 지역에 따라 얼마나 다른지 깨닫지 못할 수 있다. 예를 들어 양쯔 강의 북쪽 고산지대에 사는 사람들은 오랜 세월 주로 찐빵과 고구마를 주식으로 살아왔다. 반면 거기서 남쪽으로 15마일만 가면 나오는 비옥한 농지에 사는 사람들은 오랫동안 주로 쌀밥을 먹었다.

중국 연구는 중국의 각기 다른 지역의 다양한 식생활이 암과 다른 질병들로 인한 사망률과 상관관계가 있는지 밝히려고 노력했다. 그렇게 하기 위해 연구자들은 지금까지 고안된 것 중 가장 포괄적이고 광범위하면서 거대하며 국제적이고 과학적인 연구에 착수했다.

연구자들은 중국의 65개 현으로 들어가 식생활과 생활방식에 대한 질문지를 배포하고 수만 명의 소변과 혈액 샘플을 채취했다. 그리고 가족 단위로 사람들이 3일 동안 먹은 모든 음식을 기록하고 중국 곳곳의 시장에서 가져온 식품 샘플을 분석했다.

연구된 현들은 머나먼 북동쪽에서부터 남부의 해안 지대를 지나 대만에 이르기까지 중국의 거대한 영토 전역에 골고루 분포되어 있었다. 연구자들은 구소련과 인접한 곳에 사는 유목민과 고비 사막 근처의 오아시스에 사는 사람들도 만나기 위해 며칠 동안 지세가 험한 곳들을 여행했다.

중국 연구를 실시하기 위해 다양한 기후와 지형을 대표하는 24개의 도(중국에는 27개의 도가 있다)가 선정됐다. 어떤 도들은 중국의 남동쪽에 있는 아열대 연안 지역에 있다. 또 시베리아 근처로 북쪽 끝에 있는, 추위가 매서운 지역에 있는 도도 있다. 북부 스텝 지대 근처에 있는 건조한 지역에 있는 도도 있지만, 히말라야의 높은 산악 지대에 있는 도도 있었다.

선택된 현들은 인구밀도도 아주 다양했다. 고비 사막 근처에 있는 한 외딴 현에서는 고작 2만 명의 유목민이 살고 있었다. 반면 상하이 외곽에 있는 또 다른 현에서는 무려 130만 명이 살고 있었다.

이 연구에 참가한 의료 전문가들의 수와 그들의 작업 시간은 어마어마한 수준에 이르렀다. 서구에서 중국 연구와 비슷한 연구를 시도하려 해도 막대한 비용 때문에 도저히 불가능했을 것이다.

중국 연구가 마침내 끝났을 때 연구자들은 연구의 질과 규모 면에서 그 어떤 것과도 견줄 수 없는 독보적인 연구를 해냈다. 그들은 이른바 〈뉴욕 타임스〉에서 묘사한 것처럼 '유행병학의 그랑프리'를 손에 넣게 된 것이다.

빈자의 병 부자의 병

중국 연구 데이터에서 가장 먼저 나온 연구 결과 중 하나는 일단의 질병들이 종종 비슷한 경제적 환경에서 발생한다는 점이다. 과학자들은 오랫동안 질병의 두 가지 계층인 '빈자의 병'과 '부자의 병'에 대해 말해왔다.

빈자의 병에는 폐렴, 결핵, 설사, 호흡기 질환과 홍역 같은 전염성 질환이 포함된다. 선진국에서는 설사로 인한 질병으로 목숨을 잃는 경우가 드물지만 개발도상국에서는 수백만 명의 아이들이 그 때문에 목숨을 잃는다. 영양 상태가 좋은 아이들이 홍역에 걸릴 경우엔 목숨을 잃는 경우가 별로 없지만 매년 80만 명의 아이들이 홍역으로 사망하는데 굶주림에 지쳐 쇠약해져 사망한 경우가 대반이었다. 호흡기 질환은 건강한 사람들에게는 사소한 문제에 지나지 않지만 면역계가 약한 데다 영양실조에 걸린 사람들에게는 심각한 병이다.

중국 연구는 빈자의 병의 근본적인 원인이 실제로 영양 결핍과 열악한 위생 상태인 것으로 확실하게 밝혔다. 사실 빈곤 자체가 이런 질병들을 유발하는 것이 아니라 깨끗한 물과 충분한 음식을 섭취하지 못해서 일어나는 것이기 때문에 좀 더 정확히 표현하자면 '영양 부족과 열악한 위생으로 인한 질병'이라고 해야 한다.

이와 비슷하게 중국 연구는 부자의 병— 당뇨, 관상동맥 질환, 비만과 많은 암들—이 부 자체가 아니라 대개 부유해질수록 영양분을 과다 섭취하는 것이 근본적인 원인이라는 것을 입증해냈다. 사실 중국 연구 데이터에서 부자의 병이 식습관과 너무나 긴밀하게 연결되어 있었기 때문에 이 연구 프로젝트의 책임자인 콜린 캠벨 박사는 '부자의 병'이라고 부르는 것을 중지하고 그 대신 '영양 과다로 인한 질병'이라는 용어를 채택해야 한다고 말했다.

상대적으로 더 부유하며 도시에 사는 중국인들이 기름과 동물성 식품을 더 많이 먹기 시작한 것에 주목한 캠벨 박사는 이렇게 설명했다.

> 상하이와 베이징에서는 고기를 먹는 것이 사회적으로 높은 지위에 있다는 것을 의미한다. 유감스럽게도 사회적으로 출세했다는 것을 나타내기 위한 이런 요리는 우리가 현재 알고 있듯이 서구 사회에서 흔히 앓고 있는 암, 심장병, 당뇨와 같은 질환을 유발하는 식단이다.

그럴듯해 보이는 수많은 요인을 조사한 후 중국 연구에 참여한 과학자들은 영양 과다로 인한 질병이 무엇보다도 고콜레스테롤혈증(high blood cholesterol)과 밀접한 관계가 있다는 것을 밝혀냈다. 여러분은 이미 높은 콜레스테롤이 심장병을 일으키는 위험 인자라는 것을 알고 있을 것이다. 하지만 중국 연구에서 밝혀낸 바에 따르면 고콜레스테롤혈증 역시 당뇨와 많은 암에 밀접한 관계가 있다는 결과가 일관되게 나왔다.

중국인의 콜레스테롤 수치가 서구 수치보다 낮지만 역시 높은 콜레스테롤 수치와 '서구식 생활방식으로 인한 질병'으로 알려진 질병들 간의 밀접한 상관관계가 일관되게 나타난 것으로 드러났다. 사실 중국 연구를 처음 시작했을 때 중국인의 심장병으로 인한 사망률이 서구인보다 17배나 낮은 주요 이유 중 하나가 바로 상대적으로 아주 낮은 콜레스테롤 수치였다. 중국 연구에 따르면 중국의 일부 지역, 특히 중국의 남서쪽에 있는 쓰촨 성과 구이저우 성에서 심장병은 사실상 존재하지 않았다. 3년간의 관찰 기간 동안 구이저우 성 주민 24만 6,000명과 쓰촨 성 주민 18만 1,000명 중 64세가 되기 전에 관상동맥 질환으로 사망한 사람은 하나도 없었다. 중국 연구의 주요 연구자 중 하나인 옥스퍼드 대학의 리처드 페토 박사는 중국의 사례를 봤을 때 서구에서 발생하는 대부분의 관상동맥 질환은 피할 수 있었던 질병이라고 말했다.

혈중 콜레스테롤 수치를 높이는 주요 음식들은 현재 잘 알려져 있다. 이런 음식들은 포화지방(주로 동물성 식품에 들어 있다)과 경화유지(주로 페이스트리, 쿠키, 마가린과 가공 식품에 들어 있다)이다. 그리고 캠벨 박사가 2005년 《중국 연구》라는 제목으로 발표한 뛰어난 저서에서 분명히 밝힌 것처럼 동물성 단백질 또한 콜레스테롤 수치를 높이는 주요 원인으로 점점 더 확실하게 드러나고 있다.

한편 콜레스테롤 수치를 낮추는 음식 역시 잘 알려져 있다. 이런 음식으로는 콩으로 만든 식품, 전곡, 채소와 과일이다. 일반적으로 식단에서 섬유질(동물성 식품이 아닌 가공되지 않은 채소에 있음)과 콩과 식물(완두콩과 콩)의 비율이 높을수록 혈중 콜레스테롤 수치는 낮아지게 된다.

중국 연구에서 방대한 양의 정보를 수집한 결과 캠벨 박사는 동물성 식품을 최소로 하고 식물성 식품을 주로 하는 식생활이 인간에게 가장 이상적인 식생활이라는 과학적 증거를 믿게 됐다. 사실 그의 책 《중국 연구》는 그런 식생활을 옹호하기 위해 정보가 축적된 가장 강력한 과학적 주장 중 하나다. 중국 연구 자체가 중국 현들 사이에 발생한 암 발병률이 왜 큰 차이가 나는지 이해하기 위한 시도로 시작됐다는 점을 기억해야 한다. 캠벨 박사에 따르면 주된 이유는 동물성 식품의 소비 차이로 드러났다.

중국 프로젝트의 가장 극적인 연구 결과 중 하나는 동물성 식품과 암 사이의 긴밀한 관계다. 우리는 서구형 질병의 가장 강력한 예측 변수 중 하나가 혈중 콜레스테롤 수치라는 것을 알아냈다. 혈중 콜레스테롤 수치가 낮을수록 심장병과 암과 다른 서구형 질환이 발생할 확률이 낮았다. 혈중 콜레스테롤 수치가 170mg/dL에서 90mg/dL로 떨어지면 간암, 직장암, 결장암, 폐암, 유방암, 위암, 식도암, 뇌종양(성인과 아동 모두), 백혈병(성인과 아동 모두)의 발병률이 낮아졌다. 식생활에 소소한 변화를 몇 가지 주는 것으로 암을 예방하기에는 충분하지 않다. 동물성 식품을 피하고 식물성 식품을 주식으로 하는 대대적인 변화를 감행해야만 더 큰 이익을 볼 수 있을 것이다.

암과 동물성 식품

중국 연구에서 드러난 것처럼 암과 동물성 식품 섭취 간에 그렇게 강력한 상관관계가 존재한다면 다른 연구 결과들도 같을 것이라고 짐작할 것이다. 다른 많은 연구에서도 같은 결과가 나온 것으로 나타났다. 예를 들어 미국 여자 간호사 12만 2,000명을 대상으로 한 연구에서 매일 고기를 먹은 여성은 한 달에 1회 미만으로 고기를 먹은 여성보다 결장암에 걸릴 확률이 2.5배나 더 높은 것으로 나타났다. 2001년 유제품과 전립선암에 대해 하버드 대학에서 실시한 광범위한 연구를 검토한 결과 살아오면서 내내 유제품을 섭취한 사람은 전립선암이 진전될 가능성이 두 배나 높고, 전이된 전립선암에 걸릴 가능성이 네 배나 높은 것으로 나타났다. 반면 과일과 채소를 많이 섭취한 사람들은 전립선암이 진전될 확률이 낮은 것으로 나타났다. 유명한 내과의의 연구를 포함한 다른 연구들 역시 유제품 섭취와 전립선암 사이에 관계가 있다는 것을 증명해냈다. 그리고 1만 2,000명이 넘는 제7일 안식일 재림파 신도들을 대상으로 한 연구에서도 우유보다 두유를 규칙적으로 마시는 사람이 전립선암에 걸릴 확률이 놀랍게도 70%나 낮았다.

현재 여전히 전통적인 전곡과 채소 위주에 유제품이 들어가지 않은 식생활을 하는 중국 남성은 전 세계의 남성 중에서 이미 진행된 전립선암에 걸렸을 확률이 가장 낮은 수치를 보였다. 그리고 이 낮은 수치가 좋은 유전자 때문이라고 말할 수는 없다. 미국에 살면서 다른 미국인과 같은 식생활을 영위하는 중국계 미국 남성은 중국에서 여전히 전통적인 식단을 고수하고 있는 중국 남성에 비해 암에 걸린 비율이 열 배나 높았기 때문이다.

암을 예방하기 위해 채식 위주의 음식을 먹는 것이 얼마나 중요한지는 1997년 미국 암연구소에서 발간한 국제적인 보고서인 '음식, 영양과 암 예방: 전 세계적 관점'에서 확증됐다. 이 보고서는 식습관과 암을 주제로 한 연구 논문을 4,500건 이상 분석했으며, 이 보고서 제작에 120명이 넘는 연구자들과 동료 검토 위원들이 참여했는데 여기에는 세계보건기구, 유엔 식량농업기구, 국제암연구기구와 미국 암연구소의 직원들이 포함됐다.

이 보고서에는 또한 과일과 채소와 암의 상관관계에 대해 환자군—대조군 연구를 200건 넘게 검토한, 식생활과 암 문제에 관한 세계 최고의 연구자 15명이 실시한 연구 내용이 포함되어 있다. 이런 연구들의 78%에서 과일과 채소가 한 종류 혹은 그 이상의 암을 예방하는 효과가 통계적으로 증명됐다는 결과가 나왔다. 단지 22%만이 별다른 관계가 없다고 나왔다. 어떤 연구에서도 채소와 과일을 섭취할수록 암의 발생률이 늘어난다는 결과는 나오지 않았다.

이 보고서들의 전반적인 권장 식단은?

다양한 채소와 과일과 콩류가 풍부하게 들어 있으며 가공한 탄수화물이 많은 음식은 가급적 삼간 식단을 선택하라.

중국 연구의 프로젝트 책임자이자 미국 암연구소의 수석 과학 고문으로서 그 역사적인 국제 보고서를 조직한 콜린 캠벨 박사는 이런 연구들을 아주 소상하게 알고 있다. 그간의 연구에서 배운 사실들을 토대로 그는 식생활과 질병 간의 관계에 대해 솔직하게 말해왔다. 그는 이렇게 말했다.

수많은 암과 심혈관계 질환과 다른 형태의 퇴행성 질환들은 채식 위주의 식생활을 채택하는 것으로 간단하게 예방할 수 있습니다.

캠벨 박사가 채식 위주 식생활을 옹호하는, 과학계의 가장 두드러진 지지자가 된 것은 어떤 면에서 아이러니한 일이다. 그는 낙농장에서 성장하면서 고기와 달걀을 아주 많이 먹었다. 그는 동물성 단백질을 좀 더 효율적으로 생산할 수 있는 방식에 대해 박사 논문을 써서 우리가 좀 더 많은 동물성 식품을 먹을 수 있도록 했다. 하지만 중국 연구에서 묘사한 것처럼 모든 면에서 최고의 수준으로 실시한 영양 연구를 기초로 그는 동물성 식품의 비율이 낮은 식단일수록 몸에 좋은 선택이라는 점에 확신을 가지게 됐다. 그는 과학적 증거를 토대로 이런 결론을 내렸다고 말했다.

현재 그의 식단은 99% 채식으로 구성되어 있다. 그와 아내 카렌은 채식으로 다섯 명의 자식을 키웠다.

현재의 중국

중국 연구는 중국이 몇 세기에 걸친 혹독한 가난에서 이제 막 눈에 띄게 부유해지기 시작한 때에 시작됐다. 이 연구는 인구 10억이 넘는 이 나라가 새롭게 획득한 부를 사용해서 영양실조와 열악한 위생 문제를 해결하면서 자연식품, 천연의 채식을 위주로 한 식생활을 지속적으로 존중한다면 막대한 이익이 될 것이라는 점을 확실하게 밝혔다. 이런 접근법은 '부자의 병'을 만들어내지 않으면서 '빈자의 병'을 뿌리 뽑는 데 큰 도움이 되었을 것이다.

하지만 유감스럽게도 현실에서는 이런 일이 일어나지 않았다. 현재 많은 중국인은—아직도 식량 배급제와 길게 늘어선 줄과 텅 빈 배에서 나는 꼬르륵 소리를 기억하고 있는—전곡과 신선한 채소 같은 전통적인 주식을 기꺼이 버리고 좀 더 서구적이고 부유한 삶의 방식을 연상할 때 떠오르는 쿠키, 초콜릿, 포테이토칩, 젤리, 푸딩, 프라이드 치킨, 버거 같은 음식을 선택했다. 대개는 최근에 들어서야 이런 음식에 접하게 됐기 때문에 이들은 주로 미국에 본사가 있는 정크푸드 회사들의 광고와 마케팅 전략에 쉽게 속아 넘어간다. 이 회사들은 자신들의 식품이 아주 현대적이고 근사하게 보이도록 만들며 이런 식품을 섭취했을 때 결국 겪게 될 건강상의 문제에 대해서는 결코 언급하지 않는다.

애석하게도 현재 중국 정부와 중국인은 중국 연구의 교훈에 관심을 기울이지 않고 있다. 세계 역사상 식생활과 건강을 주제로 가장 크고 광범위한 연구를 해낸 나라가 막상 그 연구 결과는 무시하고 있는 것이다. 수억 명의 중국인이 섬유질과 전곡이 풍부한 전통적인 식단을 버리는 대신 설탕과 동물성 지방 함량이 높은 식단을 선택했다. 오랫동안 노천 시장에 농산물을 공급해오던 소규모 농장들이 점점 더 규모가 커지는 슈퍼마켓 체인과 패스트푸드 레스토랑들과 거래하는 거대한 농산물 재벌들에 밀려나고 있다.

중국인은 현재 더 많은 돈과 더 많은 '물질'과 더 많은 문제를 안고 있다. 이들은 이들이 숨 쉬는 공기와 마시는 물과 먹는 음식에 든 유독 물질에 점점 더 심각하게 오염되고 있다.

중국은 전통적으로 채식 문화인 반면 햄버거는 오랫동안 미국식 생활 방식을 나타내는 대표적인 특징이었다. 1974년까지만 해도 미국은 중국보다 거의 50배에 가까운 고기를 먹어치웠다. 하지만 2005년이 되자 중국식 식단은 점점 더 미국의 표준 식단과 비슷해져서 중국은 미국보다 고기를 거의 두 배나 더 많이 먹게 됐다. 1974년에서 2004년까지 30년이란 세월 동안 중국의 고기 소비는 12,700%로 어마어마하게 증가했다.

1989년 KFC가 중국에 지점을 연 첫 번째 외국 패스트푸드 프랜차이즈가 됐다. 맥도널드와 다른 패스트푸드 레스토랑들도 그 뒤를 이어서 중국에 들어왔다. 2004년이 되자 중국에는 KFC 매장이 1,200개가 넘었고—이 회사는 거의 하루에 하나씩 매장을 오픈하고 있었다—KFC를 소유한 염 브랜드(Yum brand)의 CEO는 〈포춘〉에 KFC가 현재 미국에서 버는 만큼 중국에서 벌어들이고 있다고 말했다.

중국인의 식생활의 변화는 어마어마했다. 텔레비전 광고에서 인기 가수나 배우들이 수백만 중국 10대들에게 펩시를 마시라고 유혹하는 동안 중국의 아이들은 젖을 떼자마자 어려서부터 맥도널드의 치즈버거와 피자헛의 피자와 KFC의 프라이드치킨에 맛을 들이고 있다.

이런 변화 덕분에 다국적 기업의 이익이 늘어나는 반면 중국인의 체중 역시 늘어나고 있다. 1995년만 해도 중국인 10명 중 1명이 과체중이었다. 하지만 현재 한 연구에 따르면 중국 성인의 3분의 1이 과체중이다. 놀랍게도 이 연구에 따르면 지난 10년 동안 과체중이 된 중국인이 미국 전체 인구보다 많다고 한다.

한편 비만(극도의 과체중 상태)인 사람과 병적으로 비만인 사람의 수 역시 늘어나고 있으며, 이는 성인만의 문제가 아니다. 1995년만 해도 아동 비만은 중국에서 사실상 존재하지 않았다. 하지만 상하이 아동건강관리협회에서 실시한 연구에 따르면 3세에서 6세 사이 중국 아동의 거의 10%가 비만이라고 한다.

또한 최근 연구에 따르면 지난 10년 동안 중국인의 혈중 콜레스테롤 수치가 급격하게 증가했으며 아동과 성인 모두 고혈압과 당뇨가 발생하는 비율도 마찬가지로 급격하게 증가했다. 특히 도시 지역에서는 이미 심장병과 암 발병률이 크게 늘어나고 있다.

이런 변화가 미래 중국인의 건강에 어떤 전조가 되는지 생각해보면 불안해진다. 이미 심혈관계 질환과 암은 중국 성인이 사망하는 주요 원인이 됐다. 다른 아시아인처럼 중국인은 당뇨에 걸리기 쉽고 다른 인종보다 훨씬 더 체중이 적은 상태에서도 당뇨에 걸릴 수 있다. 아시아인, 특히 중국, 한국, 일본처럼 극동 지역에 있는 나라의 국민은 같은 체중의 백인보다 당뇨에 걸릴 확률이 60%나 높다. 유감스럽게도 현재 우리가 보고 있는 현상은 미래에 발생할 수 있는 비극의 서막에 지나지 않는다. 전통적인 식생활과 생활방식의 변화가 중국인에게 미치는 영향은 이제 막 그 모습을 드러내기 시작했을 뿐이다.

현재 중국인이 선택한 음식과 오키나와의 젊은 세대가 한 선택 사이에는 슬프고도 무시무시한 유사점이 있다. 두 경우 모두 사람들은 맥도널드, KFC, 코카콜라와 같이 미국에 본사가 있는 회사들로 상징되는, 지방과 설탕이 많이 들어간 음식을 열망하고 있다. 그리고 두 경우 모두 사람들은 그 선택이 건강에 미치게 될 영향에는 무지한 것처럼 보인다. 중국 연구, 오키나와 100세 노인 연구에서 힘들게 모은 지식과 지혜와 다른 많은 유사한 연구들이 이 나라들의 정책을 형성하는 데 별다른 역할을 하지 못하며, 그 국민들의 의식에 침투해서 그들이 하는 선택에 영향을 미치지 못한다는 것은 정말 큰 비극이다.

미국인은 세계 다른 어떤 나라보다 건강관리에 더 많은 돈을 쓰고 있기 때문에 그들의 건강이 타의 모범이 될 것이라고 생각한다. 하지만 사실은 그렇지 않다. 2006년 미국 질병통제예방센터에서 발표한 보고서에 따르면 최근 미국에 이민 온 이민자들이 의료보험도 없고 의료 서비스도 잘 이용하지 못하지만 미국에서 태어난 미국 시민들보다 훨씬 더 건강한 것으로 나타났다. 이 연구에 따르면 아프리카계, 아시아계, 히스패닉계 사람들이 미국으로 와서 오래 머무를수록 건강 상태가 꾸준히 더 나빠지는 것으로 드러났다. 매년 한 해 한 해 지날 때마다 이들은 고혈압, 비만, 심혈관계 질환에 점점 더 많이 시달리게 된다. 그 이유는 무엇일까? 미국의 식생활과 생활방식이 다른 많은 나라보다 훨씬 건강에 안 좋은 것이다.

미국인인 나는 우리나라에서 비롯된 식생활이 많은 면에서 아주 많은 문제를 유발하고 있으며, 이런 문제들이 전 세계적으로 확산되고 있다는 점을 걱정하고 있다. 하지만 언젠가는 중국 연구와 오키나와 100세 노인 연구 결과들로부터 모든 사회가 골고루 혜택을 받을 수 있도록 해주는 정책 변화를 위해 노력하면서 개인적으로는 이미 이 방대한 지식을 이용할 수 있다는 사실에서 용기를 내고 있다.

당신이 중국 연구와 오키나와 100세 노인 연구의 교훈에 관심을 기울이고 세계에서 가장 건강하고 오래 산 사람들의 선례를 따른다면, 당신은 건강하고 만족스러운 삶을 위한 첫 발걸음을 뗀 것이다. 하지만 당신의 선택이 당신의 삶에만 영향을 미치는 것은 아니다. 당신은 또한 좀 더 건강한 삶의 방식을 추구하는 수백만 명의 사람들과 힘을 합해서 역사의 방향을 바꿀 수 있고, 바꾸게 될 대항세력을 키우게 되는 것이다.

물론 대부분의 사람들은 자신이 사회 변화의 동인이라고 생각하지 않는다. 우리가 삶을 살아가는 방식이 좀 더 큰 사건들의 흐름에 영향을 미칠 거라고 감히 상상하는 사람은 거의 없다. 하지만 우리는 각자의 행동방식을 통해 큰 영향을 미칠 수 있고, 이런 우리의 행동이 모여서 우리 시대의 역사를 쓰게 될 것이다.

누군가 현대 세계에서 미친 듯이 날뛰고 있는 패스트푸드 문화와 소비지상주의에 도전할 때마다 희망의 물결이 퍼진다. 100만 개의 각각 다른 곳에서 이런 물결들이 형성되면 그것은 점점 더 강력해지는 하나의 흐름이 된다. 우리가 사는 방식으로 우리의 뜻을 표현하면 우리는 사방으로 퍼져나가는 모범이 되며 그 진심이 다른 이들에게 영감을 주고, 세계를 재편하도록 도와주는 선례가 된다.

여러분이 먹는 음식이 자연식으로 영양가가 풍부하고 육체의 건강과 영혼의 고결함과 일치되는 음식이 되게 해달라고 요청한다면 당신은 건강하게 장수하는 삶으로 나아가는 중요한 한 걸음을 디뎠을 뿐 아니라 그보다 더 많은 일을 해내고 있는 것이다. 세계의 맥도널드화에 대항해서 당신은 아직 태어나지 않은 후손들을 위해 좀 더 건강한 미래를 만들고 있는 것이다.

건강과 치유를 위한 현명한 먹을거리

샌프란시스코에서 로스앤젤레스까지
한 시간에 120마일로 달리고도 여전히 목적지에 도착할 수도 있겠지만
장담하긴 마라. 첫 땅에 자살하긴 힘들겠지만 다시 시도해보라,
확률은 점점 더 높아질 것이다.
- 윌터 보르츠

   채식 위주의 식생활이 건강상으로 큰 장점이 있다는 결론을 내린 중국 연구의 콜린 캠벨 박사는 세계 최고 장수 노인들의 건강 비결 중 하나를 우리가 이해할 수 있도록 도와줬다. 그의 의견에 동조하는 실력 있는 학자들도 많다. 예를 들면 의학박사인 딘 오니시가 이룬 비범한 성취를 생각해보라.

   오니시 박사는 식습관을 의학적 사고의 선두로 가져오는 데 중요한 역할을 했다. 하버드 의대 출신인 그는 〈뉴스위크〉, 〈타임〉, 〈유에스 뉴스 앤 월드 리포트〉의 표지를 포함한 대중매체들이 자신의 연구를 열성적으로 다룬 것을 지켜봤다. 오니시 박사는 40개가 넘는 보험회사에서 박사의 심장병 치료 프로그램의 비용을 지불하고, 그가 쓴 수많은 저서가 〈뉴욕 타임스〉 베스트셀러가 돼서 수백만 명이 자신의 건강을 보살펴서 삶의 질을 향상시킬 수 있도록 도와줌으로써 큰 성공을 거뒀다.

오니시 박사의 가장 잘 알려진 연구는 '심장질환을 위한 생활습관 실험(Lifestyle Heart Trial)'이란 연구로서 이 연구에서 오니시 박사는 심장병이 꽤 진전된 환자들을 약이 아니라 생활방식을 변화시키는 한 가지 방법만 가지고 치료했다.

그는 한 무리의 환자들에게 저지방, 채식 위주의 식단을 1년 동안 실시하고, 담배를 끊게 하고, 규칙적으로 적당한 운동을 하고, 하루에 30분씩 스트레칭을 하거나 명상을 하거나 긴장을 풀고 쉬거나 다른 형태로 스트레스를 줄이는 일을 하고, 매주 심리적이고 사회적으로 지지해주는 그룹 활동에 참여하도록 했다. 한편 대조군 그룹은 미국 심장학회의 심장병 치료 프로그램으로 치료받았는데 이 프로그램에는 상당한 양의 저지방 동물성 식품을 섭취하고 콜레스테롤을 낮춰주는 약을 복용하는 것이 포함되어 있다.

그 결과는 전 세계적으로 심장병 치료를 획기적으로 바꿔놓았다. 오니시 박사의 실험적인 프로그램을 마친 환자들은 건강과 활력 면에서 의학적으로 유례없을 만큼 큰 성과를 거두었다. 평균적으로 그들의 전체 콜레스테롤 수치는 227mg/dL에서 172mg/dL로 떨어졌고 LDL 콜레스테롤 수치는 그보다 더 크게 152mg/dL에서 95mg/dL로 떨어졌다. 게다가 그들의 가슴 통증의 빈도, 지속 기간, 심각성도 크게 줄었다. 환자들이 오니시 박사가 권고한 생활방식을 더 철저히 지킬수록, 그들의 심장은 더 많이 치료됐다. 오니시 박사의 프로그램에 참여한 거의 모든 환자가 심장병이 더 진전되는 것을 막았을 뿐 아니라 실제로 증세가 크게 향상된 것을 경험했다. 환자들의 몸 상태가 악화되는 것이 멈췄을 뿐 아니라 극적으로 나아진 것이다. 이는 심장병 치료 역사에서 한 번도 일어나지 않았던 일이다.

그렇다면 미국 심장학회 프로그램을 따랐던 대조군 환자들은 어떻게 됐을까? 그들의 상태는 오니시 박사 프로그램에 참가했던 환자들보다 나빴다. 그들의 가슴 통증은 빈도, 지속 기간, 심각성 면에서 훨씬 더 악화됐다. 오니시 박사의 실험 그룹이 가슴 통증의 빈도가 91% 감소된 반면 대조군은 165% 증가했다. 또한 이들의 LDL 콜레스테롤 수치는 오니시 박사의 실험 그룹보다 상당히 높으며 동맥경화증 역시 증가했다.

현재 2천 명이 넘는 환자들이 미국 전역의 병원에서 오니시 프로그램을 마쳤다. 대부분의 환자가 생활방식을 바꿔서 관상동맥 우회수술과 혈관 형성 수술을 피할 수 있었고, 결과적으로 막대한 비용과 고통을 줄일 수 있었다. 의료보험사인 하이마크 블루 크로스 쉴드는 오니시 프로그램을 실시한 첫해에 비용을 절반으로 줄였고, 뮤추얼 오브 오마하는 첫해에 환자 일인당 3만 달러를 줄였다.

40개가 넘는 미국 보험회사들이 완전히 혹은 부분적으로 오니시 프로그램의 비용을 대는 이유는 미국 심장학회의 치료 프로그램을 따른 환자 여섯 명 중 한 명만이 눈에 띌 정도로 심장병 증세가 호전될 것으로 예상된 반면 아주 소량의 지방과 채식 위주의 식단을 권장하는 오니시 프로그램을 따르는 환자는 4명 중 3명이 획기적인 결과를 기대할 수 있기 때문이다.

딘 오니시 박사의 프로그램에 대한 흔한 오해 중 하나는 그가 모든 사람들에게 저지방 식단을 추천한다는 것이다. 사실 박사의 연구에 따르면 가공하지 않은 자연식품과 채식 위주로 극단적으로 지방이 낮은 식단(다른 생활방식의 변화와 함께)은 심장병(전립선암도 마찬가지다)을 호전시키는 데 기적을 발휘한다. 그러나 만약 당신의 목표가 체중을 몇 킬로그램 줄이거나 콜레스테롤 수치를 낮추는 것이라면 지방 섭취량을 그렇게 극단적으로 낮출 필요는 없다. 게다가 단순히 얼마나 많은 지방을 섭취하는지 살펴보고 최대한 지방 섭취량을 낮추려고 하다가 건강을 해칠 수도 있다. 당신이 섭취하는 지방의 종류는 섭취하는 지방의 양만큼 중요하기 때문이다.

2006년 2월 여성 건강 주도 식생활 변화 연구 결과에 언론의 관심이 집중됐다. 당시 언론의 헤드라인을 믿었다면 저지방 식단에는 어떤 장점도 없다는 결과가 나왔다고 생각했을 것이다. 하지만 헤드라인 밑의 기사를 읽어봤다면 상황이 그렇게 단순하지 않다는 것을 알게 됐을 것이다.

우선 이 연구에서는 몸에 이로운 지방과 해로운 지방을 구별하지 않았다. 또한 이 연구에 참가해서 '저지방 식단'을 실시한 사람들은 지방 섭취를 그렇게 크게 줄이지 않았다. 참가자들의 지방 섭취량은 이 연구에서 목표로 한 20%가 아니라 29%였다. 그리고 이 수치마저도 과장됐을 수 있다. 사람들은 종종 실제로 자신이 먹는 음식보다 더 건강한 식단을 실시하고 있다고 말하는 경향이 있기 때문이다. 놀랍게도 이 그룹과 비교되는 그룹 역시 그들과 같은 정도로 지방 섭취량을 줄였다.

많은 사람이 헤드라인만 보고 식생활과 다른 생활방식의 변화가 실제로는 그렇게 중요하지 않았다는 인상을 받은 것은 유감스러운 일이다. 사실 이런 변화들은 아주 중요하다. 예를 들어 2005년 52개국에서 2만 9,000명의 남성과 여성이 참여한 기념비적인 인터하트(INTERHEART) 연구에 따르면 식생활과 생활방식에 관련된 9개의 요인이 여성에서는 94% 남성에서는 90%의 심장마비가 일어날 위험에 관련돼 있다고 나왔다. 이는 세계적으로 지역과 인종과 민족을 초월해서 공통적으로 나온 결과였다.

심장병 발생을 막는 법

오니시 박사만큼 유명하지는 않지만 채식 위주의 식생활이 건강에 좋다는 것을 그만큼 확신한 사람으로 클리블랜드 클리닉의 외과의사이자 연구자인 콜드웰 에슬스틴 주니어 박사가 있다. 〈미국심장학회〉지에 쓴 글에서 에슬스틴 박사는 12년에 걸친 자신의 연구를 토대로 동물성 식품이 거의 들어가지 않은 식단을 지킨 환자들은 사실상 심장병에 걸리지 않게 됐다고 했다.

에슬스틴 박사가 연구한 모든 환자는 연구를 시작할 때는 정도가 심각한 심장병에 걸려 있었지만 12년 동안 박사의 프로그램에 참여한 후 그중 95%가 건강하게 생존해 있었다. 연구를 시작했을 때 이들의 심장병은 어느 정도 심각했을까? 에슬스틴 박사의 연구에 참여한 환자 18명은 그 연구에 참여하기 전 8년 동안 48건의 심각한 심장 질환 증세를 일으켰다. 하지만 12년에 걸친 연구 기간 동안 계속 그 프로그램을 고수했던 환자 17명은 심장 질환 증세를 한 번도 일으키지 않았다.

동물성 식품이 거의 들어가지 않은 식단이 대부분의 사람들이 따르기에는 너무 극단적인가? 에슬스틴 박사는 그렇게 생각하지 않았다.

어떤 이들은 채식 위주의 식단이 극단적이거나 너무 가혹하다고 비평한다. 웹스터 사전에는 가혹하다는 말을 '비인간적으로 잔인하다'고 정의하고 있다. 좀 더 자세히 살펴보면 '극단적'이나 '비인간적으로 잔인하다'는 말은 채식 위주의 영양이 아니라 우리가 현재 따르고 있는 서구 식단의 결과를 가리키는 것이다. 바이패스 수술을 받기 위해 흉골을 가르거나 뇌졸중을 일으켜서 육체적으로 무능해지는 것이 극단적인 것이다. 그리고 암을 치료하기 위해 유방, 전립선, 결장 혹은 직장을 제거하는 것이 인간적으로 잔인한 것이다. 이런 질병들은 채식 위주의 식단을 따르는 사람들은 거의 걸리지 않는 병이다.

딘 오니시 박사도 이와 비슷한 말을 했다.

나는 사람들의 가슴을 갈라 열거나 남은 생 동안 콜레스테롤을 낮춰주는 독한 약을 먹이는 것은 전통적인 의료 행위로 여겨지는 반면, 사람들에게 영양학적으로 균형이 잘 잡힌 채식을 하라고 권하는 것이 왜 극단적으로 여겨지는지 이해하지 못하겠다.

2005년 11월 〈내셔널 지오그래픽〉에서 1970년대 영향력을 발휘했던 기사들의 논조를 그대로 반영하는 표제 기사를 실었다. '장수의 비결'이란 제목의 그 기사에는 일본의 오키나와, 이탈리아의 사디니아, 캘리포니아의 로마 린다에서 장수하는 세 그룹의 사람들에 대한 내용이 실려 있었는데 그 세 그룹 모두 채식 위주의 식생활을 꾸려가고 있었다. 이 기사의 결론 부분에서 〈내셔널 지오그래픽〉은 '장수의 비결'을 한 마디로 요약했다. "채식을 하라."
이와 비슷하게 25년에 걸쳐 오키나와 100세 노인 연구를 실시했던 연구자들은 '동물성 식품 섭취를 최소화하라'고 강력하게 권고했다.

오니시 박사는 "동물성 식품은 우리를 죽이는 주범이다. 동물성 식품이 없다면 우리는 정말 더 잘 살 수 있다"라고 설명했다.

동물성 식품을 최대한 줄이고 그 대신 채식 위주의 식단을 따라야 한다고 주장하는 면에 있어서 콜린 캠벨, 딘 오니시, 콜드웰 에슬스틴 박사 같은 의사들은 현대 서구 사회의 비주류인지도 모른다. 지금은 아주 많은 사람이 앳킨스 다이어트와 그 아류인 저탄수화물 다이어트가 보장하는 단기적인 약속에 끌리는 시대인 것이다. 하지만 앳킨스 박사와 달리 수많은 의학 논문이 이 박사들과 그들의 아이디어를 철저하게 지지하고 있으며, 박사들이 제시하는 내용이 효과가 있다는 것이 장기적으로 입증됐다.

나는 이 박사들(오니시, 에슬스틴, 캠벨)을 개인적인 친구로 두는 특권을 누렸으며, 이들 모두 자신들이 지지하는 채식 위주의 자연식품을 먹어서 날씬하고 건강하다는 것을 알고 있다. 이 박사들이 실천했던 식단은 오랫동안 활기 있게 살아가는 오키나와, 압하지야, 빌카밤바, 훈자의 노인들이 따른 식단과 놀랄 정도로 유사하다. 나는 또한 이 박사들이 적어도 가끔은 양식으로 키운 것이 아니라 자연산 생선을 소량 먹는다는 것도 알고 있다. 이런 면에서 이들은 전통적인 지혜를 충실히 따르고 있는 셈이다. 내가 알기로 어떤 사회도 오랫동안 채식만 하면서 지속된 경우는 없다. 일부 사회의 전통 문화에서는 그들이 섭취하는 유일한 동물성 식품이 메뚜기, 갑충, 굼벵이 혹은 다른 곤충들로 이뤄져 있을 수도 있지만 모두 부분적으로는 동물성 식품을 섭취해왔다.

훈자인은 때로 염소나 양젖을 먹었고, 아주 가끔 축제 때 염소나 양고기를 먹었다. 빌카밤바인은 다양한 새의 알을 먹었고, 아주 가끔 들짐승을 잡아먹었다. 압하지야인은 마쪼니라고 하는 발효시킨 유산균 음료를 규칙적으로 마시고, 가끔 풀을 먹여 키운 소의 고기를 먹었다. 그리고 오키나와 노인들은 규칙적으로 야생에서 잡은 물고기를 먹었다.

이런 식으로 이 문화들은 비타민 정제나 다른 영양제 없이 발전해오면서 비타민 B12와 같이 극단적인 채식 위주의 식단에서 부족할 수 있는 영양소를 섭취했다. 그리고 그들은 또한 건강과 치유에 필요한 또 다른 영양소인 오메가 3 지방산을 섭취할 수 있도록 했다.

필수 영양소

오메가 3를 적절하게 섭취하면 장점이 아주 많다. 충분한 오메가 3 섭취는 최적의 육체적, 정신적 건강 상태를 유지하는 데 필수적이다. 오메가 3는 심장병을 호전시키고, 면역 기능을 강화하고, 퇴행성 질환과 싸우고, 임신 능력을 향상시키고, 정신 건강을 나아지게 하고, 피부를 더 건강하게 만들어준다. 오메가 3가 제대로 공급되면 염증성 질환과 자가면역 질환에 훨씬 덜 걸리게 되고, 천식에 걸릴 가능성이 줄어들고, 우울증과 알츠하이머 질환을 포함한 많은 정신적, 정서적 질환에 덜 걸리게 된다.

과거에 사람들은 다양한 야생식물이나 야생의 사냥감을 먹어서 오메가 3를 충분히 얻을 수 있었다. 하지만 현대인은 야생식물을 거의 먹지 않고, 고기와 유제품과 달걀에 들어 있는 오메가 3의 양은 과거에 비해 현저하게 줄어들었다. 그 결과 현대 산업사회에 사는 대부분의 사람이 섭취하는 이런 필수 영양소는 통탄스러울 정도로 부족하다. 식품에서 얻을 수 있는 오메가 3 지방산은 100년 전 미국인의 식단에서 얻을 수 있었던 것과 비교해 현재 미국인의 식단에서는 20% 정도밖에 안 된다.

그렇다면 어디에서 오메가 3를 얻을 수 있을까?

오메가 3는 아마씨와 아마씨 오일과 연어, 청어, 고등어, 정어리와 같이 지방이 듬뿍 들어 있는 야생의 물고기에서 얻을 수 있으며, 이보다는 적은 양이지만 호두, 삼씨, 초록색 잎채소, 카놀라와 콩기름에서 얻을 수 있다.

아마씨는 오랫동안 훈자와 압하지야의 주식이었으며, 미국에서는 최근 들어서야 인기를 끌기 시작했지만 유럽에서는 이전부터 많은 사람이 먹었다. 오메가 3의 주요 공급원인 아마씨는 생선보다 훨씬 큰 장점이 있었다.

생선과 달리 아마씨에는 콜레스테롤을 낮추고, 심장병이 발생할 위험을 줄이고, 유방암, 결장암, 전립선암이 발생할 위험을 낮춰주는 리그난이란 영양소로 가득 차 있다. 높은 리그난 함유량 덕분에 아마씨유는 또한 폐경 전 여성들의 월경 전 증후군을 줄이고 폐경기의 불쾌한 증상들을 줄이는 데 큰 효과가 있는 것으로 나타났다. 아마씨유에는 리그난이 얼마나 많이 들어 있을까? 토론토 대학의 연구자들이 리그난 함유량이 가장 높은 음식을 찾기 위해 68가지의 다른 음식들을 검사한 결과 아마씨에 다른 음식보다 리그난이 75배에서 800배 이상 들어 있는 것을 확인했다.

게다가 아마씨에는 유감스럽게도 요즘 생선에서 점점 더 흔하게 발견되는 수은 같은 오염물질과 중금속이 하나도 들어 있지 않다.

반면 연어와 같은 야생의 지방질이 듬뿍 든 생선에는 아마씨와 아마씨유에는 없는 장점들이 있다. 가장 두드러지는 장점은 우리 몸이 더 잘 기능하고 성장할 수 있는 데 필요한 긴 연쇄 오메가 3 DHA(docosahexaenoic acid)와 EPA(eicosapentaenoic acid)가 더 많이 들어 있다는 점이다. DHA와 EPA 둘 다 심장에 아주 중요하며 DHA는 특히 태아와 신생아의 뇌 발달에 아주 중요한 역할을 한다. DHA는 대뇌 피질의 15~20%를 차지하고, 망막의 30~60%를 차지하기 때문에 태아와 유아와 모든 성장기 어린이의 건강한 신체 발달을 위해 필수적인 영양소다. 게다가 생선에 들어 있는 오메가 3는 전립선암을 예방하는 데 도움을 줄 수 있지만 식물에서 추출한 오메가 3는 그렇지 않다는 점이 다르다. 세계에서 전립선암 발생률이 가장 낮은 오키나와 노인들은 생선에서 충분한 오메가 3를 섭취한다.

단세포 해양 식물들과 몇 가지 해초를 제외한 식물들은(아마씨까지 포함해서) 충분한 양의 긴 연쇄 지방산이 없다. 인간의 신체가 아마씨와 아마씨유에 있는 짧은 연쇄 오메가 3를 DHA와 EPA로 전환시킬 수는 있지만 인간의 신체 조건이 각기 다르기 때문에 이런 전환 작용이 얼마나 효율적으로 이뤄질지는 각 개인에 따라 다르다.

건강식품으로서 생선의 진가가 널리 알려진 이유는 주로 야생의 연어와 다른 지방산이 풍부한 생선에 긴 연쇄 오메가 3 지방산이 고도로 농축되어 있기 때문이다. 양식된 연어나 다른 생선이나 동물은 자체적으로 오메가 3를 만들 수 없지만 야생의 연어는 이 중요한 영양소를 만드는 조류를 먹어서 오메가 3를 얻는다. 일단 이 야생의 연어가 조류를 먹으면 연어의 체지방에 오메가 3가 모여서 저장된다. 야생 연어는 오메가 3를 풍부하게 얻을 수 있는 원천이다. 하지만 양식된 생선에서는 이런 필수 영양소를 거의 얻을 수 없다.

양식은 위험하다

요즘 사람들이 먹는 연어와 그외 생선들은 대부분 양식장에서 키운 것들이다. 1990년에는 세계인이 먹는 연어의 6%만이 양식 연어였다. 하지만 불과 8년 전에는 사람들이 먹는 생선의 절반이 양식장에서 키운 것이었고, 그 이후 비율은 점점 더 증가하는 추세다. 현재 사실상 미국에서 먹는 모든 메기와 무지개 송어, 대부분의 작은 새우와 연어들이 양식장에서 키운 것이다. 알래스카 연어는 야생 연어지만 현재 슈퍼마켓이나 레스토랑에 나오는 모든 대서양 연어는 양식한 것이다. 통조림에 든 연어는 양식일 수도 있고 야생에서 잡은 것일 수도 있다 (만약 그 연어가 북대서양 연어라면 양식한 것이지만). 만약 통조림에 야생이나 양식이란 표시가 나와 있지 않다면 그것은 주로 양식한 연어다.

양식한 생선을 피해야 할 이유가 있는가? 그렇다 그것도 아주 좋은 이유가 있다. 야생 연어는 삶의 일부는 민물에서 보내고 또 한 시기는 짜디짠 바닷물에서 보내면서 개의 후각보다 천 배는 더 강한 후각을 이용해서 수천 마일을 여행해 태어난 곳으로 돌아가 알을 낳는 특징 때문에 오랫동안 인간의 상상력을 사로잡아 왔다. 하지만 양식된 연어의 사연은 그보다 훨씬 지루하다. 물속 우리에 많게는 5만 마리의 연어가 갇혀 있는 환경에서 이들이 숨 쉬면서 마시는 물에 이들의 배설물이 축적되면서 빠르게 악취를 풍기게 된다. 그 결과 정기적으로 그 우리에 수많은 약과 호르몬과 항생제와 백신을 넣어서 그런 열악한 조건에서도 연어들이 살아갈 수 있게 만든다.

야생 연어는 크릴새우를 먹어서 특유의 핑크-오렌지빛 색깔을 띠게 된다. 반면 양식한 연어의 살은 우중충한 회색빛이 나는데 소비자들이 보기에 먹음직스럽지 않기 때문에 화학적으로 처리된 아스타산틴을 먹이에 넣어서 원하는 색을 만들어낸다.

여러 연구에 따르면 양식한 생선이 야생의 생선보다 인간의 중추신경계와 면역계에 나쁜 영향을 미치고 암과 선천적 결손증을 유발할 수 있는 유해한 독극물과 오염물질이 더 많은 것으로 나타났다. 연어 양식업계는 그 연구들의 규모가 너무 작기 때문에 별 의미가 없다고 주장했다. 하지만 2004년 2년이란 시간과 거의 200만 달러를 투자한 연구가 발표됐는데 거기에는 전 세계 연어에 대해 철저하게 분석한 내용이 들어 있었다. 이 연구는 코넬 대학과 다른 곳에서 산업 오염 부문 최고 전문가들이 실시한 것으로 〈사이언스〉지에 발표됐다.

연구 결과 미 환경보호국의 지침을 기준으로 양식된 물고기에서 검출된 PCB(폴리 염화 비페닐, 이용 가치가 크지만 유독한 오염물질), 다이옥신과 톡사펜과 같이 금지된 살충제 수치가 너무 높아서 양식 연어를 한 달에 한 번 이상 먹지 말아야 한다는 결론이 나왔다. 보스턴과 샌프란시스코의 슈퍼마켓에서 구입한 양식한 물고기로 만든 필레는 너무나 심하게 오염돼 있어서 한 달에 필레 반 개만 먹어도 건강에 해로운 것으로 나타났다. 이런 권고안들은 오로지 암에 걸릴 위험이 늘어난다는 점만 고려했기 때문에 연구자들은 여성과 소녀들은 그보다 더 적게 먹어야 한다고 했다. 임신한 여성이 섭취한 이 오염물질이 태아에게 전달돼서 정신적 발달과 면역 기능이 손상될 수 있기 때문이다.

연어와 송어 양식업자 협회는 이 새로운 연구를 '위험하며, 민심을 불안하게 만드는 억측'에 불과하다고 주장했다. 미국 보건성 독물학 프로그램 국장이자 유해 독극물에 대해 200편이 넘는 연구 논문을 쓴 조지 루시에는 그들의 의견에 동의하지 않았다. 어느 기관에도 소속

되지 않은 미국 전문가들의 지지를 받아 조지는 그 결과가 '부인할 수 없는 진실'이라고 말했다.

수은의 위험

현재 많은 물고기가 유감스럽게도 메틸수은에 오염되어 있다. 메틸수은은 뇌와 신경계 전체를 공격하고, 아동의 행동 문제를 유발하며, 지능이 손상될 수 있기 때문에 아주 심각한 문제다. 최근에 실시한 많은 연구에 따르면 수은에 노출되면 면역과 생식기관이 손상되고 심혈관계 질환이 일어날 수 있다는 결론이 나왔다. 자궁 속에서 혹은 갓난아기였을 때 지속적으로 조금씩 수은에 노출되면 발육이 지체되고, 주의력, 섬세한 운동 기능, 언어 능력, 시공간적 기술과 언어 기억이 저하된다. 고도로 농축된 수은에 노출되면 지적 장애가 생길 뿐 아니라 뇌성마비, 청각 장애, 시각 장애와 사망에 이를 수 있다.

인간은 주로 생선 섭취를 통해 메틸수은에 노출된다. 이 문제가 너무나 광범위하게 확산됐기 때문에 현재 미국 가임 여성 6명 중 한 명은 혈중 수은 농도가 성장하는 태아에게 해를 끼칠 수 있을 정도로 높다. 이는 즉 미국에서 매년 태어나는 400만 명의 아이 중 63만 명의 아이가 자궁 내에 위험할 정도로 많이 축적된 수은에 노출돼서 일정 수준의 신경 손상을 입을 가능성이 있다는 뜻이다.

2002년 샌프란시스코 베이 지역의 부유한 주민들을 대상으로 한 연구에서 황새치, 농어, 넙치, 참치 스테이크를 먹는 사람들은 혈중 수은 농도가 위험할 정도로 높다는 것을 발견했다. 건강을 위해 생선을 먹는 중류층과 고소득 가정의 수은 수치를 살펴보기 위해 처음 실시한 이 연구는 샌프란시스코의 캘리포니아 퍼시픽 메디컬 센터의 내과의사인 제인 하이타워 박사가 주도했다. 하이타워 박사는 이렇게 설명했다. "우리는 사람들이 생선을 먹으면 그들의 수은 수치가 올라간다는 점을 발견했습니다. 생선 섭취를 중단하면 수은 수치도 내려갑니다. 간단한 일이죠."

연구에 참여한 한 아이는 혈중 수은 수치가 미 환경보호국과 과학원이 허용한 수치보다 세 배나 높았다. 그 소녀는 전신이 무기력한 상태인 데다 언어 구사 능력을 잃어가고 있었으며, 더 이상 자신의 신발 끈도 맬 수 없었다. 그녀는 한 주에 참치 통조림을 두 개씩 먹고 있었다.

하이타워 박사는 혈중 수은 수치가 높고 아픈 환자들에게 6개월간 생선 섭취를 중단하거나 야생 연어, 정어리, 서대기, 틸라피아, 조개처럼 수은이 축적되지 않은 생선을 먹으라고 지시했다. 환자들이 그녀의 조언을 따르자 몇몇 환자는 병세가 호전되기까지 몇 개월이 걸렸지만 대부분 수은 수치가 크게 떨어졌다.

유감스럽게도 생선의 수은 오염 문제는 일반적으로 인식하고 있는 것보다 훨씬 더 광범위하게 확산되어 있다. 2005년〈시카고 트리뷴〉지에서 상업용 생선에 있는 수은에 대해 지금까지 실시한 연구 중 가장 종합적인 연구를 실시해서 소름이 오싹 끼치는 결론을 내렸다. 독자적 조사보도 부문에서 퓰리처상을 받을 만한 가치가 있는 일련의 기사를 통해 이 신문은 다음과 같이 기술했다.

미 정부는 수백만 미국인이 위험할 정도로 수은 수치가 높은 해산물을 먹는 것을 알면서도 수십 년 동안 방치해왔다. 규제 담당자들은 그 위험을 대수롭지 않은 것으로 무시해서 국민의 건강을 보호하는 기본적인 조치를 취하지 못했고, 소비자들이 진정한 위험을 깨닫지 못하도록 그릇된 길로 인도했다.

수년간 미 정부는 대중에게 라이트 참치 통조림은 수은 수치가 낮은 안전한 수준이라고 말해왔다. 하지만 〈시카고 트리뷴〉지의 조사 결과는 이랬다.

미국 참치 회사들은 종종 수은 농도가 높은 참치를 라이트 참치 통조림으로 포장해서 판매했다. 정부는 특히 이 제품을 수은 수치가 낮은 안전한 식품이라고 권장했다. 그 결과 참치 통조림—미국에서 가장 인기 있는 음식 중 하나—을 먹는 것은 소비자가 생각하는 것보다(정부와 업계가 그렇게 만들었는데) 훨씬 더 위험하다.

어떻게 해야 할까

생선은 인체에 아주 중요한 긴 연쇄 오메가 3 지방산인 DHA와 EPA를 가장 많이 얻을 수 있는 음식이지만 여기에는 또한 PCBs, DDT, 다이옥신과 더불어 수은과 다른 중금속이 가장 많이 들어 있는 음식이다. 그리고 남획이 전체 물고기 집단을 파괴하고 있는 것 또한 아무리 강조해도 지나치지 않은 현실이다. 현재 우리의 바다, 호수, 강에 사는 물고기들이 철저하게 고갈돼서 물고기 종의 3분의 1이 멸종에 가깝거나 멸종할 가능성이 높아졌다. 지난 50년 동안 커다란 야생 물고기의 모든 종의 개체 수가 90% 혹은 그 이상 줄어들었다.

당신이 생선을 먹는다면 너무 많이 먹지 않도록 조심해야 한다. 생선만큼은 많이 먹을수록 좋다는 말이 통하지 않기 때문이다. 연구자들이 5년 동안 2만 3,000명이 넘는 폐경 전 여성의 식습관과 그로 인한 건강 상태를 연구한 결과 생선을 많이 먹는 여성은 생선을 조금 먹거나 먹지 않는 여성보다 유방암에 걸릴 확률이 50%나 높았다. 2003년 11월 의학 저널에 이 연구 결과를 발표한 연구자들은 생선 섭취량이 높을수록 유방암 발병 확률이 높아진다는 의견이 흡연, 비만, 호르몬제 사용과 다른 여러 위험 요인들을 통제한 후에도 유효하다는 점을 발견했다. 미국 심장학회에서 발행하는 잡지인 〈순환〉에 발표된 또 다른 연구에서는 생선을 많이 먹는 사람의 50%가 심장마비로 죽을 확률이 두 배나 높다고 밝혔다.

생선을 먹는 사람이 유방암과 심장병에 걸릴 확률이 높은 이유를 어떻게 설명할 수 있을까? 문제의 원인은 오염물질, 그중에서도 수은 때문인 것 같다. "생선은 오메가 3 지방산의 원천일 뿐 아니라 메틸수은의 원천이기도 하다"라고 조사관들은 경고했다.

이에 대한 한 가지 대안은 생선 오일 캡슐을 먹는 것이다. 최근 몇 년 사이에 생선 오일에 대한 세계 최고 전문가로 부상한 알렉산더 리프 박사에 따르면 하루에 생선 오일을 3그램 섭취하면 하루에 필요한 DHA와 EPA 1그램을 섭취하게 되는 것이라고 한다. 그보다 더 많이 먹으면 지방만 더 먹게 되는 셈이라고 박사는 말했다. 몇몇 회사(Arctic Pure, Nordic Naturals, Xtend-Life)는 세계에서 가장 깨끗하고 차가운 물에서 잡은 생선에서 추출한 오일을 재료로 사용하며, 이들이 제조한 제품은 분자 수준에서 증류해서 수은이나 다른 중금속, 다이옥신, PCBs와 오염물질을 제거해서 안전하다.

어떤 형태로든 생선을 먹지 않는 편을 선호한다면 식단에 충분한 양의 아마씨나 아마씨유(큰 스푼으로 한두 스푼)를 포함시키는 것이 중요하다. 우리 집에서는 며칠에 한 번씩 아마씨를 커피 그라인더에 넣고 갈아서 아마씨 가루를 냉장고에 보관했다가 모든 요리에 그 가루를 뿌린다. 그리고 영양을 보충하는 의미에서 DHA를 복용하는 것도 고려해보는 것이 좋다. 조류에서 추출한 DHA는 오메가-젠-3 혹은 Neuromin DHA로 시중에서 판매되는 것을 구할 수 있다.

또한 오메가 6 지방산을 과도하게 섭취하지 않도록 주의해야 한다. 오메가 6 지방산을 너무 많이 섭취하면 오메가 3 지방산과 경쟁해서 오메가 3 지방산이 체내에 흡수되는 것을 막는다. 오메가 6 지방산과 오메가 3 지방산의 이상적인 섭취 비율은 2:1이지만 현재 일반적인 미국식 식단을 고수하는 사람들은 그 비율이 15:1이다.

어떻게 하면 오메가 6 지방산을 과다 섭취하지 않도록 할 수 있을까?

- 지방은 견과, 씨와 아보카도와 같은 식물성 식품을 통해 섭취하라.
- 오메가 6 지방산이 높은 해바라기유, 홍화유, 옥수수 식용유보다는 엑스트라 버진 오일이나 카놀라 오일을 사용하라.
- 가공식품과 튀긴 식품의 섭취를 제한하고, 부분적으로라도 수소로 경화 처리된 음식은 피하도록 한다. 이런 음식은 종종 오메가 6일 함량이 높다.

진실을 드러내다

DHA와 EPA 외에 산업화된 세계에 살면서 건강에 좋은 채식 위주의 식생활을 영위하고 있는 사람들이 조심해야 하는 것으로 비타민 B12(모든 채식주의자가 규칙적으로 먹어야 한다), 비타민 D, 요오드와 카르노신을 포함한 몇 가지가 있다. 남부의 온화한 기후대에 살면서 1년 내내 주로 실내에서 생활한다면 비타민 D를 복용하거나 비타민 D가 들어간 음식을 먹을 필요가 있다. 현재 미국과 유럽의 우유와 여러 브랜드의 두유는 정기적으로 비타민 D를 첨가하고 있다.

또한 식단에 요오드 첨가 식염이나 해초를 추가하거나 요오드 보충제를 복용하는 것이 좋다. 채식주의자는 채식 위주의 식단에 부족하기 쉬우며 인체에서 당화(밀라드 반응으로도 알려져 있으며 때 이른 노화를 일으키는 주요 원인으로 인식됐다) 반응이 일어나지 않도록 도와주는 영양소인 카르노신 보충제를 먹는 것이 좋다. 물론 가장 좋은 보충제는 다양한 녹색 채소, 콩, 전곡, 견과 씨를 포함한 식단이다.

많은 사람들은 철분을 충분히 얻기 위해서 고기를 먹을 필요가 있다고 믿는다. 쇠고기업계가 광고를 통해 그런 인상을 확실하게 심어줬다. 하지만 그 광고들은 오도된 것이다.

철분은 적혈구의 헤모글로빈의 일부를 형성하는 미네랄이며 인체의 세포에 산소를 나르는 데 도움을 준다. 몸속의 철분 저장량이 낮아지거나 고갈되면 세포로 가는 산소를 충분히 공급받을 수 없다. 그 결과 빈혈이 생겨서 쉽게 피곤해진다.

그러나 정육 업계의 주장과는 반대로 채식주의자들은 고기를 먹는 사람들보다 철분 결핍이 더 생기지 않는다. 철분 결핍으로 인한 빈혈은 전 세계적으로 가장 흔한 영양소 결핍증이지만 대부분 빈혈은 부유한 나라보다는 개발도상국에서 일어나며 그 원인은 식생활보다는 기생충 때문일 가능성이 높다.

식물성 식품에 있는 철분은 비헴성 철이라고 한다. 고기에 있는 철분(가금과 생선을 포함해서)은 헴철이라고 한다. 헴철은 식물성 식품에 있는 철분보다 인체에 훨씬 더 쉽게 흡수된다. 쇠고기 업계는 이 사실을 헴철의 장점처럼 보이게 만들려고 하지만 사실 여기에는 아주 치명적인 단점이 있다.

혈색소 침착증은 인간에게 발병하는 유전 질환 중 가장 흔한 질환으로서 전 세계적으로 2,400만 명이 이 심각한 질병에 걸릴 위험에 처해 있다. 이런 신체 조건이 있는 사람들은 체내에 철분을 지나치게 저장해서 그 결과 관동맥 질환과 간암에 걸릴 확률이 높아진다. 고기에 있는 헴철이 체내에 너무 쉽게 흡수된다는 사실은 혈색소 침착증이 있는 사람에게는 위험한 일이지만 과다 철분 또한 이 유전적 문제가 없는 사람에게도 위험한 일이다.

산화 방지제는 건강을 유지하고, 암, 심장병과 다른 만성질환들을 예방하는 역할 때문에 그 진가를 인정받고 있다. 반면 철분은 산화 방지제의 반대되는 역할을 한다. 이는 강력한 산화제다. 체내에 철분이 지나치게 많이 축적되면 유해산소가 만들어져서 그 유해산소들이 세포를 파괴하고 많은 종류의 질환을 발병하며 때 이른 노화를 일으킬 수 있다. 예를 들어 충분한 양의 헴철이 있다면(식단에 쇠고기 양이 많다면) 콜레스테롤이 산화돼서 동맥에 아주 빨리 흡수될 수 있는 형태로 변한다. 이렇게 해서 심장병이 발생할 확률이 높아지는 것이다.

비헴성 철분(식물에 있는 철분)은 이와는 사정이 완전히 다르다. 인체는 필요로 할 때만 이 철분을 흡수한다. 철분을 더 많이 흡수해야 할 때면 인체가 더 많은 철분을 흡수하고, 그렇지 않은 경우에는 철분을 더 적게 흡수한다. 이런 면에서 인체의 지혜는 건강과 장수에 대해 심오한 의미를 담고 있다.

세계 거의 모든 곳에서 여성이 남성보다 훨씬 더 오래 산다는 사실이 널리 알려져 있다. 의학박사인 토마스 펄스(하버드 의대의 조교수이자 뉴잉글랜드 100세 노인 연구의 창립자이자 이사)를 포함한 세계 최고의 장수 전문가들은 그 이유가 여성의 월경 때문이라고 믿고 있다. 폐경기 전의 여성은 매달 생리를 하는 과정에서 자궁 내막이 떨어져 나가면서 남성보다 철분 수치가 상대적으로 낮아진다. 철분이 유해산소를 만들어내기 때문에 철분 수치가 낮을수록 노화가 느려지고, 심혈관계 질환이 줄어들며, 유해산소가 작용하는 다른, 연령에 관계된 질환에 걸릴 가능성이 낮아진다고 펄스 박사가 말했다.

의사들은 전통적으로 폐경기 전 여성들에게 '철분이 부족한 혈액' 때문에 철분 보충제와 심지어는 수혈까지 처방해왔다. 그러나 펄스 박사는 폐경기 전 여성에게 철분 보충제는 실제로 악영향을 미칠 수 있다고 말했다. "철분 수치가 높을수록(이는 남성 사이에서는 평범한 수치이기 때문에 '정상'으로 여겨지기도 하지만) 실제로는 노화 속도가 빨라집니다."

많은 연구에서 자주 헌혈을 하는 남성은 철분 수치가 낮아지고 LDL 콜레스테롤의 산화에 대한 저항력이 높아져서 죽상동맥경화증과 심장병이 일어날 가능성이 크게 줄어든다는 결과가 나왔다. 남성과 폐경기 전 여성이 규칙적으로 헌혈을 하면 체내의 철분의 양을 줄여서 산화율을 낮춰 실제로 장수할 확률이 늘어나게 되는 것 같다.

펄스 박사에 따르면 성인의 낮은 철분 수치(물론 어느 정도 수준까지만)는 몸에 이롭다.

물론 음식을 통한 철분 섭취는 적당한 양의 적혈구를 만들어내기 위해 아이들에게 아주 중요하지만 성인 그리고 심지어 10대 청소년에게는 현재 '정상'으로 여겨지는 철분 수치를 유지하는 것이 사실은 과다한 수치이며 이로 인해 노화 속도가 빨라질 수 있다.

헴철(고기에 들어 있는 철분)이 있으면, 인체는 사실상 그렇게 하는 것이 건강에 도움이 되는지 아닌지에 상관없이 음식에 있는 모든 철분을 흡수해버린다. 하지만 비헴성 철(식물에 있는 철분)인 경우 인체는 필요한 양만큼만 흡수한다. 많은 연구자는 이제 이것이 바로 채식주의자와 채식 위주의 식생활을 하는 사람이 고기를 많이 먹는 사람보다 더 오래 건강하게 사는 이유 중 하나일 거라고 믿고 있다. 비헴성 철이 풍부한 식물성 음식으로는 전곡으로 만든 빵과 시리얼, 콩, 견과, 씨와 짙은 녹색 잎채소 등이 있다. 일부 말린 과일에도 이런 철분이 많이 들어 있는데 특히 건포도, 살구, 대추야자에 들어 있다.

현명하게 선택하기

얼마나 많은 동물성 식품이 들어가야 최적의 식단이 될 수 있는지에 대한 논쟁은 앞으로도 계속될 것이다. 하지만 표준 서구형 식단을 따르는 대부분의 사람이 좀 더 채식 위주로 방향을 바꾼다면 이익을 보게 될 것이라는 현실을 무시하고 이에 반하는 주장을 펼치기는 어럽다.

　당신이 동물성 식품의 양을 줄이면서 좀 더 채식 위주로 바꾸고, 좀 더 자연에 가까운 음식을 먹는다면 그로 인해 얻을 수 있는 장점은 아주 많고 크다. 체중이 줄어들게 될 것이고, 콜레스테롤과 다른 혈중 지질 농도가 향상되고, 암, 심장병, 당뇨를 포함한 만성질환에 걸릴 위험이 낮아지게 된다. 지방과 포화지방과 동물성 단백질을 훨씬 덜 먹게 되고, 과일과 채소를 더 많이 먹게 되는데 이 모든 것이 옳은 방향으로 나아가기 위한 중요한 단계들이다. 당신은 콜레스테롤에 더 적게 노출되며 환경 독소에도 더 적게 노출되는데 이 또한 건강에 좋은 일이다.

　가공식품과 설탕, 흰 밀가루, 수소 경화 처리된 지방과 같은 정제된 음식을 지나치게 많이 먹지 않는 한 충분한 양의 단백질을 섭취할 수 있다. 당신이 먹는 식단이 좀 더 인간적이라는 것을 알게 되면서 마음의 평화도 생길 것이다. 그리고 좀 더 건강해지고, 좀 더 우아하게 나이 들면서 더 오래 살게 될 것이다.

　현대 서구인은 그들이 어떤 선택을 하건 나이 들어가면서 어쩔 수 없이 기력이 쇠하고, 병에 걸리게 되고, 고통 받을 것이라고 두려워하는 경향이 있다. 시간이 지날수록 지혜가 깊어질 뿐 아니라 기쁨을 느끼는 능력 역시 커질 거라고 기대하는 사람은 거의 없다.

　나는 1947년생이니 베이비붐 세대의 창립위원인 셈이다. 나는 영국 팝 그룹인 더 후(The Who)가 거듭 불렀던 "늙기 전에 죽고 싶어"란 가사가 들어 있는 '나의 세대'란 노래를 들으며 젊음을 보냈다. 우리 세대는 노인들을 의심과 의혹의 눈길로 바라보았다. 우리의 모토는 "서른이 넘은 사람은 결코 믿지 말자"였다.

우리 중 일부는 그 단계도 넘지 못했다. 더 후의 드러머인 키스 문은 1978년 약물 과다 복용으로 사망했다. 그는 고작 서른한 살이었다. 더 후의 리드 싱어인 로저 돌트리는 자신은 늙고 싶지 않으니 서른 살이 되기 전에 자살하겠다고 1965년에 주장했다. 하지만 2004년에도 그는 여전히 그 노래를 부르면서 이제 그 노래는 사실은 현실적인 나이에 대한 것이 아니라 삶에 대한 태도였다고 말하고 있다.

압하지야, 빌카밤바, 훈자, 오키나와의 노인들을 보면서 내가 깨달은 것은 1960년대에 더 후가 무의식적으로 정신적으로 해로운 문화적 고정관념을 강조하고 있었다는 점이다. 나는 사람은 나이가 들어서도 아름답고, 여전히 정열적으로 살아가면서 경이로운 시선을 잃지 않으며 기쁨에 찬 채로 살아갈 수 있다는 것을 배웠다. 노년도 날로 성장하고 새로워지며 지혜롭고 행복할 수 있는 시기라는 것을 알게 됐다. 노인의 삶이 젊은이의 삶처럼 수많은 약속과 가능성으로 가득 찰 수 있으며, 구세대와 신세대가 서로를 존중하면서 품위 있게 관계를 맺을 수 있다는 것을 이해하게 됐다.

인간의 삶은 돌고 돈다. 오늘의 노인은 어제의 아이였고, 오늘의 아이는 내일의 노인이다. 당신이 나중에 누리게 될 건강과 기회는 지금부터 그때까지 어떤 선택을 하며 살아가느냐에 달렸다. 그나마 희소식은 질병과 고통으로 이어지는 길만 있는 건 아니라는 점이다. 좀 더 장래성이 있고 희망적인 길로 갈 수 있는 방법을 택할 수도 있다.

현명하게 먹는 것이 그 한 가지 방법이며 가장 중요한 방법이기도 하다. 그러나 좀 더 건강하고 오래, 그리고 보람 있게 삶을 살 수 있는 또 다른 방법들이 있다면 어떻게 하겠는가? 강하고, 건강하고, 아름답고 기쁘게 노년을 보낼 수 있는 또 다른 비밀을 발견할 수 있다면 어떻게 하겠는가? 그것이 만약 남은 생 동안 매일 육체적으로 감사할 수 있는 비결이라면 어떻게 하겠는가?

이 '비밀'은 오랫동안 압하지야, 빌카밤바, 훈자, 오키나와 노인들의 제2의 천성이었다. 3부에서 그것을 살펴보겠다.

우리가 할 수 있는 방법들

식생활을 개선하기 위한 방법들을 실천하면 수년간 부실하게 식사했더라도 큰 효과를 볼 수 있다. 그 한 가지 이유로 당신은 인간의 신체는 영원히 변하지 않는 구조라고 생각할지 모르겠지만 실제로 신체 조직의 대부분은 지속적으로 새로워지고 있다. 예를 들어 위벽 세포는 5일마다 새롭게 바뀌고, 적혈구는 넉 달 정도 지속된다. 성인의 간 세포는 300일에서 500일을 주기로 교체된다. 심지어 뼈조차 영원하지 않다. 인간의 골격 전체는 10년에 한 번씩 새롭게 교체된다. 당신의 몸에 있는 거의 모든 세포가 끊임없이 재생되기 때문에 오늘 당신이 먹는 음식이 글자 그대로 내일 당신의 몸이 된다.

• 음식을 의식하며 먹어라. 그 음식이 자연 그대로 가공하지 않은 음식이며, 건강에 좋은 음식인지 물어보고, 신체와 영혼의 건강과 일치될 수 있도록 하라.

• 신체를 오염시키지 마라. 정크푸드를 먹지 마라. 당장 부엌 찬장에 가서 신체를 건강하고 튼튼하게 만들 수 있는 음식이 아닌 것은 모두 없애라.

- 섭취하는 음식이 모두 몸에 좋은 음식이라면 칼로리를 계산해가면서 먹을 필요가 없다.
- 천천히 꼭꼭 씹어 먹어 소화를 잘 시켜라. 배부른 느낌이 들기 전 적당히 배가 찰 정도로만 먹어라. 배가 부르다는 느낌을 위가 감지하기까지 20분이 걸린다는 사실을 기억하라.
- 가능하면 언제나 살고 있는 지역 농부들이 여는 시장에서 장을 보거나 지역 공동체에서 후원하는 농업 활동에 참가하고, 작물을 키운 사람에게서 바로 농산물을 사거나 유기농 매장에서 식품을 구입하라. 영양가가 가장 높은 재료로 만든 식품을 구입할 수 있도록 항상 라벨을 읽어라.
- 대량으로 구매해서 돈과 포장재를 절약하라.
- 부분적으로라도 수소로 경화 처리된 오일이 들어간 음식은 사지도, 먹지도 마라. 악취 냄새를 분별하는 법을 익히고, 냄새가 나는 견과, 씨, 곡물 제품은 먹지 마라.
- 액상과당을 삼가라. 일반 케첩 대신 과일 주스로 맛을 달게 한 유기농 케첩으로 바꿔라. 과일로만 100% 단맛을 낸 잼(설탕을 넣지 않고)을 찾아라.
- 식용 색소를 피하라(청색 1번, 청색 2번, 감귤 오렌지색 2번, 초록색 3번, 붉은색 3번, 붉은색 40번, 노란색 5번, 노란색 6번 등등).
- 우유보다는 두유를 마셔라. 마요네즈 대신 좀 더 몸에 좋은 콩이나 카놀라를 재료로 한 식품을 선택하라. 고기보다는 콩으로 만든 식품인 두부나 템페(콩을 거미줄곰팡이속의 균에서 발효시켜 만든 인도네시아 음식)를 먹어라.
- 고기는 아주 조금 혹은 안 먹는 것이 좋다. 단백질은 콩으로 만든

음식, 콩, 완두콩, 전곡, 견과에서 섭취할 수 있다.

• 어떤 종류의 고기든 먹게 된다면 방목장에서 키운 유기농 제품을 구매하라.

• 생선을 먹는다면 수은 수치가 낮고 양식이 아니라 야생에서 잡은 생선을 먹어야 한다. 다양한 종류의 생선에 들어 있는 수은 수치를 알고 싶다면 gotmercury.org를 방문하라.

• 가능하면 얼린 것이나 통조림에 든 것 대신 신선한 채소와 과일을 선택하라. 원하는 신선한 농산물을 구할 수 없다면 통조림에 든 것보다는 얼린(소금이나 설탕을 첨가하지 않은) 것을 선택하라.

• 프렌치프라이와 아이스버그레터스(잎이 공처럼 단단히 말려 있는 상추) 외에도 다양한 종류의 채소에 익숙해져라. 다양한 종류의 신선한 채소를 즐겨 먹고, 특히 짙은 녹색 잎채소(케일, 콜라드, 겨자 잎, 시금치, 근대, 브로콜리 등등)를 먹어라.

• 익히지 않은 신선한 채소와 과일을 많이 먹어라.

• 가능하면 지역 내에서 키운, 제철 식품을 먹어라.

• 밀가루로 만든 음식(빵, 크래커, 칩스, 페이스트리)을 덜 먹어라. 그리고 전곡, 콩, 고구마, 채소를 더 많이 먹어라.

• 초콜릿을 먹거나 커피를 마시려면 되도록 공정무역을 통한 유기농 제품을 구매하라. 초콜릿은 코코아 함량이 높을수록 건강에 더 좋기 때문에 다크 초콜릿이 훨씬 더 좋다.

• 가능하면 유기농 식품을 재배하라. 콜라드나 케일을 늦여름에 심어서(혹은 재배 시즌이 짧을 경우에는 초여름에) 1년 내내 신선한 채소를 먹을 수 있도록 하라.

• 유전자 조작 식품은 상표에 표시를 하도록 소비자로서 목소리를

높여라.

- 도시락을 싸라. 누군가의 도시락을 싸준다면 애정이 담긴 쪽지를 적어서 함께 넣어라.
- 아이들과 함께 빵을 구워라. 몸에 좋은 무첨가 식품을 만드는 과정에 아이들도 참여시켜라. 블루베리, 바나나, 혹은 아이들이 좋아하는 과일을 넣은 전곡으로 만든 맛있는 머핀을 구워라.
- 아이들이 저녁 식사를 기다릴 동안 녹색 잎채소로 만든 샐러드를 먹게 하라. 아이들이 '배가 무지하게 고플 때는' 뭐든 얼마나 잘 먹는지 보고 놀라게 될 것이다. 샐러드를 만들 때 아이스버그보다는 로메인이나 다른 종류의 상추(비타민과 미네랄이 더 많이 들어 있다)를 넣어라. 그리고 잘게 썬 당근과 다른 채소도 넣어라.
- 몸에 좋은 디저트와 간식거리를 만들거나 구입하라.
- 건강에 좋은 스낵으로서 씨, 견과, 채소와 함께 후무스(병아리콩 으깬 것과 오일, 마늘을 넣은 중동 지방 음식)와 채소를 냉장고의 눈에 쉽게 띄는 곳에 넣어둬라.
- 다양한 색깔의 음식을 먹어라. 음식의 자연스러운 색채는 눈을 즐겁게 할 뿐 아니라 항산화제와 같은 중요한 영양소가 들어 있다는 표시다.
- 아삭아삭한 것이 먹고 싶을 때는 짜디짠 감자칩 대신 익히지 않은 채소나 견과류를 먹어라.
- 며칠에 한 번씩 이런 용도로 보관해온 전자 커피 그라인더로 유기농 아마씨를 갈아라. 그렇게 갈아놓은 아마씨를 냉장고에 보관했다가 요리 위에 매일 뿌려 먹어라. 시리얼과 샐러드와 샌드위치와 스튜에 넣어 먹어라.

• 매일 신선한 채소를 충분히 먹어라. 채소 수프를 큰 냄비에 한가득 만들어서 냉장고에 넣어놨다가 그 주 내내 조금씩 데워 먹어라.

• 정제한 곡물이 아닌 전곡을 먹어라. 프렌치프라이가 아닌 껍질을 벗기지 않고 구운 감자를 먹어라. 식료품점에서 일반적으로 구할 수 있는, 소금을 많이 친 야채수프가 아니라 집에서 야채수프를 만들어 먹어라. '유기농'과 '저나트륨'이라고 표시된 브랜드를 찾아라.

• 매 끼니 사이에는 깨끗한 물을 많이 마셔라. 탄산수와 다이어트 음료를 피하라. 허브티는 건강에 좋을 뿐 아니라 마음을 진정시키는 데도 효과가 큰데 특히 날씨가 추울 때 더 그렇다.

• 집에서 주로 쓰는 조리용 기름은 올리브 오일과 카놀라 오일같이 단일불포화 기름을 사용하라. 연기가 날 때까지 기름을 데우지 않도록 조심하라. 식품을 통해 지방을 섭취하려면 호두, 아몬드, 헤이즐넛, 해바라기 씨, 아보카도 그리고 다른 견과와 씨에서 섭취하라.

• 유제품과 기름기가 많은 고기를 먹지 않는 것으로 포화지방을 피하라.

• 오메가 6 지방산이 높은 오일의 소비를 최소화하라. 그런 오일로는 옥수수 식용유, 홍화유, 해바라기유, 콩기름과 면실유가 있다.

• 포화지방산이 든 음식을 피하라. 마가린, 베지터블 쇼트닝, 페이스트리, 기름에 넣고 오래 튀긴 음식과 대부분의 스낵과 즉석식품이 그런 식품이다.

• 외식 대신 친구들에게 저녁을 먹으러 오라고 초청하라. 그리고 맛있고 몸에 좋은 음식을 가지고 친구 집에 저녁을 먹으러 가라.

• 몸에 좋은 음식을 팔거나 당신의 기호를 수용할 수 있는 레스토랑을 단골로 삼아라.

- 청량음료 대신 아이들에게 잠바 주스(설탕이나 감미료 없이 주문한 그 자리에서 과일을 갈아서 파는 음료 전문점)에서 파는 스무디나 그와 비슷한 가게에서 파는 음료를 사줘라.
- 당신과는 다른 방식으로 식생활을 영위하는 사람들과 만날 때도 건강을 개선하기 위해 당신이 택한 방법들에 대해 부끄러워하지 마라. 삶을 열정적으로 즐기며 사랑하는 당신의 모습을 그들이 보고 그런 생각이 널리 퍼져나갈 수 있도록 하라.

Part 3

몸과
마음의
관계

생각보다 더욱 경이로운 운동의 효과

날 수 없다면 달려라. 달릴 수 없다면 걸어라.
걸을 수 없다면 기어라. 뭘 하든 계속 움직여라.
— 마틴 루터 킹 박사

당신의 심장과 뼈를 보호해주면서 나이가 들어도 변함없이 신체를 건강하고 날씬하게 유지시켜줄 알약이 있다면 어떨까? 만약 그 알약이 신체뿐 아니라 뇌에도 좋고, 당신을 좀 더 건강하고, 자신감이 넘치고, 우울증에도 걸리지 않게 할 수 있다면? 그 알약을 먹으면 잠도 더 잘 자고, 기분도 좋아지고, 기억력도 향상되고, 수명이 길어지면서 암에 걸릴 확률도 낮출 수 있다면?

수많은 연구에 따르면 운동을 하면 위에 언급한 모든 장점을 누릴 수 있으며 심지어는 아주 늦은 나이에 시작한 사람도 그런 효과를 얻을 수 있다고 한다. 현재 노인들이 육체적으로 쇠약해지는 이유가 나이가 들어서가 아니라 근육을 사용하지 않기 때문이라는 사실이 밝혀지는 중이다. 수년 동안 하루 종일 앉아만 있으면 뼈와 근육과 기관계가 위축되면서 자신감도 줄어든다. 반면 우리의 삶에 활력을 주고 생기 있게 만들어주는 운동의 효능은 이미 증명된 사실이다.

압하지야, 빌카밤바, 훈자, 오키나와 사람들이 놀라울 정도로 건강하게 장수할 수 있는 비결 중 하나는 그들의 일상에서 규칙적인 운동의 비중이 아주 크다는 점이다. 이런 문화권에서 일을 하면서 살아가려면 몸이 건강해야 할 뿐 아니라 저절로 그렇게 된다. 여기서는 어떤 사람도 주야장천 앉아서 일하지 않는다. 모든 연령대의 사람이 계속 육체 활동을 하고 있다. 노인들은 여전히 장작을 패고 물을 길으며, 심지어는 아주 나이가 많은 노인들도 과수원과 정원에서 일을 한다.

일상에서 규칙적인 육체 활동의 비율이 아주 높은 것이, 이런 문화의 노인들이 서구의 훨씬 더 젊은 사람들보다 육체적으로 월등한 이유 중 하나다. 힘, 조정력, 유연성, 반응 시간, 정력 같은 기준들을 측정해보면 이런 사회에 있는 90세 노인이 서구 산업사회의 60세 노인보다 훨씬 더 뛰어난 경우가 많다.

연령에 맞는 체력

얼마 전까지만 해도 많은 전문가가 격렬한 운동은 젊은이에게는 좋을지 모르겠지만 50세가 넘은 사람에게는 위험하다고 생각했다. 이런 믿음이 맹위를 떨치던 1960년대에 역학자이자 내과의사인 랄프 파펜버거가 5만 명이 넘는 펜실베이니아 대학과 하버드 대학 졸업생의 운동 습관을 대상으로 한 획기적인 대학 졸업생 건강 연구를 시작했다. 파펜버거 박사와 동료들은 실험 대상자의 건강과 활동 수준을 40년 동안 추적하고 실험 참가자의 사망률이 그들이 매주 연소시킨 칼로리 수치와 정비례한다는 사실을 알아냈다. 즉 더 활동적인 생활을 할수록 더 오래 산다는 결론이 나온 것이다.

  2만 건인 넘는 관찰을 토대로 한 대학 연구는 활동, 건강, 장수라는 주제로 축적된 규모가 큰 데이터 중 하나가 됐다. 1996년 파펜버거 박사는 활동적이고 건강한 삶의 방식에서 얻을 수 있는 장점에 대해 대학 연구에서 배운 교훈들을 요약해서 발표했다.

    데이터에 따르면 육체적으로 활동적인 생활방식을 유지하면 더 오래 살 것이라는 점이 분명히 나타났다. 연구에 따르면 아주 고무적인 뉴스도 있다. 주로 앉아서 생활하다가 활동적으로 생활방식을 바꿈으로써 그 효과를 보는 데 너무 늦은 나이는 없으며, 나이가 많다고 해서 그 효과가 떨어지는 것이 아니라는 점이다. 대학 연구 결과에 따르면 구제불능일 정도로 몸을 움직이기 싫어하는 사람이라도 일단 활동적으로 생활하면서 나이 들어서까지 그 습관을 유지하면 노년의 삶을 갉아먹는, 이른바 '문명병'이라고 하는 병에 걸리지 않을 수 있다. 당신이 활동적으로 변한다면 더 오래 살게 될 뿐 아니라 더 잘 살고, 외모도 나아지고, 자신감도 커진다. 더 활력 있어지고, 사고도 좀 더 분명해지며, 잠도 더 푹 자게 될 것이다. 신체 기능도 더 좋아질 것이며, 번식력도 좋아지고, 더 창조적이고 즐겁게 살게 될 것이다.

  파펜버거 박사는 1967년에 나온 1차 데이터에 큰 감동을 받은 나머지 45세란 나이에 조깅을 시작했다. 이제 80대인 박사는 150회가 넘는 마라톤과 울트라마라톤(정규 마라톤 거리 42.195킬로미터를 크게 상회하는 초장거리 경주—옮긴이주)을 완주했으며, 현재도 규칙적으로 조깅을 하면서 하버드 의대와 스탠퍼드 의대에서 강의를 하고 있다.

  운동이 노화에 미치는 영향에 대한 연구 때문에 인생이 바뀐 사람은 파펜버거 박사뿐만이 아니었다. 의학박사 월터 보르츠는 노화에 관한 한 미국에서 가장 존경받는 권위자 중 하나다. 미국 노인학회의 회장을 역임했던 그는 스탠퍼드 의대 교수이자 미국 의학협회의 노화 대책위원회 공동 회장이기도 하다.

보르츠 박사는 육체 활동의 결핍이 건강을 저해하고 조기 노화의 속도를 높이는 과정을 묘사하기 위해 '비사용 증후군'이란 용어를 만들어냈다. 신체의 어떤 부위든 사용하지 않으면 위축된다는 것은 생리학의 유명한 원칙이다. 보르츠 박사는 신체를 전체적으로 쓰지 않을 때도 같은 일이 벌어진다는 것을 발견했다. 주로 앉아서 지내면서 몸을 많이 움직이지 않으면 근본적으로 몸 전체의 생리가 위축된다. 그 결과 여러 문제가 생긴다. 심장, 동맥 그리고 심혈관계의 다른 부분들이 좀 더 약해진다. 그리고 근육과 골격이 허약해지며, 비만해질 확률이 높고, 우울증이 생기고, 조기 노화가 체계적으로 진행된다.

현재 70대 중반인 보르츠 박사는 부인과 함께 규칙적으로 마라톤을 한다. "내게는 운동이 인생을 최대한 열심히 살 수 있게 만들어주는 성체(성찬식의 빵과 포도주 옮긴이주)와 같습니다."

좀 더 밝은 미래

모든 종류의 운동에 장점이 있다는 사실은 널리 알려져 있다. 유산소 운동(조깅과 같은)은 특히 심장, 폐, 뇌 건강을 유지하는 데 좋다. 스트레칭(요가 같은)은 혈액순환을 원활하게 해주고, 다양한 동작을 할 수 있게 유연성을 키워주고, 신체에 대한 자각을 키워준다. 역기를 들면 골밀도가 향상되면서 근육의 힘, 균형, 전체적인 체력이 증가하는데 이는 고교 운동선수보다 노인에게 훨씬 더 좋을 수 있다.

터프트 대학의 마리아 피아타론 교수가 양로원에서 만성질환을 앓고 있는 노인들에게 일주일에 세 번씩 두 달 동안 역기를 들게 하자 극적인 결과가 나왔다. 연구에 참가한 노인들의 평균 걷는 속도가 거의 세 배로 뛰었고, 균형 감각은 50% 향상됐다. 많은 노인이 더 이상 지팡이 없이 걸을 수 있게 됐다. 노인들의 자신감 역시 높아졌다.

터프트 대학의 다른 연구자들의 연구 결과에서도 간단한 근력 운동을 한 여성은 운동을 실시한 첫 단계에서 지팡이가 필요 없게 됐다는 것이 밝혀졌다. 모두 폐경기가 지났고 에스트로겐 호르몬은 주입하지 않는 지원자 20명이 무작위로 두 집단으로 나뉘었다. 한 집단은 이전처럼 아무 변화 없이 살아간 반면 또 한 집단은 일주일에 두 번씩 역기를 들었다. 그렇게 1년이 지난 후 근력 운동을 전혀 하지 않았던 집단은 (예상했던 것처럼) 골밀도가 떨어진 반면 역기 운동을 했던 집단은 골밀도가 증가했다. 또한 운동을 생활화했던 여성 집단은 체지방이 줄었고, 많은 여성이 본인보다 20세나 30세 어린 딸들보다 훨씬 더 체력이 강해졌다. 연구를 시작했을 때 64세였던 도로시 배런은 운동을 하면서 젊었을 때보다 더 힘과 자신감이 솟았다고 말했다.

운동으로 당뇨를 예방할 수 있을까? 2002년 〈뉴잉글랜드 저널 오브 메디신〉에 발표된 한 획기적인 연구에서 이에 대한 답을 모색했다. 전염병처럼 광범위하게 확산되는 당뇨병이 1,800만 명에 이르는 미국인의 건강을 망치고 있다는 것은 널리 알려진 사실이다. 하지만 또 다른 4,100만 명의 미국인이 전 당뇨병, 즉 혈당 수치가 당뇨가 발병하기 직전의 수치인 상태로 살아가고 있다는 사실은 잘 알려져 있지 않다. 당뇨 예방 프로그램으로 알려진 이 연구에서 전 당뇨병인 3,234명을 연구에 참가시켜 세 집단으로 나누었다. 한 집단은 당뇨 치료제 메트포민을 복용했고, 또 한 집단은 위약을 복용했고, 세 번째 집단은 지방을 덜 먹고 섭취 칼로리를 낮추면서 규칙적으로 적당한 운동을 하는 프로그램을 따르게 했다.

그 결과는 아주 훌륭했다. 사실 결과가 너무 훌륭해서 연구자들은 그 실험을 초기에 중지하고 연구에 참가한 모든 이에게 세 번째인 생활방식 변화 프로그램을 따르게 했다. 위약을 복용한 집단과 비교해 식단을 조절하면서 운동을 한 집단의 당뇨 발병률은 놀랍게도 58%나 낮았다(약을 복용한 집단도 당뇨 발병 위험이 줄었지만 생활방식을 바꾼 집단과 비교해 발병률은 그 집단의 절반으로 줄었다). 식단을 조절하면서 운동을 병행한 집단에서 60세가 넘는 참가자들이 가장 크게 좋아져서 당뇨에 걸릴 위험이 71%나 감소했다. 놀랍게도 식단 조절과 운동을 병행했던 집단의 3분의 1이나 되는 참가자들이 실제로 체질이 좋아져서 혈당 수치가 정상으로 돌아갔다.

이런 대단한 결과가 나오기까지 얼마나 운동을 해야 했을까? 식단 조절과 운동을 병행했던 집단의 참가자들은 일주일에 5일, 하루에 고작 10분 동안 빠르게 걷는 것으로 운동을 시작했다가 서서히 강도를 높여 하루에 30분씩 빠르게 걸었다. 운동을 조금만 해도 큰 효과를 거둘 수 있었지만 연구자들은 참가자들이 하루에 한 시간씩 운동할 수 있었다면 결과는 더 좋았을 것이라고 믿고 있다.

그리고 운동을 하면 잠도 더 잘 자게 된다. 1997년 미국 〈의학협회〉지에 발표된 연구에 따르면 유행병 학자인 애비 킹과 스탠퍼드 대학의 동료 교수들은 규칙적으로 운동하는 사람이 운동을 하지 않는 사람보다 매일 밤 거의 한 시간씩 더 자고, 잠이 드는 데 걸리는 시간도 운동하지 않는 사람의 절반가량이라는 것을 밝혀냈다.

규칙적인 운동이 건강에 얼마나 좋은지를 고려해볼 때 산업사회의 많은 사람이 운동을 할 시간이 없다고 말하는 것은 슬픈 일이다. 한 코미디언은 텔레비전과 냉장고가 그렇게 멀리 떨어져 있지 않았다면 아예 꼼짝도 안 하는 사람들도 있었을 거라고 신랄하게 비꼬았다.

운동을 지나치게 하는 것도 가능할까? 그렇다. 운동에 지나치게 집착해서 몸도 쉬어줘야 한다는 사실을 무시하고 막무가내로 운동하다가 결국에는 끊임없이 부상을 당하는 사람들도 있다. 그들은 너무나 심하게 운동에 중독돼서 다른 사람들과의 관계를 유지하는 것을 비롯해 운동 외의 다른 일들은 도외시하다시피 한다. 아마 이들은 지속적으로 격렬한 운동을 오래 하는 동안 몸에서 만들어지는 오피오이드 펩티드인 엔도르핀에 중독된 건지도 모른다(엔도르핀이란 말은 엔도지니어스 모르핀의 약어로 글자 그대로 체내에서 생성되는 모르핀이란 뜻이다).

《운동 치료》란 책의 저자인 리처드 벤요는 운동 중독에 대해 상세하게 설명했다. 벤요는 이 주제에 정통한 사람이었다. 벤요 본인이 세계에서 두 번째로 데스밸리(북미에서 가장 낮은 지대이며 세계에서 가장 더운 곳 중 하나)를 달려서 횡단한 후 휘트니 산(미국에서 알래스카를 제외하고 가장 높은 산)을 올라갔다가 다시 달려서 돌아온 사람이었다.

물론 이 문제로 고생하는 사람들은 주야장천 앉아서 생활하면서 몸을 움직이지 않은 결과 건강이 크게 상하고 미래에는 그 정도가 더 심해질 사람들에 비하면 무시해도 좋을 만큼 소수다.

내게는 아주 바쁘게 살면서 운동은 거의 하지 않는 친구가 하나 있다. 당신도 아마 그녀 같은 사람들을 알고 있을 것이다. 그녀는 자주 내게 이렇게 말하곤 한다. "난 정말 운동할 시간이 없다니까." 하지만 나는 그녀가 병원에 가서 진찰하고, 약국에 가서 약을 받아 오는 시간은 자주 낸다는 것을 알고 있다. 그녀는 건강이 좋지 못하다. 나는 그녀가 앞으로도 계속 운동할 시간을 내지 못하면 조만간 건강이 더 나빠져서 지금 즐겁게 하는 많은 일을 하지 못하게 될까 걱정스럽다.

일종의 육체적 수동성이 우리 사회를 잠식할 수 있다. 움직이지 않을수록 점점 더 몸을 움직이기 힘들어진다. 하지만 1873년 에드워드 스탠리가 이런 말을 했다. "운동을 할 시간이 없다고 생각하는 사람들은 조만간 아플 시간을 내야 한다는 것을 깨닫게 될 것이다."

96세의 가라테 사범

오키나와는 가라테의 고향이다. 이곳은 또한 96세의 나이에도 여전히 가라테 같은 무술(mutubu-udundi)을 가르치고 있는 세이키치 우에하라가 태어난 곳이기도 하다. 게다가 그는 무술만 가르치는 게 아니다. 그는 2000년 1월 1일 시범을 보인 것처럼 무술의 대가다.

뉴 밀레니엄의 첫날 100세에서 고작 네 살이 모자라는 96세의 노인 세이키치 우에하라는 일본 전역에 텔레비전으로 중계된 권투 시합에 나왔다. 그의 상대는 역시 오키나와 출신인 39세의 세계복싱연합 플라이급 챔피언 가쓰오 도카시키였다. 굉장한 구경거리가 펼쳐졌다.

시합은 세이키치 우에하라보다 거의 60년이나 연하인 젊은 권투 선수가 나이 든 무술가에게 강력한 펀치를 연거푸 날리며 시작됐다. 하지만 그 펀치는 한 번도 맞지 않았다. 늙은 무술 사범은 나이에 비해 놀랄 정도로 유연하고 민첩하게 몸을 움직이면서 젊은 권투 선수가 날린 펀치를 모두 피했다. 그는 능숙하게 몸을 비틀고 돌려서 세계 챔피언의 번개처럼 빠르고 강력한 펀치를 피했다. 이런 식으로 20분간 경기가 진행됐는데 그 노인은 한 번도 주먹을 날리지 않았다. 젊은 권투 선수 도카시키는 점점 더 힘이 빠지고 지쳐갔다.

마침내 도카시키가 방심한 순간이 왔다. 바로 그 순간 오키나와의 늙은 무술가는 빠르고 교묘하게 한 방 날려서 젊은 권투 선수를 쓰러뜨려 시합을 끝냈다. 그 일격이 시합 내내 무술가가 휘두른 유일한 한 방이었다.

젊은 권투 선수는 멍한 상태로 링을 떠나면서 계속 믿을 수 없어 머리를 흔들며 이렇게 중얼거렸다. "이럴 수가! 노인이 날 이기다니! 한 번도 그를 때릴 수 없었다니!"

도카시키는 충격을 받았지만 부상을 입지는 않았다. 분명 시합에 승리하되 상대 선수를 다치지 않게 하려는 늙은 무술가의 배려였을 것이다. 가라테 같은 무술의 철학은 대결을 피하고 선택의 여지가 없을 때만 공격하라고 가르친다.

세이키치 우에하라는 나중에 오키나와 100세 노인 연구를 실시하는 연구자들에게 그 시합에 대해 이야기할 때 웃으며 이렇게 말했다. "그건 아무것도 아니었어. 그 선수는 단지 너무 어렸고, 날 이길 만큼 성숙하지 못했던 거지."

이 96세 노인이 이룬 성과는 나이가 들수록 어쩔 수 없이 근육이 약해지고, 반사 신경이 둔해지고, 시력이 약화되고, 신체 조정력이 떨어진다고 많은 사람이 믿는, 노화에 대한 서구의 주된 시각과는 상당히 대조적이다. 세이키치 우에하라는 물론 오키나와 기준으로 봐도 특이

한 경우지만 그의 예는 건강한 노화에 대한 인간의 잠재력을 생생하게 보여준다.

주로 앉아서 생활하고 과식하는 문화에서 사는 우리는 그런 예를 많이 볼 수 없지만 현대 서구인도 건강에 좋은 식단을 유지하면서 활동적으로 생활한다면 높은 수준의 체력을 유지할 수 있다. 그런 좋은 예를 찾고 있다면 캐나다 앨버타 주의 캘거리에 사는 톰 스피어를 한번 보자. 그는 나이 들었다고 쇠약해질 필요는 없다는 것을 보여주는 또 다른 예다.

톰은 뉴잉글랜드 100세 노인 연구에서 철저하게 연구한(그리고 그의 나이 역시 확실하게 검증됐다) 피험자 중 하나다. 그는 돌능금 젤리 10병을 만들고 나서 춤을 추러 가는 것으로 103번째 생일을 축하했다. 그는 그 나이에도 여전히 요리를 하고 청소하며 채소를 키우는 큰 텃밭을 직접 가꾸고 택시 운전기사로서 87년 동안 무사고 운전을 했다. 그는 70년간 해로한 부인을 그리워하고 있지만 그래도 여전히 많은 것에서 삶의 기쁨을 찾고 있었다. "나는 뭔가를 성취하는 데서 기쁨을 누립니다." 그는 이렇게 말했다.

103세 나이에 톰 스피어는 일주일에 세 번 18홀 골프 코스를 돌고 동년배보다 언더 15타를 친다. 톰이 다니는 골프 클럽의 강사는 톰이 아직도 3번 우드(헤드가 목재인 골프채-옮긴이주)로 180야드를 칠 수 있다는 사실을 확인해줬다. 단타 게임을 했을 때 톰은 최근에 84타를 쳐서 캘거리 토너먼트에서 55번째가 넘는 우승을 거뒀다. 시합에서 그가 이긴 '노인들' 중 일부는 그보다 거의 쉰 살이 어린 사람들도 있었다.

90대의 피트니스 전문가 잭 라란

'잭 라란(Jaack La Lanne)'이란 이름은 오랫동안 피트니스란 말과 사실상 동의어로 여겨졌다. 수십 년 동안 잭은 수백만의 사람들에게 건강한 삶을 살도록 영감을 불어넣었다.

하지만 잭 라란이 처음부터 건강 모델이었던 것은 아니다. 10대 소년이었을 때 그는 병이 너무 심해서 한 해 휴학을 해야 했다. 낯가림이 심하고 내성적이었던 그는 사람들과 같이 있는 자리를 피했다. 그는 얼굴에 여드름과 종기가 덕지덕지 난 데다 마르고 허약하고 검은색 치아 교정기를 끼고 있었다. "그리고 매일 찢어질 것처럼 머리가 아팠죠. 고통을 참을 수 없어서 내 몸에서 탈출하고 싶었어요. 내 인생에 희망이란 없는 것처럼 보였죠." 그는 이렇게 과거를 회상했다.

그러다 그는 선구적인 영양학자인 폴 브래그를 만났다. 브래그는 새로운 삶의 방식을 설교했는데 기특하게도 잭은 그 설교를 귀담아들었다.

브래그는 잭에게 이렇게 물었다. "아침, 점심, 저녁으로 뭘 먹니?"

"케이크, 파이, 아이스크림요." 잭은 정직하게 대답했다.

"잭, 넌 걸어 다니는 쓰레기통이야." 브래그는 이렇게 대꾸했다.

그는 어린 잭에게 건강하게 살 수 있는 방향을 제시했다. 그날 밤 잭은 침대 옆에 무릎을 꿇고 앉아 기도했다. 그는 이런 기도를 한 게 아니었다. "하느님, 절 세상에서 가장 힘센 사람으로 만들어주세요." 그 대신 그는 새 출발을 할 수 있게 해달라고 기도했다. "하느님, 제발 건강에 안 좋은 음식을 먹고 싶은 충동이 들 때마다 참을 수 있는 의지력을 주세요. 그리고 운동하고 싶지 않을 때도 운동할 수 있는 힘을 주세요."

그는 몸에 좋은 식습관과 운동으로 어떤 성과를 거둘 수 있는지 보기로 마음먹었다. 그는 역기 한 쌍을 찾아내서 쓰기 시작했다. 그리고 몸에 제일 좋은 음식들만 먹었다. 그는 현재 많은 피트니스 클럽에서 표준으로 쓰는 운동기구들을 개발해냈다. 1936년 그는 오클랜드 시내에 한 달에 45달러를 주고 임대한 최초의 현대식 체육관을 개장했다.

잭 라란은 운동과 영양이 널리 유행하기 전부터 그 가치를 열성적으로 찬미했다. 많은 사람이 그를 사기꾼이자 미치광이라고 생각했다. 그가 노인들에게 역기를 들도록 용기를 북돋워주자 의사들은 그가 끔찍한 충고를 한다고 말했다. 그들은 노인이 역기를 들다가는 뼈가 부러지기 쉽다고 말했다. 이제는 물론 역기를 드는 운동이 노인의 뼈를 튼튼하게 하고 뼈가 부러지는 것을 예방하는 효과가 있다는 것을 모두 잘 알고 있다. 그는 또한 여성도 역기 훈련을 해야 한다고 최초로 주장한 사람들 중 한 명이다. 의사들은 역기를 드는 여성은 출산할 수 없을 거라고 말했다. 이제 우리는 규칙적인 운동이 분만을 위한 최상의 준비 중 하나라는 것을 잘 알고 있다. 여러 해에 걸쳐 그의 의견이 옳았다는 것이 거듭 증명됐다. 그의 텔레비전 쇼 덕분에 그의 아이디어가 수억 명의 사람들에게 전달돼서 건강과 신체 단련에 대한 우리의 시각을 바꿔놓는 데 일조했다.

괴짜, 기인, 이단자 없이는 세상이 발전하지 못할 것이라는 말이 있다. 내 생각에 잭 라란은 괴짜는 아니지만 기인이긴 했다. 60세 되는 생일에 잭은 수갑을 차고 무게 1,000파운드의 보트를 끌면서 악명 높은 앨커트래즈 섬의 감옥에서 샌프란시스코까지 헤엄쳤다. "왜 그랬습니까?" 사람들이 물었다. 잭은 이렇게 대답했다. "죄수들에게 희망을 주기 위해서요."(그 후로 그곳의 감옥은 폐쇄됐으며 현재 앨커트래즈 섬은 미국 국립공원으로 많은 관광객이 찾고 있다.)

65번째 생일에 잭 라란은 6,500파운드가 나가는 펄프 목재를 끌면서 일본의 한 호수를 헤엄쳐 건넜다. 70번째 생일에는 손에 수갑을 차고 발에는 족쇄를 찬 채 70명의 사람들이 탄 70척의 보트를 끌고 롱비치 항구에서 1.5마일을 헤엄치는 것으로 생일을 축하했다.

그는 이런 경이로운 일들을 한 목적이 건강한 삶의 방식을 따르면 기적을 낳을 수 있다는 것을 증명하기 위해서였다고 말했다.

미국에서 건강과 피트니스의 선구자가 된 잭은 신체적 건강과 영양이 세계적으로 성장하는 산업이 된 것을 흐뭇하게 생각했다. 몸에 좋고 가공하지 않은 자연식품 위주의 식단을 중요하게 여길수록 사람들이 더 강하고, 영리해지며, 기분도 더 나아진다고 믿었기 때문이다. "시민들이 더 건강해질수록 질병으로 인한 사회적 부담을 덜게 되고 사람들의 저축을 갉아먹고 비탄의 원인이 되는 의료비를 줄일 수 있게 됩니다."

2004년 90세 생일을 즐겁게 맞이한 잭은 규칙적으로 운동하면서 건강한 삶의 방식이 얼마나 중요한지를 잘 보여주는 산증인이다. 그는 한때 우유, 달걀 등 동물성 식품을 전혀 먹지 않는 완전 채식주의자였는데 아직까지도 유제품은 먹지 않고 있다. "나는 소에서 나오는 것은 하나도 안 먹어요." 그는 이제 달걀흰자와 양식하지 않은 생선은 조금씩 가끔 먹는다. 주로 유기농 과일과 채소를 생으로 먹는다. 그리고 비타민을 많이 복용한다.

그가 전달하고자 하는 강력한 메시지는 체력을 단련하기에 늦은 나이란 없다는 것이다. "규칙적으로 운동을 하기 시작하면서 흰 밀가루,

설탕, 활기가 빠져나간 음식 대신 가공하지 않은 식품을 먹으면 금방 기분이 나아지는 것을 느끼게 됩니다." 그는 이렇게 말했다. 그는 건강해지려면 운동과 영양 둘 다 필요하다고 강조했다. "건강에 집착해서 자연식품 외에는 아무것도 안 먹으면서 운동은 전혀 하지 않는 사람들이 있는데 그 사람들은 안색이 아주 안 좋습니다. 반면 미친 것처럼 운동을 해대면서 정크푸드를 먹는 사람들도 있어요. 운동이 왕이라면 영양은 여왕입니다. 이 두 가지를 함께 하면 왕국을 손에 넣게 되는 겁니다!"

이제 90대인 잭 라란은 여전히 건강과 활력의 귀감이 되고 있다. 생기와 활력으로 가득 찬 1분짜리 〈잭 라란의 오늘의 건강 비결〉 쇼는 현재 70개 텔레비전 방송국에서 방영 중이다. 변함없이 정력적이고 눈부신 잭과 부인 일레인은 전 세계인을 대상으로 연설하면서 사람들이 육체적, 정신적, 윤리적으로 더 나은 삶을 살 수 있도록 돕고 있다. 잭과 일레인은 결혼한 지 53년이 됐다.

잭은 최근 100세까지 살 것 같으냐는 질문을 받았다. 그는 정곡을 찌르는 대답을 했다. "난 몇 살까지 살지는 관심 없어요! 그저 살아 있는 한은 사는 것처럼 살고 싶을 뿐이에요! 내게는 80대인 친구들이 있는데 그들은 지금 휠체어를 타고 다니거나 치매에 걸렸어요. 그런 걸 원하는 사람이 어디 있겠어요? 난 여러 가지 일을 하고 싶어요. 근사해 보이고 싶고. 하지만 아내와 자식들에게 짐이 되고 싶지 않아요. 그리고 이런 내 생각을 사람들에게 알리고 싶어요." 그는 씩 웃었다. "난 사람들에게 이렇게 말하죠. 이미지가 망가질까 봐 죽지도 못하겠다고."

언젠가 그가 담배도 피우고, 술도 마시고, 건강을 신경 쓰지 않고도 100세까지 살았던 유명한 코미디언인 조지 번스에 대한 질문을 받았다. 잭은 알고 보니 조지 번스와 잘 아는 사이였는데 이렇게 대답했다. "조지 번스는 여러분이 아시는 것보다 훨씬 더 운동을 좋아하고 운동을 많이 하는 사람이었습니다. 그리고 그는 아주 사교적인 사람이었어요. 그는 사람들을 사랑했고 인생을 즐겼죠. 그는 아주 열심히 살았습니다. 조지는 사람들에게 많은 사랑을 받았던 유명 인사였고 정력적으로 많은 일을 해냈습니다. 그게 바로 비결입니다. 머리를 쓰는 것부터 시작해야 합니다."

잭 라란은 위대한 성취를 해낸 사람이다. 하지만 그의 가장 큰 업적은 아마도 한때 무척이나 수줍어하고 잔병치레가 심했던 젊은이가 사람들을 사랑하고 삶을 사랑하는 법을 배웠다는 점일 것이다.

살아 있는 한, 끊임없이 움직여라

눈싸움을 할 마음이 생기지 않을 때
당신은 분명 늙어가고 있는 것이다.
– 더그 라슨

조지 번스가 90대였을 때 다음과 같은 내용의 편지를 한 통 받았다. "남편과 저는 나이가 많지만 아직도 서로 많이 좋아합니다. 90에 사랑을 나눠도 괜찮을까요?"

조지는 이렇게 답장을 썼다. "제 생각에 최고의 잠자리는 70이나 75가 좋은 것 같습니다. 그보다 더 뜨거워지면 저는 에어컨을 켜고 합니다."

잭 라란처럼 조지 번스도 사람들이 노화에 대해 품은 가장 큰 오해는 노화가 육체적 쇠퇴와 질병과 동의어라고 생각하는 것이라는 점을 잘 이해하고 있었다.

물을 의식하지 못하는 물고기처럼 우리는 보이지 않는 억측들로 가득 찬 세상을 살아가고 있다. 우리는 보통 노화에 대한 그런 부정적인 믿음이 얼마나 만연해 있는지 의식하지 못하고 있다. 그리고 그런 생각들을 당연하게 받아들인다. 게다가 그런 생각들을 무의식적으로 자식들에게 전달하고 있다.

예를 들어 2000년 보스턴 과학박물관에서 열렸던 '노화의 비밀'을 보라. 노화라는 주제에 대한 최초의 종합적인 전시로 광고된 그 전시회는 보스턴에서 6개월 동안 50만 명이 넘는 관객을 동원했고, 그 후에는 미 전역을 순회하며 여러 박물관에서 전시됐다. 이 전시회의 가장 인기 있는 코너에서는 아이들이 길게 줄을 서서 구경했다. 이 코너는 '얼굴 노화'라고 불렸다.

줄을 서서 기다린 아이들은 한 명씩 부스 안으로 들어가 앉아 자동 카메라로 자신의 얼굴을 찍는다. 조금 기다리면 텔레비전 모니터에 디지털로 처리된 사진이 나타난다. 그리고 키보드의 키 하나만 누르면 아이는 자기 '얼굴'이 다양한 연령대에 시뮬레이션으로 처리된 화면을 볼 수 있다. 자판을 빠르게 누르면 일련의 스틸 사진을 영화처럼 이어서 볼 수 있다. 이 '사진들'은 69세의 얼굴까지 나온다.

이 전시의 모든 면에는 과학적인 진실이 내포되어 있었다. 이 전시는 과학박물관에서 열렸고, 복잡하며 비인간적인 기술들이 인상적으로 나열되어 있었다. 사진은 어떤 인간도 개입하지 않은 채 로봇의 눈을 통해 찍히고, 컴퓨터로 그래픽 작업이 진행되고, '쌍방향' 버튼이 앞으로의 노화 과정을 만들어내고, 뒤로 돌리기 버튼을 누르면 노화 과정을 역순으로 보여준다.

아이들이 여기서 뭘 봤을까? '세월'이 흐르면서 컴퓨터는 아이들의 낯익은 외모에 눈 아래가 괴기스럽게 처지는 모습, 불그스레한 피부와 얼룩덜룩한 반점들을 더했다. 아이들의 얼굴은 축 처지고 일그러져서 점점 더 혐오스러워 보였다.

아이들은 충격을 받은 채 부스에서 나왔다. 여덟 살 먹은 한 소녀는 보스턴 글로브 기자가 듣는 데서 이렇게 울먹거렸다. "난 나이 먹고 싶지 않아."

작가인 마거릿 길레트가 전시회를 나오는 아이들을 인터뷰하면서 이런 질문을 했다. "뭘 배웠니?" 대답은 항상 한결같았다. "나이 들고 싶지 않아요."

그 부스를 설계한 사람들의 의도가 무엇이었건 아이들에게 전해진 메시지는 그들이 살아가면서 하는 선택에 상관없이, 그들이 무엇을 먹든, 운동을 하든 하지 않든, 어떤 종류의 인간이 되든 상관없이 나이를 먹으면 어쩔 수 없이 추해진다는 것이었다. 그들이 받은 메시지는 한 해 두 해 갈수록 그들의 외모는 어쩔 수 없이 점점 더 혐오스러워진다는 것이었다.

그 전시회 제목은 아이들이 남은 일생을 살아갈 방식에 미칠 영향은 전혀 고려하지 않은 채 다음과 같이 단언하고 있다. "이것이 바로 모든 얼굴이 늙어가는 과정입니다." 그것만으로 이야기는 이미 끝나버린 것이다.

물론 현실에서는 사람들이 나이를 먹으면 그들이 사는 방식, 사고 방식과 느끼는 방식과 일치하게 외모가 변한다. 나이를 먹을수록 우리의 얼굴과 몸은 우리 경험의 역사적 보관소가 된다. 나는 심술궂으며 증오에 차서 찡그린 얼굴의 노인들도 알고 있고, 지혜와 기쁨과 인간적 아름다움으로 얼굴이 환하게 빛나는 노인들도 알고 있다. 그들의 얼굴은 그들이 그간 살아온 방식과 태도를 외부로 드러내준 창구가 된 것이다.

또 다른 접근법

영국에서는 현재 이와 비슷한 컴퓨터 시뮬레이션이 상당히 다른 용도로 쓰이고 있다. '얼굴 노화'와는 극적으로 대조되는 이 시뮬레이션은 아이들과 가족들이 좀 더 건강한 생활방식을 택하도록 격려하는 것이 목적이다. 과체중인 아이들과 그들의 부모들은 아이가 계속 정크푸드를 먹으면서 운동을 하지 않는다면 아이가 중년이 됐을 때 어떤 모습일지 보게 된다. 아동 건강 전문가들은 〈여보, 우리가 아이들을 죽이고 있어!〉라는 제목의 BBC 채널 3의 텔레비전 리얼리티 프로그램에 방영하기 위해 이 실험을 감독했다.

줄리 벅은 아이를 키우는 엄마로 이 쇼에 가족과 함께 출연했다. 그녀의 아이들인 열 살의 제이슨과 여덟 살의 조애나는 튀긴 음식과 캔디를 좋아하고 하루에 소다수를 최대 2리터까지 마신다. 아이들은 대개 텔레비전을 보면서 음식을 먹고, 심각한 과체중이다.

이 텔레비전 프로그램에서 모은 전문가들이 최첨단 컴퓨터 그래픽을 사용해서 아이들이 계속 이런 식으로 살아가면 어른이 됐을 때 어떤 모습일지 보여줬다. 줄리는 그렇게 만든 그래픽 이미지를 보고 충격을 받았다고 말했다. "오랫동안 아이들이 먹고 싶어 하는 것을 먹였던 방식을 이제 바꿔야 한다는 걸 알게 됐죠." 그녀는 이렇게 말했다.

그들이 본 이미지 때문에 동기가 생긴 그 가족은 텔레비전 프로그램에서 제공한 영양사팀의 도움을 받아 좀 더 건강에 좋은 식단을 택하고, 좀 더 많이 운동하기 시작했다. 청량음료, 단것, 튀긴 음식은 사라지고 샐러드와 과일과 채소가 식단에 들어왔다. 이 가족은 이제 텔레비전을 끄고 함께 식사를 하기 시작했다.

아이들은 변화를 어떻게 받아들였을까? 열 살 먹은 제이슨은 이렇게 말했다. "식탁에서 밥을 먹으니 정말 좋았어요. 그리고 그날 무슨 일을 했는지 식구들과 이야기하는 것도 좋았고요."

그 프로젝트가 끝날 무렵 아버지인 지미 벅이 말했다. "내게 가장 소중한 건 아내와 아이들입니다. 난 자식들이 성공하길 원해요. 우리는 변했고 과거로 돌아갈 생각은 전혀 없기 때문에 아이들이 성공하길 기대하고 있습니다."

노화의 생물학적 지표

〈여보, 우리가 아이들을 죽이고 있어!〉와 같은 프로그램이 필요한 이유는 현대 사회에서 사람들이 너무나 자주 나이를 먹어가면서 쇠약해지는 것에 본인들이 전혀 손을 쓸 수 없다고 믿고 있기 때문이다. 그런 잘못된 믿음 때문에 힘들어하느라 사람들은 현실에서 어떻게 될 수 있었는지에 대해서는 결코 알아내지 못한다. 그들은 나이를 먹을수록 정열이 사라지고, 허리가 굵어지고, 삶의 기쁨이 줄어들 거라고 예상한다. 그러다 그런 생활방식이 굳건히 자리 잡아서 결국에는 피할 수 없다고 잘못 믿었던 그 결과에 봉착하게 된다.

그 결과 현대 산업사회의 사람들은 나이를 먹어갈수록 대개 예측 가능한 일련의 변화들을 맞게 된다. 근육량이 줄어들면서 점점 약해지고, 기초대사율이 낮아지고, 유산소 능력이 감소하고, 혈압이 오르고, 혈당 내성을 일부 잃게 되고, 콜레스테롤 수치가 악화되고, 골밀도가 떨어지고, 체온을 일정하게 유지하는 능력이 손상된다. 이런 손상 패턴이 너무나 흔하기 때문에 현재 과학자들은 이 지표들을 생물학적 노화를 측정하는 지표로 삼고 생물학적 지표라고 부른다.

하지만 터프트 대학의 노화에 대한 인간 건강 연구 센터에서 실시한 연구들을 보면 이런 생물학적 지표의 퇴화는 돌이킬 수 없는 게 아니라고 한다. 실제로 많은 지표가 호전될 수 있다고 한다.

근육의 힘을 예로 들어보자. 많은 사람은 나이가 들면 어쩔 수 없이 근육의 힘이 줄어든다고 생각한다. 평균 미국인은 한창때가 지나면 10년마다 근육이 6.6파운드씩 줄어들기 시작하며 그런 근육 손실 속도는 늙어갈수록 빨라지는데 특히 45세 이후에 그렇다고 한다. 하지만 많은 연구에 따르면 적당히 운동하면 거의 모든 연령에서 근육의 힘과 크기를 유지할 수 있을 뿐만 아니라 심지어 늘릴 수 있다고 한다.

노화에 대한 인간 건강 연구 센터에서 60세에서 72세에 이르는 남성 12명을 석 달 동안 일주일에 세 번씩 규칙적으로 트레이너의 감독을 받으며 웨이트 트레이닝을 받게 하는 연구를 실시했다. 이들은 한 번에 들 수 있는 최고 무게의 80% 무게에서 훈련을 받도록 지시받았다. 실험이 끝나갈 무렵 참가한 남성들의 사두근은 두 배 이상 커졌고, 이들의 슬건근은 세 배 이상 커졌다. 프로그램이 끝날 무렵에는 실험에 참가한 노인들 중 많은 사람이 연구실에서 일하는 25세의 연구자들보다 더 무거운 상자를 들 수 있게 됐다.

정말로 나이가 많은 노인들은 어떨까? 그들 역시 이런 프로그램으로 효과를 볼 수 있을까? 또 다른 연구에서 터프트 대학의 노인학자들은 만성질환 치료 병원의 입원 환자들을 역기를 드는 훈련에 참가시켰는데 거의 모두 90세가 넘은 사람들이었다. 이렇게 힘이 없고 골골거리는 노인들을 갑자기 운동시키다 탈진하게 만들거나 죽게 만드는 건 아닐까? 그런 일은 일어나지 않았다. 실험을 시작한 지 8주 후에 그동안 쓰지 않은 채 방치됐던 근육들은 300% 이상 강인해졌고, 균형 감각과 신체 조정력 또한 크게 향상됐다. 남의 도움을 받아야 걸을 수 있었던 참가자들은 이제 한밤중에 혼자 일어나서 화장실에 갈 수 있었다.

이런 연구들과 다른 많은 연구는 나이 들수록 '쉬엄쉬엄 몸을 놀려야 한다'는 일반적인 믿음을 다시 한 번 재고할 필요가 있다는 것을 확실하게 보여준다.

운동, 식생활, 건강한 노화에 대해 세계적으로 뛰어난 두 명의 권위자로 어윈 로젠버그 박사와 윌리엄 에번스 박사가 있다. 로젠버그 박사는 1986년부터 2001년까지 노화에 대한 인간 영양 연구 센터의 국장을 역임했고, 국립과학원의 식품과 영양 위원회의 전직 회장이자 미국 임상영양학회의 전 회장이었다. 에번스 박사는 노화에 대한 인간 영양 연구 센터에서 인간 생리 연구소장으로 근무했으며, 미국 스포츠 의대의 펠로이자, 과학 잡지에서 160건이 넘는 글을 발표한 작가이며, 뉴잉글랜드 페이트리어트(미식 축구팀)와 보스턴 브루인스(미국의 프로 아이스하키팀)를 포함한 많은 직업 스포츠팀의 운동 고문으로 활동하고 있다. 1991년 로젠버그 박사와 에번스 박사는 《생물학적 지표: 당신이 통제할 수 있는 노화의 열 가지 특성》이라는 제목의 책을 같이 썼다.

이 두 전문가는 대부분의 사람들이 생각하는 것보다 훨씬 더 근육이 신체의 활력에 큰 역할을 담당하고 있다고 믿었다. 근육 대 지방의 비율이 높으면 신진대사율(칼로리를 태우는 비율)이 증가한다고 이들은 지적했다. 이는 체지방을 훨씬 더 쉽게 태워서 몸에 좋은 근육 조직이 늘어나는 식으로 몸의 구성을 바꿀 수 있다는 뜻이다. 반면 신진대사율이 떨어지면 살을 빼는 것도 더 힘들어지고 지방도 훨씬 더 쉽게 축적된다. 자동적으로 근육을 만들게 되면 이런 경향을 역전시켜서 날씬한 몸매를 유지하는 것이 훨씬 더 쉬워진다.

그 이유는 쉴 때라도 근육은 지방보다는 칼로리를 더 많이 태우기 때문이다. 1파운드의 근육은 1파운드의 지방보다 하루에 15칼로리 정도를 더 연소한다. 만약 당신이 지방을 10파운드 빼고 근육을 10파운드 늘리면 운동량을 늘리지 않고도 하루에 150칼로리를 더 연소시킬 수 있다. 1년이면 체중이 12파운드가 차이 나게 된다.

실제로는 그 차이가 더 크다. 일반적으로 사람들은 지방보다 근육이 많아지면 좀 더 많이 운동하고 싶어 하고, 그러기가 더 쉽다는 것을 느끼기 때문이다.

하지만 이것은 시작에 지나지 않는다. 연구에 따르면 근육을 만드는 운동처방은 건강에 좋은 여러 가지 효과가 발생하게 만든다. 근육의 힘을 키워서 유지하게 되면 유산소 능력이 유지되고, 혈압을 낮게 유지할 수 있고, 건강한 혈당 내성을 유지하며, 건강한 콜레스테롤을 유지하고, 골밀도를 유지하고, 체내 온도를 조절하는 신체의 능력을 안정화할 수 있도록 해준다.

유산소 능력(또는 '최대 산소 흡입량' 혹은 '작업 능력'이라고 하는)은 심혈관계, 즉 심장, 폐, 순환계의 건강을 잴 수 있는 근본적인 기준이다. 간단히 말하면 유산소 능력이란 산소를 처리할 수 있는 신체 능력을 뜻한다. 여기에는 정맥혈의 동맥혈화를 하기 위해 폐로 가는 산소를 마실 수 있는 능력과 혈류를 통해 산소를 효과적으로 신체의 모든 부분에 보낼 수 있는 능력이 포함된다. 압하지야, 빌카밤바, 훈자, 오키나와 노인들은 90대에 이르러서도 대부분의 유산소 능력을 유지하고 있다. 하지만 평균 미국인은 65세 정도 되면 유산소 능력의 30~40%를 잃는다. 근육 대 지방의 비율을 높이면 유산소 능력이 늘어나고, 전체적인 심혈관계가 건강해지는 것이다.

몸을 움직이지 않았을 때 일어날 수 있는 나쁜 일 중에 하나는 세포의 산화 능력(산소를 태우는 능력)이 줄어든다는 것이다. 그래서 전형적으로 서구식 생활방식을 영위하는 많은 노인이 만성 피로를 경험하는 것이다. 하지만 꼭 그런 식으로 나이 들 필요는 없다. 혈액이 순환하면서 인체에 꼭 필요한 산소를 실어 나를 때 이 혈액은 대동맥에서 미세한 모세관으로 흐른다. 나이 들고 활동이 적어지면서 모세관 성장이 정체되고 그 결과 근육과 다른 조직에 도달하는 산화된 피의 공급이 줄어든다. 하지만 로젠버그와 에번스 박사가 거듭 지적한 것처럼 나이에 상관없이 규칙적으로 운동하면 신체의 혈관 밀도가 향상된다. 그 결과 행복한 일이 일어난다. 근육에 피가 풍부하게 공급되는 것이다.

규칙적인 운동으로 생리학적 노화가 역전될 수 있는 또 다른 생물학적 지표가 있다. 포도당 내성과 인슐린 민감성이다. 대부분의 현대인에게 혈류 속의 포도당을 사용할 수 있는 신체 능력은 나이가 들어가면서 쇠퇴한다. 체지방이 늘어나고 근육이 줄어들수록, 근육조직은 인슐린에 훨씬 덜 민감하게 된다. 그 결과 원하는 효과를 보기 위해 신체는 점점 더 많은 인슐린을 흡수하게 된다. 하지만 근육 대 지방의 비율을 늘리면 이런 쇠퇴가 역전되고, 혈당 내성이 향상되고, 인슐린 민감성이 높게 유지되고, 당뇨가 발생할 가능성이 크게 줄어든다.

로젠버그와 에번스 박사는 모든 노화에 관계된 변화 중에서도 가장 파괴적인 것 중 하나로 소리 없이 찾아오는 혈당 내성을 들고 있다.

이 문제를 피하려면 근육 대 지방의 비율을 높게 유지해야 한다고 그들은 말했다. 그리고 그렇게 하기 위해서는 "음식에 들어 있는 지방을 덜 섭취하고 익히지 않은 채소와 전곡처럼 섬유질이 풍부한 탄수화물을 더 섭취해야 하며 힘을 키우는 운동을 해야 한다"라고 덧붙였다.

이 조언은 세계에서 가장 오래 건강하게 장수하는 사람들의 생활방식과 절묘하게 들어맞는다. 압하지야, 빌카밤바, 훈자, 오키나와 노인들은 모두 유제품의 지방은 거의 먹지 않고, 익히지 않은 채소와 전곡 같은 섬유질이 풍부한 탄수화물을 주식으로 먹는다. 이들은 체육관에 다니거나 역기를 들지 않지만 모든 연령층의 일상적인 생활이 힘을 키우는 운동들로 가득 차 있다. 그 결과 이들은 나이가 들어도 계속 날씬하고 강건하게 건강을 유지한다. 심지어는 노인들도 강한 근육을 지니고, 여분의 체지방이 없으며, 근육 대 지방의 비율도 높다.

하지만 현대인들은 나이 들어가면서 체중은 늘지 않더라도 체지방은 늘어난다. 이들의 근육조직은 줄어드는 반면 지방조직은 계속 늘어난다. 특히 주로 앉아서 생활하면서 자주 움직이지 않는 사람들이 더 심하다. 현재 미국과 다른 비슷한 사회에서 사는 일반적인 25세 여성은 체지방이 25%다. 만약 이 여성이 주로 앉아서 생활하는 사람이라면 65세가 됐을 때 체지방 수치는 45%로 크게 늘어날 것이다. 남성도 마찬가지다. 평균 25세의 일반적인 미국 남성은 체지방 비율이 18%다. 만약 그가 주로 앉아서 생활하는 사람이라면 65세가 되면 체지방 비율은 거의 40%가 된다.

하지만 이렇게 건강에 안 좋은 방향으로 신체가 변화할 필요는 없다. 터프트 대학의 노화에 대한 인간 건강 연구 센터와 다른 곳에서 실시한 연구들을 보면 거듭 저지방에 가공을 하지 않은 식품으로 구성된 채식 위주의 식생활을 영위하면서 규칙적으로 왕성한 운동을 하면 체지방 비율을 낮게 유지하고, 근육 대 지방의 비율을 높게 하고, 체중을 건강한 수준으로 유지할 수 있다는 점이 증명됐다.

한 가지 경고할 점이 있다. 어느 정도의 체지방은 에너지를 저장하고 중요한 신체 장기들이 받게 될 충격을 완화하는 데 필요하다. 당신은 거대한 근육을 만들고 체지방을 최소로 줄이기 위해 합성 스테로이드를 사용한 프로 보디빌더들을 본 적이 있을 것이다. 이들의 외모는 근사해 보일지 몰라도 건강을 심각하게 해치고 있는 것이다.

하지만 이런 극단적인 경우가 아니라면 산업사회를 살아가는 대부분의 사람들은 근육의 힘을 늘리고 체지방을 줄이는 것이 건강한 노화를 맞이하기 위해 선택할 수 있는 중요한 방법 중 하나라는 것은 변함없는 사실이다.

신중한 과학적 연구들에 기반을 두고 로젠버그와 에번스 박사는 잭 라란과 같은 결론에 도달했다. 운동과 몸에 좋은 식생활이야말로 건강한 노화를 위한 관건이며, 이 길은 언제 택해도 늦지 않다는 점이다. 그들은 이렇게 썼다.

그간 당신의 몸에 저지른 나쁜 일들을 만회할 수 있는 두 번째 기회가 있다. 당신의 몸은 다시 원기를 되찾을 수 있다. 당신은 다시 정력과 활력과 근육의 힘과 영원히 잃어버렸다고 생각한 유산소 지구력을 다시 찾을 수 있다. 당신이 중년이건 80대가 머지않았건 모두 가능하다. 생물학적 노화의 '지표들'은 바뀔 수 있을 뿐 아니라 그보다 더한 일도 일어날 수 있다. 어떤 생리적 기능들은 역전될 수 있다.

운동과 골밀도

현대인은 나이 들어가면서 뼈에서 칼슘이 빠져나가 골격이 약해지고, 밀도도 떨어져 부러지기 쉽게 되는 경향이 있다. 하지만 지속적으로 뼈에 압력을 가하면 뼈가 강해지게 된다. 그래서 테니스를 치는 사람들이 라켓을 휘두르지 않는 팔보다 휘두르는 팔의 뼈가 더 강하다. 이와 같은 맥락에서 많은 연구에 따르면 체중 부하 운동(예를 들면 걷기, 달리기, 자전거 타기, 역기 들기)을 지속적으로 하면 가장 위험도가 큰 집단인 폐경 후 여성들조차도 뼈의 손실률을 효과적으로 줄일 수 있다고 한다.

노화에 대한 인간 건강 연구 센터에서 실시한 한 기발한 연구 프로그램에서 1년 동안 운동 프로그램을 처방받기 전과 후의 나이 든 여성들을 대상으로 뼈 건강을 검사했다. 그 여성들은 네 집단으로 나뉘었다.

• 첫 번째 집단은 일주일에 4일, 빠른 속도로 45분간 걸었다. 이들은 또한 칼슘 보충제를 복용해서 1일 칼슘 섭취량을 1,200밀리그램으로 높였다.
• 두 번째 집단은 첫 번째 집단과 똑같은 조건으로 걸었지만 위약을 복용해서 이들의 1일 칼슘 복용량은 600밀리그램에 불과했다.
• 세 번째 집단은 운동은 하지 않고 첫 번째 집단과 같은 양의 칼슘 보충제를 복용했다.
• 네 번째 집단은 운동도 하지 않고 위약을 복용했다.

그 결과 운동 프로그램 덕분에 큰 변화가 일어났지만 칼슘 보충제는 사실상 어떤 효과도 없었다. 칼슘 복용량은 낮았지만 활동적인 여성들은 골밀도가 떨어지는 것이 멈췄을 뿐 아니라 실제로 뼈의 미네랄 함량이 높아졌다. 운동은 하지 않았지만 칼슘 보충제를 복용한 여성들은 광물질 소실이 일어났다.

이 연구의 결과는 다른 곳에서도 반복됐다. 다른 기관들에서 실시한 유사한 연구들에서도 똑같은 결과가 나왔다. 위스콘신 대학의 에버렛 스미스 박사가 3년 동안 비슷한 연구를 실시했는데 그 결과는 근본적으로 똑같았다. 유일한 차이점은 그의 연구가 1년이 아니라 3년 동안 진행됐기 때문에 운동을 한 여성들의 증가한 골밀도와 운동을 하지 않은 여성들의 손실된 골밀도가 커졌다는 것뿐이었다.

젊은 여성들은 어떨까? 우리는 이제 여성의 뼈 질량의 대부분이 12세에서 22세 사이에 생성됐다가 그 이후 서서히 사라진다는 것을 알고 있다. 운동이 젊은 여성들의 뼈 건강에도 중요한 역할을 할까?

그렇다. 펜 스테이트 대학에서 실시한 장기적인 젊은 여성 건강 연구의 일부로서 톰 리오드 박사와 동료 교수들이 여성 80명을 대상으로 10년에 걸친 연구를 했는데 연구를 시작했을 때 이 여성들은 모두 열두 살이었다. 이 여성들이 스물두 살이 됐을 때 이들의 1일 칼슘 복용량은 거의 네 배 차이가 났지만 칼슘 섭취와 뼈의 힘 사이에는 거의 아무런 관계가 없었다. 반면 운동은 아주 중요한 요인 중 하나로 드러났다. 2004년 〈소아과 저널〉에 이 연구 결과가 발표됐을 때 리오드 교수는 이렇게 말했다. "칼슘이 건강한 뼈를 만들기 위해 가장 중요한 요소로 종종 꼽히지만 우리 연구에 따르면 운동이야말로 젊은 여성의 뼈 건강을 가장 크게 좌우하는 삶의 방식이다."

그렇다면 인간 성장 호르몬은 어떨까?

1990년에 위스콘신 의대의 연구자이자 의학박사인 대니얼 루드맨이 〈뉴 잉글랜드 저널 오브 메디신〉에 기사를 하나 썼는데 결과적으로 그 기사 때문에 인간 성장 호르몬(HGH)을 사실상 청춘의 샘으로 크게 선전하는 하나의 산업이 태어났다. 루드맨의 연구는 규모는 작았지만 아주 인상적이었다.

그는 건강한 남자 노인(61세에서 81세 사이) 12명에게 6개월 동안 일주일에 세 번씩 HGH 주사를 놓았다. 비슷한 연령대의 건강한 남자 노인들로 구성된 대조군과 비교해 HGH를 맞은 사람들은 체지방량이 상당히 늘어나고, 지방조직이 크게 감소하고, 골밀도는 꽤 증가했다. 요약하면 이들의 근육은 늘어나고, 뼈는 눈에 띄게 전보다 강해졌다.

이 연구에 기초해서 이제는 수천 개의 인터넷 사이트에서 HGH의 효능을 선전하면서 그들이 판매하는 제품이 근육량을 늘리고, 지방을 줄이고, 노화를 늦춰줄 거라고 약속하고 있다.

유감스럽게도 HGH 제품을 판매하는 대다수의 인터넷 사이트들이 주장하는 것은 사실과 다르다. 우선 이들은 실제 HGH를 판매하는 것이 아니라 뇌하수체(인체에서 자연적으로 HGH가 만들어지는 곳)에서 HGH가 만들어지는 것을 도와준다고 하는 치료약을 파는 것이다. 사실 이런 약품들은 대개가 사실 상당한 양의 HGH이 분비되도록 하는 데 별 효과가 없다. 일부 제품에는 일시적으로 플라스마 HGH 수치를 증가시키는 글루타민이 들어 있다. 영양 보충제로 먹는 글루타민은 장시간 격렬한 운동을 하는 사람들, 수술을 받는 사람들, 혹은 화상이나 전염성 질환 때문에 치료를 받는 사람들(모두 신체의 글루타민 수치를 감소시키는 조건이다)에게는 도움이 될지 모른다. 하지만 글루타민을 섭취해서 일시적으로 HGH 수치가 솟았다가 다시 감소하는 것은 뇌하수체에서 분비되는 HGH와는 상대가 되지 않는다(뇌하수체는 HGH를 90분마다 분비하며 수면 중에는 그 분비량이 더 증가한다).

 루드맨이 연구에 사용했던 것처럼 실제로 HGH 주사를 맞는 것은 어떨까? 그런 주사를 맞게 되면 실제로 근육량이 늘어나고 체지방이 줄어드는 것은 확실하지만 거기에는 상당한 대가가 따른다. 우선 그 주사를 맞으려면 처방전이 있어야 하고, 의료보험이 적용되는 경우는 거의 없으며, 한 달에 1000달러 이상이 들어간다. 게다가 관절 통증과 카펄 터널 신드롬(수족관 증후군)을 포함한 무시할 수 없는 부작용들이 있다. 또한 암이 발생할 위험이 늘어난다. 그리고 주사로 맞은 HGH는 인체에서 자연적으로 분비되는 HGH에 비해 그 효과가 크게 떨어지며 주사를 중단하면 곧바로 모든 효과가 사라진다. 대체로 이 모든 것을 고려해볼 때 내가 보기에 HGH 주사는 맞을 만한 가치가 없다.

 그러나 규칙적으로 운동을 하면, 특히 저항력 훈련과 역기를 드는 형태의 운동을 병행하면 HGH 주사를 맞은 것처럼 근육량이 늘어나고, 체지방이 줄어들고, 뼈가 더 튼튼해지는 등 신체에 이로운 변화가 일어난다. 알약을 먹거나 주사를 맞는 것이 피상적인 매력이 있을지 모르겠지만 실제 운동이 가진 장점은 많은 반면 대부분의 HGH 제품에 있다고 주장하는 효능은 기껏해야 과장된 것이며 많은 경우 완전한 사기다.

짐 픽스 이야기

운동은 극히 중요하지만 가끔 사람들은 운동과 영양을 병행해야만 이룰 수 있는 일을 운동 하나로 이루려고 한다. 운동만으로 고지방 식단, 지나친 설탕 섭취 혹은 다른 형태로 건강에 좋지 못한 식생활을 보상할 수 있다고 믿는 사람들은 짐 픽스란 이름의 경이로운 사나이에게 일어난 일로부터 배울 점이 있을 것이다.

픽스는 《달리기에 대한 완전한 책》이라는, 지금까지 운동을 주제로 쓴 책 중에서 가장 영향력이 크고 큰 성공을 거둔 책의 저자다. 그의 책은 1970년대 후반 거의 2년 동안 베스트셀러 1위 자리를 지켰으며, 서구 사회에서 피트니스 혁명을 시작했다는 찬사가 각계에서 쏟아졌다.

짐 픽스가 처음부터 달리기를 열심히 했던 것은 아니다. 30대 중반까지는 하루에 담배를 두 갑씩 피우고, 햄버거와 밀크셰이크를 좋아하고, 체중이 110킬로그램이나 나갔다. 하지만 35세가 됐을 때 담배를 끊고 달리기를 시작했다. 얼마 지나지 않아 일주일에 80마일씩 달리면서 마라톤에 참가했고, 군살을 모두 뺐다. 달리기의 치유력에 대한 그의 믿음은 너무나 컸지만 미처 식생활을 바꿔야 한다는 생각은 하지 않았다. 자신의 베스트셀러에서 픽스는 거듭 의학박사 토마스 바슬러가 한 말을 인용했다. 바슬러 박사는 당시 담배를 피우지 않으며 마라톤을 네 시간 이하에 완주할 수 있을 정도로 체력이 강한 사람이라면 치명적인 심장마비를 일으킬 일이 없다고 주장했다.

픽스는 자신의 아버지가 43세에 심장마비로 사망했다는 사실을 알고 있었다. 하지만 그는 운동(그리고 운동으로 인해 향상된 혈액순환)이 그를 보호해줄 거라고 믿었다. 그는 매일 달리면서 담배를 피우지 않으면 건강을 유지하면서 아버지와 같은 운명을 피할 수 있을 것이라고 생각했다.

픽스는 좀 더 건강한 식단을 따라야 한다는 전문가의 조언을 무시만 한 게 아니라 어떤 때는 그런 조언을 하는 사람들을 일부러 비난하기까지 했다. 당시 막힌 동맥을 열어서 치료하는 방법으로 저지방 식단을 가장 열렬하게 주장한 사람은 네이선 프리티킨일 것이다. 《달리는 사람들을 위한 식단》이란 제목으로 그가 쓴 책에서 프리티킨은 1984년 1월 짐 픽스와 나눈 한 대화를 묘사했다.

> 짐 픽스가 내게 전화해서 내 책 《프리티킨의 약속》에 나온 '미국식 식단을 따르면서 달리다 죽다'란 장을 비난했다. 그 장에서 나는 일반적인 미국식 식단을 고수하면서 달리는 많은 사람이 사망했으며 앞으로도 계속 장거리 마라톤이나 달리기 훈련을 받거나 마친 직후에 쓰러져 사망하게 될 것이라고 말했다. 그 장의 논조는 아주 감정적이며 달리기를 하는 많은 사람을 겁에 질리게 할 것이라고 짐은 생각했다. 나는 그게 바로 그 글을 쓴 의도라고 말했다. 나는 누군가 죽은 후보다 죽기 전에 감정적이 되는 게 훨씬 낫다고 생각한다고 설명했다. 마라톤을 네 시간 안에 완주하면서 담배를 피우지 않으면 절대 심장마비가 일어나지 않을 거라고 믿다가 이미 너무 많은 사람이 죽었다고 나는 짐에게 말했다.

슬프게도 이 대화를 나눈 지 고작 6개월이 지난 후에 오토바이를 타고 지나가던 어떤 사람이 버몬트 북부의 한 도로 옆에서 어떤 남자가 쓰러져 죽어 있는 것을 발견했다. 그는 반바지와 운동화만 신고 있었다. 그는 짐 픽스였다.

달리기가 건강에 미치는 장점을 역설하는 전국적인 대변자였던 짐 픽스는 그 시골 도로에서 혼자 달리다가 심장마비를 일으켜 사망하는 비극적인 일이 일어난 것이다. 52세밖에 되지 않았던 그는 운동만으로도 건강을 지킬 수 있기 때문에 영양에는 별로 신경 쓰지 않아도 된다고 믿었다가 끔찍한 대가를 치렀다. 검시 결과 그의 관상 동맥 3개가 70% 이상 막혀 있었고, 하나는 99% 막혀 있었다.

짐 픽스는 야심한 시각에 비만인 코미디언들이 하는 농담의 대상이 되곤 했다. 그 코미디언들은 달리기 사부인 그가 달리다 죽었다는 사실을 놀림감으로 삼곤 했다. 주로 앉아서 생활하는 사람들은 종종 운동이 그렇게 중요하지 않다고 믿고 싶어 한다. 그들은 짐 픽스의 이야기를 거듭 논하면서 마치 이 이야기의 교훈은 운동을 전혀 하지 않아도 아무 해가 없다는 것처럼 행동한다. 하지만 그런 사고는 옳지 않다.

짐 픽스의 비극적인 사망의 진정한 교훈은 건강한 생활을 유지하기 위해 운동이 필요하고 좋지만 운동만으로 부실한 식생활을 대신할 수는 없다는 것이다.

경이로운 치유력

2005년 5월 미국 〈의학협회〉 저널에 발표된 대대적 연구에 따르면 규칙적으로 운동하면 이미 유방암에 걸린 여성의 사망률을 낮출 수 있다고 한다. 이 연구 결과가 특히 놀라운 이유는 암 초기든 아니면 이미 다른 곳으로 암이 전이됐든 상관없이 운동의 효과가 나타났기 때문이다. 연구에 따르면 일주일에 세 시간 내지 다섯 시간 걷거나 다른 형태의 운동을 하는 유방암 환자들은 주로 앉아서 생활하면서 몸을 움직이지 않는 환자들보다 유방암으로 사망할 확률이 50% 정도 낮다고 한다.

비범한 삶을 살면서 달리기와 건강의 치유력에 대해 아주 많이 알게 된 내 친구 루스 하이드리히로서는 이런 사실이 전혀 놀랍지 않았다. 루스는《노인 피트니스: 최대의 건강과 장수를 위한 식생활과 운동 프로그램》이란 책을 쓴 작가다. 그녀의 이야기는 무척 극적이고 감동적이다. 그녀의 말로 직접 들어보도록 하자.

유방암. 이 두 단어, 이 냉정한 임상학적 진단은 내 삶을 산산이 부숴놨다가 그 후 통째로 변화시켰다. 이 두 단어는 분노, 공포, 증오와 같은 붉고 뜨거운 감정들을 휘저어놓았다. 그 무시무시한 진단을 받던 순간이 마치 어제처럼 생생하게 떠오른다.

그때는 1982년으로 나는 마흔일곱 살이었다. 나는 자기연민이 생기는 순간을 너무 싫어한다. 나는 강인하고 독립심이 강한 여성이다. 이를테면 미 공군 중령급으로 씩씩하다고 할까. 나는 고통스러운 두 번의 이혼 후 거의 나 혼자서 영리하고 활동적으로 사회에서 제 몫을 다 하고 있는 두 아이를 키워냈다. 나는 내 힘으로 대학을 나와서 박사학위까지 마쳤다. "나는 여성이고, 강인하다. 내 함성을 들으라." 한마디로 하면 나는 철의 여인이다. 그런데 나는 왜 그렇게 무서웠을까? 왜 나는 울고 있는 것일까? 내 가치관, 내 정체성, 내 세계관 전체가 이 끔찍한 사실의 공격을 받아 흔들리고 있었다. 그리고 나는 정말로, 정말로 무서웠다. 내게 남겨진 시간은 얼마나 될까?

침윤성 유관상피암―상당히 빠르게 전이되는 암. 내가 오른쪽 가슴에 수상한 혹이 생겼다고 처음 의사들에게 말한 후 그들은 3년 동안 그 경과를 지켜보고 있었다. 이제 그 혹은 골프공만큼 커졌다. 내가 그걸 아는 이유는 직접 봤기 때문이다. 나는 의사들이 그 크고 붉고 추한, 죽어버린 조직 덩어리를 제거할 때 수술 과정을 지켜보겠다고 고집을 부렸다. 하지만 암이 유방 전체로 퍼졌기 때문에 의사들은 근치적 유방 절제술을 시술해야 한다고 말했다. 다른 쪽 유방도 암에 걸렸을 확률이 높기 때문에 내가 수술에서 회복하는 대로 의사들은 그쪽 유방도 제거해야 했다. 그보다 더 끔찍한 사실은 암이 뼈와 왼쪽 폐에도 전이됐다는 것이었다.

만신창이가 된 채 의료계와 내 육체 둘 다에게 배신당한 기분을 느끼며 나는 저자이자 의사인 존 맥두걸 박사가 실시하는 유방암 연구에 참가해서 채식 식단을 실천했다. 나는 목숨을 구하기 위해서라면 뭐든 했을 것이다. 나는 당시 남편에게 그 이야기를 했다. 남편은 식생활과 유방암에 관계가 있다고 생각하는 내가 미쳤다고 생각하면서 내가 돌팔이 의사의 사기에 놀아나고 있다고 믿었다.

암 진단을 받을 무렵 나는 '철인 3종 경기'라고 하는 텔레비전에서 하는 스포츠 행사를 봤다. 나는 젊고 뛰어난 운동선수들이 2.4마일을 헤엄치고, 그 후 즉시 자전거를 타고 112마일을 달리고, 곧바로 26.2마일을 마라톤을 하는 모습에 매료돼버렸다. '나도 저걸 하고 싶어.' 나는 생각했다. 그러다 기억이 났다. '잠깐, 아줌마. 당신은 암 환자인 데다 마흔일곱 살이나 먹었어. 그런 행사에 참가하기엔 너무 늙었단 말이야.' 이것은 단지 부정적인 내면의 목소리가 아니라 이성의 소리였다. 어쨌든 나처럼 나이 많은 여자가 철인 3종 경기를 시도해본 적은 없다. 하지만 그 생각이 뇌리에서 가시지 않았다. 새 식단을 따르면서 나는 전보다 더 힘도 세지고, 몸도 더 가벼워지고, 더 힘이 나고, 움직임도 빨라지고, 더 건강해졌다고 맹세할 수 있었다.

물론 의사들은 내가 완전히 돌아버렸다고 생각했다. "당신은 쉬어야 해요. 몸에 그렇게 스트레스를 주면 좋지 않아요. 마라톤(지구력을 키워주는 스포츠인 수영과 자전거를 타고 100마일을 달리는 것은 고사하고)을 하면 면역계에 나쁜 영향이 미칠 겁니다." 그때 나는 의사들에게만 조언을 구하던 것을 그만두게 됐다.

그 당시는 대부분의 사람들이 철인 3종 경기란 말도 들어보기 전이라 육체를 혹사해가며 인내심의 한계에 도전하는 경주에 대비한 훈련법에 대한 지침이 거의 없었다. 그래서 나는 그냥 나가서 더 이상 팔이 올라가지 않을 때까지 수영하고, 더 이상 페달을 밟을 수 없을 때까지 자전거를 타고, 더 이상 한 발자국도 갈 수 없을 때까지 달리고, 다치지 않는 한도에서 최대한 무거운 역기를 들으면서 훈련했다. 실제 경기 조건을 모의 훈련하기 위해 나는 찾을 수 있는 경주란 경주는 모두 참가했다. 같은 날 두 개의 경주가 있다면 철인 3종 경기를 할 때 겪게 될 조건처럼 지쳤을 때에도 어쩔 수 없이 달려야 했기 때문에 더 좋았다. 나는 하와이 마우이 섬의 1만 피트 높이 산의 정상인 할레아칼라까지 37마일이 넘게 달리는 '태양까지 달리는 경주'에 참가했다. 나는 26마일 지점에 도달해서 그 밑에 펼쳐진 대양을 돌아보면서 내 두 다리로 정말 가파른 산길을 달려 마라톤 완주에 맞먹는 경주를 해냈다는 것을 경이로워했던 기억이 난다. 그리고 아직 10마일이 넘게 남은 산 정상을 향해 돌아섰다. 그걸 보며 내심 이런 생각이 들었다. '내게는 저걸 완주할 만한 힘이 없어. 정말 할 수 없어.' 그러다 또 이런 생각이 들었다. "이봐, 아줌마, 이게 힘들다고 생각하면 철인 3종 경기를 생각해봐!" 이 방법이 그 후 몇 달 동안 큰 효과를 발휘했다. 그리고 나와 같은 나이의 사람들이 참가하는 스포츠 행사들에 참가해서 1등을 휩쓴 것도 경주를 마친 후에 찾아오는 쾌감을 높여주었다.

나는 점점 더 강해지면서 전에는 없었던 근육이 생기는 것을 발견했다. 나는 암에 걸린 후 받은 정기 검사도 잘 통과했다. 뼈에 생긴 핫 스폿—그 스폿은 암에 걸렸다는 것을 나타내기 때문에 한때는 절망의 원인이 됐다—이 사라지고 있었으며, 폐암 크기도 변함없이 똑같았다.

내가 암에 걸렸다는 것을 일깨워주는 유일한 것은 두 번의 수술을 치른 후 가슴에 남은 붉고 성난 상처 자국으로, 내 가슴은 사춘기 소년의 가슴처럼 납작했다. 그런 수많은 훈련 덕분에 하루에도 몇 번씩 샤워를 하고 옷을 갈아입어야 해서 암에 걸렸다는 사실을 항상 새롭게 깨달을 수 있었다. 나는 너무나도 간절하게 다시 정상적인 몸을 가지고 싶었다. 그래서 찾아간 성형외과 의사는 내게 아주 근사한 선택권을 줬다. 이제 나는 원하는 가슴 사이즈를 고를 수 있었다. C컵을 원하시나요? 원하신다면 그렇게 해드릴 수 있습니다. 나는 의사들에게 과욕은 부리고 싶지 않다고 말했다. 그냥 전처럼 평범하고 멋진 'B컵'을 달라고 부탁했다. 의사들은 또한 내가 전에는 가능하다고 생각하지 못한 것을 선물해줬다. 결코 처지지 않는 가슴을 선물해준 것이다. 나는 삶의 긍정적인 면을 볼 줄 알아야 한다고 믿으며, 지금 일흔 살이 된 나는 그 선물의 효과를 톡톡히 보고 있다.

현재 내 몸에는 암에 걸렸다는 어떤 조짐도 없다. 나는 지금까지 20년이 넘게 철저한 채식과 저지방 식단을 고수하고 있으며, 그 어느 때보다 더 건강하고 컨디션도 좋다. 지금까지 나는 철인 3종 경기를 여섯 번 넘게 치렀고, 그보다 더 약식인 3종 경기를 100번 넘게 참가했으며, 다 해서 67번의 마라톤을 완주했고, 그보다 짧은 거리도 수없이 달렸다. 1998년 63세란 나이에 나는 리빙 피트 잡지가 선정하는 미국에서 가장 체력이 좋은 여성 10인에 뽑혔다(나머지 아홉 명은 모두 35세 미만이었다). 나의 골밀도는 50대와

60대에도 계속 증가했는데 대부분의 사람들은 '자연스러운' 노화 과정에서 골밀도가 감소된다고 하기 때문에 이는 원래 '불가능한' 일로 여겨졌다. VO2max 수치는 신체가 산소를 처리할 수 있는 측정 단위를 뜻하는데 내 수치는 내가 사는 하와이 호놀룰루에 있는 트리플러 육군 종합병원에 기록된 수치 중 가장 높은 수치라고 한다. 내 혈압은 90/60인데 이는 내 동맥의 탄력이 크고, 활짝 열려 있다는 뜻이다. 내 콜레스테롤 수치는 150 미만이며 체지방은 15%이고, 혈액 속의 철분 함량 수치인 헤모글로빈 수치는 최상이다.

이런 내 신체적 상태를 자랑하려고 여러분에게 밝히는 것이 아니라(물론 자랑스럽다는 점은 인정하지만) 굳게 마음먹고 거기에 전념하면 어떤 성과를 거둘 수 있는지 보여주기 위해서다.

아마도 나는 일반적인 의학적 기준으로 보면 예외적인 사람일 것이다. 그리고 철저한 채식과 지구력 운동이 모든 사람에게 맞는 마법의 해결책도 아니겠지만 생활방식을 변화시킨 점에 있어서 나는 연구할 만한 가치가 있는 모델인 셈이다.

이 근사한 여정이 언제 끝나게 될까? 나도 서서히 몸이 둔해지면서 이런저런 일들을 그만두고, 노인 주택 지구 주변을 걸어 다니는 일을 줄이게 될까? 나도 확답은 할 수 없다. 하지만 이건 알고 있다. 나는 암에 걸렸었고, 그 암이 전이됐다. 그때 내가 가진 모든 패를 접을 수도 있었지만 나는 삶을 선택했고, 그것도 할 수 있는 한 오래 살면서 멋진 경주를 해보기로 했다. 아마 소수만이 내가 선택한 길을 택하겠지만 내 이야기를 공유함으로써 그 몇 명이 앞으로 나아가 그들만의 삶의 경주를 할 수 있도록 돕게 된다면 그로써 가치가 있을 것이다.

삶을 선택하다

무술가 세이키치 우에하라, 골퍼 톰 스피어, 피트니스 사부 잭 라란, 철인 3종 경기 선수 루스 하이드리히처럼 경이로울 정도로 건강하게 장수하는 사람들에게 감명을 받지 않기란 힘들다. 이들의 삶은 오키나와 노인들과 세계 도처에서 아주 건강하게 살아가는 모든 노인의 삶처럼 현대 사회가 절실하게 기억해야 할 필요가 있는 두 가지 사실을 극적으로 입증하고 있다. 즉 운동은 회피해야 할 대상이 아니며, 노화는 질병이 아니라는 것이다.

유감스럽게도 현재 많은 현대인이 나이를 먹으면 어쩔 수 없이 느리고, 고통스럽고, 피할 수 없는 퇴보를 겪게 된다는 믿음에 굴복하고 있다. 이들은 두려움 속에 살면서 한 살씩 더 먹을 때마다 더 끔찍해지고, 고통도 더 클 것이라고 믿고 있다. 이들은 운동을 하지 않는다. 몸에 좋은 음식도 먹지 않는다. 그리고 정서적인 교류도 하지 않는다. 결국 이들의 공포는 그렇게 현실이 되고, 언젠가는 일어나게 될 거라고 믿었던 그 비극을 자신 스스로 실현한다.

많은 사람이 그렇다는 것을 당신도 알 것이다. 하지만 당신이 그런 사람이 될 필요는 없다. 자신의 건강과 치유에 전념할 때 솟아오르는 기쁨을 당신도 알게 될 것이다.

비결은 현재 상태에서 최선을 다하는 것이다. 매일 산책을 하거나, 반 마일 조깅을 하거나, 요가 수업이나 댄스 수업을 받는 것으로 시작할 수 있다. 어쩌면 축구를 하거나 테니스를 치거나 역기를 정확하게 드는 방법을 배우는 것으로 시작할 수도 있을 것이다.

중요한 점은 당신이 정열적이고 활기 있게 삶을 살지 못하게 하는 대상에 계속 맞서야 한다는 것이다. 정말 중요한 점은 어떤 장애에도 굴하지 않고 자신을 위해 가장 좋은 길을 가야 한다는 것이다. 요지는 당신이 살아갈 수 있도록 해주는 것들을 지지하는 것이 얼마나 중요한지 알아야 한다는 것이다.

건강한 정신을 지키기 위한 방법

삶에서 가장 큰 패배는 죽음이 아니다.
가장 큰 패배는 내면이 죽어버린 것이다.
– 노먼 커즌스

건강하고 정력적인 신체는 나이가 들어갈수록 더 진가를 발휘하게 된다. 하지만 잘 살기 위해서는 신체적인 건강 이상의 것이 필요하다. 정신이 제 기능을 다하는 것보다 더 중요한 것은 별로 없다. 또렷하고 분명한 사고는 살아가는 내내 아주 중요하며 특히 나이 들어갈수록 더 중요하다.

슬프게도 미국에서 85세가 넘은 사람들의 절반이 치매로 고통 받고 있다. 사실 산업사회에서 노인들이 정신적으로 퇴화하는 것은 너무 흔한 일이 돼서 많은 사람이 나이가 들면 어쩔 수 없이 그렇게 되는 것이며, 그런 현상이 정상이라고 생각한다. 반면 건강한 노화의 본보기가 되는 문화 공동체에서는 아주 나이가 많은 노인들 중에서도 치매에 걸리는 노인은 극히 드물다. 오키나와 100세 노인 연구 저자들이 보고한 바에 따르면 오키나와 노인들은 성별에 상관없이 100세가 넘어서도 놀랄 정도로 총기가 넘친다고 한다.

한편 현대 서구 사회에서는 점점 더 많은 노인이 알츠하이머와 다른 형태의 치매로 고생하면서 가차 없이 정신이 퇴보돼서 자신이 누구인지도 기억하지 못하고 사랑하는 사람들도 알아보지 못하는 상태까지 이르게 된다. 반면 오키나와, 압하지야, 빌카밤바와 훈자에 사는 노인들은 90세를 넘겨서도 행복하게 제 할 일을 다 하고 살아가면서 육체적으로나 정신적으로나 활력을 유지한 채 가정과 사회에서 꼭 필요하고 중요한 역할을 해낸다. 이보다 더 극명한 차이가 날 수 없을 정도다.

기억을 잃어가는 병, 알츠하이머

알츠하이머는 치매의 가장 흔한 형태로 이 병에 걸리게 되면 지속적으로 기억력과 판단력을 잃게 되며, 결국에는 혼자서 가장 기본적인 일도 하지 못하게 된다. 1901년 세계 최초로 이 질병의 정체를 알아낸 독일 의사 알로이스 알츠하이머의 이름을 딴 이 질병은 처음에는 단기 기억력을 지워버리고 그다음에는 단계적으로 과거와의 끈을 파괴한다. 일반적으로 알츠하이머는 8년에서 10년에 걸쳐 희생자의 뇌를 파괴시킨다. 현재 추세로 보면 2050년이 되면 1,500만 명의 미국 노인들이 알츠하이머에 걸리게 될 것이며, 수천만 명의 성인 자식들이 점점 늘어가는 의료비와 끝이 보이지 않는 환자 간호에 기진맥진하게 될 것이다.

알츠하이머로 인한 재정적 비용 또한 막대하다. 이 병은 다른 질환들보다 세 배나 많은 치료비가 들고 그 비용은 크게 증가하고 있다.

메디케어(노인 의료 보험제도)에서 알츠하이머로 지출한 비용이 2000년 320억 달러였으나 2010년에는 500억 달러 정도이며 나머지 300억 달러는 메디케이드(미 저소득층 의료보장 제도)에서 낸다.

"이대로 방치한다면 알츠하이머가 의료보험 제도를 완전히 망가뜨리고, 노인 의료보험 제도와 저소득층 의료보장 제도를 파산시킬 것이라고 말하는 것도 과장이 아닙니다." 알츠하이머협회 회장인 셸던 골드버거가 말했다.

알츠하이머에 걸린 사람들을 간호하는 비용 또한 정부 의료 프로그램을 전멸시킬 징후를 보이고 있지만 아직까지는 정부가 아니라 환자 개인과 가족들이 그 비용의 대부분을 지불하고 있다. 많은 미국인은 메디케어가 양로원비를 대고 있다고 생각하지만 사실 메디케어는 장기적 치료비를 댈 의도로 만들어진 것이 아니며, 일반적으로 병원비와 진료비만 지불하고 있다. 그리고 메디케어는 환자의 재산이 2,000달러 혹은 그 미만으로 줄었을 때만 양로원비를 지급할 것이다. 한편 알츠하이머에 걸린 환자의 양로원비는 매달 4,000달러에서 5,000달러에 이르며, 그런 치료를 오랫동안 받아야 할지도 모른다.

작가이자 화가인 바비 윌킨슨이 여행하다가 겪었던 일을 하나 털어놨다.

나는 그녀가 그의 손을 잡고 공항 터미널의 화장실로 데려가는 모습을 지켜봤다. 여행자들이 그들을 둘러싸고 있었고, 개중에는 급히 지나쳐가는 사람들도 있었는데 그는 조금 어리둥절하기도 했지만 그녀와 손을 잡고 있는 한 안심하는 것 같았다.

게이트에 있는 그들의 자리로 돌아와 그녀는 그의 머리를 벗기고, 재킷의 지퍼를 잠가줬다. 그는 잠시도 가만있지 않고 몸을 꼼지락거리면서 물었다. "우리 어디 가는 거야, 엄마? 지금 몇 시야? 우리 언제 비행기 타?"

나는 그 여인의 인내심과 사랑에 감탄했다. 마침내 탑승을 하게 됐을 때 그녀가 그의 손을 잡는 것을 지켜봤다.

자리를 찾다가 나는 우리 셋이 함께 앉게 됐다는 것을 알게 됐다. 나는 그 두 사람을 지나쳐서 내 창가 자리로 간 후 그에게 새 코트가 아주 근사해 보인다고 말했다. 그는 미소를 지었다. 그녀는 그가 재킷을 벗는 것을 돕고, 안전벨트를 대신 매줬다. 그는 다시 화장실에 가야 한다고 말했는데 그녀는 비행이 끝날 때까지 참을 수 있을 거라고 그를 안심시켜줬다. 난 그녀의 말이 맞기를 바랐다.

제트 엔진에 시동이 걸리자 그는 무서워하면서 그녀의 손을 찾았다. 그녀는 지금 비행기가 출발하는 거라고 설명하면서 그들이 하게 될 여행에 대한 이야기를 시작했다. 그는 이제 만나게 될 각각 다른 친지들을 헷갈려 했지만 그녀는 참을성 있게 그가 이해하는 것처럼 보일 때까지 거듭 설명해줬다.

그는 시간에 대한 질문을 아주 많이 했다. 오늘 며칠인지, 도착하려면 얼마나 더 가야 하는지. 그녀는 다정하게 그의 손을 꼭 잡고 성심성의껏 그를 보살폈다.

우리는 서로 자기소개를 하고 모든 엄마가 즐겨 이야기하는 화제를 꺼냈다. 나는 그녀에게 네 명의 자식이 있으며, 그중 하나를 보러 가는 길이란 걸 알게 됐다.

시간은 빠르게 흘렀고, 곧 우리는 착륙할 준비를 했다. 그는 다시 겁에 질렸고, 그녀는 그를 안심시키기 위해 그의 손을 쓰다듬었다. 그가 이렇게 말했다. "사랑해요, 엄마." 그러자 그녀는 미소를 지으며 그를 껴안았다.

"나도 사랑해요."

그들은 내가 비행기에서 내리기 전에 먼저 내렸는데 그 엄마는 내가 그녀에게 얼마나 큰 감동을 받았는지 결코 깨닫지 못했다. 나는 이 비범한 여성과 나 자신을 위해 조용히 짧은 기도를 올렸다. 이 훌륭한 엄마가 그랬던 것처럼 나 역시 어떤 시련이 오더라도 충분한 사랑과 힘으로 그 시련을 맞이할 수 있게 해달라는 기도였다.

내가 그들을 마지막으로 봤을 때 그녀는 44년 동안 살아온 남편의 손을 잡고 수하물 찾는 곳으로 데리고 가고 있었다.

나는 극적인 효과를 과장하기 위해 이 가슴 아픈 이야기를 여러분과 나눈 것이 아니라 유감스럽게도 너무 많은 사람에게 익숙해진 뭔가를 보여주기 위해서였다. 바비 윌킨슨이 목격한 것처럼 치매의 땅에도 사랑과 용기가 있을 수 있지만 슬픈 사실은 알츠하이머는 환자를 가장 헌신적으로 보살피는 사람들의 인내심과 참을성조차도 소진시킨다는 것이다.

치료보다 중요한 예방

유감스럽게도 알츠하이머는 치료하기가 아주 힘들다. 어떤 경우에는 환자가 몇 달 동안은 더 정상적으로 생활할 수 있게 해주는 약(코그넥스, 아리셉트, 엑셀론, 레미닐)도 있다. 하지만 이런 약들은 결국에는 치매와 죽음으로 이어지는 진행성 신경퇴행을 늦추지 못하며 단지 증상을 완화해주는 완화제일 뿐이다. 2003년 후반 미국 식품의약국은 보통에서 심각한 알츠하이머 환자들을 치료하는 신약 메난틴(나멘다)을 승인했다. 화학적 글루타민의 활동을 막는 이 신약은 일부 환자들의 알츠하이머 증상을 치료하는 데 도움이 될 수 있지만 이 질병의 기본적인 병리를 바꾸지는 못한다.

우리는 알츠하이머를 낫게 하거나 효과적으로 치료하지 못하기 때문에 예방이 그만큼 더 중요해지고, 세계에서 가장 건강하게 장수한 사회들의 예가 훨씬 더 의미심장해지는 것이다.

신체뿐 아니라 정신도 건강하게 활기를 유지할 수 있도록 할 수 있는 방법이 있을까? 살아 있는 내내 명료하게 사고할 수 있는 능력을 유지하기 위해 할 수 있는 구체적인 방법들이 있을까?

물론 있다. 알츠하이머와 다른 형태의 치매에 대해 우리가 아주 많은 것을 알아냈다는 좋은 소식이 있다. 우리는 이제 100세가 넘어서도 명료한 사고를 유지하기 위해 할 수 있는 일들에 대해 아주 많이 알고 있다. 그리고 노령에 이르러도 경탄할 정도의 인지 기능을 발휘하고 있는 세계 최고 장수 노인들의 삶의 방식에 대해서도 많은 지식을 보유하고 있다.

운동의 역할

우선 규칙적인 운동이 이 문화 공동체들의 생활방식의 핵심 요소다. 신체 운동이 알츠하이머를 예방하는 데 필수적인 역할을 한다는 점에 놀랄 수도 있다. 하지만 많은 연구에서 운동이 실제로 그런 역할을 한다는 점을 밝혀냈다.

예를 들어 건강한 인지 기능을 유지하는 데 운동이 차지하는 가치에 대해 5년 동안 실시한 연구 내용이 2001년 3월 신경학 기록지에 발표됐다. 이 연구에 따르면 가장 활동 수준이 높은 사람은 활동적이지 않은 사람에 비해 알츠하이머에 걸릴 확률이 절반이며 다른 형태의 치매나 정신 장애에 걸릴 가능성도 상당히 낮다고 한다. 이 연구는 사람들이 더 많이 운동할수록 나이를 먹어가면서 뇌도 더 건강하게 유지된다는 결론을 내렸다.

3년 후인 2004년 9월 미국 〈의학협회〉지에서 규칙적인 운동이 노인이 돼서도 명료한 사고를 할 수 있도록 도와준다는 것을 한층 더 입증하는 일련의 연구 결과들을 발표했다. 한 연구에서는 70세와 그보다 더 나이가 많으며 신체 활동이 활발한 여성들이 인지 능력 검사에서 점수를 더 잘 받았으며 비활동적인 여성들보다 인지 능력의 감소가 훨씬 적었다는 점을 알아냈다. 일주일에 단 두 시간 천천히 걷기만 해도 큰 차이가 발생했는데, 가장 큰 혜택을 본 사람들은 일주일에 여섯 시간 걸었던 여성들이다. 또 다른 연구에 따르면 하루에 2마일씩 걸었던 남성 노인들이 치매에 걸릴 확률은 하루에 0.25마일도 걷지 않았던 남성들이 치매에 걸릴 확률의 절반으로 나타났다.

이런 효과들을 거두게 된 메커니즘은 뭘까? 지난 10년 동안 신경과학자들은 운동을 하면 뇌에서 여러 가지 긍정적인 변화가 일어난다는 것을 발견했다. 이들은 신체 활동을 하면 다중작업 처리 능력과 의사결정 능력이 늘어날 뿐 아니라 기억력이 증진되고, 학습 능력이 향상되며, 집중력이 좋아진다는 것을 발견했다. 많은 연구에 따르면 운동은 뇌를 좀 더 적응력이 강하고, 효율적으로 작동하게 만들고, 새로운 경험에 기초한 신경로를 재구성할 수 있게 만든다.

운동은 물론 뇌로 가는 산소의 흐름을 증가시킨다. 그 결과 뇌에 있는 모세혈관이 다량 만들어지고, 새로운 뇌세포도 만들어진다. 또한 인지에 중추적인 역할을 하는 뇌 신경전달물질(도파민, 세로토닌, 노르에피네프린을 포함한)을 강화한다.

음식의 역할

운동만 중요한 게 아니라 식생활도 중요하다. 압하지야, 빌카밤바, 훈자와 오키나와 노인들은 모두 첨가물이 들어가지 않는 자연식품, 채식 위주의 항산화제가 풍부한 식생활을 영위한다. 이것이 현재 그들이 그렇게 예외적일 정도로 알츠하이머와 다른 형태의 치매 발병률이 낮은 주요 이유 중 하나로 알려져 있다.

항산화제는 면역 기능을 높이고, 감염과 암이 발병할 위험을 줄이고, 가장 중요한 것은 활성산소로 인한 피해로부터 보호해줌으로써 젊음과 건강을 유지할 수 있게 해주는 물질이다. 활성산소는 노화 과정에서 중추적인 역할을 하는 세포 무법자이며, 사실상 나이 들어가는 인체의 모든 장기와 조직에 큰 피해를 끼친다. 이는 결과적으로 알츠하이머와 다른 형태의 치매를 포함한 모든 형태의 퇴행성 질환이 걸릴 수 있는 환경을 제공한다. 항산화제는 활성산소를 중화하고 그 물질이 인체에 미치는 영향을 저지해준다.

항산화제는 신선한 채소, 전곡, 신선한 과일, 콩과 식물에 들어 있다. 과일과 채소에 깊고 풍부한 색채를 넣어주는 물질인 카로티노이드는 항산화제다. 비타민 C와 E 또한 항산화제이며 미네랄 마그네슘과 아연 또한 항산화제이다. 만약 항산화제가 많이 든 식생활을 한다면 암, 심장병, 황반변성과 백내장을 포함해서 노화에 관련된 많은 질환에 걸릴 위험이 줄어들 것이다.

알츠하이머와 다른 형태의 노망과 인지 기능이 쇠퇴하는 질환을 예방하기 위해서라면 항산화제는 아주 중요하다. 인지 기능 장애, 치매 그리고 건강하지 못한 노화의 폐해가 발생하는 근본 원인이 바로 활성산소로 인한 손상이다. 항산화제는 활성산소로 인한 악영향을 막을 수 있는 인체의 최선의 방어책이다. 많은 과학자는 현재 채식 위주의 식생활을 하는 사람들이 치매에 훨씬 덜 걸리는 이유로 식물성 식품에 훨씬 더 많은 항산화제가 있기 때문이라고 믿고 있다. 반면 동물성 식품은 대개 활성산소 생산과 세포 파괴를 활성화하는 역할을 한다.

세계 유수의 의학 잡지들에 발표된 수많은 연구에서 알츠하이머와 다른 형태의 치매와 인지 능력 감퇴를 예방하는 데 항산화제가 풍부한 식생활이 큰 이점이 있다는 것이 증명됐다. 항산화제가 들어 있는 영양보충제는 어떨까? 현재 그 효과는 입증되지 않았지만 확실히 고무적이긴 하다. 예를 들어 2004년 1월 4개의 미국 대학에 소속된 유능한 의학 연구자들로 구성된 한 그룹이 신경학 기록지에 실은 연구 결과에 따르면 비타민 C와 E 보충제를 먹는 사람들은 알츠하이머가 발생할 확률이 78% 낮은 것으로 나타났다. 개인적으로 나는 항산화제 보충제를 매일 복용한다.

정신이 건강해야 건강해진다

역사적으로 항상 사람들은 노인들이 어떤 질병들에 걸리는 걸 보면 이런 질병들은 나이가 들면 어쩔 수 없이 걸리는 것으로 오해했다. 100년 전만 해도 결핵은 미국에서 첫째가는 사망 원인으로 사람들은 나이가 들면 자연스럽게 결핵에 걸리게 된다고 생각했다. 하지만 이제 우리는 결핵이 결핵균이라고 하는 박테리아로 야기되는 전염병이며 공기를 통해 전염된다는 걸 알고 있다.

그 후에는 동맥경화증이 노화의 특징으로 여겨졌다. 그러다 이 질환은 건강한 식생활을 영위하면 거의 100% 피할 수 있다는 걸 알게 됐다. 50년 전 대부분의 사람들은 심장병은 인간에게 자연이 내리는 재앙의 일부라고 단순하게 생각했다. 하지만 이제 우리는 생활방식상의 여러 요인 때문에 이 병에 걸리게 된다는 것을 알고 있다. 심지어 좀 더 최근에는 나이가 들면 자연스럽게 일어난다고 생각했던 신장 기능의 약화가 사실은 병리 현상임을 알게 됐다.

알츠하이머는 현대 산업사회에서는 너무나 흔해서 많은 사람은 알츠하이머를 피할 수 없는 노화의 부산물로 보고 있다. 양로원에 있는 대부분의 노인들은 알츠하이머에 걸렸기 때문에 거기서 지내고 있는 것이다. 하지만 알츠하이머가 널리 확산되기는 했지만 그것은 어디까지나 질병이다. 이는 자연스러운 노화 과정이 아니고, 자연스러운 상태도 아니다. 그리고 알츠하이머는 필연적으로 겪어야 하는 것도 아니다.

알츠하이머에 걸릴 위험을 크게 낮추고 싶다면 꼭 알아야 할 점으로 이런 것들이 있다. 수많은 연구가 지속적으로 알아낸 바에 따르면 신선한 채소, 전곡, 콩을 기초로 자연식품과 채식 위주의 식생활—압하지야, 훈자, 빌카밤바, 오키나와 노인들이 먹은 음식들처럼—은 뇌 기능에 좋으며 알츠하이머와 다른 형태의 치매가 발생할 확률을 크게 줄인다.

이런 식생활을 영위하면 또한 과체중이 되는 것을 막고, 콜레스테롤 수치와 혈압을 낮게 유지하고, 동맥경화를 줄일 수 있는데 이 요인들은 모두 건강한 정신 기능을 유지하는 데 극히 중요하다. 2004년 스웨덴의 캐롤린스카 연구소의 미아 키비펠토 박사는 21년에 걸친 알츠하이머 질환에 대한 자신의 연구 결과를 필라델피아에서 열린 국제회의에서 발표했다. 이 연구에 따르면 중년에 과체중이었던 사람은 정상 체중이었던 사람보다 노년에 치매가 발생할 확률이 두 배나 높은 것으로 드러났다. 중년에 이미 콜레스테롤 수치와 혈압이 높았던 사람 또한 치매에 걸릴 확률이 여섯 배나 높았다.

다른 많은 연구 또한 식생활과 알츠하이머처럼 가장 심각한 형태의 치매 간의 관계에 대해 밝혔다. 이 연구들에 따르면 알츠하이머에 걸리고 싶다면 육류, 지방, 포화지방, 콜레스테롤, 설탕, 흰 밀가루가 많이 들어 있는 음식을 주로 먹으라고 했다. 그러고 싶지 않다면 그런 음식을 피하는 대신 신선한 채소, 전곡, 신선한 과일과 콩류를 많이 먹고 DHA와 오메가 3 지방산이 풍부한 음식을 꼭 챙겨 먹어야 한다고 했다. 요점만 말하면 알츠하이머를 예방하고 싶다면 압하지야, 빌카밤바, 훈자, 오키나와 노인들이 먹는 것처럼 먹어야 한다는 것이다.

고기를 먹으면 뇌가 이렇게 된다

노년에도 또렷한 정신을 유지하는 또 다른 비결은 호모시스테인 수치를 낮게 유지하는 것이다. 호모시스테인은 유독한 아미노산으로 알츠하이머와 또한 심장병, 뇌졸중, 우울증, 그리고 시각 상실의 한 형태와 강한 관련이 있는 단백질 대사 과정에서 생긴 중간 부산물이다. 호모시스테인이 조금만 상승해도 이런 질병에 걸릴 위험이 크게 높아진다. 특히 오키나와 노인들의 호모시스테인 수치는 세계에서 가장 낮은 수치 중 하나다.

모든 사람은 혈액 속에 콜레스테롤이 있는 것처럼 호모시스테인도 들어 있다. 문제는 얼마나 많이 들어 있느냐는 것이다. 호모시스테인 수치가 너무 높아지면 문제가 발생한다. 혈중 호모시스테인 수치는 대개 육류를 많이 먹고 잎이 많은 채소, 전곡, 콩류, 과일 즉 체내에서 호모시스테인을 제거할 수 있도록 돕는 엽산과 비타민 B를 제공하는 음식을 적게 먹는 사람들이 더 높다.

호모시스테인 수치를 낮게 유지하는 것이 얼마나 중요할까? 1998년 10월 18일 옥스퍼드 대학의 의학박사인 데이비드 스미스와 그의 동료들은 연구 결과를 미국 의사협회의 연례 과학 보고자 회의에 제출했다. 그다음 달 신경학 기록지에 발표된 그들의 연구 결과에서 혈중 호모시스테인 수치가 가장 높은 30%에 속한 사람들이 알츠하이머에 걸릴 확률은 무려 4.5배나 더 큰 것으로 나타났다.

혈중 호모시스테인 수치는 엽산과 비타민 B12 복용을 늘려 낮출 수 있기 때문에 엽산과 비타민 B12는 알츠하이머를 예방하는 데 중요하다. 한 연구에 따르면 알츠하이머 발병률은 혈중 엽산 수치가 가장 낮은 30%에 속한 사람들이 3.3배나 높았으며, B12 수치가 낮은 사람들은 4.3배나 높았다.

2001년 신경학지에 스웨덴에서 370명의 건강한 노인들을 3년간 연구한 결과가 실렸다. 그 연구에 따르면 비타민 B12와 엽산 수치가 조금 낮은 사람들마저도 정상적인 수치의 사람들과 비교해 알츠하이머에 걸릴 위험이 두 배나 높은 것으로 드러났다.

높은 혈중 엽산 수치와 낮은 혈중 호모시스테인 수치가 나오는 이상적인 시나리오가 나오려면 어떤 것이 최선의 방법일까?

녹색 채소와 비타민 B12가 풍부한 자연식품, 채식 위주의 식생활이 그 답이다(이런 식으로 음식을 먹고도 여전히 호모시스테인 수치가 높은 사람은 매일 엽산 800mcg와 비타민 B12 500mcg와 비타민 B6 50mg이 든 보충제를 먹으면 도움이 될 것이다. 비타민 B 형태보다는 형태의 비타민 B12가 더 효과적이다).

채식주의자와 완전 채식주의자(달걀과 유제품도 섭취하지 않는 채식주의자)가 반드시 이해해야 할 점은 비타민 B12가 적당히 있어야 엽산이 효과적으로 그 기능을 수행할 수 있다는 것이다. B12가 강화된 음식을 먹지 않거나 적당한 양의 B12를 얻기 위해 B12 보충제를 먹지 않는 완전 채식주의자들은 호모시스테인 수치가 높아질 위험이 상당히 크다.

하지만 그렇다고 해서 이것이 육류를 먹어야 할 이유는 되지 않는다. 사실 육류를 먹는 사람들이 호모시스테인 수치가 높을 위험이 가장 크다. 동물성 식품(특히 육류)은 호모시스테인이 만들어지는 원인이 되기 때문이다. 한 연구에 따르면 단백질의 주요 공급원으로 고기를 먹는 연구 대상자들은 채식을 하는 대조군보다 치매에 걸릴 확률이 세 배나 더 높았다. 식생활과 알츠하이머에 대한 의학 논문을 연구해 보면 고기를 중점적으로 먹는 식생활이 호모시스테인 수치를 높인다는 사실이 자주 언급되어 있다. 그 보고서에는 '버거를 편애하다 지성을 잃게 된다'라는 아주 적절한 제목이 붙어 있었다.

잘 먹으면, 생각이 분명해진다

현재 서구에서는 나이가 들면 단기 기억력이 줄어들고 지적 능력이 감소된다는 것을 당연하게 받아들이고 있다. 대부분의 요양원들을 한 번이라도 가보면 사람들이 늙어가면서 뚜렷하게 인지 능력이 감소된다는 것을 알 수 있다. 한 코미디언이 이렇게 재치 있게 표현했다.

"처음에는 사람들의 이름이 떠오르지 않다가, 다음엔 얼굴이 기억 나지 않고, 그러다 바지 지퍼를 올리는 걸 잊어버리게 되고, 그러다 지퍼를 내리는 것마저도 잊어버리게 된다."

하지만 노년까지도 명료한 사고를 할 수 있다는 것을 보여주는 훌륭한 사례가 있다. 세계 최고의 건강한 장수 문화들의 예와 의학 과학의 연구 결과가 모두 일치된다. 이들은 모두 입을 모아 알츠하이머와 다른 많은 질병에 걸릴 위험을 크게 줄일 수 있는 확실한 방법들이 있다고 말했다. 건강한 신체에 명료하게 사고할 수 있는 노년을 보내고 싶다면 이렇게 하면 된다.

1. 신선한 채소, 전곡, 콩과 식물, 과일, 씨와 견과가 많이 들어 있는, 몸에 좋은 채식 위주의 식단으로 먹는다. 이 식단은 항산화제와 섬유질을 충분히 제공하고 뇌에 산소가 많이 공급될 수 있게 동맥을 깨끗하게 해준다.

2. 지방, 포화지방, 콜레스테롤이 많이 들어 있는 음식을 피하라.

3. 비타민 B12, 엽산, 비타민 B6가 풍부하게 들어 있는 음식을 섭취함으로써 호모시스테인 수치를 낮게 유지하며 육류 섭취량을 최소로 유지하라.

4. DHA와 긴 연쇄 오메가 3 지방산을 충분히 섭취하도록 하라.

5. 규칙적으로 운동을 많이 한다.

세계 최고로 건강하게 장수하는 사람들의 선례를 따른다면 산업사회에서 일반적으로 생각하는 것과는 아주 다른 미래를 맞이할 가능성이 커진다는 것은 흥분되는 뉴스다. 당신도 육체적으로 강인하고 정신적으로 분명하면서 활기 있게 오래 살 수 있는 삶을 향한 결정적인 방법들을 택할 수 있다. 지금까지는 영양학적으로 부실한 식생활을 하고, 거의 운동하지 않았다고 해도 이제 건강한 방향으로 바꾸면 남은 생에 대한 전망을 크게 향상시킬 수 있다.

알츠하이머에 관한 그외의 연구 결과

• 신경학 기록지, 미 역학저널과 다른 의학 전문지에 발표된 수많은 연구에 따르면 지방, 포화지방, 콜레스테롤이 높은 식생활을 하는 사람들은 알츠하이머에 걸릴 위험이 적어도 두 배 이상 높은 것으로 나타났다.

• 2006년 미국 내과 연보에 발표된 한 연구에서 일주일에 세 번 혹은 그 이상 운동하는 노인들은 활동량이 적은 노인들에 비해 치매에

걸릴 확률이 30~40% 낮은 것으로 나타났다.

• 알츠하이머지와 미국 〈의학협회〉지에 발표된 여러 연구에서 11개 나라 사람들의 식생활 변수와 알츠하이머 발병률을 비교하고 발병률이 가장 높은 사람들이 지방 섭취는 높고 전곡 섭취는 낮은 것을 밝혀냈다.

• 65세 혹은 그 이상 되는 시카고 주민 3000명을 대상으로 한 연구가 2004년 〈신경학-신경외과-정신의학 저널〉에 발표됐는데 음식물에 들어 있는 니코틴산(B3)을 가장 적게 섭취한 사람들이 많이 섭취한 사람보다 알츠하이머에 걸릴 확률이 70%나 높았고, 인지 능력 감소율은 두 배나 더 빨랐다(니코틴산을 얻을 수 있는 음식은 도정하지 않은 밀로 만든 식품과 녹색 잎채소다).

• 2003년 신경학지에 발표된 대규모 연구에서 노인들은 생선, 생선 기름을 먹거나 DHA 보충제를 먹으면 치매 발병 위험을 줄일 수 있다는 것을 밝혀냈다. 이 연구에 참가해서 일주일에 한 번씩 생선을 먹은 사람들은 생선을 거의 안 먹거나 전혀 안 먹는 사람들보다 알츠하이머에 걸릴 확률이 60% 낮았다. 매일 100mg이 넘게 DHA를 복용한 참가자들은 30mg 혹은 그보다 더 적게 복용한 사람들보다 알츠하이머 발병률이 70% 낮았다.

'노화'의 고정관념 깨기

나이를 얼마나 먹었든 어떤 상태든 우리 안에는
아직 개발되지 않은 가능성이 있고,
태어나길 기다리는 새로운 아름다움이 있다.
— 데일 E 터너

1997년 향년 102세를 일기로 별세한 애나 모건은 의학 역사상 가장 철저하게 연구된 노인 중 하나였다. 그녀가 101세였을 때 그녀의 인지 능력을 뉴잉글랜드 100세 노인 연구 소속 과학자들이 광범위하게 연구했다. 연구자들은 애나에게 과학계에 뇌를 기증해서 그들이 연구할 수 있게 할 용의가 있는지 물었다.

"하지만 내가 아직 쓰고 있잖아." 그녀는 생긋 웃으며 대답했다.

애나 모건은 성인이 된 후 전 세계 사람들을 도우며 살았다. 1920년대에 그녀는 지역 농부들의 부인들에게 콘돔을 나눠줬다(당시에는 그런 행위가 불법이었다). 1930년대 대공황 시절에는 일자리를 잃은 사람들의 가족들을 위해 음식을 모았다. 1952년 그녀는 반미국적인 행동을 조사하는 오하이오 주립 위원회에 소환됐다. 그녀가 그들의 질문에 대답하기를 거부하자 위원회가 그녀를 모욕죄로 고소했다.

"그 사람들 말이 맞았지." 애나는 101세의 나이에 그때를 회상하며 말했다. "내가 그 위원회를 아주 그럴듯하게 모욕해줬거든."

1959년 미 대법원에서 헌법 수정 제1항을 이유로 그녀의 유죄 판결을 뒤엎었다. 이는 민권에 대해 아주 중요한 의미를 지닌 판례였다.

1990년대에 그녀는 1,200쪽이 넘는 회고록을 썼고, 흑인 가수이자 배우이며 인권운동가인 폴 로브슨을 기념하기 위해 우표를 발행하는 운동을 주도해 성사시켰다. 100번째 생일에 그녀는 의회에서 증언했다. 101세에 애나 모건은 여전히 생존동원대회 같은 그룹들을 위한 자원봉사를 하느라 바빴다.

하지만 과학자들이 가장 흥미로워한 점은 고도로 복잡한 그녀의 뇌 기능 검사 성적이었다. 연구자들이 101세인 그녀에게 집중력 유지 검사를 했을 때 그들은 그녀가 쉽게 7자리 숫자를 반복해서 말하고, 긴 숫자 배열을 연결시킬 수 있다는 사실을 알아냈다. 연구자들이 그녀에게 일련의 5자리 숫자들을 불러주고 거꾸로 그 숫자들을 말해보라고 했을 때 그녀는 아주 쉽게 해냈다. 또한 단어의 철자들을 거꾸로 말해보라고 하자 그것도 쉽게 해냈다.

현대 노인들에게 단기 기억력 상실뿐 아니라 최근에 알게 된 정보를 기억하는 능력 역시 감퇴된 일이 흔하다는 것을 당신은 눈치챘을지도 모른다. 과학자들은 이를 위한 검사 방법을 개발해냈다. 그들은 피험자들에게 여섯 개의 간단한 단어들을 주고 그 단어들을 세 번씩 되풀이해서 말하라고 지시했다. 그리고 1분 동안 아무 말도 하지 않고 앉아 있다가 다시 피험자들에게 그 단어들을 말해보게 했다. 애나 모건은 아무 문제 없이 그렇게 해냈다.

연구자들은 그다음에 피험자들에게 20부터 거꾸로 세고, 알파벳을 빨리 암송하게 했다. 그리고 이렇게 주의를 분산시킴으로써 어느 정도 피험자들의 기억력이 감소됐는지 그리고 그들이 얼마나 빨리 잊어버리는지 알아보기 위해 피험자들에게 다시 한 번 아까 말한 그 여섯 단어를 말해보게 했다. 애나 모건은 다시 완벽하게 그 여섯 단어를 말했다.

그들은 그녀의 시공간적 능력 검사를 해보고 그녀가 아주 복잡한 그림도 잘 그릴 수 있다는 점을 알아냈다. 그들은 그녀의 추상 추론 능력과 개념화 기술을 검사해보고 그녀보다 40세 연하로 지적으로 아무 문제가 없는 사람에게서 나올 수 있는 대답을 들었다. 거듭 각각의 테스트를 할 때마다 애나 모건은 그저 나이가 많다는 이유만으로 노인의 인지 능력이 크게 감소될 것이라는 이론을 쉽게 뒤집었다.

하지만 애나 모건의 인지 능력에 대한 가장 인상적인 부분은 아직 말하지 않았다. 연구자들은 이렇게 썼다.

> 피험자들의 기억력과 새로운 것을 학습할 수 있는 능력을 평가하기 위해 우리는 그들에게 다소 두서가 없는 이야기를 하나 말해주고 피험자들에게 그 이야기를 다시 말해보게 했다. 애나 모건은 그 이야기를 완벽하게 다시 이야기했으며 우리는 그 모습을 비디오테이프에 담아놓았다.
>
> 지금까지도 우리 동료들인 뇌 전문 임상심리학자들은 모건 여사가 고작 몇 분 전에 들었던 이야기의 소상한 내용까지 어떤 실수도 없이 망설이지 않고 자연스럽게 다시 이야기하는 모습을 보면 경악한다. 그 이야기를 피험자들에게 수백 번씩 들려줬던 우리도 그 이야기의 세부적인 내용을 기억해내려면 헷갈리기 때문이다. 하지만 애나 모건은 그 이야기를 딱 한 번 듣고 대부분의 내용들을 완벽히 숙지했다. 우리는 나이가 100세인데도 아주 까다로운 인지 능력 검사를 받으면서 검사자보다 더 좋은 성적을 내는 사

람이 있다는 점에 깊은 감동을 받았다. 애나 모건은 치매기라고는 전혀 없었으며 우리가 평가하기에 고등학교 2학년처럼 열정적이고 활기 있게 삶을 살아가고 있었다.

애나 모건의 삶은 타인에 대한 헌신과 기여, 목적, 의미로 가득 차 있었는데 현재 우리는 그것이 알츠하이머를 예방할 수 있는 또 다른 중요한 비결이라는 걸 알고 있다. 사람들과의 교류를 지속하고, 나이 들어서도 정신적으로 계속 자극을 받는 사람들은 치매에 걸릴 가능성이 낮다는 것이 많은 연구 결과 밝혀졌다.

"쓰지 않으면 잃게 된다"란 경고는 노화 과정에서 근육의 힘뿐 아니라 지적 능력에도 적용되는 말이다. 다리를 쓰지 않으면 퇴화하는 것처럼 뇌를 놀리는 것 역시 마찬가지 결과를 불러온다. 지적 건강을 유지하는 비결은 기대하는 목표와 일들이 있고, 이 세상에 태어나서 해야 할 일을 하고 있다는 것을 아는 것이다.

치매에 제일 걸리기 쉬운 노인들은 매일 텔레비전을 보거나 아무 목적 없이 쇼핑몰을 배회하고 다니는 사람들이다. 반면 타인의 삶에 기여하고, 어떤 방식으로든 세상을 좀 더 낫거나 아름답게 만드는 데 참여하고 있는 사람들은 나이가 들어도 인지 능력을 좀 더 완전하게 유지할 수 있을 뿐 아니라 새로운 수준의 자각과 깨달음을 얻게 된다.

놀라운 D 할머니

'D 할머니'로 널리 알려진 미국의 비범한 어른인 도리스 해독의 이야기를 해보겠다.

1910년 1월에 태어난 D 할머니는 1960년 알래스카에서 수소폭탄을 사용하기로 한 미국 정부의 계획을 저지하는 데 일조했다. 하지만 그녀가 크게 유명해진 이유는 선거 자금 개혁을 지지하기 위해 90세 되던 해에 걸어서 미국을 일주했기 때문이다. 그녀는 14개월 동안 미국 전역을 걸으면서 연설하고, 사람들을 만나고, 인터뷰를 했다. 3200마일을 걸은 끝에 그녀는 워싱턴 DC에 도착했고 마지막 몇 마일은 미 의회 의원 40명이 그녀와 같이 걸었다.

그 14개월의 여정 중 17개 도시가 공식적으로 'D 할머니의 날'을 선포했고, 또 다른 13개 도시가 그녀에게 도시 열쇠를 선물했다. 90세 생일에 그녀는 마틴 루터 킹 협회에서 수여하는 저명한 마틴 루터 킹 박사 상을 받았다.

2004년 2만 2,000마일이 넘는 유권자 등록 운동을 막 마친 94세의 D 할머니는 뉴햄프셔 주의 상원선거에서 민주당 후보로 나왔다. 그녀는 오랫동안 줄기차게 대변하던 메시지를 가지고 선거에 나섰다. 즉 미국의 지도자들은 특별 이익 단체에서 주는 자금을 받고 부패해서 더 이상 국민의 이익을 대변하지 못한다는 그녀의 믿음을 설파한 것이다.

유세하는 동안 그녀는 관직에 나가기에는 너무 나이가 많은 것이 아니냐는 질문을 받았다. 그녀는 이렇게 대답했다. "너무 늦은 때란 결코 없으며, 너무 늙어서 뭔가를 할 수 없다는 건 말이 되지 않습니다. 나는 아흔네 살이지만 건강합니다. 나는 한 번의 임기만 채우기로 약속했는데 그 임기는 내가 101살이 되면 끝납니다."

신념에 따라 그녀는 정치 활동 위원회들에서 나오는 특별 이익 단체의 자금은 한 푼도 받지 않은 채 유세를 치렀다. 뉴햄프셔의 차량 운전자들은 고속도로 표지판에 일련의 운율을 맞춘 표어들을 보게 됐다.

그녀의 선거 자금에
부자들의 돈은 없어
그녀는 당신과 나만
대변할 거야
상원의원 D 할머니

90대 중반에 D 할머니는 미국 정치에 적극적으로 개입해서 활동했을 뿐 아니라 크나큰 영향력을 미쳤다.

그녀는 단순히 명석하기만 한 게 아니었다. 그녀는 능변이었으며, 뚜렷한 생각을 가지고, 미국 정치 체제의 고결함을 회복하고자 정력적으로 활동했다. 선거에 당선되지 못했다고 해서 그녀가 한 일의 중요성이 줄어들지 않았으며, 미국 양대 정당의 저명한 지도자들이 이 점을 거듭 지적하고 있다.

"도리스 해독은 진정한 애국자이며, 우리나라는 그녀의 비범한 생애로 인해 큰 축복을 받았습니다."(미 전직 대통령 지미 카터)

"나는 그녀가 미국의 모든 좋은 면을 대표하고 있다고 믿습니다. 그녀는 미국 정치를 정화하기 위해 이런 투쟁을 해왔습니다. D 할머니, 당신은 지상에 만들어진 개혁의 포도원에 우리가 일궈놓은 것들보다 훨씬 더 큰일을 해냈습니다. 그런 당신에게 감사드립니다."(상원의원 존 매케인)

노화의 새로운 이미지

　85세가 넘는 미국인의 거의 절반이 알츠하이머로 고통 받고 있는 때에 D 할머니와 애나 모건 같은 사람들을 생각하면 힘이 난다. 이들은 분명 비범한 여성이지만 나는 나나 당신이나 다른 사람들이 그런 높은 기준에 부합하도록 노력해야 한다거나 그런 영웅적인 업적을 이룰 수 있을 거라고 기대해야 한다는 말을 하는 것은 아니다. 하지만 나는 그들의 건강하고 기쁨에 넘치는 노년에 영감을 받았다. 그들의 노년은 서구 문화에서 일반적으로 생각하는 노화와는 완전히 다른 이미지를 나타내고 있기 때문이다.

　이들은 축복받은 유전자를 가지고 있을까? 아마도. 하지만 이 여성들은 또한 스스로 선택을 했다. 더 이상 할 수 없는 일을 가지고 탄식하는 대신 이들은 그들이 할 수 있는 일에 대한 에너지로 자신을 가득 채우는 편을 선택했다. 이들은 폐쇄적인 공동체 안에서 혹은 방범장치를 갖추고 문을 꽁꽁 걸어 잠근 채 보호받으면서 살아가는 삶을 추구하는 유형이 아니었다. 활동적이고 사회적으로 참여하는 삶을 살아간 그들을 보며 나는 오키나와, 압하지야, 빌카밤바, 훈자의 많은 노인이 떠올랐다. 이들은 젊었을 때처럼 변함없이 90대 혹은 그 이후까지도 계속 헌신적으로 타인을 위해 봉사하며, 건강하고, 가볍고, 민첩하게 살아갔다.

　적극적인 사고방식과 사회참여가 건강에 극히 중요하다는 것이 과학 연구를 통해 밝혀졌다. 1984년 성공적인 노화에 대한 맥아더 재단 연구 네트워크가 그때까지 실시한 노화 연구 중 가장 규모가 크고 흥미로운 연구를 시작했다. 노인학 분야가 장애와 질병에 대한 연구에 집중되어 있다는 사실을 인식하고 낙심한 이 연구 네트워크는 건강한 노인들을 연구하기 시작했다.

맥아더 재단 연구의 핵심 목표는 어떤 사람들은 나이를 먹어가면서도 정신적 능력을 유지할 수 있도록 해주는 요인들이 뭔지 알아내는 것이었다. 연구자들은 늙어가면서도 인지 능력을 유지할 수 있도록 해주는, 통계적으로 가장 의미가 큰 예측인자 중 하나는 '자신이 유능하다'는 느낌이라는 것을 밝혀냈다. '할 수 있다'는 태도를 가지고 계속 적극적으로 활동한 노인들은 완전한 정신적 능력을 유지할 가능성이 훨씬 더 컸다.

내게는 킴벌리 카터란 친구가 있다. 그녀는 내가 아는 한 삶과 노화에 대해 가장 긍정적인 태도를 지닌 사람 중 하나다. 50대인 그녀는 매일 인생에 대해 감사하는 마음을 가지고 즐겁게 살아가고 있으며 50년을 더 이렇게 건강하게 살면서 다른 사람들도 기쁘게 살 수 있도록 도울 수 있는 기회가 있기를 고대하고 있다.

그녀는 매일 몇 마일씩 달리는데 80대 중반이 될 때까지는 이렇게 달릴 것으로 예상하고 있다. 80대 중반이 되면 그녀는 달리기를 그만두고 하이킹을 하리라 생각하고 있다. 내가 그녀에게 어떻게 그렇게 노화에 대해 긍정적인 태도를 가지게 됐는지 묻자 그녀는 그녀의 할머니였던 아멜리아 여사가 깊은 영향을 미쳤다고 대답했다. 아멜리아 할머니는 그녀에게 노년에도 적극적이고 열정적으로 살아가도록 영감을 불어넣었다.

아멜리아는 103세까지 살았는데 죽을 때까지 맑은 정신으로 즐겁게 살았다. 그녀는 90세 생일에 유고슬로비아로 여행을 갔다가 제때 돌아와 부엌을 개조하고 새 차를 사서 13년 동안 타고 다녔다.

아멜리아는 매일 집에서 우체국까지 갔다 다시 집까지 1마일씩 걸어 다녔다. 100세였을 때 하루는 길거리를 건너가려고 모퉁이에 서서 기다리다가 한 청년이 같이 있던 사람에게 이렇게 속삭이는 소리를 들었다. "저 할머니가 길을 건너는 걸 도와드려야 할까?" 아멜리아는 도대체 그 청년이 누구 이야기를 하는 건지 주위를 한참 돌아봤다! 그녀는 웃다가 심장마비를 일으켜 마침내 생을 마감했다.

아멜리아는 1882년 태어나 최초로 생물학 박사 학위를 딴 여성 중 하나가 됐다. 그녀는 브린모아 대학교에서 과학을 가르쳤고, 여성의 선거권, 공공 정책, 대안 교육, 자연적인 건강관리, 경제학, 국제 문제와 같은 모든 일에 정력적으로 참여했다.

내 친구 킴벌리는 건강한 섭생과 운동에 대한 할머니의 대단한 상식과 더불어 그녀가 그렇게 장수를 누릴 수 있었던 비결은 적극적으로 모든 일에 참여했던 그녀의 생활태도 덕분이었다고 믿고 있다. 킴벌리는 할머니를 알고, 할머니의 사랑을 받는 축복을 누렸다는 점을 매일 감사하며 살았다.

마침내 자유로워지다

가능성과 희망으로 밝게 빛났던, 건강한 삶을 산 노인들을 알고 지낸 사람들은 나이가 들면서 받을 수 있는 특별한 선물들을 봤다는 점에서 사실 운이 좋다. 나는 50세나 60세에 이르렀을 때 문화적 제약에서 자유롭게 벗어나서 전에는 감히 해보지 못했던 방식으로 자신을 표현하기 시작한 많은 사람을 알게 되는 축복을 누렸다. 이들은 남들이 그들을 어떻게 생각하느냐보다 자신이 스스로를 어떻게 생각하는가로 스스로의 정체성을 규정했다. 항상 다른 사람들의 기대를 충족시켜야 한다는 부담에서 점점 더 많이 자유로워지면서 이들의 삶은 진정한 자신의 모습을 찾으려고 하는 새로운 종류의 의지를 반영하기 시작했다. 이들은 물리적 스트레스, 무시, 학대의 역사에서 벗어났다. 그리고 좀 더 생기발랄해졌다.

육신에서 삐걱거리는 소리가 나면서 기력이 쇠하기 시작했을 때 그것을 비극으로 생각하는 대신 그들은 그 한계를 받아들이고 그들이 겪고 있는 과도기를 좀 더 자신 속에 깊이 뿌리내리면서 더 큰 지혜를 찾을 수 있는 기회로 봤다. 그들은 애정을 가지고 타인과 세상을 좀 더 흔쾌히 받아들였다. 이들은 삶의 사소하고 비본질적인 면들에는 점점 신경을 덜 쓰게 됐다. 세상을 보는 이들의 시각은 점점 부드러워졌으며 좀 더 큰 그림에 초점을 맞추게 됐다. 이들은 삶을 더 깊이 이해하게 됐기 때문에 젊었을 때보다 삶을 더 즐길 수 있게 됐다.

아마 당신도 이런 사람을 알고 있을 것이다. 이런 사람들은 젊음에 집착하는 문화가 노년에 대해 품고 있는 고정관념에 순응하지 않는 사람들이다. 그 대신 이들의 삶은 노화에 대해 기존 통념과 완전히 다른 비전을 실현해낸다. 인생의 전반부를 만들었던 욕망에 더 이상 휘둘리지 않기 때문에 이들의 삶은 야망보다는 의미에, 성취보다는 친밀함에 더 무게를 두게 된다. 이들은 인생의 후반부를 창조성이 무르익고, 영혼이 깊어지는 시기로 경험한다.

2005년 출간한 책《두 번째 계획》에서 작가 앤 라모트는 노년의 이런 면을 아름답게 묘사했다.

요전 날 20, 30대 여성이 아주 많이 온 결혼식에 갔다. 많은 여자가 섹시한 드레스를 입고 있었고, 그들의 젊은 피부는 환하게 빛이 나고 있었다. 나는 그들보다 20년에서 30년 정도 연상이고, 조금 지치고 피곤한 데다 시끄러운 음악 때문에 정신이 없었지만 빙긋이 웃고 있었다.

나이가 들면서 나는 평생 찾아다니던 것을 얻었다. 그것은 바로 나 자신이었다. 나이가 들면서 시간도 생기고, 경험도 쌓고, 실패도 해보고, 성공도 해보고, 지금의 내가 되기까지 여러모로 도와준 오랜 친구들이 생겼다. 지금의 나야말로 그 어느 때의 나보다 편하고 나답다는 생각이 든다. 이제야 나는 다른 사람들이 날 위해 생각해둔 삶이나, 내가 누리도록 해주려고 노력했던 삶이 아니라 나만의 자연스러운 삶을 살고 있다. 나는 그토록 간절하게 원하던 삶을 살고 있다. 나는 감히 내가 될 수 있을 거라고 상상도 하지 못했던 그런 여성이 됐다.

내게는 아직도 내 육체에 대해 절망하는 그런 끔찍한 순간들이 남아 있다. 시간과 중력이 내 육신의 다양한 부위를 처지게 하고 탄력을 잃게 만들었다. 하지만 그런 순간들은 단지 찰나에 지나지 않는다. 나는 오랫동안 내가 춤을 덜 추고, 모든 움직임을 멈추면 더 아름다울 거라고 믿었다. 하지만 서른 살에는 몰랐던 두 가지를 지금은 알고 있다. 우리가 천국에 가면 우리 엉덩이 모양과 피부는 이 지상에서 중요했던 것들을 적은 리스트의 127번째에 있을 거라는 사실. 그리고 내가 영원히 살지 않을 거라는 사실을 안다. 이런 것들을 알면서 난 자유로워졌다.

나는 에이즈나 유방암에 걸리기엔 너무 일찍 죽은 친구들을 생각하며 흰머리가 하나씩 나거나 근육이 쑤실 때마다 감격한다. 나는 40대가 넘은 사람들은 다 그렇듯이 아주 많은 죽음을 겪으며 살아남았다. 부모님, 사랑하는 친구들, 애완동물들. 우리의 가장 깊은 우정을 쌓은 땅은 폐허가 됐다. 아직까지 사랑하는 사람을 잃지 않았다면 언젠가는 그렇게 될 것이고, 그때는 아주 크게 상심할 것이며, 그 사랑하는 이의 죽음을 완전히 극복하지는 못하게 될 것이다. 하지만 이는 또한 좋은 소식이기도 하다. 그 사람들은 다시는 회복할 수 없이 갈기갈기 찢어진 당신의 마음속에 영원히 살게 될 것이다. 그리고 당신은 그렇게 회복될 것이고, 상처 입은 마음을 안고 춤을 추는 법을 배우게 될 것이다.

그렇다. 어떤 아침에는 발이 아플 때도 있고, 전보다 좀 더 운동하면 몸이 심통을 부릴 때도 있다. 하지만 난 내 인생을 전보다 더 사랑하고, 나 자신도 더 사랑한다. 난 전보다 더 매력적이다. 그리고 옛말에도 있는 것처럼 난 나 자신을 낮춰서 생각하는 것이 아니라 나 자신을 덜 생각할 뿐이다. 그건 천국처럼 느껴진다.

좀 더 매력적이 되다

오키나와든 압하지야든 미국이든 건강하게 늙어가는 모습을 실제로 보여준 사람들에 대해 내가 좋아하는 점 중 하나는 그들이 앤 라모트처럼 자신의 모습을 있는 그대로 받아들이면서 힘과 기쁨을 찾았다는 점이다. 그렇다고 이들이 자기만족에 빠지거나 우쭐해한다는 뜻이 아니다. 내 말은 그들이 자신의 본질을 알고 존중하며, 그들에게 기쁨을 가져다주는 세상과 관계를 맺는 방식을 발견했다는 것이다.

우리 중 일부는 애나 모건과 D 할머니처럼 정치적 목적을 위한 행동에서 정열을 찾는다. 어쩌면 당신 역시 일종의 운동가로 자신의 입장을 정하고 어떤 대의나 목적을 대변하는 사람이 되고 있는 건지도 모른다. 하지만 많은 사람들은 그와 다른, 좀 더 남의 눈에 덜 띄는 곳에서 정열과 생기를 찾는다. 어쩌면 당신은 노년에 화가가 되거나, 교사가 되거나, 자원봉사자, 정원사, 혹은 손자들을 돌봐주는 조부모가 될지도 모른다. 어쩌면 당신은 노년에 들어서면서 그간 겪은 모든 일 덕분에 자신이 한층 더 깊어졌다는 것을 발견하게 될지도 모른다. 자신을 좀 더 진실하게 바라보고 내면의 삶에서 새로운 풍요로움과 성장을 찾게 될지도 모른다. 어쩌면 건강한 노화란 젊었을 때의 능력을 유지하는 것 이상의 것이라는 것을, 자신의 가장 훌륭하고 현명한 부분을 활짝 꽃피우는 것이라는 것을 깨닫게 될지도 모른다.

노년의 삶이 어떤 형태로 결실을 맺느냐는 것이 중요한 게 아니라 당신의 지혜를 남과 나누고, 용기를 내서, 활기와 열정과 열의를 가지고 노년을 살아가는 것이 더 중요하다고 생각한다. 그렇게 하면 당신은 인생의 어떤 계절에 있건, 감사의 기도를 드리게 될 희망과 이성의 원천을 계속 찾게 될 것이라고 난 믿는다.

우리가 할 수 있는 방법들

단 한 가지 방법이라도 해보는 것이 아주 중요하다. 한번 해보면 다음번엔 좀 더 쉽게 해볼 수 있다. 그리고 생활방식과 습관의 조그만 변화라도 몇 개월, 몇 년, 몇십 년 동안 꾸준히 실천하다 보면 큰 차이를 만들 수 있다.

- 눈을 맞으며 놀아보라. 빗속에서 달려보라. 달빛을 받으며 춤춰

라. 맨발로 풀밭을 걸어보라. 스케이트 타는 법을 배우거나 사교댄스나 테니스 수업을 들어라. 항상 해보고 싶었지만 한 번도 해보지 않은 육체 활동을 해보라.

- 친구와 운동을 할 약속을 만들어라. 조깅이나 하이킹을 하거나 아니면 체육관에서 함께 운동을 하라.
- 스트레스를 받으면 약을 먹는 대신 산에서 하이킹을 하라. 아니면 요가를 하라. 그것도 아니면 야외에서 자전거를 타거나 열린 창문 근처에서 실내 자전거를 타라.
- 가능하면 인도보다는 산길에서 조깅이나 하이킹을 하라.
- 잠을 잘 자고, 가능하면 햇빛을 받으며 밖에서 규칙적으로 운동을 하라. 어떤 시간이 가장 잘 맞는지 알아내기 위해 하루 중 다른 시간대에 운동을 하는 실험을 해보라. 적어도 하루에 30분은 꼭 운동하는 습관을 들여라. 최적의 결과를 거두려면 하루에 한 시간 혹은 그 이상 해야 한다.
- 즐겁게 할 수 있으면서 일상에 잘 맞는 운동 프로그램을 만들어라. 날씨, 기분, 일로 받는 스트레스 혹은 어떤 것에도 영향을 받지 말고 매일 운동을 하라. 도달할 수 있는 목표를 세우고, 실천하고, 그 결과를 즐겨라.
- 매일 좋은 음식을 먹고, 좋은 기분을 가지고, 운동하라.
- 하루에 한 번씩 땀을 흘려라.
- 규칙적으로 운동할 때 늘어나는 에너지, 자신감, 행복감에 대해 감사하라.
- 어떤 것이 살아 있는 기분을 느끼게 해주는지, 어떤 것을 진정으로 하고 싶은지 자신에게 물어보라. 삶을 살아가는 방식으로 자신의

정열을 표현하는 방법을 찾으라.

• 모든 스트레스, 고통, 상처를 포함해서 당신의 몸이 경험하는 것을 표현하는 그림을 그리거나 잡지에서 오린 사진들로 콜라주를 만들어라. 그리고 앞으로 당신의 몸이 경험하고 싶은 것을 그리거나 사진들로 콜라주를 만들어라. 아주 근사하게 만들어라. 그다음에 첫 단계에서 두 번째 단계로 가게 하는 방법들을 실천하는 당신의 모습을 그리거나 콜라주를 만들어라. 이 세 그림이나 콜라주를 당신이 매일 보는 장소, 이를테면 침실이나 욕실에 붙인다. 그곳에서 그것들은 당신의 의지를 매일 일깨워주고, 기쁨과 성취에 이르는 당신의 여행을 지지해줄 것이다.

• 마음속에 건강하고 완전한 당신의 몸을 그려보라. 당신의 몸과 건강을 향상시키기 위해 당신이 취할 구체적인 방법들을 열거한 계약을 맺으라. 운동을 통해 당신의 몸을 직접적으로 돌보기 위해 얼마나 많은 시간을 투자하고 싶은지 결정하라. 당신이 투자하는 시간이 당신의 삶의 모든 면에 엄청난 변화를 이루게 될 것이라는 점을 명심하라. 완전히 그리고 열정적으로 살아 있다는 느낌을 느끼는 것이 자연스러운 일이며 타고난 권리라는 것을 알아야 한다.

• 당신의 몸과 좀 더 깊이 대화를 나눠보면서 롤프식 마사지(근육을 깊숙이 마사지하는 물리요법), 헬러워크(스트레스를 풀어주는 마사지), 애스톤 패터닝 마사지, 알렉산더 테크닉, 펠던크라이스(아쿠아로빅), 트래거 요법, 필라테스, 타이치, 요가와 다른 방법들처럼 몸을 중심으로 한 치료법을 탐험해보라.

• 당신의 아름다움을 진실로 음미하기 전까지는 거울에 비친 자신의 몸에서 시선을 돌리지 않도록 하라. 아무리 오랜 시간이 걸리더라

도 거울 앞을 떠나지 마라. 몸의 일부의 완벽한 곡선이나 외적인 이미지를 보며 감탄하라는 것이 아니라 있는 그대로의 당신의 몸을 인정하고 그 진가를 알아보는 것이 중요하다.

• 어린아이들과 시간을 보내라. 책을 읽어주고, 안아주고, 쓰다듬어주고, 같이 놀아라. 아이들의 순수한 마음에 위안을 받으라.

• 노인들과 시간을 보내라. 노인들과 친구가 되고, 그들로부터 배우라. 노인들을 초대해서 그들의 삶에 대한 이야기를 들어보라. 당신을 지혜로운 길로 이끌어줄 나이 든 스승들을 찾으라.

• 당신 삶에 의미를 준 사람들과 사건들에 대해 식구들 혹은 친구들과 이야기를 나눠보라.

• 당신 삶의 중요하고 획기적인 일을 같이 축하하기 위해 친구들과 사랑하는 사람들을 초대하라. 당신 삶의 여정에서 일어난 이야기들을 그들과 공유하라.

• 전에는 한 번도 해보지 않았던 일을 해보는 것으로 매년 당신의 생일을 자축하라.

• 당신이 믿고 지지하는 대의에 시간을 내서 봉사하거나 성금을(혹은 둘 다) 내라. 좀 더 나은 세상을 만들기 위해 일하는 조직과 사람들을 후원하라. 인류애의 가장 높은 가능성을 지지하라.

• 가끔 한 번씩 모든 형태의 미디어와 접촉을 끊어보라. 한동안 텔레비전의 플러그를 빼고, 라디오를 끄고, 신문이나 잡지를 읽지 말고, 컴퓨터를 꺼보라.

• 미디어에서 하는 소리는 조금 덜 듣고, 당신의 깊은 내면에서 나오는 작고 조용한 소리를 더 많이 들어보라.

• 폭력이 난무하는 세상에서 당신의 평화가 얼마나 중요한지 기억

해보라. 분주하게만 돌아가는 세상에서 매 순간을 음미할 수 있는 시간을 가져라. 점점 더 비인간적으로 변하는 문화에서 사람들에게 당신이 그들을 사랑하고 있음을 알려라.

Part 4

왜
사랑인가

관계로 치유되는 마음의 상처

사랑을 하는 마음은
항상 젊다.
- 그리스 속담

전통적으로 건강한 문화권에서는 항상 인간의 행복과 안녕과 장수에 극히 중요한 것으로 생각하는 삶의 일면이 있다. 그들은 좋은 인간관계보다 더 중요한 것은 없다고 믿고 있다. 한 명의 개인으로서 그리고 하나의 지역 공동체로서 이들은 서로 돕고, 문제가 생기면 언제든 기꺼이 돕겠다는 변함없는 마음가짐으로 모든 역경을 견뎌왔다.

만약 당신이 오키나와의 보도에 지갑을 떨어뜨렸다면 다음 날 다시 그 자리에 돌아와도 지갑이 그대로 있을 것이다. 지갑이 사라졌다면 지갑을 주운 사람이 지갑 속의 내용물이 온전히 들어 있는 상태로 당신에게 곧 돌려줄 것이다.

마찬가지로 압하지야에서는 다른 어떤 것보다 사람을 더 중요하게 여긴다. 부는 한 사람이 얼마나 많은 돈을 가졌는가가 아니라 그가 혹은 그녀가 유지하는 인간관계의 수와 질로 측정된다. 압하지야에서는 은행에 거액의 저금이 있다거나 땅 부자거나 소유물이 많다고 해서 성공했다고 하지 않는다. 그보다는 가정과 확대가족과 지역 공동체에서 그를 위해 충성하고 헌신적으로 대하는 사람들이 얼마나 많은지가 성공의 척도다.

빌카밤바와 훈자에서도 사람들의 관계와 연대의식을 아주 중요하게 생각한다. 이런 곳에서는 관대함과 서로 나눠 가지는 마음이 가장 큰 가치를 지니고 있으며 사람들이 서로를 대하는 방식보다 더 중요한 것은 없다. 미국 의사 Y.F. 쉬넬로우는 훈자에서 지내다 돌아와서 그가 목격한 훈자 주민들의 놀라운 건강 상태에 대해 이렇게 회고했다.

> 훈자에서 겪었던 가장 주목할 만한 일 중 하나는 주민들 사이에 느꼈던 명백한 사랑과 연대감이었다. 그들은 서로 사랑하고, 함께 기뻐하고, 모두 싹싹하고 친절하게 대했다. 나는 이들이 서로를 대하는 크나큰 애정과 호혜성이 놀랄 만한 건강의 근본적인 원인 중 하나가 아닐까 하는 생각이 들었다.

애정과 건강관리

30년 전 인간관계가 건강에 큰 영향을 미친다고 누군가 말하면 모두 그의 정신 상태가 정상인지 의문을 가졌을 것이다. 그리고 고독 때문에 육체적인 질병이 생긴다고 말하면 모두 비웃었을 것이다. 하지만 지난 수십 년간 인간관계와 건강 사이에 밀접한 관계가 있다는 과학적인 발견이 폭발적으로 늘어났다.

서양 의학에서는 고혈압, 고콜레스테롤, 흡연, 비만과 같은 위험 인자에 대한 우려가 크다. 그도 그럴 것이 이 요인들은 아주 빈번하게 심각한 질병을 일으키는 요인이 되기 때문이다. 하지만 점점 더 많은 의학 연구에서 당신이 다른 사람들과 가지는 인간관계의 질이 이런 위험 인자들만큼 혹은 그보다 더 많이 건강에 큰 영향을 미치고 있다는 놀라운 결과가 나오고 있다. 이제 만성적인 고독은 현대 산업사회에서 누가 일찍 사망할 것인가를 결정하는 가장 치명적인 위험 인자 중 하나로 순위에 오르고 있다.

비록 지난 30년 동안 과학은 이런 증거들을 계속 축적하고 있었지만 많은 의사들은 인간관계처럼 실체가 없는 뭔가가 그렇게 의학적으로 큰 중요성이 있다는 생각을 아주 서서히 받아들이고 있었다. 의사들은 애정을 합리적인 환자 치료 방법에서 동떨어진 일종의 장식품이나 사치로 여기는 경향이 있었다. 서양 의학은 아직도 의사들과 다른 의료 종사자들에게 환자들과 정서적으로 거리를 두도록 가르치고 있다. 이는 의료 종사자들이 아주 온정적인 사람들이더라도 그들의 친절함, 다정함, 공감하는 능력이 별다른 인정을 받지 못한다는 점에서 아주 큰 손해가 아닐 수 없다. 의학박사인 레이철 나오미 레멘은 이런 정서가 그녀에게 어떤 영향을 미쳤는지 설명했다.

소아과에서 인턴 근무를 시작한 지 이틀째 되던 날 나는 시니어 레지던트와 함께 교통사고를 당해 하나밖에 없는 아이가 사망했다는 소식을 전하러 젊은 부부에게 갔다. 의사로서 해야 하는 이런 일에 익숙하지 않았던 나는 그 젊은 부부가 통곡하자 같이 울었다. 그 일이 있고 나서 그 시니어 레지던트는 나를 따로 불러서 내가 아마추어처럼 행동했다고 꾸짖었다. "이 사람들은 우리의 강인함에 의지하고 있는 거야." 그는 그렇게 말했다. 내가 그 부부를 실망시킨 것이다. 나는 그 선배의 비판을 철저하게 명심했다.

내가 시니어 레지던트가 됐을 무렵엔 환자 앞에서 눈물을 보이지 않은 지도 몇 년이 넘었다.

그해에 두 살 먹은 아기가 잠시 혼자 남겨진 사이 욕조에 빠지는 일이 벌어졌다. 우리는 그 아이를 살리려고 갖은 애를 썼지만 한 시간이 흐른 후 패배를 인정해야 했다. 후배 인턴을 데리고 나는 그 부모에게 가서 아이를 살리지 못했다고 전했다. 부모는 어찌할 바를 모르고 울음을 터뜨렸다. 잠시 시간이 흐른 후에 아이의 아버지는 내가 하얀 의사 가운을 입은 채 강인하게 침묵을 지키며 서 있는 것을 보고 이렇게 말했다. 인턴은 큰 충격을 받은 채 내 옆에 서 있었다. "미안합니다. 선생님. 조금만 더 있다 진정할게요." 나는 눈물에 흠뻑 젖은 얼굴로 내게 사과하는 그 아버지의 말을 들으며 참을 수 없는 수치심과 미안함을 느꼈다. 내 슬픔은 아무짝에도 쓸모가 없으며 시간 낭비에 지나지 않는다는 확신에 사로잡힌 나는 고통 받는 당사자가 고통스러워하는 것마저도 사과를 해야 하는 무정한 사람으로 변해버린 것이다.

정서적 지지가 보여준 놀라운 효과

이것이 바로 많은 의사들이 환자들과 정서적으로 거리를 두는 것이 직업적인 의무라고 생각하는 현대 의학의 슬픈 현실이다. 사실 사랑과 인간관계의 치유력은 전 세계 수십만 명의 사람들을 대상으로 한 연구에서 점점 더 많이 입증되고 있다. 1998년 출간한 저서 《사랑과 생존》에서 딘 오니시 박사는 과학 문헌들을 검토한 후 그 결과 사랑과 인간관계가 거의 모든 질병의 발병률과 사망률에서 얼마나 큰 영향력을 발휘하는지 발견하고 놀랐던 점을 자세하게 설명했다. 오니시 박사는 이렇게 결론을 내렸다. "나는 우리 삶의 질과 때 이른 사망과 질병 발생률에서 다른 어떤 요인보다—식습관, 흡연, 운동, 스트레스, 유전자, 약물, 수술—사랑과 인간관계가 더 큰 영향력을 발휘한다는 것을 알게 됐다."

오니시 박사만 우리가 타인과 맺은 인간관계의 치유력을 확신한 존경받는 의학계의 거물은 아니었다. 1989년 스탠퍼드 의대의 심리학과 교수이자 행동과학자인 데이비드 스피겔 박사는 미국 심리학협회의 연차 회의에서 뜻밖의 연구 결과를 발표했다. 그와 동료들은 전이된 유방암에 걸린 여성 86명을 연구해왔다. 이 여성들은 무작위로 두 집단으로 나뉘었다. 두 집단은 같은 치료를 받았지만 한 집단은 매주 후원 집단 미팅에 참석했다. 연구자들은 10년에 걸친 연구 끝에 놀랍게도 후원 집단 미팅에 참석했던 여성들이 대조군 집단에 속한 여성들보다 생존율이 두 배로 높다는 것을 발견했다. 이들은 이 프로그램에 들어간 후 평균 19개월을 산 다른 집단의 여성들과 비교해 평균 37개월을 살았다.

"난 아주 놀랐습니다." 스피겔 박사가 이렇게 말했다. 〈로스앤젤레스 타임스〉는 이렇게 전했다. "그는 마음의 힘으로 질병을 이길 수 있다는, 빈번하게 과장되는 개념을 반박할 수 있을 것이라 예상하면서 그 연구를 시작했다." 그런데 이론적으로도 그리고 임상적으로도 그렇지 않다는 결과가 나온 것이다. 스피겔 박사의 의도는 유방암에 걸린 여성들에게 사회심리학적 개입이 의학적으로 효과가 있을 거라는 아이디어를 반증하는 것이었다. 그런 의도를 품은 이유 중 하나는 사람들이 환자의 태도와 사회적 지지 정도가 그들의 의학적 성과에 큰 역할을 차지할 수 있다는 점을 입증하는 베스트셀러 몇 권을 쓴 버니 시걸 박사와 그를 헷갈려하는 것에 지쳤기 때문이었다.

정서적 지지를 받은 그룹의 여성들은 대조군 그룹보다 두 배 더 오래 살았을 뿐 아니라 그들보다 정서적 기복의 변화도 덜했고, 고통과 공포도 훨씬 덜 느꼈다. 이런 소득은 일주일에 한 시간 반씩 지속된 모임에서 나온 것으로 그 시간 동안 여성들은 공포, 두려움, 걱정, 우울증을 포함해서(그러나 여기에만 그치지 않고) 모든 감정을 털어놓도록 격려를 받았다.

모임에 가장 적극적으로 참가한 여성들이 가장 오래 살았다. 연구에 참가한 모든 여성이 말기 환자였지만 그중 세 환자는 스피겔 박사가 그 연구를 시작한 지 12년 후 연구 결과를 발표했을 때도 여전히 살아 있었다. 물론 이 세 여성은 모임에 가장 적극적으로 참여했던 사람들이었다.

스피겔 박사만 그 연구 결과에 경악한 의료 전문가는 아니었다. 필라델피아 제퍼슨 의대 교수인 트로이 톰프슨 박사는 이렇게 말했다.

"이는 아주 비범한 연구로서 나로서도 아주 놀랍습니다. 나는 결과가 이렇게 나오지 않으리라는 쪽에 우리 집의 저당금이라도 걸었을 겁니다."

정서적 후원 집단에 참가한 만큼 크게 생존율을 높일 수 있는 효과가 있는 화학치료약이 있었다면 이 약은 일반적인 치료제로 채택돼서 사실상 전이된 유방암에 걸린 모든 여성에게 처방됐을 것이다. 제약회사들은 그 약을 만들어서 수백억 달러를 벌어들였을 것이다. 환자들은 1인당 수만 달러를 지불했을 것이고, 몇 년을 더 살기 위해 화학

치료를 받으면서 그 약의 독성을 견디고 삶의 질이 떨어지는 것도 감수했을 것이다. 반면 정서적으로 지지를 받은 집단은 한 푼도 들지 않았고, 삶의 질도 상당히 높아졌다.

스피겔 박사의 연구는 예외적인 경우였을까? 몇 년 후 로스앤젤레스 의대의 F.I. 레이지 박사와 동료들이 스피겔 박사와 비슷한 연구를 실시했다. 이 연구는 악성종양이 있는 두 집단의 환자들의 생존율을 다루었다. 스피겔의 연구처럼 두 집단 모두 같은 치료를 받았고, 연구가 시작될 때 암의 진전된 정도도 모두 같았다. 유일한 차이점은 한 집단은 서로 격려해주기 위해 정기적으로 만났다는 점이다.

5년 후 연구자들은 지지 집단에 속하지 않은 환자들은 서로에게 자신의 경험에 대해 말할 기회가 있었던 환자들보다 사망할 확률이 세 배나 높은 것을 발견하고 경악했다.

강력한 정서적 지지를 받은 사람들이 그렇지 않은 사람들보다 질병 발병률이나 사망률이 높은 연구는 하나도 보지 못했다. 여러 중요한 연구에 따르면 삶을 더 사랑하고 정서적 지지를 좀 더 많이 받은 사람들이 암과 다른 많은 질병의 발병률이 상대적으로 더 낮고 사망률도 낮다고 나왔다.

나는 이런 연구들에서 건강과 장수의 숨은 비결 중 하나를 슬쩍 볼 수 있다고 믿는다.

사랑은 얼마나 중요할까

"우리는 혼자서는 살 수 없다"라고 허먼 멜빌은 썼다. "수천 개의 섬유가 우리를 타인과 연결하고 있다." 아마 그런 이유로 우리는 서로 깊이 사랑하는 사람들을 보고 종종 감동을 받게 된다. 내 친구이자 저명한 작가인 단 밀맨이 이 점을 잘 보여주는, 출처가 불분명한 이야기를 하나 해줬다.

    오래전 스탠퍼드 병원에서 자원봉사자로 일할 때 희귀병에 걸려 고통 받는 리자라는 이름의 어린 소녀를 알게 됐다. 소녀의 병세가 회복될 유일한 가능성은 다섯 살 난 남동생에게서 수혈을 받는 것뿐인 것처럼 보였다. 남동생은 같은 병에 걸렸다 기적적으로 완치되면서 그 질병과 싸우는 데 필요한 항체가 생겼다. 의사는 그 상황을 어린 남동생에게 설명하고 자신의 피를 누나에게 줄 마음이 있는지 물었다. 나는 그 소년이 잠시 머뭇거리다가 깊이 숨을 들이마시고 이렇게 말하는 것을 들었다. "그렇게 해서 리자 누나의 목숨을 구할 수 있다면 할게요."
    수혈이 진행되면서 그는 누나 옆 침대에 누워 미소를 띠고 있었다. 우리 모두 흐뭇한 미소를 지으며 리자의 뺨에 혈색이 돌아오는 것을 지켜보고 있었다. 그러나 갑자기 소년의 얼굴이 창백해지면서 미소가 가셨다. 그는 의사를 올려다보면서 떨리는 목소리로 물었다. "이제 난 죽는 건가요?"
    소년은 너무 어려서 의사의 말을 오해했던 것이다. 그는 누나에게 자신의 피를 전부 다 줘야 한다고 생각했던 것이다.

소년이 그렇게 이타적이고 관대하게 누나를 위해 목숨을 바칠 생각을 한 것은 무척 감동적이다. 이런 단순한 이야기가 우리의 심금을 울릴 수 있다는 사실 자체가 우리 모두 지금보다 좀 더 자주 자신을 뛰어넘는 고귀한 행위를 할 수 있으며, 우리가 생각하는 것보다 더 쉽게 다른 사람을 도울 수 있다는 것을 입증하는 증거다.

래리 셔위츠가 아주 독특한 연구를 해서 알아냈던 것처럼 우리가 자신만 생각하는지 아니면 타인을 생각하는지가 의학과 밀접한 관계가 있다. 샌프란시스코에서 건강과 치유를 위한 캘리포니아 태평양 의료 센터의 이사로 있는 셔위츠 박사는 600명에 가까운 남성들의 대화를 녹음했다. 이 남성들의 3분의 1이 심장병을 앓고 있었다. 그리고 나머지는 건강한 사람들이었다. 테이프를 들어보면서 그는 각각의 남성이 '나는, 나를, 내 것'이란 말을 몇 번이나 쓰는지 세어봤다. 그 결과와 심장병이 발생하는 빈도를 비교한 결과 일인칭을 가장 많이 쓰는 사람들이 가장 심장병 발병률이 높은 것을 발견했다. 또한 그 이후 몇 년 더 연구 대상자들을 관찰한 결과 피험자가 습관적으로 자신에 대해 더 많이 말할수록 실제로 심장마비를 일으킬 확률이 더 높다는 점을 발견했다.

분명 한 사람이 '나는'이라는 말을 하는 횟수를 센 것은 자아도취를 수량화할 수 있는 아주 영리한 방법이었다. 타인에게 마음을 덜 열수록 그만큼 심장은 더 큰 고통을 겪는 것처럼 보였다. 셔위츠 박사는 이런 충고를 했다. "다른 사람들이 말할 때는 관심을 가지고 들어주세요. 다른 사람들에게 시간과 에너지를 내어주세요. 다른 사람들의 뜻대로 해주세요. 당신이 필요해서 하는 것 말고 다른 이유로 타인을 위해 뭔가를 해주세요."

이는 의학적으로 아주 건전한 충고이며, 또한 우리의 영적이고 정서적인 욕구에 대해 많은 것을 말해주고 있다. 많은 종교가 타인과 단절된 채 자신 안에 갇혀 있다는 착각이야말로 바로 우리가 겪는 대부분의 고통의 원인이라고 가르치고 있다.

물론 현대 사회는 극도로 경쟁적이다. 스포츠에서 그런 면이 가장 두드러지게 나타날 것이다. "이기는 것이 중요한 것이 아닙니다." 유명한 축구 코치인 빈스 롬바디가 이렇게 말했다. "이기는 것이 전부죠." 또 다른 코치는 이렇게 말했다. "제게 멋진 패배자를 보여주면, 제가 그냥 패배자를 보여드리죠." 물론 이 코치들은 선수들을 최대한으로 자극하기 위해 이런 말을 하겠지만 매사를 너무 경쟁적으로 대하면 명예, 품위, 스포츠맨십을 잃게 된다. 그리고 타인과의 관계 역시 잃게 될 것이다.

스페셜 올림픽(지적발달장애인 올림픽) 선수들은 경기에 참가하기 위해 오랫동안 힘들게 훈련하며 다른 일반 운동 경기에 참가한 선수들만큼 이기기 위해 노력한다. 스페셜 올림픽은 사소한 사회적 행사가 아닌 것이다. 이 올림픽은 고도로 조직화된 스포츠 행사로 참가한 모든 사람이 아주 진지하게 받아들이는 행사다. 하지만 스페셜 올림픽 워싱턴 사무실에 있는 사람들은 다음 사건이 워싱턴의 스포켄에 있는 육상 경기에서 1976년 실제 있었다고 말한다.

육체적으로 혹은 정신적으로 장애가 있는 참가자 9명이 100미터 경주를 하기 위해 출발선에 모였다. 출발을 알리는 총소리가 들리자 모두 최대한 빨리 출발했다. 그런데 한 소년이 아스팔트 위에 넘어졌다가 두어 번 또 넘어지더니 울기 시작했다. 소년이 우는 소리를 듣고 다른 선수 몇 명이 속도를 늦추더니 멈췄다. 그들은 돌아서서 다시 소년이 있는 곳으로 갔다. 다운증후군에 걸린 한 소녀가 허리를 굽혀 그 소년에게 키스하고 이렇게 말했다. "이렇게 하면 기분이 나아질 거야." 그리고 그들은 모두 팔짱을 끼고 함께 결승선까지 걸었다. 경기장에 있는 모든 사람이 일어섰고, 환호성이 10

분간 계속됐다.

우리는 왜 이런 이야기에 감동을 받을까? 우리는 수많은 방식으로 타인과 분리돼 있지만 그럼에도 불구하고 어떤 면에서 서로와 깊게 연결돼 있어서 그런 건 아닐까? 아이들이 때로는 현대 사회에서 우리가 쉽게 잊어버리는 인간 본성의 일부를 일깨워줄 수 있지 않을까?

오키나와, 빌카밤바, 훈자, 압하지야와 같은 사회에서는 건강한 형태의 경쟁이 많이 있지만 다른 사람보다 조금 능력이 떨어진다고 해서 수치스러워하는 사람은 하나도 없다. 누가 이기는가 하는 것은 그 순간만 중요할 뿐 금방 잊힌다. 사람들이 서로를 대하는 관계의 질만이 오랫동안 기억된다.

관계의 치유력

대부분의 사람들은 실험실에서 측정될 수 있는 것만 과학적으로 유효하다고 본다. 인간관계처럼 애매모호하고 덧없는 것은 '만지고 느껴야 하는' 것으로 올바른 과학의 대상이 아니라고 생각한다. 그러나 고도로 발달된 연구에 따르면 우리는 본질적으로 사회적인 생물이며 다른 사람들과의 관계와 거기에서 느끼는 친밀감이 우리의 건강과 장수에 막대한 영향을 끼친다고 한다.

클리블랜드의 케이스 웨스턴 리저브 대학 연구자들이 협심증(심장병이 있음을 알려주는 가슴 통증) 병력이 없는 1만 명에 가까운 유부남들을 연구했을 때 이들은 높은 수준의 위험 인자들—높은 콜레스테롤, 고혈압, 당뇨, 심전도 이상을 포함한—이 있는 사람들이 향후 5년 안에 협심증을 일으킬 확률이 20배나 더 높은 것을 발견했다. 하지만 놀랍게도 '부인이 당신에 대한 사랑을 표현합니까?'와 같은 질문에 '네'라고 대답한 사람들은 이런 위험 인자가 높은 수준인데도 협심증이 발병한 확률이 상당히 낮았다.

관련된 연구에서 연구자들은 궤양에 걸린 적이 없는 유부남 8,500명을 연구했다. 이 남자들은 질문지를 채우도록 한 후 5년 동안 추적 연구했다. 연구가 시작될 당시 부인으로부터 별로 애정과 지지를 받지 못한다고 대답한 남성들은 향후 5년 동안 다른 남성들보다 궤양에 걸릴 확률이 두 배나 높았다. 그리고 "내 아내는 날 사랑하지 않는다"라고 말한 남성들은 궤양에 걸릴 확률이 거의 세 배나 높았다. 이 연구에서 부인이 자신에게 사랑과 지지를 표현하지 않는다고 느낀 것이 흡연, 연령, 고혈압, 직장에서 받는 스트레스보다 궤양에 걸린 것과 더 큰 연관이 있는 것으로 드러났다.

이는 친밀감, 배우자나 소중한 친구와 사랑에 찬 관계를 갖는 것의 의학적 가치가 아주 분명하게 나타난 것으로 1993년 〈영국 의학 저널〉에 연구 결과를 발표한 연구자들이 밝혔다. 7년간 이들은 752명의 남성들을 추적했다. 연구가 시작될 당시 이 남자들은 의학적 검사를 받고 정서적 스트레스에 대한 질문을 받았다. 이 연구에 따르면 처음 검사가 시작될 당시 심각한 정서적 스트레스를 받고 있다고 대답한 남자들은—금전적 어려움이 있는 사람들, 직장에서 해고될까 봐 불안해하는 사람들, 소송에 휘말린 사람들, 이혼 중인 사람들—처음 검사가 끝난 후 7년이라는 기간 동안 사망할 위험이 세 배나 더 높았다. 연구가 시작될 당시 이런 종류의 스트레스를 받고 있는 것이 고혈압,

혈중 트리글리세리드(관상동맥 질환과 연결됨), 높은 콜레스테롤 수치와 같은 의학적 지표보다 향후 7년 동안 사망을 예측할 수 있는 더 강력한 지표인 것으로 나타났다.

좋다, 심각한 스트레스는 건강을 해치고 심지어 사망에 이르게 할 수도 있다고 하자. 그건 놀라운 일이 아니지만 그것과 사랑이 무슨 관계가 있을까? 이 연구가 놀라웠던 점은 연구가 시작될 당시 믿을 만한 친밀한 관계가 형성되어 있다—배우자나 친한 친구들—고 말한 사람들에게는 높은 스트레스 수준과 사망률 사이에 아무런 상관 관계가 없는 것으로 드러났다.

사랑에 찬 관계는 스트레스가 주는 부정적인 의학적 효과를 제거하는 놀라운 능력이 있다는 것이 의학에서 분명하게 드러난 것이다. 우리는 어떻게 이런 일이 일어나는지에 대한 메커니즘을 어느 정도 이해하고 있다.

스트레스를 받을 때는 체내에서 호르몬(코르티솔과 카테콜아민, 에피네프린과 노르에피네프린, 이 호르몬들은 또한 아드레날린과 비아드레날린이라고도 한다)들이 만들어진다. 이 화학물질들이 분비돼 몸 전체로 퍼지면 면역 세포의 기능이 약화돼서 좀 더 쉽게 병에 걸린다. 이런 식으로 스트레스는 면역 저항력을 억제한다. 에너지를 보존해서 몸이 당장 긴급한 비상사태부터 다루도록 한다는 면에서 이 억압 체제에는 진화 과정에서 생긴 지혜가 작동되고 있는 건지도 모른다. 극단적인 경우에는 이것이 생과 사를 가르는 차이가 될 수도 있다. 하지만 시간이 흘러도 변함없이 계속 스트레스를 받는다면 어쩔 수 없이 건강을 해치게 된다. 사회적 지지는 이런 스트레스 호르몬이 생성되는 것을 낮춰줌으로써 스트레스의 부정적 효과를 중화하는 역할을 하는 것이다.

현대 연구는 반복적으로 타인과 맺는 관계가 의학적으로 강력한 힘이 있다는 사실을 발견하고 있다. 당신의 삶에 있어서 중요한 사람들과의 유대감은—만약 그들이 긍정적이고 사랑을 주는 사람들이라면—스트레스로 야기된 질병을 예방하고, 당신의 건강과 치유에 크게 기여하며, 당신의 수명을 크게 늘려준다. 이 사실은 우리가 오키나와, 압하지야, 빌카밤바, 훈자에서 봤던 것들을 입증해준다. 긍정적이고 의미 있는 관계가 많다는 것이 세계에서 가장 건강하게 장수하는 사람들의 비결 중 하나인 것이다.

운 좋게 내가 만나볼 수 있었던 비범한 사람들 중 하나로 엘리너 와슨이 있다. 세계 평화를 위해 훌륭한 일을 해낸 그녀의 업적을 기리며 사회적 책임을 다하는 의사협회에서 주는 평생공로상을 받은 엘리너는 현재 거의 100세가 다 됐는데 아직도 총기와 활력이 넘치며 강하고 건강하며 좀 더 나은 세상을 만들기 위해 적극적으로 일하고 있다.

엘리너를 알게 된 지도 오래됐는데 그녀는 항상 만나면 기분이 좋아지는 사람이며, 가장 힘든 상황에서도 타인에게 영감을 주는 사람이다. 나는 《2만 8,000잔의 마티니: 한 세기에 걸친 삶과 배움과 사랑》이라는 제목의 그녀의 자서전이 출간된 직후 그녀와 이야기를 나누었다. 나는 그녀에게 건강하게 장수하는 비결이 뭐라고 생각하는지 물었다. "날 사랑해주시는 부모님이 있었던 거죠. 어렸을 때 난 항상 사랑받고 있다고 느꼈어요. 내게는 날 극진히 사랑해주시는 아주 훌륭한 부모님이 계셨는데 어느 정도 시간이 흐른 후에야 모든 사람이 삶에서 그런 축복을 누리는 건 아니라는 걸 알게 됐어요. 그리고 우정을 유지하는 것도 비결이죠. 깊고 오래가는 우정은 말로 표현할 수 없을 정도로 소중해요."

사랑의 힘

현대 사회에서 우리는 너무나 바빠서 고마움을 느끼고 인간관계에서 주는 축복을 받을 시간을 내지 못한다. 우리의 삶을 너무 많은 활동으로 채워서 우리에게 중요한 사람들을 위한 공간을 남겨놓지 않는다. 우리는 사람보다 소유물을 좀 더 중요하게 여기기도 한다.

이는 압하지야, 빌카밤바, 훈자, 오키나와에서 전통적인 방식으로 살아가는 사람들은 거의 하지 않는 실수다. 이들은 자명종 소리를 듣고 잠에서 깨지 않는다. 그 대신 이들은 종종 다른 사람들이 노래 부르는 소리를 듣고 깬다. 쇼핑을 하러 가는 대신 이들은 다른 사람들을 보러 간다. 이들은 서로 나눠 가지기 때문에 많은 물건을 필요로 하지 않는다.

가끔 우리는 우리가 깨닫는 것보다 훨씬 더 깊은 사랑을 받지만 위기가 닥쳐야 그간의 습관적인 패턴에서 벗어나서 다른 사람들이 우리에게 주는 사랑을 받을 수도 있다. 작가인 엘리자베스 송스터는 남편의 애정을 실감할 수 있었던 한 극적인 사건에 대해 이야기했다.

그때는 크리스마스 직전이었습니다. 제 남편인 댄과 남편의 친구 마이크는 각자 자신의 차를 타고 남부 캘리포니아에 있는 우리 집 근처의 협곡에 갔습니다. 몇 달 전 화재로 타버린 초목들이 다시 살아나는 것을 보기 위해 갔죠. 댄과 마이크는 캘리포니아 네이티브 플랜트 소사이어티의 회원입니다. 이들은 진정한 식물 애호가로 항상 근처에 있는 협곡과 산들을 탐험하면서 그곳에 있는 식물들을 찾아 사진을 찍었습니다.

그날 마이크가 떠난 후(두 남자가 탐험하던 곳에서 집으로 가고) 남편은 평소에는 자주 가지 않는, 그 지역에서 좀 더 외딴 곳에 있는 라구나 협곡을 하이킹하면서 혼자서 좀 더 연구를 해보기로 결심했습니다. 그는 협곡으로 몇 마일 더 걸어가서 사진을 몇 장 찍고 다시 트럭으로 돌아오다가 물에 흠뻑 젖은 땅을 밟았는데 그 땅이 그만 밑으로 푹 꺼져버렸습니다. 그는 험준한 비탈길을 35피트나 떨어지면서 몇 그루의 나무와 부딪히고 바위 위에 추락했습니다. 그는 추락한 직후 왼쪽 다리가 뭔가 끔찍하게 잘못됐다는 것을 알게 됐습니다. 그의 왼쪽 다리는 오른쪽 다리 위로 '도저히 불가능한 각도'로 구부러져 있었습니다.

추락에 큰 충격을 받고 놀란 댄은 어느 정도 시간이 지난 후에야 자신이 너무 심각하게 다쳐서 걸을 수 없다는 것을 깨달았습니다. 그때 댄은 큰 위기에 처했다는 것을 알았습니다. 곧 밤이 될 텐데 그가 있는 곳을 아는 사람이 하나도 없었습니다. 사람들이 주로 다니는 길로 가지 않으면 다른 누군가가 그를 찾기 전에 죽을 판이었습니다. 그는 부러진 한쪽 다리를 다른 쪽 다리에 받치고 몸무게를 양손에 실은 채 협곡을 조금씩 기어서 갔습니다.

천천히 고통스럽게 나아가다 가끔 쉬면서 댄은 도움을 청하려고 소리를 질렀습니다. 유일한 대답은 협곡의 벽에 부딪혀 메아리가 돼서 돌아오는 자신의 으스스한 목소리뿐이었습니다. 해가 지자 기온 역시 떨어지기 시작했습니다. 밤의 산은 몹시 추웠고, 댄은 만약 그가 너무 오래 멈춰 있게 되면 의식을 잃게 될 거라는 걸 알고 있었습니다. 점점 더 고통스러워졌지만 댄은 매번 쉴 때마다 욱신거리는 몸을 아픈 두 손으로 받치고 기어갔습니다. 그는 이 끔찍한 여정을 열두 시간이나 더 계속했습니다.

마침내 그의 힘과 결의마저 다해버렸습니다. 그는 지칠 대로 지쳐서 더 이상 한 치도 나아갈 수 없었습니다. 아무 소용도 없는 일처럼 보였지만 그는 마지막 힘을 내서 도움을 청하는 소리를 질렀습니다.

그는 어떤 목소리가 답하는 것을 듣고 깜짝 놀랐습니다. 공허하게 자신을 조롱하는 또 다른 메아리가 아니라 진짜 살아 있는 사람의 목소리였던 겁니다. 그 목소리는 댄의 의붓아들이자 내 친아들인 젭의 목소리였습니다. 젭과 나는 경찰과 응급구조대원과 함께 댄을 찾아다니고 있었던 겁니다.

댄이 집에 돌아오지 않자 나는 걱정이 돼서 마이크에게 전화를 걸었습니다. 처음에 마이크는 직접 이 협곡에서 저 협곡으로 차를 타고 다니면서 댄의 트럭을 찾아다녔습니다. 그러다 결국 경찰에 전화해서 댄의 실종신고를 했습니다.

나는 젭이 댄의 목소리를 들었다고 말할 때까지 침착하게 있었습니다. 그러다 울음을 터뜨리면서 마침내 몇 시간 동안 애써 떠올리지 않았던 두려움과 공포를 느꼈습니다. 구조팀이 댄을 계곡 밑으로 데려가기까지 두 시간이 걸렸습니다. 그리고 구조대원들이 그를 바퀴 달린 운반차에 싣고 갔고, 병원에 있는 그를 보러 갔을 때 내 눈엔 또다시 눈물이 흐르기 시작했습니다. 이 멋진 남자를 자칫하면 영원히 잃어버릴 뻔했다는 생각에 난 무너졌습니다. 댄이 팔로 날 안아주는 것을 느끼고서야 나는 마침내 울음을 그쳤습니다.

내가 그의 병원 침대 옆에 앉아 다시는 못 볼지 모른다고 그렇게 두려워했던 얼굴을 보는 동안 댄은 나에게 이야기를 해줬습니다. 협곡에서 미끄러져 떨어진 직후 자신이 처한 위기의 심각성을 깨달았을 때 댄은 내 생각을 했고 만약 살아서 돌아가지 못하면 얼마나 나를 그리워할까 생각했다고 합니다. 험준한 절벽의 바닥에 누워 있는 동안 그는 적당한 돌멩이 하나를 찾을 때까지 땅바닥을 계속 더듬었습니다. 끝이 날카로운 그 돌멩이를 써서 그는 누워 있던 곳 근처에 있는 큰 바위에 내게 남기는 마지막 메시지를 간신히 새겼습니다. 최악의 일이 일어나면 내가 결국 그 바위를 보고 그의 마음속 깊은 곳에 항상 내가 같이 있었다는 사실을 알게 될 거라는 것이 그의 의도였습니다.

나는 다시 울기 시작했습니다. 나는 내가 남편을 얼마나 사랑하는지 알고 있었지만 그가 날 얼마나 사랑하는지는 미처 생각하지 못하고 있었습니다.

라구나 협곡의 나무들이 울창하게 우거진 산속 어딘가 깊은 곳에 옆에 하트가 새겨진 큰 바위가 하나 있습니다. 그리고 그 하트 안에는 이런 말이 새겨져 있습니다.

"엘리자베스, 사랑해."

담배보다 치명적인 고독

*나는 거리에서 사랑에 빠진 아주 가난한 한 남자를 만났다.
그의 모자는 낡았고, 코트의 팔꿈치는 구멍이 났고,
신발에서는 물이 샜지만 그의 영혼에서는 별빛이 비치고 있었다.
— 빅토르 위고*

사랑은 신비롭고 경이롭다. 친밀한 관계 속에서 서로를 위해 진심을 다해 함께 살아가는 두 사람에게 사랑은 특별한 방식으로 영향을 준다.

그런 관계는 좀 더 깨어 있는 마음으로 사랑에 넘치는 사람이 되기 위해 배워야 할 필요가 있는 것들을 경험하게 해준다. 그런 관계는 우리의 마음을 열어주고, 마음을 아프게도 하다가, 아픈 마음을 치유해준다. 가끔은 이 모든 일이 동시에 일어나기도 한다. 이런 관계는 용기, 인내, 상처를 극복할 수 있는 힘을 키울 수 있는 기회를 준다. 그리고 인정 많고 관대한 사람이 되는 법을 가르쳐준다. 이런 관계는 우리가 살아 있는 목적을 성취할 수 있는 힘을 준다.

그리고 이제 현대과학은 사랑과 친밀한 관계가 우리를 건강하게 한다는 사실을 인식하고 있다.

미국에서 원인에 상관없이 나이와 성별을 불문하고 이혼한 사람,

남성 10만 명당 매년 조기 사망률		
	비흡연자	흡연자
기혼자	796	1,560
독신자	1,074	2,567
상처한 사람	1,396	2,570
이혼한 사람	1,420	2,675

독신, 과부나 홀아비가 된 사람들의 사망률이 일관되게 높다는 놀라운 사실이 밝혀졌다. 이런 통계 수치로 보면 왜 생명보험회사들이 사람들의 수명을 점치는 데 그들의 결혼 여부를 가장 좋은 지표 중 하나로 삼고 있는지 알 수 있다.

해몬드 보고서는 거의 50만 명에 이르는 미국인들의 흡연 습관을 추적하고 결국 모든 담뱃갑에 흡연은 건강에 좋지 않다는 경고문을 인쇄하기에 이르렀다. 해몬드 보고서에서 뽑아낸 위의 표를 보면 뭔가 다른 것 때문에 놀라게 될 것이다.

이 표에서 볼 수 있는 것처럼 각 카테고리의 흡연자들의 조기 사망률은 비흡연자들의 대략 두 배다. 하지만 내가 가장 놀랍게 생각했던 점은 이혼한 비흡연자의 조기 사망률이 결혼한 흡연자의 사망률과 거의 같다는 점이다. 분명 남성에게 파경은 평생 담배를 피우는 습관만큼이나 치명적일 수 있다는 것이다.

긍정적인 관계의 힘

사랑과 사회적 유대감이 인간의 건강에 미치는 영향을 탐구한, 초기의 많은 훌륭한 연구 중 하나는 바로 1965년 전염병 학자인 리사 버트맨 박사가 시작한 연구다. 현재 하버드 공중보건대학에서 건강과 사회적 행동 분과의 학과장으로 있는 버크맨 박사는 캘리포니아의 알메다 카운티에 살고 있는 7,000명의 남녀를 대상으로 광범위한 연구를 실시했다. 그녀는 9년에 걸친 연구에서 타인과 단절된 사람들은 강력한 사회적 유대관계를 가진 사람들보다 사망할 확률이 대략 세 배 더 높은 것을 발견했다. 사회적 유대관계의 종류는 중요하지 않은 것으로 나타났다. 중요한 것은 그것이 가족이건, 친구들이건, 교회이건, 자원봉사 그룹이건, 결혼 생활이건, 일종의 사회적 네트워크에 소속되어 있다는 점이었다.

건강 결과와 생존율의 극적인 차이는 사람들의 연령, 성별, 건강 습관 혹은 육체적 건강 상태에 상관없이 나타나는 것으로 밝혀졌다. 하지만 이 연구에서 연구자들을 가장 놀라게 한 점은 강력한 사회적 유대관계를 유지하면서 건강에 나쁜 생활습관(흡연, 비만, 운동 부족과 같은)을 가진 사람들이 사회적 유대관계는 약하지만 좀 더 건강에 좋은 생활습관을 가진 사람들보다 실제로 오래 산다는 점이었다. 말할 필요도 없지만 건강에 좋은 생활습관과 강한 사회적 유대관계를 지닌 사람들이 가장 오래 살았다.

이 연구는 일종의 예외일까? 아니, 그렇지 않다. 다른 많은 연구가 비슷한 결론에 도달했다. 스웨덴의 1만 7,000명의 사람들을 검사하고 그 후를 추적한 결과, 연구를 시작했을 당시 가장 고독하고 타인과 격리된 생활을 하는 사람들이 향후 6년간 조기 사망할 위험이 거의 네 배나 높았다.

또 다른 예로 1998년 〈사이언스〉지에 실린 연구에서 사회적 격리의 의학적 위험을 분석한 내용에서 정서적 지지가 부족한 것이 흡연보다 질병에 걸릴 위험과 사망할 위험이 훨씬 더 큰 것으로 드러났다.

이 연구들과 다른 많은 연구는 우리에게 고독의 의학적 중요성이 실제로 존재하며 심지어 치명적일 수 있다는 점을 경고한다. 동시에 이들은 우정, 사랑, 긍정적인 관계의 치유력에 대해 과학적으로 설득력 있는 증거들을 제시한다.

여러 연구에 따르면 심지어 반려동물을 키우는 것도 큰 차이가 날 수 있다는 것이 밝혀졌다. 애완동물과 함께 자란 아이들이 천식에 걸릴 가능성이 한결 낮고, 다른 아이들에게 더 친절하게 대하며, 10대가 됐을 때 건강한 자긍심을 가지고 있을 확률도 더 높다는 것을 보여줬다. 연구자들은 또한 애완동물을 키우면 아이의 육체적, 정서적 발달에 긍정적인 영향을 미치며 심지어 학업 성적에도 좋은 영향을 미친다는 사실을 발견했다.

애완동물 연구 중에서도 가장 유명한 연구 중 하나는 펜실베이니아 대학의 에리카 프리드먼 교수와 동료들이 실시한 연구다. 그들은 관상동맥성 심장 질환에 걸려 입원한 환자들의 늘어난 생존율과 애완동물의 소유 여부 사이에 강력한 상관관계가 존재한다는 것을 밝혀냈다. 심장이 손상된 정도와 다른 의학적 문제들의 차이점을 고려한 후에도 집에 애완동물을 키우고 있는 환자들이 생존할 가능성이 좀 더 높다는 것이 드러났다.

애완동물의 의학적 가치는 심부정맥 억제 연구를 실시하는 연구자들에게 분명하게 드러났다. 이들은 심장마비를 일으킨 적이 있고 현재 심장박동이 불규칙적인 증상을 경험하고 있는 사람들에게 미치는 두 약품(Encainide와 flecainide)의 효과를 연구하고 있었다. 역설적으로 이 두 약품은 심장병으로 인한 사망을 늘리는 것으로 나타났다. 하지만 그와 동시에 개를 키우는 환자들은 개가 없는 환자들에 비해 연구 기간 동안 사망할 확률이 6분의 1밖에 안 되는 것으로 나타났다.

만약 개보다 그 약들이 사망 확률을 6분의 1로 줄이는 결과가 나왔다면 어떤 일이 일어났을지 상상할 수 있겠는가? 그 약들은 전국에 있는 심장박동이 불규칙한 모든 심장병 환자에게 처방됐을 것이고, 제약회사들은 의사들과 대중에게 그 약이 얼마나 대단한 약인지 광고하는 데 수억 달러를 썼을 것이다. 하지만 개가 주인에게 바치는 충성과 사랑은 병에 넣어서 팔 수 없기 때문에 그런 대대적인 홍보 캠페인도 없었고, 현재까지 대부분의 사람들은 반려동물과의 관계를 포함해서 사랑에 찬 관계가 얼마나 큰 치유 효과를 발휘하는지 깨닫지 못하고 있다.

베타 차단제 심장 발작 실험(Beta-blocker heart attack trial)이라는 이름의 또 다른 연구에서 연구자들은 심장마비를 극복하고 살아남은 2,300명이 넘는 남성을 추적해서 베타 차단제를 복용하는 사람들의 생존율이 늘어났는지 살펴봤다. 생존율은 늘어났지만 연구자들은 그보다 훨씬 더 중요한 사실을 발견했다. 놀랍게도 다른 사람들과 강한 유대관계를 가진 환자들은 흡연, 식습관, 알코올, 운동, 체중과 같은 다른 요인들을 통제했을 때도 사망할 확률이 그렇지 않은 사람에 비해 4분의 1밖에 되지 않았다. 사실 사회적 유대관계로 인한 사망 위험의 감소는 실험 기간 중 베타 차단제를 복용한 환자보다 훨씬 더 강력한 것으로 나타났다.

부분적으로는 이 연구 결과 현재 의사들은 심장마비를 겪고 살아남은 사람들에게 광범위하게 베타 차단제를 처방해주고 있다. 아이러니하게도 대개 15분 정도 환자를 진찰하는 시간에 이 약을 처방해주는 의사들은 이렇게 처방해주는 시간에 훨씬 더 효과가 큰 것으로 입증된 우정과 사회적 지지의 효과에 대해서는 결코 언급하지 않는다.

우리는 서로에게 얼마나 중요한 사람들일까

의학박사인 레이철 나오미 레멘은 인간관계가 만들어낼 수 있는 건강의 성과에 대해 이야기했다.

오래전 어느 일류 의대에서 소아과 강의를 하고 있을 때 소아 당뇨에 걸린 청소년 6명을 연구한 적이 있었다. 그들 대부분은 아장아장 걸어 다닐 때부터 당뇨가 있어서 엄격한 식습관을 지키고 있었으며 유치원에 다닐 때부터 인슐린 주사를 맞고 있었다. 하지만 이들은 혼란스러운 사춘기에 들어서면서 또래 아이들처럼 되고자 필사적으로 노력하다 보니 당뇨란 질병이 그들과 다른 청소년들을 가르는 표시가 되면서 끔찍한 짐이 돼버렸다. 유아기 때부터 당뇨로 인해 생활에 통제를 받던 청소년들은 이제 그 병이 제3의 부모라도 되는 것처럼 병이 휘두르는 권위에 반발하기 시작했다. 그들은 주사 놓는 것을 잊어버리고, 같이 어울려 다니는 아이들이 먹는 음식은 뭐든 상관없이 먹다가 혼수상태에 빠지거나 쇼크 상태로 응급실로 실려오는 일이 반복됐다. 아이들로서는 아주 끔찍하고, 위험하고, 답답한 일이었고, 부모들과 소아과 직원들로서는 진이 빠지는 일이었다.

이 문제는 이 클리닉의 부원장인 내게 넘어왔고, 나는 단순한 해결책을 써보기로 결심했다. 나는 두 개의 토론 집단을 결성해서 각각의 집단에 3명의 청소년과 다른 3명의 청소년의 부모가 들어가도록 했다. 각 집단은 일주일에 한 번씩 만나서 이야기를 나눴다.

이 그룹들은 아주 강력한 효과를 발휘하는 것으로 드러났다. 자신의 부모에게는 말할 수 없었던 아이들이 다른 아이들의 부모에게는 자신들의 욕구와 생각에 대해 명확하고 분명하게 표현했다. 자신의 아이들이 하는 말은 들을 수 없었던 부모들도 다른 사람의 자식들이 하는 말은 한 마디 한 마디 귀담아들었다. 그리고 자신의 부모가 하는 말은 들으려 하지 않던 아이들도 다른 아이의 부모가 하는 말은 들을 수 있었다. 처음으로 이해받았다는 느낌이 든 사람들은 마음을 놓고 울기도 하고, 다른 사람들도 그들에게 관심이 있으며 위로할 수 있다는 사실을 발견했다. 모든 연령대의 사람들이 서로에게 통찰력을 베풀고 서로를 지지하자 그들의 행동이 변하기 시작했다. 부모들과 그들의 아이들도 대화를 하기 시작했고, 새로운 방식으로 상대방이 하는 말을 들었다. 모든 가족관계의 질이 향상됐고 아이들이 응급실을 찾아오는 횟수 역시 실제로 줄어들기 시작했다.

이 부모들과 아이들은 자신이 서로에게 베풀 뭔가 중요한 것을 가지고 있다는 사실을 깨달았다. 그들은 타인에 대한 그들의 보살핌과 연민이 그들이 생각했던 것보다 훨씬 큰 변화를 만들어낸다는 것을 알아가기 시작했다.

불행한 관계가 주는 위험

관계란 강력한 것이며, 건강과 장수에 극히 중요할 수 있다. 하지만 인생의 다른 면들이 종종 그런 것처럼 빛이 있듯이 그늘도 있다. 친밀하고 좋은 관계는 건강에 큰 도움이 되지만 나쁜 관계는 건강을 상당히 크게 해칠 수도 있다. 가끔 사람들은 배우자가 있는데도 고독해서 상심하기도 한다.

2000년 미국 〈의학협회〉지에 발표된 한 기사에서 의학박사인 크리스티나 오스고머가 이끄는 연구팀은 부부 간의 불화가 여성들에게 심장병으로 인한 사망 위험을 크게 늘린다는 사실을 발견했다. 이 연구에 따르면 심장병이 있는 여성들이 스트레스가 강한 관계를 맺고 있다면 심장 문제가 재발할 가능성이 세 배 더 높은 것으로 나타났다. 여러 문제로 인해 연구 결과가 손상될 수 있다는 것을 의식한 연구자들은 구체적으로 연령, 주로 앉아서 생활하는 생활습관, 에스트로겐 상태, 흡연, 지질 수준, 교육 그리고 연구 결과를 바꿀 수 있는 다양한 변수를 제외시켰다.

여성의 건강을 그렇게 크게 손상시키는 불행한 관계에는 도대체 어떤 문제가 있는 것일까? 2005년 플로리다의 올랜도에서 여성, 심장병, 뇌졸중에 대한 미국 심장학회의 제2차 국제회의에 발표된 또 다른 연구에서 이보다 한층 더 높은 수준의 통찰력을 제공했다. 이 연구는 10년에 걸쳐 18세에서 77세에 이르는 3,600명의 남녀를 추적했는데 모두 결혼했거나 '결혼 생활'을 하고 있는 상태였다. 연구자들은 부부 간의 불화에 대한 데이터를 수집하고 연구 참가자들의 건강을 추적해서 연구 기간 동안 심장병이 발병하거나 다른 원인으로 사망한 사람이 있는지 살펴봤다.

건강상 가장 위험한 경우는 배우자들과 갈등이 발생했을 때 침묵을 지킨 여성들에게서 나타났다. 그녀들은 그런 상황에서 침묵을 지킴으로써 가정의 평화를 지키고 있다고 생각했을지 모르지만 그에 대해 큰 대가를 치른 것이다. 연구 기간 동안 결혼 생활에서 갈등이 발생했을 때 자신의 의견을 표현하지 않은 여성들은 그런 여성들보다 사망할 위험이 네 배나 높았다.

반면 남성들은 일하는 부인이 직장에서 받는 스트레스로 힘들어하는 것을 봤을 때 심장이 손상되는 것으로 나타났다. 부인이 직장에서 화가 나서 돌아왔다고 말한 남성들은 부인이 일하지 않거나 부인이 직장에서 행복하게 지내는 남성들보다 심장병을 일으킬 확률이 거의 세 배나 높았다.

인정받고, 안전하며, 사랑받고 있다고 느끼는 관계는 당신의 건강에 커다란 축복이다. 하지만 마찬가지로 두렵거나, 상처 받거나, 무시당한다고 느끼게 만드는 관계는 건강을 해칠 수 있다.

베스트셀러 저자이자 투손의 애리조나 대학의 통합치료 프로그램의 책임자인 의학박사 앤드루 웨일은 만성 고혈압이었던 한 은행장이 부인이 이혼을 신청한 후 혈압이 정상으로 돌아왔던 아주 극적인 치유 사례를 이야기해줬다. 그 남성의 혈압은 120/80으로 떨어져서 계속 유지됐다. 박사는 이 남성의 부인과의 관계가 사랑과 기쁨과 치유의 원천은 아니었던 것 같다는 생각을 했다.

또 다른 경우에 작가인 브렌든 오레건은 자궁암이 전이돼 죽음이 머지않아 보였던 한 여성의 놀라운 경우를 묘사한 글을 의학 잡지에 실었다. 그녀의 건강 상태는 보고서에 나온 표현대로 하면 '그녀가 매우 증오한 남편이 갑자기 죽자 완전히 회복된' 극적인 변화를 보였다.

양육의 중요성

우리 삶의 가장 중요한 관계 중에는 당연히 부모님과의 관계가 있다. 인간관계가 건강에 미치는 영향을 이해하는 데 가장 유명한 선구자 중 하나로 제임스 린치 박사가 있다. 2000년 출간한 《들리지 않는 울음소리: 고독의 의학적 중요성에 대한 새로운 통찰》이란 책에서 린치 박사는 부모와 자식 간의 관계가 아동 발달에 미치는 영향에 대해 특히 주목하고 있다. 부모가 자식을 대하는 방식이 아이들이 자신감이 있고, 기쁨에 넘치며, 책임감이 있는 어른으로 성장하는가 혹은 불안해하고, 두려워하며, 제구실을 못하는 어른으로 성장하는가에 지대한 영향을 미친다는 사실은 널리 알려져 있다. 하지만 린치 박사의 연구는 이보다 한층 더 깊이 들어가 부모가 아이들을 대하는 방식이 의학적으로도 막대한 영향을 끼친다는 점을 보여준다.

아동을 육체적으로 학대하는 것이 유해하며, 변명의 여지가 없는 일이란 사실이 점점 더 널리 인정되고 있다는 것은 감사할 만한 일이다. 하지만 언어폭력 또한 큰 손상을 입힐 수 있다. 부정적인 말은 주먹처럼 아이를 크게 다치게 할 수 있으며, 깊고 오래가는 흉터를 남길 수 있다. '넌 가망이 없어.' '넌 아무짝에도 쓸모없어.' '넌 제대로 할 줄 아는 게 하나도 없어.' '넌 절대 아무것도 못 될 거야.' '네가 얼른 커서 이 집을 나갔으면 속이 시원하겠다.' 등과 같이 심신을 약화시키는 말로 아이의 자신감을 파괴하는 것 역시 아이를 학대하는 것이다.

린치 박사에 따르면 아이에게 관심을 보이고 같이 있어주려고 하는 것보다 아이를 상처 주고, 통제하고, 조종하려는 언어를 쓰는 부모들 때문에 아이들은 우울해하고 외로워진다고 한다. 부모에게서 이런 느낌을 받은 아이들은 살아가면서 만나는 다른 사람들과 상호작용을 할 때도 이런 기분을 그대로 가지고 간다. 이들은 사회적으로 고립되는 경향이 있으며, 결국에는 삶의 질을 떨어뜨리고 단명하게 되는 질병에 걸리게 된다는 점을 린치 박사가 증명했다. 린치 박사는 수많은 데이터를 제시해서 이런 종류의 양육을 받게 되면 결국엔 일찍 죽기 때문에 매우 위험하다는 결론을 입증했다. 아동기의 고독은 몇십 년이 지나 성인이 됐을 때 심각한 질병의 발병률과 때 이른 사망에 큰 영향을 미친다고 박사는 말했다.

처음 린치 박사의 이론을 알게 됐을 때는 좀 회의적이었다. 나는 암울한 환경에서 자란 사람이 성인이 됐을 때 정신질환을 일으킬 수 있다는 점에서는 의심을 품지 않았다. 하지만 우리가 아이였을 때 부모님들이 우리를 대한 방식이 나중에 우리의 육체적 건강에까지 큰 영향을 발휘할 수 있을까? 하버드 대학에서 장기간에 걸쳐 실시한 연구 결과를 알면 매우 놀랄 것이다. 그 연구는 1950년대 초반 시작됐는데 그때 연구자들은 무작위로 125명의 대학생들을 고른 후 그들에게 정서적 친밀도에 대해 4점을 기준으로 부모와의 관계에 점수를 매기도록 요청했다.

❶ 아주 가깝다
❷ 따뜻하고 다정하다
❸ 참을 만하다

❹ 껄끄럽고 차갑다

35년이 지난 후 연구자들은 이 지원자들의 병력을 조사하고 놀랍게도 엄마와의 관계를 '참을 만하다' 혹은 '껄끄럽고 차갑다'라고 점수를 매겼던 사람들의 91%가 50대 후반에 이르렀을 때 심각한 의학적 위기에 처한 것을 발견했다. 이들은 실제로 35년 전 엄마와 '아주 가깝다' 혹은 '따뜻하고 다정하다'고 말한 사람들과 비교했을 때 심각한 것으로 진단된 병에 걸릴 위험이 두 배 이상이었다. 이와 비슷하게 아버지와의 관계를 '참을 만하다' 혹은 '껄끄럽고 차갑다'고 매긴 참가자들의 82%가 중년이 됐을 때 심각한 병에 걸린 것으로 나타났다.

좀 더 놀라운 점은 양친과의 관계가 '껄끄럽고 차갑다'고 매긴 사람들은 50대 후반이 됐을 때 100% 의학적으로 심각한 문제를 경험했다.

이 연구에는 또 다른, 대단히 흥미로운 면이 있었다. 학생들은 '어머니는 어떤 분입니까?', '아버지는 어떤 분입니까?'란 질문을 받았다. 연구자들은 단순하게 학생들이 부모를 묘사할 때 쓴 긍정적인 말들과 부정적인 말들의 개수만 셌다. 긍정적인 말의 전체 개수를 반영하는 간단한 점수 하나가 35년 후 이 학생들의 건강을 아주 심도 있게 예측해주는 지표가 된 것으로 나타났다.

부모와의 관계에 대한 묘사와 미래 건강 사이의 상관관계는 가족 병력, 흡연, 정서적 스트레스, 그 후 부모의 죽음 혹은 이혼과 학생의 결혼 이력이란 변수와는 별개로 연구됐다. 이 요인은 아주 강력한 힘을 발휘하는 것으로 드러났다. 부모를 묘사할 때 긍정적인 말을 거의 쓰지 않았던 학생들의 무려 95%가 중년이 됐을 때 심각한 질병에 걸린 반면 긍정적인 말을 많이 사용한 학생들은 단지 29%만이 그런 병에 걸렸다. 내가 이 점을 아주 흥미롭게 생각했던 이유는 부모와의 관계가 원만하지 못했던 것이 흡연, 비만, 고혈압을 모두 합친 것보다 주요 성인병에 더 큰 위험 요인이었기 때문이다.

나는 외과의사이자 작가인 버니 시걸 박사의 이 말에 전적으로 동의한다. "인류의 가장 큰 질병은 아이들에 대한 사랑 부족이다."

하버드 연구는 예외적인 경우일까? 그렇지 않다는 것이 다른 많은 연구 결과를 통해 알 수 있다. 존스홉킨스 의대 연구자들은 1940년대에 1,300명의 건강한 의대생들에게 '부모와의 친밀도 등급'이라 불리는 질문지를 작성해서 학생과 부모 간의 관계의 질을 평가했다. 50년 후 부모와 별로 가깝지 않다고 답한 학생들은 암에 걸렸을 확률이 훨씬 더 높았다. 부모와 소원한 관계의 예측치는 시간이 흘렀다고 해서 감소하지 않았으며 흡연, 음주, 혹은 방사능 노출과 같은 다른 알려진 위험 요인으로는 설명할 수 없었다. 사실 몇십 년이 지난 후에 어떤 사람이 암에 걸릴지를 예측하는 가장 강력한 지표는 흡연이나 비만이 아니라 50년 전 아버지와의 친밀한 관계 부족이라는 점이 드러났다.

나의 아버지, 나의 아들

우리가 우리의 아이들을 어떻게 키우는지는 이렇게 중요하다. 우리는 물론 모두 상처를 가지고 있지만 만약 그 상처를 받아들이고 치유한다면 상처를 아이들에게 물려주지 않을 가능성이 있는 것이다. 건강하고 사랑에 찬 세상을 세우려 한다면 이보다 더 중요한 일도 없다.

내 아내인 데오가 우리의 아들인 오션을 임신했을 때 나는 너무도 기뻤다. 하지만 내가 어떤 아버지가 될지 확신할 수 없었기 때문에 걱정이 되기도 했다.

내가 어렸을 때는 남자가 약한 모습이나 고통스러워하는 모습을 드러내면 안 된다고 배웠다. 현대의 많은 남성처럼 나는 강한 것과 금욕적인 것이 같은 것이라고 배웠으며 도움을 청하거나 울음을 터뜨리는 것은 남자답지 못한 짓이라고 믿었다. 삶은 전쟁이며 성공하기 위해 무장해야 한다고 배웠다. 나는 내가 왜 그렇게 외로웠는지 이해하지 못했다. 나는 내 감정을 전혀 이해하지 못했던 것이다.

내 아버지는 아주 자신만만하고 크게 성공한 분으로 오랜 시간 일해서 가족을 잘 부양하셨지만 나는 자라면서 아버지와 정서적으로 가깝다거나 내 사랑이 아버지에게 아주 중요하다는 느낌은 받지 못했다. 아버지는 장난치고 싶을 때는 가끔 내 배를 치면서 내게 아픔을 참기 위해 배에 힘을 꽉 주라고 했고, 그렇게 한 대 친 후에는 아주 잘했다고 칭찬해주시곤 했다.

아버지가 되기 직전에서야 나는 어렸을 때 내 감정을 있는 그대로 느끼고 표현하지 못했다는 사실을 깨달았다. 이렇게 정서적으로 단절됐기 때문에 나는 다른 사람들이 나에 대해 알려고 하거나 가까이 다가오지 못하게 했고, 나 또한 다른 사람들을 잘 알거나 그들과 가까워지지 못했다. 나는 강인하다고 배웠던 것이 사실은 일종의 두려움의 한 형태, 타인에게 마음을 열고 있는 그대로 대하면서 유대감을 다지는 것에 대한 두려움이었다는 것을 깨닫기 시작했다.

나는 내가 알던 아동기의 경험과는 다른 것을 내 아들이 경험하길 원했다. 나는 아들에게 육체적으로 같이 있어줄 뿐 아니라 정신적으로도 같이 있어주고 싶었다. 나는 아들이 내게 자신의 진면모를 보여주고, 실제로 자신에게 없는 면을 있는 척 꾸미지 않았으면 했으며 무엇보다 자신의 가치를 알고, 그가 내게 얼마나 중요한 사람인지를 알고, 그의 사랑이 내게 아주 중요하다는 것을 알길 원했다. 나는 우리가 솔직하게 서로의 감정을 털어놓고 가까워지길 원했다. 하지만 그렇게 하려면 내가 쌓은 벽을 무너뜨리는 법부터 배워야 했다.

오션이 18개월쯤 됐을 때 아내가 일주일 정도 여행을 떠나서 난 이 꼬맹이를 완전히 혼자 돌봐야 했다. 처음에는 둘이서 아주 잘 지냈지만 끊임없이 아이 뒤치다꺼리를 하면서 나는 서서히 지치기 시작했다. 나는 아이를 보는 것이 쉽지 않다는 것이 슬펐고, 점점 더 힘겨워지고 있다는 것을 느끼기 시작했다.

어느 날 저녁 슬픔이 점점 더 차올라서 비통해지는 지경까지 이르렀다. 내가 어렸을 때 받은 상처가 분명 다시 살아난 것이다. 나는 침대에 누워서 나를 포함한 모든 아이, 아이들의 가치와 진가를 제대로 인정하고 확인해주지 못했던 부모들이 키운 모든 아이를 위해 울기 시작했다.

오션은 그때 유아용 의자에 앉아 저녁을 먹고 있었다. 내가 너무나 비통하게 우는 모습을 보던 오션은 의자에서 내려달라고 조르기 시작했다. 그때 그는 몇 마디밖에 할 줄 몰랐는데 그 중 하나가 '내려줘'였다. 내가 침대에 누워 우는 동안 그는 아주 심각한 표정으로 날 보더니 "내려줘! 내려줘!"라고 말하기 시작했다.

"난 널 하루 24시간 돌보고 있잖니. 그냥 잠깐 울게 내버려두지도 못하니?" 난 울면서 아들에게 말했다.

"내려줘! 내려줘!" 아이는 고집을 피웠다.

"알았다. 네가 이겼다." 나는 한숨을 쉬며 의자로 다가가 부드럽게 아이를 안아서 카펫에 내려놨다. 그리고 아이에게 키스하고 다시 침대로 돌아가 누운 후 또 울기 시작했다.

눈을 감고 있던 나는 가슴에 뭔가 부드럽게 압력이 가해지는 것을 느꼈다. 놀라 눈을 뜨자 오션이 사랑에 찬 눈빛으로 날 내려다보고 있는 것이 보였다. 그는 침대까지 걸어와서 올라와 내 옆에 기어온 후 내 가슴에 손을 올리고 걱정스러운 눈빛으로 날 바라보고 있었다. 그가 그렇게 의자에서 내려오고 싶었던 이유는 그가 이기적이고 제 욕심만 채우려드는 아이가 아니라 슬퍼하는 내 옆에 있어주고 싶어서였다. 그는 아주 걱정스러운 눈빛으로 너무나 다정하게 말했다.

"아빠, 아파."

이때 그는 처음으로 두 단어를 합쳐서 말했다. 이것이 그가 말한 첫 문장이었다.

나는 그 순간 안도했다. 내가 악순환을 깨는 여정의 첫걸음을 디뎠다는 것을 깨달았기 때문이다. 앞으로도 나아가야 할 길이 멀지만 나는 아들에게 정서적으로 같이 있어줄 여유를 낼 수 있으며, 상처와 결점이 많은 나지만 아들에게 줄 사랑과 배려가 많다는 것을 깨닫기 시작했다.

그 이후로 30년이 넘는 세월이 흐르는 동안 나는 거듭 오션의 친절과 연민에 감동을 받곤 했다. 겉으로 보기에 무한해 보이는 오션의 애정은 계속 날 이끌어주고 영감을 주고 있다. 그의 아버지가 된다는 것은 내 인생에서 끝나지 않는 기쁨과 특권의 원천이 되고 있다.

부러진 곳에서 튼튼해지기

만약 당신이 어렸을 때 외롭고, 방치되고, 학대받았다면 당신의 내면에서 사랑과 치유력을 찾는 것은 아주 힘든 여정이 될 수 있다. 하지만 그런 고통스러운 유산을 극복하고 당신의 삶을 되찾는 것은 가능하다. 그 비결은 어렸을 때 당신이 받았던 대우와는 다르게 당신을 대하는 방법을 배우고, 당신의 진가를 알고 인정하는 사람들을 주위에 두고, 그들 옆에서 완전하고 사랑에 찬 자신이 되는 것이다. 당신은 당신이 받았던 그 절망적인 유산을 계속 지니고 있을 필요가 없으며 그것을 아이들에게 물려줄 필요도 없다. 대신 당신의 독특함을 표현하고 당신만의 사랑의 방식으로 내면의 치유력을 찾아야 한다.

어니스트 헤밍웨이는 이렇게 썼다. "세상이 모든 사람을 부러뜨리지만 그 후 많은 사람은 부러진 자리가 강해진다." 부러진 심장도 여전히 살아 있다. 당신이 할 수 있는 일은 상처에서 힘을 찾고 좀 더 깊은 지혜와 창의성과 연민을 가지고 당신과 다른 사람들과 유대를 맺으면서 일어서는 것이다.

자기연민에 빠지기보다 자신을 변화시키는 데 고통을 이용할 수 있다면 상실감과 슬픔을 이용해서 당신 내면의 새로운 생명과 연민을 깨울 수 있을 것이고 그렇게 한다면 당신의 부모님이 얼마나 차가웠건 혹은 제대로 부모 역할을 못했건 그건 더 이상 문제가 되지 않는다. 만약 당신이 당신의 아이들에게 자신이 원했던 부모가 될 수 있다면 당신은 무조건적인 사랑의 치유력에 대해 알아야 할 필요가 있는 모든 것을 배우게 될 것이다.

사랑할 수 있는 시간을 놓치지 마라

삶의 가장 큰 비극은 인간이 죽는다는 사실이 아니라
사랑을 멈추는 것이다.
- 윌리엄 서머싯 몸

　제임스 프레스콧은 미 건강과 인간 개발 국립 연구소의 발달 생물학 프로그램을 설립했다. 그가 49개의 전통적인 문화를 조사했을 때 일부 문화는 적을 죽이고, 고문하거나, 불구로 만드는 것을 즐기는 반면 나머지 문화는 그렇지 않다는 점을 발견했다. 그 차이는 뭘까? 그는 궁금해졌다. 그가 찾은 해답은 만지고, 안아주고, 안고 다니는 것 같은 육체적 애정이었다. 아이들에게 체벌을 가하는 문화에서는 잔인한 성인들이 배출됐다. 기술적으로 표현하자면 유아의 육체적 애정 등급에서 낮은 점수가 성인의 신체적 폭력의 높은 비율과 상관관계가 있다는 것이다.

　그리고 프레스콧 박사는 또 다른 점을 발견했다. 그는 아이들에게 육체적 애정을 맘껏 퍼붓는 사회에서는 행복하고 건강한 성인들이 나온다는 사실을 발견했다. 이런 사회의 구성원은 서로를 믿으며, 그들의 삶은 기쁨이 많고 폭력은 별로 없다는 특징을 지니고 있다.

건강한 노화의 전형적인 예가 되는 사회들의 큰 특징 중 하나는 아이들을 지속적으로 사랑하고, 안아주고, 보살핀다는 것이다. 아이들을 꾸짖거나 창피를 주는 경우는 거의 없으며, 아이를 때린다는 생각은 아주 생소하다. 현대 사회에서 아이들에 대한 체벌을 선호하는 사람들은 아이들에게 옳고 그름을 가르치기 위해서는 체벌이 필요하다고 믿고 있다. 하지만 아이를 절대 때리지 않는 사회에서 자란 아이들은 놀랄 정도로 품행이 바르며, 아이들의 훈육이 문제가 되는 경우는 거의 없다. 존중받고 큰 아이들은 자연스럽게 연장자를 존중한다.

압하지야, 빌카밤바, 훈자, 전통적인 오키나와와 같은 문화들은 고아원이 있을 필요가 없다. 부모가 죽은 아이들이 없어서가 아니다. 부모가 죽으면 신속하게 다른 가족들과 마을 공동체가 아이들의 양육을 맡아서 할 수 있는 최선을 다해 어린 아이들의 기본적인 욕구를 채워주고 소중하게 아끼고, 그들이 사랑받고, 격려받고 있다고 느낄 수 있도록 노력한다.

건강한 노화가 정상인 사회의 결정적인 특징은 버림받거나 소외되는 사람이 거의 없다는 것이다. 사람들이 곤경에 처할 때는 늙건 젊건 항상 다른 사람들이 그들을 받아들여 보살펴준다. 장애가 있거나 특별한 보살핌을 필요로 하는 사람들도 결코 비웃음의 대상이 되거나 망신을 주거나 격리시키는 일이 없으며 대신 할 수 있는 한 모든 일에 참여하게 한다. 이 건강한 문화의 가장 큰 비결 중 하나는 누구도 결점이 있거나 불완전하거나 사랑받을 자격이 없다는 느낌을 받지 않게 한다는 것이다.

물론 현대 사회에서는 항상 이런 일이 일어나지는 않는다. 애비 블레어로부터 들은 이야기가 있다. 나는 그 이야기가 누구도 거부될까 두려워하지 않고 모두 환영받고 사랑받는 삶의 방식에 대한 인간의 영원한 갈망을 묘사하고 있다고 생각한다.

프레디를 처음 봤을 때가 기억납니다. 프레디는 내가 일하는 입양 기관의 아기 놀이울 안에 서 있었습니다. 프레디는 날 보고 이를 모두 드러낸 채 생긋 웃어줬습니다. 정말 사랑스러운 아이구나, 난 생각했습니다.

그의 양엄마(고아원에서 그 아이를 담당하고 보살피는 여성)가 프레디를 안았습니다. "프레디에게 가족을 찾아주실 수 있나요?"

그때 봤습니다. 프레디는 두 팔이 없이 태어났습니다.

"프레디는 아주 영리해요. 태어난 지 열 달밖에 안 됐는데 벌써 걷고 말도 하기 시작했어요." 그녀는 프레디에게 뽀뽀를 해줬습니다. "프레디를 잊지 않으시겠죠, 블래어 여사? 도와주실 거죠?"

"절대 잊지 않을게요."

나는 2층으로 가서 입양 부모를 찾기 힘든 아동의 리스트를 꺼냈습니다. 그리고 이렇게 썼습니다. "프레디는 10개월 된 아이로 백인이자 프로테스탄트인 영국인과 프랑스인 사이에 태어났다. 프레디는 눈은 갈색이고, 머리는 짙은 갈색이며, 피부는 하얗다. 프레디는 두 팔이 없이 태어났지만 그 점을 제외하면 건강하다. 프레디를 보살피는 양엄마는 프레디가 지능이 뛰어나다고 생각하고 있으며, 그는 이미 걷고 몇 마디 말도 하기 시작했다. 프레디는 생모가 양육을 포기한, 따뜻하고 애정이 넘치는 아이로 입양될 준비가 됐다."

'그래, 프레디는 모든 준비가 다 됐어.' 나는 생각했다. 하지만 정말 프레디의 부모가 돼줄 사람이 있을까?

그날은 화창한 늦여름 오전 10시였고, 입양기관은 부부들로 꽉 차 있었다. 인터뷰를 하는 부부들도 있고, 갓난아기들을 만나보는 부부들도 있고, 새롭게 가족이 되어가는 사람들도 있었다. 이 부부들은 대부분 비슷한 꿈을 가지고 있었다. 이들은 가능한 한 자신들과 많이 닮은 아이, 가능한 한 최대로 어린 아이, 그리고 무엇보다 아무 문제가 없는 아이를 원했다. "입양을 했는데 아이에게 문제가 생긴다면 우리는 다른 부모들처럼 그 문제를 감수할 것입니다. 하지만 문제가 있는 아이를 고른다는 건 너무 힘든 일이죠." 그들은 이렇게 말한다.

누가 그들을 비난할 수 있겠는가?

나만 프레디에게 부모가 돼줄 사람을 찾는 건 아니었다. 새로운 부부를 만나는 사회복지사들은 모두 한 가지 희망을 품고 일을 시작했다. 어쩌면 이 부부가 프레디의 부모가 돼줄지도 모른다는 희망. 그러나 여름이 가고 가을이 왔지만 프레디는 우리 옆에 남아 첫 번째 생일을 맞았다.

그러다 그 부부를 찾았다.

그 만남은 여느 만남과 똑같이 시작됐다. 새 가정을 찾아주는 사례로 아이를 원하는 어느 부부가 있었다. 프랑스 피어슨과 에드윈 피어슨 부부로 부인은 41세이고, 남편은 45세였다. 부인은 가정주부였고, 남편은 트럭 운전기사였다.

나는 그들을 만나러 갔다. 그들은 작고 하얀 목조 가옥에 살고 있었는데 큰 마당에는 오래된 나무들과 햇살이 가득 차 있었다. 부부는 문간에서 설렘과 한편으로는 두려운 마음으로 날 맞았다.

피어슨 부인은 김이 나는 커피와 아주 따뜻한 쿠키를 대접했다. 그들은 손을 잡고 나란히 내 앞의 소파에 앉았다. 잠시 후 피어슨 부인이 이야기를 시작했다.

"오늘은 저희 결혼기념일입니다. 18주년이에요."

"행복한 시간이었죠." 피어슨 씨가 아내를 보며 말했다. "단지."

"그래요." 부인이 대꾸했다. "단지. 항상 '단지'란 말이 걸렸죠." 그녀는 방을 둘러봤다. "이곳은 너무 깔끔해요. 제 말이 무슨 말인지 아세요?"

나는 세 아이가 있는 우리 집 거실을 생각했다. 그 아이들은 모두 10대다. "네, 무슨 뜻인지 압니다."

"우리가 너무 나이가 많은가요?"

나는 생긋 웃었다. "그런 생각 하지 마세요. 저희도 그렇게 생각하지 않습니다."

"항상 이번 달에는 되겠지 생각하다 다음 달로 넘어가곤 했어요. 검사도 해보고, 테스트도 해보고. 온갖 걸 다 해봤어요. 계속. 하지만 아무 일도 일어나지 않았어요. 계속 희망만 품고 있는데 시간은 끊임없이 흘러가죠." 피어슨 부인이 말했다.

"전에도 입양을 해보려고 시도한 적이 있습니다." 피어슨 씨가 말했다. "한 입양기관에서 저희 아파트가 너무 작다고 해서 이 집을 샀습니다. 그랬더니 또 다른 입양기관에서 내가 돈을 충분히 벌지 못한다고 하더군요. 그래서 그만 포기하자고 맘먹었는데 한 친구가 당신 이야기를 하더군요. 그래서 마지막으로 한 번 더 노력해보기로 했습니다."

"그 말씀을 들으니 기쁘네요." 내가 대답했다.

피어슨 부인은 자랑스러운 눈길로 남편을 힐긋 봤다.

"우리가 아이를 고를 수 있을까요? 남편을 위해 사내아이로 하고 싶은데." 그녀가 물었다.

"사내아이로 찾아보겠습니다. 어떤 아이를 원하시죠?" 내가 말했다.

피어슨 부인이 웃었다. "얼마나 많은 종류의 아이들이 있는데요? 그냥 사내아이면 됩니다. 남편은 운동신경이 좋아요. 남편은 고등학교 다닐 때

축구도 하고, 농구도 하고, 육상도 했어요. 사내아이가 있으면 잘해줄 겁니다."

피어슨 씨가 날 봤다. "정확히는 알 수 없다는 걸 알지만. 대강 얼마나 빨리 될지 말해주실 수 없나요? 우린 너무 오래 기다렸습니다."

나는 망설였다. 항상 이 질문이 남아 있었다.

"아마도 내년 여름이면 아이를 데리고 해변으로 갈 수 있겠죠?" 피어슨 부인이 말했다.

"그렇게 오래?" 피어슨 씨가 말했다. "사내아이가 하나도 없나요? 분명 하나쯤 있을 텐데요." 얼마간의 시간이 흐른 후 그가 계속 말했다.

"물론 우리가 다른 사람들처럼 아이에게 많은 걸 해줄 순 없습니다. 저금해둔 돈이 많지 않아요."

"사랑은 많아요. 사랑은 아주 많이 모아놨죠." 부인이 말했다.

"저기." 난 조심스럽게 말을 시작했다. "꼬마가 하나 있습니다. 13개월 됐죠."

"어머나, 정말 사랑스러운 나이네요." 부인이 말했다.

"제게 아이 사진이 하나 있어요." 나는 지갑으로 손을 뻗으며 말했다. 나는 그들에게 프레디의 사진을 건넸다. "아주 멋진 아이예요. 하지만 팔이 없이 태어났습니다."

그들은 아무 말 없이 사진을 찬찬히 바라봤다. 남편이 부인을 봤다.

"어떻게 생각해, 프랜?"

"킥볼(야구와 비슷하지만 방망이로 공을 치는 대신 발로 공을 차는 놀이-옮긴이주). 당신이 아이에게 킥볼을 가르칠 수 있잖아." 부인이 대답했다.

"운동은 그렇게 중요하지 않아. 머리를 쓰는 법을 배워야지. 팔 없이는 살 수 있지만 머리 없인 못 살아. 대학에도 갈 수 있을 거야. 돈을 모아서 대학을 보내자." 남편이 말했다.

"사내아이는 사내아이야." 피어슨 부인이 고집을 피웠다. "사내아이는 뛰어놀 필요가 있어. 당신이 가르칠 수 있잖아."

"내가 가르치지. 팔이 전부는 아니니까. 우리가 뭔가 다른 걸 해줄 수도 있고."

그들은 내가 거기 있다는 걸 완전히 잊어버렸다. 하지만 나는 피어슨 씨의 말이 옳을지도 모른다고 생각했다. 어쩌면 언젠가는 프레디에게 인공 팔을 해줄 수도 있을 것이다. 프레디에게는 팔이 있어야 할 자리에 혹 같은 것이 있었다.

"그럼 아이를 만나보시겠어요?"

그들은 날 올려다봤다. "언제 아이를 데려올 수 있나요?"

"아이를 입양하시고 싶은 마음이 있으세요?"

피어슨 부인이 날 바라봤다. "싶은 마음이 있느냐고요?"

"우린 이 아이를 원합니다." 남편이 말했다.

피어슨 부인은 다시 사진을 보면서 사진에 대고 말했다.

"넌 우리를 기다리고 있었구나. 그렇지, 아가야?"

"아이 이름은 프레디입니다. 하지만 바꾸셔도 돼요." 내가 말했다.

"아뇨. 프레드릭 피어슨. 딱 좋아요." 피어슨 부인이 말했다.

물론 그 전에 처리해야 할 형식상의 절차들이 있었고, 마침내 입양 날짜를 잡았을 때는 크리스마스가 얼마 남지 않았을 때였다. 나는 대기실에서 피어슨 부부를 만났다. "아드님은 준비가 다 됐습니다. 2층으로 가시죠. 제가 아드님을 데려올게요." 내가 말했다.

"너무 불안해요. 아이가 우리를 좋아하지 않으면 어떡하죠?" 피어슨 부인이 말했다.

나는 그녀의 손을 다독였다. "제가 가서 데려올게요."

내가 꼬마 프레디를 데리러 가자 프레디는 날 골똘히 바라봤다. "집에 가." 프레디는 유쾌하게 말했다. 나는 프레디를 안고 피어슨 부부가 기다리고 있는 2층의 작은 방으로 올라갔다. 방문 앞에서 프레디를 내려놓고 문을 열었다. 프레디는 쭈뼛거리며 몸을 조금 흔들며 앞에 서 있는 두 사람을 열심히 쳐다봤다. 두 사람은 프레디를 그 즉시 받아들였다.

피어슨 씨가 무릎을 꿇었다. "프레디, 이리 와. 아빠에게 와."

프레디는 잠깐 나를 바라봤다. 그리고 몸을 돌려 천천히 그들에게 걸어갔다. "집에 가자." 그가 이렇게 말하자 부부는 팔을 벌려 아이를 함께 안았다.

사랑과 고독

꼬마 프레디의 이야기가 감동적인 이유는 이런 이야기들이 인간 영혼의 가장 깊은 소명의식을 불러내기 때문이다. 이런 이야기들은 모든 사람이 보살핌을 받고, 누구도 홀로 있거나, 사랑받지 못한다거나, 다른 사람들이 자신을 원하지 않는다고 느끼지 않는 세상에 대한 갈망을 일깨운다. 이런 이야기들은 우리에게 이 우주에서 사랑이 가장 강력한 마법을 가진 힘이며, 무조건적으로 사랑할 수 있는 능력이 우리에게 있다는 것을 상기시켜준다.

유감스럽게도 산업사회를 살아가는 많은 사람이 필요한 때에 제대로 애정 어린 지지를 받지 못하고 있다. 현재 미국 가구의 25%가 1인 가구다. 미국인의 결혼은 절반이 이혼으로 끝난다(이로 인해 수천만 명의 아이들이 영향을 받게 된다). 미국 아이들의 3분의 1 이상이 미혼모에게서 태어나며, 그중 많은 여성이 남성과 안정적인 관계를 맺지 않고 있다. 심지어는 별 문제가 없는 많은 가족과 결혼 생활에서도 깊은 단절감과 고독이 존재하고 있다.

슬프게도 공동체 의식을 저해하고 긍정적인 관계를 유지하는 것을 더 힘들게 만드는 현대 서구 문명의 발전 방향에 뭔가 문제가 있는 것 같다. 몇 년 전 유니텔 코퍼레이션이 메릴랜드 주의 프로스트버그에서 100개의 텔레마케팅 자리를 옮겼을 때 부회장인 켄 카마이클은 그 지역 주민들인 직원들이 전화로 공격적인 마케팅을 하지 않았기 때문에 이런 결정을 내렸다고 설명했다. 문제는 이웃을 돕고 공감해주는 것과 같은 메릴랜드 서부의 문화와 분위기라고 그가 말했다.

산업화된 세상 도처에서 고립과 단절 현상이 일어나고 있다. 현재 영국 성인의 거의 절반 정도가 미혼이다. 독일에서는 지난 15년 동안 이혼율이 두 배로 뛰었다. 아이슬란드에서는 혼외 출산율이 현재 65%다. 어느 정도는 이런 통계 수치가 전통적인 생활방식의 대대적인 변화를 나타내고 있으며, 결혼하지 않은 많은 커플이 서로에게 충실한 지속적인 관계 속에서 살고 있다는 것을 나도 확신한다. 동시에 이 숫자들은 현대의 삶 속으로 서서히 침투해서 끔찍한 결과를 낳고 있는 고독의 정도를 나타내고 있다.

세상의 거의 모든 문화에서 저녁을 먹는 자리는 가족이 유대감을 공고히 굳히는 장소였다. 특히 프랑스인은 오랫동안 식사 시간을 가족을 위한 특별한 의식으로 소중히 여겨서 전통적으로 아이들은 끼니 중간에 간식을 먹는 것이 허용되지 않았다. 하지만 몇 시간씩 식탁 앞에 앉아 조금씩 차려진 여러 코스 요리를 음미해가면서 함께 있는 시간을 만끽하던 시절은 지나간 것 같다. 그 대신 프랑스인은 텔레비전 수상기 앞에 앉아 전화를 하면서 식사를 하거나 심지어 혼자 식사하는 것이 흔한 일이 됐다. 맥도널드가 유럽의 다른 어떤 곳보다 프랑스에서 더 인기를 끌면서 25년 전만 해도 88분간 지속되던 프랑스의 평균 식사 시간이 현재는 고작 38분으로 줄어들었다.

프랑스인은 오랫동안 대화를 나누는 것을 즐기는 성향으로 유명했지만 프랑스 국립 통계청에 따르면 지난 10년 사이에 프랑스인이 대화에 쓰는 시간이 20% 이상 줄어들었다고 한다. 매년 수천 개의 프랑스 카페가 문을 닫고 있다. 한편 기분을 유쾌하게 해주는 약에 대한 처방전 개수는 세계 다른 어떤 곳보다 프랑스가 더 높다.

분명 현대 사회에는 우리를 타인과 분리하고 소외감을 느끼게 하는 힘이 작용하고 있다. 인간관계가 우리의 건강과 행복에 얼마나 중요한 역할을 하는지 이해하게 되면서 나는 너무나 많은 사람의 삶을 습격하는 공허함에 대해 연민을 가지게 됐다. 그리고 가끔 완벽한 식습관을 따르면서 열심히 운동하는 사람들이 여전히 병에 잘 걸리는 이유를 전보다 더 잘 이해하게 됐다. 우리 시대의 소외감과 고독은 단지 정서적인 현실일 뿐 아니라 우리 몸의 모든 세포에 심각한 악영향을 미친다.

고독하다는 느낌에서 벗어나기 위해 담배, 진정제, 마약, 알코올, 혹은 건강에 좋지 않은 식습관으로 자신의 감정을 마비시키는 사람이 얼마나 많은가? 우리 중 얼마나 많은 사람이 관계, 가족, 공동체의 해체로 인해 야기된 내면의 절망감을 피하기 위해 만성적인 일 중독자가 되거나 아니면 다른 형태의 건전하지 못한 집착에 빠지게 되는가?

한 심리학자가 카페에 있는 커플들이 한 시간 안에 무심코 서로를 만지는 횟수가 몇 번이나 되는지 기록했는데 그 결과가 암시하는 바가 아주 컸다. 일부 전통적인 문화에서는 한 시간에 커플들이 서로를 많게는 180번까지 만졌다. 반면 미국에서는 커플들이 한 시간에 서로를 딱 두 번 만졌다. 런던에서는 한 번도 만지지 않았다.

물론 문화별로 서로를 만지는 것과 사적인 공간에 대한 문제를 다른 방식으로 경험하며, 이 연구는 개인적인 친밀감에 대한 믿을 만한 지표가 아닐 수도 있다. 하지만 인간인 우리는 긍정적인 육체적 접촉을 충분히 가질 때 번성하게 되며, 그렇지 못할 때는 시들게 된다. 만진다는 것은 인간 사이에 벌어지는 가장 기본적인 형태의 커뮤니케이션 중 하나인 것이다.

1995년 10월 17일 워세스터의 매사추세츠 머모리얼 병원에서 여자 쌍둥이가 태어났다. 이 두 아이는 너무 일찍 태어난 조산아로 체중이 2파운드밖에 나가지 않았다. 둘은 신생아 집중치료실에 있는 인큐베이터에 들어갔다. 한 주가 지난 후 한 아이는 건강하게 크고 있었지만 또 한 아이는 호흡 문제, 심상치 않은 혈중 산소 수치, 심장박동 수 이상과 같은 여러 문제에 시달리고 있었다. 적어도 간호사 하나는 그 아기가 살 수 없을 것이라고 예상했다. 하지만 또 다른 간호사인 게일 카스패리안이 병원의 규칙에 위반되는 일을 했다. 그녀는 한 인큐베이터 안에 두 아기를 같이 넣었다. 그렇게 하자마자 좀 더 건강한 갓난아기가 약한 쌍둥이 자매를 한 팔로 감쌌다. 그렇게 하자 기적 같은 일이 벌어졌다. 더 작은 갓난아기의 혈중 산소 포화 수치가(무서우리만치 낮았던) 오르기 시작했다. 아이의 호흡이 나아지면서 아이의 정신없던 움직임도 진정됐고, 심장박동이 안정됐으며, 체온도 정상으로 돌아왔다. 그 후 며칠 그리고 몇 주 동안 아이는 계속 상태가 나아지면서 건강해졌다. 나중에 의사들은 두 쌍둥이가 함께 있게 된 바로 그 순간이 전환점이었다고 말했다.

그 후로 다행스럽게 몇 년에 걸쳐 조산한 쌍둥이들을 한 인큐베이터에 넣는 것이 점점 더 많은 병원에서 표준 관행으로 자리 잡았다.

조산한 영아에 큰 도움을 줄 수 있는 것으로 밝혀진 또 다른 기법으로 '캥거루 보살핌'이라고 하는 것이 있다. 이 기법은 부모와 아이가 피부를 맞대고 오랫동안 접촉하는 것인데 아이에게 큰 도움이 되는 것으로 반복적으로 나타났다. 유아들은 이 기법을 통해 소화도 더 잘 되고, 심장박동도 안정되고, 호흡도 나아지고, 만족도도 커지고, 잠도 더 깊이 잤다.

물론 갓난아기들을 안고 만져줄 필요가 있다는 것은 상식이다. 하지만 아기들만 그런 것이 아니다. 인간은 죽을 때까지 존경과 애정이 어린 인간적 접촉에 대한 욕구를 가지고 있다. 기쁘게도 내가 알게 된 치료사들 중 가장 유능하고 통찰력이 넘치는 치료사 중 하나인 버지니아 사티르는 연령에 상관없이 생존을 위해서는 하루에 네 번 포옹해야 하며, 제대로 신체 기능을 유지하기 위해서는 여덟 번, 성숙해지려면 열두 번 포옹을 해야 한다고 말하곤 했다.

경이로울 정도로 건강하게 장수하는 사람들은 만지고, 포옹하고, 그 밖에도 다른 형태의 존경과 애정이 어린 육체적 접촉들을 생의 모든 단계에서 일상적으로 흔하게 경험하고 있다.

물론 이들도 여전히 심리적으로, 사회적으로 시련을 겪고 있다. 이들도 나름의 역경이 있으며, 때로는 좀 더 큰 역경을 겪기도 한다. 하지만 이들은 유감스럽게도 현대 서구에서 점점 더 기승을 부리고 있는, 인간을 쇠약하게 만드는 고독과 사회적 혼란은 겪지 않고 있다.

이들은 힘들면 그들을 아주 잘 알고 염려하는 사람들의 지지와 우정에 의지할 수 있다. 이들은 슬플 때 미소를 지어주고, 고독을 느낄 때 다가와주고, 나이가 들면 돌봐주는 친구와 이웃과 친지가 있다.

고독한 노인들

애정에 찬 관계가 건강한 노화에 얼마나 중요한지 점점 더 많이 이해할수록 나는 정서적 지지를 받기 위해 의존할 수 있는 타인과의 유대관계가 넓지 못한 노인들을 더욱더 동정하게 됐다. 불가능한 일은 아니지만 현대 서구 문화에서 노년에 의미 있는 관계를 맺는다는 것이 얼마나 힘든지 나는 잘 알고 있다. 과거의 당신을 아는 사람이 하나도 없이 늙어 홀로 된다는 것은 고통스럽고 고독한 일이다.

최근 뉴저지에서 84세의 남성이 자신의 아파트에서 홀로 죽었다. 그의 집세, 케이블 텔레비전 요금, 전화, 가스, 전기세는 계속 자동적으로 그의 은행 계좌에서 인출됐다. 그가 죽었다는 것을 아무도 알아차리지 못한 채 이런 식으로 2년이 흘렀고 마침내 맹인안내견을 데리고 한 맹인 여성이 이웃을 방문했다가 그 개의 행동을 보고 옆집에 뭔가 잘못됐다는 것을 알고 결국 그 노인의 시신을 발견하게 됐다.

극단적인 예이긴 하지만 유감스럽게도 문화적으로 예외적인 일은 아니다. 현재 아주 많은 미국 노인이 혼자 살면서 몇 시간 혹은 며칠씩 텔레비전을 보며 시간을 보낸다. 양로원에 있는 많은 노인이 몇 년씩 자식을 만나지 못하는 경우도 허다하다. 이들이 유일하게 만나는 사람들은 다른 노인들과 그들을 돌보는 사람들이다. 이들은 자신이 누구에게도 의미가 없는 사람이며, 아무도 자신을 사랑하지 않고, 그들의 사랑이 누구에게도 의미가 없다고 느낄지도 모른다. 한편 서글프게도 조부모를 한 번도 만나지 못한 미국 아이가 소수지만 점점 더 늘어나고 있다. 뭔가 아주 단단히 잘못되고 있는 것이다.

미국만 그런 것도 아니다. 이탈리아는 오랫동안 가족 중심 사회로 유명했다. 하지만 2005년 이탈리아 의사들은 수천 명의 이탈리아 조부모들이 병원에서 홀로 외롭게 크리스마스를 지낸다고 말했다. 가족들이 노인을 집에 들이고 싶어 하지 않기 때문이었다. 로마에 본부가 있는 노인을 위한 자선단체의 대표인 로베르토 메시나는 사람들이 자신을 원하지 않는다는 것을 아는 노인들이 겪는 고통에 대해 말했다.

"가장 안타까운 건 방문 시간에 혼자 있는 노인입니다. 그들은 이불을 얼굴 위까지 끌어올리고, 눈을 감고 잠든 척하지만 사실은 이를 악물고 울고 있죠."

현대 사회에서 노인의 고독은 가끔 너무나 심각해서 글자 그대로 이들은 찢어질 것 같은 가슴을 안고 죽기도 한다. 반면 세상 최고로 건강하게 장수하는 사회의 노인들은 살아가면서 벌어지는 모든 일에서 소외되는 법이 없다. 노인들은 확대가족의 일원이며 지속적으로 젊은 세대와 돕고 사랑하는 기회를 가지게 된다. 오키나와에서 형제 간의 다툼이 가장 심할 때는 바로 나이 든 부모를 서로 모셔가겠다고 논쟁할 때다.

저주를 많이 아는 것으로 유명한 한 압하지야 노부인에게 인간에게 걸 수 있는 가장 끔찍한 저주가 뭐냐고 물었다. 그녀가 상상할 수 있는 최악의 저주는 바로 이것이었다. "현명한 충고를 해줄 수 있는 노인이 집에 하나도 없으며, 그 충고를 들을 젊은이가 하나도 없게 하라."

여러 세대가 함께하다

나는 내 조부모님을 잘 알진 못했지만 지금 우리 집에서는 3대가 화목하게 살고 있기 때문에 내가 아주 큰 행운아라고 생각한다. 현대 사회에서 모든 사람이 이런 기회를 누리는 건 아니기 때문에 나는 현재 우리 가족이 서로 잘 지낼 수 있어서 아주 고맙게 생각하고 있다.

나는 아내인 데오(우리가 결혼한 지 40년이 됐다)와 33세의 아들 오션과 그와 결혼한 지 13년이 된 며느리 미셸과 쌍둥이 손자인 다섯 살짜리 리버와 보디와 같이 살고 있다. 우린 모두 이런 가족 형태 덕분에 삶이 아주 풍성해졌다고 느끼고 있다. 데오와 나는 미셸을 며느리가 아니라 딸로 생각하고 있다. 아니, 친딸보다도 더 사랑하고 있다.

나는 처음부터 쌍둥이를 키우는 것은 힘들 거라고 확신하고 있었지만 리버와 보디는 예정일보다 2개월 반 일찍 태어나서 특별한 도움을 필요로 했다. 아이 하나를 키우는 데 온 마을 사람들이 달려 들어야 한다는 말을 들어본 적이 있을 것이다. 나는 가끔 우리 가족에게는 두 개의 마을이 필요하다는 생각을 하곤 한다.

하지만 집에 네 명의 '부모들'이 있고, 또한 도움을 주는 많은 친구와 함께 우리는 이 꼬마들에게 할 수 있는 한 최선을 다해 관심과 무조건적인 사랑을 주려고 노력하고 있다. 데오와 나는 이 쌍둥이 손자들이랑 노는 것을 좋아하는데 특히 데오가 오랜 시간 아이들을 돌봐줘서 미셸과 오션이 아주 고마워한다. 아들과 며느리는 같이 재택근무를 하면서 아주 훌륭한 비영리단체(www.yesworld.org)를 공동으로 이끌어가고 있다.

하루는 미셸이 데오와 나에게 얼마나 감사한지, 우리가 같이 있어줘서 얼마나 기쁜지 말했다. 데오가 쌍둥이들에게 헌신하는 막대한 시간을 생각해보며 며느리가 데오에게 이렇게 말했다. "어머님이 아이들을 돌봐주셔서 얼마나 큰돈을 절약할 수 있었는지 몰라요."

데오는 날 힐긋 바라봤는데 그 눈빛 속에 며느리가 빚을 졌다는 그런 생각을 하지 않기를 바라며, 항상 손자들을 돌보면서 즐겁다는 감정이 모두 실려 있었다. 데오는 미셸에게 돌아서서 이렇게 말했다. "그렇게 볼 수도 있겠지. 하지만 우리가 밖에 나가서 손자들을 임대하려면 얼마나 많은 돈이 들지 생각해봤니?"

노년을 찬미하다

우리의 동거 형태(한 지붕 밑에 3세대)가 현재 미국에서는 낯설지라도 실제로 많은 부족과 전통 사회에서는 아주 흔한 일이다. 오키나와, 압하지야, 빌카밤바, 훈자에서는 대가족, 결혼, 아이들에게 아주 큰 가치를 둔다. 각 세대는 인위적으로 분리되지 않으며, 모든 연령대의 사람들이 한 가족의 구성원으로서 자신에게 뭔가 기여할 것이 있다고 느낀다. 여전히 활기 넘치고 기운이 있는 조부모들은 손자 세대와 장난치며 놀아준다. 증조부모들 또한 아이들을 키우는 데 도와주며 젊은 세대의 공경을 받는다. 나이 들어가는 사람들은 항상 가족의 보살핌을 받으며 결코 혼자 살게 방치되지 않는다.

건강한 노인들을 위한 문화의 뚜렷한 특징 중 하나로 알려진 것은 노인에 대한 깊은 존경이며, 사회의 모든 구성원을—특히 가장 약한 사람들—최대한 잘 보살피겠다는 약속이다. 오키나와 노인들은 운이 없어서건 다른 이유에서건 누군가 실패하면 다른 사람들이 그를 도와야 할 의무가 있다고 믿고 있다. 실제로 그들에겐 이런 속담이 있다.

"이 세상에서 다른 사람들의 도움 없이 살 수 있는 사람은 없다."

오키나와에서 노인들은 훌륭한 의료 서비스와 다른 많은 혜택들을 최소 비용으로 제공받는다. 내가 80대 후반의 한 오키나와 노인과 이야기를 했을 때 그는 왜 그것이 좋은 아이디어라고 생각하는지 설명했다. "당연하지. 나도 노인들을 돕는 데 찬성해. 그래야 옳지. 그리고" 그는 눈을 반짝이며 덧붙였다. "나도 언젠가는 늙을 거니까."

또 다른 오키나와 노인은 내게 오키나와 노인들이 받는 대우와 그녀가 알게 된, 가끔 서양에서 노인들이 받는 대우 사이의 극명한 차이에 큰 충격을 받았다고 말했다. "물론 우리는 오래 살아요. 우리는 삶을 사랑하죠. 이런 곳에서 누군들 오래 살고 싶지 않겠어요?"

건강한 노화가 정상인 모든 문화에서는 노인들이 존경받는다. 이들은 사회에 전면적으로 참여할 뿐 아니라 존경과 찬미의 대상이 된다. 오키나와 노인들이 97세가 되면 대대적인 축하 행사(가지마야라고 한다)를 치르게 된다. 그 행사에서 사람들이 모여 노인들을 존경하고, 노인이 살아온 삶을 찬미하고, 아이처럼 자유로운 영혼으로 돌아오게 된 걸 지지한다.

한 사람의 도덕성을 시험해보려면 그의 삶의 여명기에—아이들—있는 이들과 황혼기에—노인들—있는 사람들을 어떻게 대하는지 보면 알 수 있다는 말이 있다. 이 기준으로 보면 멋지고 활기 있게 장수하는 노인들이 사는 사회에는 우리가 배울 만한 뭔가 심오한 점들이 있는 것이다.

우리가 할 수 있는 일들

우리 각자에게는 사랑을 표현하고 의미 있는 관계를 구축하는 독특한 방법이 있다. 살아가면서 긍정적인 인간관계를 만들고 유지할 수 있도록 도와줄 방법이 몇 가지 있다.

- 타인에게 친절하게 대하라. 그들이 어떤 짐을 지고 있는지 알아야만 그 짐이 무겁다는 걸 알 수 있는 건 아니다.
- 다른 사람의 결점이 아무리 크더라도 그의 장점을 알려고 노력하라. 거의 모든 사람에게는 칭찬해줄 만한 점이 있다는 것을 알라. 비록 그 장점이 잠들어 있어 아직까지 발견되지 않았다 하더라도.
- 사랑하는 이들이 겪는 고난과 도전에 대한 이야기를 들어줄 시간을 내라. 친구가 이야기하면 비판을 하기보다 공감을 하면서 들어라. 다른 사람의 고통을 없애줄 수는 없을지 몰라도 그 고통을 들어줄 수는 있다. 그다음에 그들에게 카드를 쓰거나 꽃을 보내서 그들의 강한 면뿐 아니라 약한 면까지 믿고 보여줘서 고맙다는 표시를 하라.
- 다른 사람들도 겪고 있을지 모르는 질병에 걸렸거나 사적으로 힘든 일에 휘말렸다면 규칙적으로 만나 당신의 도전, 두려움, 희망, 꿈을 이해해줄 수 있는 사람들과 이야기를 나눌 후원 모임에 가입하거나 그런 모임을 만들라.
- 다른 사람들의 삶을 풍요롭게 만들 수 있는 기회를 찾아라. 좀 더 나은 친구가 될 방법이 있는지 친구에게 물어라.
- 필요할 때 당신을 도와준 사람을 기억하라. 감사하는 마음을 글로 쓰거나 말로 전하라. 당신의 가족이나 지역 공동체에서 아주 훌륭

한 일을 한 사람의 공로를 인정하라. 그가 벽에 걸 수 있는 감사장이나 기념명판을 만들거나 꽃이나 음식과 함께 감사의 쪽지를 보내라.

- 감정적으로 중요한 의사소통을 하려면 이메일을 쓰지 마라. 직접 만나거나, 전화를 하거나, 부치거나 직접 갖다 줄 수 있는 편지를 써라. 사람들은 편지 받는 것을 좋아한다. 이제는 우편으로 뭔가 특별한 것을 받는 일이 아주 귀해졌다.

- 마사지 기술을 배워서 손을 써서 다른 사람을 만져 치유하고 공경하라.

- 매일 포옹을 주고받으라. 그것도 아주 많이.

- 친구와 가족을 위해 선물을 사는 대신 새로운 경험을 선물하라. 그들의 목과 어깨를 마사지하라. 그들에 대한 감사와 사랑하는 마음을 표현한 시나 편지를 써라. 그들을 데리고 산책을 하고, 그들의 집을 청소하고, 저녁을 만들어주고, 아이를 봐주고, 봄날의 정원을 가꾸는 것을 도와주고, 피크닉이나 함께 즐길 수 있는 특별한 야외 행사를 계획하고, 하루 날을 잡아 시골길을 탐험하거나 극장에서 저녁 공연을 보거나, 애정과 관심을 표현할 다른 창의적인 방법을 찾아보라. 잠깐이라도 시간이 있다면 전화를 해서 당신이 그들을 생각하고 있다는 메시지를 남기거나 그들에 대해 기억하고 특별히 좋게 생각하는 구체적인 장점이나 경험을 언급하라.

- 가족과 친구들을 위해 좋아하는 책들에서 발췌한 부분을 읽어라. 당신이 좋아하는 책들을 줘라. 이 책들이 당신에게 어떤 의미가 있는지 그들에게 말하라.

- 누군가에 대한 감정을 바꾸고 싶다면 당신이 그를 대하는 방식을 바꿔라.

- 근사한 관계를 위해서는 사랑이 필요하지만 그것으로 충분하지 않다는 점을 기억하라. 사랑에 빠진다고 해서 근사한 관계가 생기진 않는다. 관계를 만들기 위해서는 노력이, 그것도 많은 노력이 필요하다.
- 다른 사람들, 특히 배우자나 아주 친밀한 파트너를 당연하게 생각하려는 유혹을 경계하라. 좀 더 편해지기 위해 관계를 이용하기보다 좀 더 사랑에 넘치는 사람이 되기 위해 관계를 이용해야 한다.
- 가끔씩 한 발짝 뒤로 물러서서 자신의 행동을 객관적으로 바라보라. 만약 당신에게 중요한 누군가가 방어적으로 나온다면 당신이 그를 그렇게 만들고 있지는 않은지 자문하라.
- 분노에 반응하기 전에 먼저 들어라. 모든 사람을 이롭게 할 수 있는 해결책을 찾으라.
- 편안하게 지낼 수 있는 우정을 키워라. 유지기에는 막대한 에너지와 스트레스가 들어가는 관계는 피하라.
- 그들이 하는 역할 때문이 아니라 있는 그대로의 그 사람을 존중하라.
- 더 이상 작은 글씨가 보이지 않는 노인들을 위해 책을 읽어주라. 읽은 내용을 테이프에 녹음해서 노인들이 언제나 듣고 싶을 때는 다시 돌려서 들을 수 있도록 하라. 나이가 많은 이웃의 창문을 청소하거나 눈을 치우거나 페인트칠과 같은 집안일을 도와라. 노인의 집에 애완동물이 있다면 그 개를 데리고 산책을 가거나, 고양이의 용변 상자를 치워주거나, 애완동물의 먹이와 용품을 쇼핑해주겠다고 제안하라.
- 아이가 노력하는 모습을 보고 '잘했다'고 칭찬해줄 수 있는 코치나 친구나 스승이 되어라. 아이에게 바른 예절과 타인에 대한 친절과 책임감 있는 행동을 보여줌으로써 아이가 지금 하는 행동보다 훨씬

더 잘할 수 있는 본보기가 되고, 그 아이의 잠재력을 높여줄 수 있는 연장자 친구가 돼라. 아이에게 솔직한 사람이 되고, 그렇게 해서 진실하게 행동한다는 것이 어떤 것인지 일깨워줘라. 아이들에게 중요한 화제에 대한 의견과 생각을 물어서 아이의 내면의 가치를 인정해주는 스승이 돼라. 있는 그대로 꾸밈없이 행동해도 좋다는 것을 보여주는 괴짜 친척이 돼보라.

- 당신의 인생에 어린이가 없다면 근처의 탁아소에 가서 책을 읽어주거나 그곳의 일을 도와주겠다고 제안해보라. 지역 병원에서 갓난아기들을 어르는 일을 자원해서 해보라. 이웃에 사는 아이들을 하이킹에 데려가라. 아이를 등교시키거나 하교시켜보라.

- 당신의 아이가 아닌 남의 아이들에게 상냥하게 대하라. 당신의 아이들을 데리고 도서관에 갈 때 이웃에 사는 아이들도 같이 데리고 가보라. 아이들에게 몸에 좋은 간식을 주고, 이야기를 잘 들어준다는 것이 얼마나 중요한지 기억하면서 아이들의 이야기를 열심히 들어줘라.

- 좀 더 애정에 찬 관계를 향해 나아갈 때 지지를 받을 수 있도록 사람들과 모여라. 규칙적으로 만나고, 매번 만날 때마다 다음번 모임을 갖기 전에 해야 할 일에 대해 그들과 함께 결정하라. 당신이 겪게 되는 어려움과 성공에 대한 이야기 둘 다를 그들과 공유하라.

- 당신과 다른 사람들로부터 배우라. 그들과 당신 사이에 아주 큰 차이가 있더라도 그에 상관없이 당신은 본연의 모습을 잃지 않을 수 있다는 것을 인식하면서 그들에 대한 진정한 호기심을 가지고 그들을 환영하라. 의견 차이 때문에 그들과 소원해지지 않도록 하라.

- 사람들에게 당신이 생각하는 그들의 진가를 말하라. 당신의 친구 하나하나에게 당신이 소중히 생각하고 아끼는 특별한 점이 있다는 것

을 알려주라. 친구들에게 카드나 편지를 써서 당신이 그들을 소중히 여긴다는 것을 그들이 기억할 수 있도록 도와라.

- 빵을 넉넉히 구워서 사람들과 나눠 먹어라. 과도기를 겪고 있거나, 스트레스가 심하거나 위기에 처한 사람들에게 좋은 음식을 갖다 줘라. 한 달에 몇 번 평소보다 저녁을 두 배로 해서 아주 바쁘거나 힘든 시기를 보내고 있는 사람에게 여분의 음식을 갖다 줘라. 그게 꼭 완벽한 식사라야 할 필요는 없다. 그 사람의 짐을 덜어주고 당신이 그 사람을 생각하고 있다는 것을 일깨워줄 정도면 충분하다.

Part 5

진정으로 살기

우리에겐 서로가 필요하다

근본적으로 병들어 있는 사회에 잘 적응한다고 해서
건강한 것은 아니다.
– 지두 크리슈나무르티

현재 '문화'란 용어는 부모, 학교, 공동사회가 아이들에게 전수하는, 학습된 행동의 체계적 통합으로 널리 이해되고 있다. 하지만 얼마 전만 해도 이 개념은 인류학자들이 모인 소수의 전문적인 그룹이 쓰는 어휘의 일부에 지나지 않았다. 우리가 태어나는 순간부터 태어난 곳의 관습이 우리의 경험과 행동에 막대한 영향력을 행사한다는 것은 널리 인식되지 못했다.

이런 생각은 세계 최고 인류학자 중 하나이자 베스트셀러 작가인 루스 베네딕트의 저서 때문에 바뀌게 됐다. 루스 베네딕트의 학생이자 친구이자 동료인 마거릿 미드는 루스 베네딕트의 저서 덕분에 '우리 문화에서'란 말이 광범위하게 쓰이고 널리 이해됐다고 말했다. 그녀 덕분에 우리는 우리가 살고 있는 문화가 근본적인 우리의 의식을 형성했다는 것을 이해하게 된 것이다.

《말보다 오래된 언어》란 저서에서 데릭 젠슨은 루스 베네딕트가 어떻게 일부 문화는 근본적으로 평화로우며 건전한 반면 다른 문화들은 그렇지 않은지, 왜 일부 문화에서는 여성과 아이들과 노인들이 좋은 대우를 받는 반면 다른 문화에서는 그렇지 않은지, 그리고 왜 일부 문화는 협조적인 반면 다른 문화들은 경쟁적인지를 이해한 방법에 대해 묘사했다. 700개가 넘는 사회에 대한 연구를 바탕으로 베네딕트는 이 모든 변수를 설명하는 것처럼 보이는 한 가지 패턴을 인식했다.

연속체의 한쪽 끝에서 그녀는 '상조적'이라고 불렀던 사회들을 발견했다. 이런 사회에서는 모든 사람을 이롭게 하는 행동이 보상을 받는 반면 사람들을 해롭게 하는 행동은 금지됐다. 관대함과 연민의 감정은 존경을 받는 반면 재물을 축적하는 것은 수치스러운 행위로 여겨져서 부는 어느 한 사람에게 집중되는 것이 아니라 그 공동체 전체를 돌며 지속적으로 순환된다. 이런 사회에서는 "누군가 고기나, 채소밭이나 말이나 소가 있다고 해서 그 사람의 지위가 높아지는 것이 아니며, 이런 재산은 그 사람에게 머물러 있는 게 아니라 그를 통해 부족 전체에게 전달된다"라고 그녀는 썼다. 이런 문화는 화목하고, 평화롭고, 건강하고, 여성과 아이들과 노인들을 존중하는 경향이 있다고 그녀는 말했다. 이 사회의 개별적인 구성원들은 행복하고 안전하며, 서로를 믿는 경향이 있다.

이런 공동체의 아이들은 일찍부터 서로 나눠 갖도록 배운다. 잭 콘필드는 어린아이들에게 음식, 음료, 옷을 많이 주는 북미 원주민의 의식에 대해 묘사했다. 그리고 부족의 어른들은 이렇게 소리를 지른다. "난 배고파, 난 목 말라. 난 추워." 음식과 음료수와 옷을 많이 갖고 있는 아이들은 그 물건들을 필요한 사람들에게 나눠주라는 가르침을 받는다. 그런 게임들을 통해서 아이들은 부족의 다른 구성원들의 욕구가 자신의 욕구만큼 중요하다는 것을 배운다.

하지만 루스 베네딕트는 이 연속체의 반대쪽 끝에서 그녀가 '부루퉁하고 고약하다'고 표현한 문화를 발견했다. 이런 문화에서는 전체를 희생하고 개인을 이롭게 하는 행동이 보상받으며, 부를 축적한 사람이 존중받는다. 이런 사회의 구성원들은 병적으로 의심이 많고, 비열하고, 호전적이며, 여성, 아이, 노인을 학대하는 경향이 있는 것을 발견했다. 이런 사회의 개별적인 구성원들은 서로를 경쟁자나 위협으로 보는 경향이 있고, 자신의 이익에 대해서만 생각하며, 허풍이 세며 불안해하고 의심이 많으며 호전적이다. 부는 극소수의 사람들에게만 집중되어 있다.

부의 분배와 인간의 건강

나는 한때 한 사회가 부유할수록 그 사회의 시민들의 건강도 더 좋을 것이라고 믿었다. 현재 세계적으로 볼 때는 이런 생각이 맞다. 1인당 국민소득이 5,000달러에서 1만 달러 미만인 나라들은 대개 빈약한 위생시설과 영양실조로 고통 받고 있으며 건강도 안 좋다.

하지만 일관된 연구 결과에 따르면 이 기준을 넘어선 나라들의 건강은 더 이상 절대적인 수입의 문제가 아니라 실제로는 빈자와 부자 사이의 간극에 따른 문제라는 점이 밝혀지고 있다. 이 기준을 넘어서면 빈자와 부자의 간극이 클수록 시민들의 건강이 더 악화될 것이라는 뜻이다.

모든 사람이 적당한 몫을 받게 되는 식으로 파이가 분배되는 사회가 훨씬 더 건강한 이유는 기본적인 욕구가 충족된 시민들은 지역 공동체에 관심을 가지고 참여하고, 서로를 믿고, 상호 이익을 위해 협조하는 경향이 있기 때문이다. 이런 사회의 구성원들은 우정을 키우고 서로 돌봐주며, 이들의 관계는 지지, 신뢰, 사교성으로 특징지을 수 있다.

현재 모든 나라 중에서 일본이 지구상 어떤 나라보다 수명이 길다(그리고 오키나와는 오랫동안 일본에서 가장 수명이 길었다). 어떻게 일본은 이렇게 건강해질 수 있었을까? 주요 원인은 현재 일본이 세계적으로 부유한 국가들 중에서 경제적으로 가장 공평한 나라이기 때문인지도 모른다.

일본이 항상 이런 식이었던 것은 아니다. 제2차 세계 대전까지만 해도 일본에서의 부의 분배는 혹독하게 불공평했으며, 평균수명은 빈곤에 시달리는 제3세계 나라들보다 나을 것이 없었다. 하지만 전쟁이 끝난 후 더글러스 맥아더 장군이 일본의 재건을 감독하는 임무를 맡은 후 상황이 변하기 시작했다. 맥아더에게도 그 나름의 단점이 있었지만 부의 불평등이 의학에 미치는 영향에 대해 광범위하게 글을 쓴 의학박사인 스테판 베즈루치카는 그를 '가장 위대한 국민의 건강 의사'라고 불렀다.

맥아더는 일본인들에게 기본적으로 세 가지를 요구했다. 첫째는 일본의 비군사화였다. 일본은 군대를 보유하는 것이 금지됐다. 두 번째는 민주화였다. 맥아더의 참모들은 현재까지 일본에서 쓰이고 있는 헌법을 만들어서 대표 민주주의, 전반적인 무료 교육, 노동조합을 결성하고 단체 협상을 할 수 있는 권리, 여성의 참정권 그리고 모두가 인간으로서 품위 있는 생활을 할 수 있는 권리를 제공했다. 그리고 세 번째는 지방분권이었다. 맥아더는 일본을 지배했던 거대 기업들의 경영방식인 재벌 체제를 해체했다. 그는 사업과 기업 지도자들에게 최대 임금을 주도록 요구했다. 또한 역사상 가장 성공적인 토지 개혁 프로그램을 실시했다. 막대한 토지를 소유하고 있던 지주들에게 토지를 사서 소작인들에게 그 토지를 매각했다. 소작인들은 그 토지를 사기 위해 30년 동안 상환하는 무이자 대출을 받았다. 근본적으로 그는 모든 사람들이 공정하게 경쟁할 수 있는 체제를 정비해놓은 것이다. 그의 개혁 이후 세계 역사상 어떤 대형 국가에서 기록된 수치보다 일본에서 건강과 장수 기록이 급격하게 치솟았다.

전쟁 전에는 고도로 계층화된 사회였던 일본은 전후 평등주의를 극히 소중하게 여기는 나라가 됐다. 1990년대 초반 경제 위기가 닥쳤을 때 일본의 사장들과 매니저들은 직원들을 해고하는 대신 월급을 삭감했다. 2000년만 해도 일본의 수상은 일반 노동자가 받는 월급의 고작 네 배를 받았으며, 사장들은 신입사원이 받는 연봉의 열 배밖에 받지 못했다.

하지만 2001년 고이즈미 준이치로가 일본의 수상에 취임하면서 레이건식 정책을 펼쳐서 정부 지출을 줄이고, 공기업을 민영화하고, 규제를 풀고, 부자들을 위해 세금을 감면했다. 그 결과 오랫동안 통제됐던 부자와 빈자 간의 간격이 커지기 시작했다. 하지만 아직까지 일본 사회가 승자와 패자로 분리되는 것을 보고 싶어 하는 일본인은 거의 없다. 일본의 유력 일간지들은 '분할된 일본'과 '빛과 어둠' 같은 제목의 기사들을 실어 서민들을 희생시켜가면서 부자들을 우대하는 정책들을 비판했다. 심지어는 고이즈미 준이치로 수상도 이렇게 말했다. "승자와 패자라는 범주에 사람들을 가둬서는 안 된다. 누구든 한 번 실패했더라도 다시 재기할 기회가 주어져야 한다."

하지만 미국에서는 제2차 세계대전 후 일본과는 다른 식으로 상황이 진행되고 있었다. 제2차 세계대전이 끝날 무렵 미국의 거리에는 노숙자가 거의 없었다. 1970년대만 해도 미국에서는 노숙자가 아주 희귀했다.

하지만 그 이후 미국에서 경제적 불평등이 어마어마하게 커졌다. 1998년 한 명의 미국인(빌 게이츠)이 미국 빈곤 가구 45%의 기본 자산을 모두 합친 것보다 더 많은 자산을 벌어들였다. 현재 많은 기업 중역이 두어 시간 만에 일반 공장 노동자들이 1년에 버는 돈보다 더 많은 돈을 벌고 있다. 미국 전체 인구의 가장 부유한 1%가 나머지 90%의 재산을 합친 것보다 더 많은 재산을 소유하고 있다. 한편 인플레이션을 감안한 미국의 최저 임금은 1968년 이래 37% 감소해서 어떤 산업 국가보다 더 낮아졌다.

이런 차이는 국민들의 건강에 치명적인 악영향을 미쳤다. 4,500만 명의 미국인은 심지어 가장 기본적인 의료보험도 없으며, 수백만의 또 다른 미국인이 완전한 보험이 아니라 일부 보험에만 들어 있다. 그리고 많은 미국인이 파산할 위험에 처해 있으며 의료비를 낼 수 없어서 일찍 사망할 위험도 있다. 물론 가난한 사람들이 가장 큰 타격을 받고 있다. 현재 할렘의 흑인 남성은 세계에서 가장 재정적으로 가난한 나라 중 하나인 방글라데시의 남성보다 평균수명이 더 낮다.

세계 인구의 5%도 되지 않는 인구의 미국이 현재 건강관리에 지출하는 세계 비용의 거의 50%를 차지하고 있다. 그러나 미국의 평균수명은 세계 26위밖에 오르지 못했으며, 영아 사망률은 28위다. 우연일 수도 있지만 미국보다 평균수명이 높은 25개국 중 어느 나라도, 그리고 미국보다 영아 사망률이 낮은 27개국 중 어떤 나라도 부자와 빈자 사이의 간극이 미국처럼 크지 않다.

역사적으로 부의 불공평한 분배가 극단적인 곳은 어디서나 사람들이 서로 반목하고, 사회는 대중의 건강, 교육, 사회적 안전망에 지출을 덜 하는 경향이 있다. 아주 많은 사람이 만성적으로 소외되고, 무력하고, 불안하고, 분노하고, 두려워하고 있다. 이런 사회에서는 모든 사람이—가진 자든 못 가진 자든—이웃을 믿지 못하고, 남을 돕지 않으려고 하는 경향이 두드러진다. 그 결과 범죄율이 더 높아지고, 폭력이 늘고, 심장병, 우울증이 증가하고 부자와 빈자 둘 다 심신이 쇠약해지고, 목숨을 위협하는 질병이 늘어나게 된다.

부의 평등에서 세계 1, 2위에 오른 나라들(일본, 스웨덴)이 수명에 있어서도 1, 2위에 오른 것은 우연일까? 그리고 부의 평등 면에서 산업화된 국가 중에서 꼴찌가 된 미국이 현재 수명에서도 거의 꼴찌가 된 것 역시 우연일까?

1990년대에 캘리포니아가 미국의 모든 주를 통틀어 가장 많은 부를 생산해냈다. 컴퓨터 산업의 중심지인 실리콘밸리와 세계 오락 산업의 중심인 할리우드가 1분 간격으로 새로운 백만장자들을 낳고 있었다. 하지만 이런 막대한 부가 사회 전체에 순환되는 대신 점점 더 적은 소수에게 집중되고 있었다. 현재 캘리포니아에서 가장 부유한 1%의 사람들이 하위 60%에 해당하는 사람들의 소득을 합친 것보다 더 많은 돈을 매년 벌어들이고 있다.

루스 베네딕트는 부의 공유보다 부의 축적을 더 높이 평가하는 사회의 부자들은 자신보다 운이 없는 사람들의 행복에 관심을 덜 기울이는 경향이 있다는 점을 발견했다. 그녀가 지적한 것처럼 캘리포니아의 많은 부자가 외부인의 출입을 통제하는 주택가에서 창문에는 철조망을 달고 외부와 담을 쌓고 지내면서 사회적 상황을 향상시키기보다 감옥을 짓는 데 더 많은 공적 자금을 지출하는 경향이 있는 것으로 나타났다. 거울에 비친 오싹한 이미지처럼 1990년대 이래 캘리포니아 건설 산업에서 가장 호황을 누리는 두 부문은 바로 외부와 출입이 통제된 주거용 공동체와 감옥이다.

캘리포니아의 오클랜드에 본부를 둔 엘라 베커 센터의 '감옥이 아니라 책을'이란 캠페인(아이들을 감옥에 가두기보다 희망을 주는 데 더 많은 돈을 투자하는 것을 지지하는 캠페인)을 포함해서 이런 상황을 우려하고 있는 많은 시민과 단체의 영웅적인 노력에도 불구하고 현재 캘리포니아 주는 미국에서 청소년 투옥률이 가장 높은 주다. 현재 캘리포니아 감옥에는 캘리포니아 주립대학에 있는 흑인보다 다섯 배나 더 많은 흑인이 들어가 있다. 이것이 대중의 건강에 미치는 영향 또한 비극적이다. 캘리포니아는 과거에 전국의 건강 통계수치에서 상위권을 맴돌았지만 현재는 유감스럽게도 그렇지 않다. 캘리포니아는 현재 의료보험이 없는 가구 수치가 전국에서 가장 높은 주 중 하나다. 빈곤한 지역에 사는 아이들은 종종 안전하게 놀 곳이 없다. 높은 폭력 범죄율과 전염병 비율이 공중위생 부문에 대한 가장 낮은 지출과 공존하고 있다.

캘리포니아 일부 도시에 거주하는 성인 절반이 현재 고혈압으로 고생하고 있다. 캘리포니아 아동의 4분의 3이 주에서 정한 최소한의 육체적 건강 기준에 미치지 못하고 있다. 캘리포니아의 경제 규모는 세계에서 다섯 번째로 크지만 그 시민들은 소수를 위한 부의 축적이 다수의 안녕보다 우선시될 때 일어날 수 있는 일들을 적나라하게 겪고 있다.

희생자

한 사회의 대부분의 부가 소수에게 집중될 때 대다수의 사람들은 어쩔 수 없이 돈을 벌기 위해 끊임없이 소중한 시간과 에너지를 쓰게 된다. 이는 지역 공동체, 결혼, 가정의 건강에 큰 손실을 입힌다. 많은 커플이 서로 함께할 수 있는 가치 있는 시간이 거의 없게 되고, 많은 부모가 비극적일 만큼 아주 적은 시간을 아이들과 보내게 된다.

내 친구 중에 혼자서 아이를 키우는 정신요법사가 하나 있다. 최근에 주거비가 급등한 캘리포니아에 살고 있는 그녀는 생계를 꾸려가기 위해 장시간 일해야 한다. 어느 날 그녀의 여덟 살 먹은 아들이 엄마와 같이 있을 수 없는 것에 너무 실망한 나머지 이런 말을 했다.

"내가 용돈을 모아서 그 돈을 엄마에게 주면 내 말을 들어줄 시간을 내줄 거예요?"

극도로 경쟁적인 현대를 살아가는 우리는 가까운 사람들에게 충분한 시간을 내지 못하는 세태에 너무나 익숙해져 있어서 그러는 가운데 무엇을 잃어버렸는지 깨닫기 어렵다. 세상에서 가장 건강하게 장수하는 문화에서는 인간관계를 아주 중요하게 생각한다. 누군가 곤궁해지면 다른 사람들이 가능한 한 그 사람을 도와준다. 사람들은 집을 나갈 때도 문을 잠그지 않는다. 손님이 찾아와 집이 비어 있는 걸 발견하면 들어와서 가족이 돌아올 때까지 기다리며 직접 밥을 찾아 먹기도 한다. 만약 도둑이 들어온다고 해도 이는 극히 드문 경우다.

이와 대조적으로 많은 현대 도시에서는 살인이 일어나지 않고 지나간 날은 아주 드물게 여겨진다.

물론 현대 세계에도 근사하고 희망찬 일이 아주 많으며, 나는 우리의 문제를 해결하기 위해 물질적인 진보를 더 이상 추구하지 말자고 주장하는 것이 아니다. 하지만 나는 J.R.R. 톨킨이 한 말에 일리가 있다고 믿는다. "많은 사람이 금을 모으는 것보다 음식과 환호와 노래를 중요하게 여긴다면 더 유쾌한 세상이 될 텐데."

국내총행복

국내총생산(GDP)은 현재 산업사회에서 한 나라의 성공 수준을 재는 근본적인 척도로 널리 사용되고 있다. 우리는 GDP가 높을수록 그 나라가 발전하고 있다고 생각한다. GDP가 너무나 광범위하게 쓰이고 있기 때문에 사람들은 또 다른 척도가 있다는 것을 종종 깨닫지 못한다. 대부분의 사람들에게는 잘 알려지지 않는 히말라야의 작은 왕국 부탄에서는 아주 다른 길을 택해서 뛰어난 성과를 거뒀다.

대략 스위스만 한 크기의 부탄은 세계에서 유일하게 독립한 불교 군주 국가이며 공식 종교로 탄트라 형태의 대승불교를 믿고 있다. 1987년 4월 부탄의 젊은 군주인 지그메 싱예 왕추크가 〈파이낸셜 타임스〉와 인터뷰를 했다. 세계에서 가장 낮은 수준에 속하는 빈탄의 경제 개발 상황에 대한 질문을 받자 그는 이렇게 대답했다. "국내총행복이 국내총생산보다 훨씬 더 중요합니다."

부탄에도 나름대로 문제가 있지만 왕추크 왕의 이 말은 빈말이 아니었다. 왕추크 왕의 지도하에 부탄은 국내총행복을 국가의 개발 정도를 평가하는 공식적인 지표로 만들었다. 그 결과 부탄의 지표가 되는 모든 정책은 사회 전반에 부가 골고루 확산되며, 문화적 전통을 존중하고, 환경을 보호하며, 정부가 사람들의 실질적인 욕구를 충족시킬 수 있도록 했다. 서구의 경제학자들은 왕의 이런 아이디어를 비웃으면서 순진한 이상주의라고 했지만 그 결과는 놀라웠다.

비록 가계 소득은 세계에서 가장 낮은 수준에 머물렀지만 부탄 사람들은 세계에서 가장 흥미로운 사회 중 하나를 만들어냈다. 이 나라는 군인보다 승려가 더 많고, 신호등이나 쇼핑몰 하나 없으며, 교육에 극히 헌신적이다. 40년 전 부탄에는 공립 교육 시스템이 없었는데 현재는 나라 전역에 초등학교부터 대학교까지 있다. 90년대 초반만 해도 식자율이 10%도 되지 않았는데 현재는 50%에 달하며 계속 빠르게 늘어나고 있다.

왕추크 왕이 1972년 왕위에 올랐을 때는 부탄에 위생 병원이 하나도 없었다. 하지만 지금 모든 부탄 국민은 무료로 병원을 이용할 수 있다. 병원을 찾는 사람들은 서양 의학 혹은 전통 의학을 고를 수 있다. 정부는 정책을 통해 출산휴가를 포함해서 사람들이 가족과 아주 많은 자유 시간을 보낼 수 있도록 하고 있다. 노인들은 대가족에서 부양하고 정부가 제공하는 연금 프로그램의 혜택도 받는다. 2005년 부탄에서는 세계 최초로 담배 판매와 공공장소에서 흡연하는 것을 금지했다.

불교 신도인 부탄 사람들은 고기를 먹기 위해 동물을 죽이지 않는다(만약 소가 자연사하면 그 고기는 먹는다). 그들은 주로 적미를 먹고 거기에 고추와 다른 채소들을 곁들여 먹는데 모두 집에서 재배한 것이며 가끔 지역 젖소에서 나온 치즈를 곁들여 먹는다. 부탄 전체에 맥도널드, 버거킹, KFC, 피자헛은 하나도 없다.

국내총행복 지수를 높이기 위한 부탄의 노력 중에서 가장 뛰어난

부분은 아마도 부탄의 천연자원을 보존하기 위한 놀랄 만한 헌신일 것이다. 인접 국가들의 숲이 최근 몇 년 동안 지속적으로 죽어간 반면 부탄은 지구상 어떤 나라보다도 삼림 보존율이 높다. 이곳에서는 동물 사냥이 금지되어 있으며, 마찬가지로 강에서 낚시도 하지 못한다. 가축의 방목, 벌채, 광업 또한 엄격하게 통제되고 제한되어 있다. 비닐봉지 사용도 금지되어 있으며, 2행정 엔진 사용이 금지됐다. 또한 엄격한 연료 품질법이 실시되고 있다. 부탄에서는 매년 왕에게 경의를 표하는 휴일이 있지만 왕은 그날 화려한 행렬이나 열병식을 벌이는 대신 사회적 삼림 관리의 날로 선포해서 부탄 국민들은 그날 나무를 심는다. 모든 생명을 존중하는 불교 교리에 따라 사람뿐 아니라 야생생물과 나무에게도 빼앗을 수 없는 권리를 주는 헌법이 현재 제정되고 있다.

이 모든 정책이 국민의 건강에 어떤 영향을 미쳤을까? 놀랄 만큼 짧은 시간 안에 부탄은 세계 역사상 평균수명이 가장 극적으로 늘어났다. 1984년 부탄의 평균수명은 47년이었다. 그로부터 고작 14년이 지난 후 부탄의 평균수명은 66세로 껑충 뛰었다.

진정한 부란

부탄 사람들은 압하지야의 이 속담을 이해할 것이다. "돈이 말을 하면 진실은 침묵을 지킨다." 현대 사회에서는 이와 반대로 노골적인 소비를 미화하는 부자와 유명 인사들의 라이프스타일 같은 텔레비전 쇼들이 인기를 끌고 있다. 나는 차를 타고 시내를 돌아다니며 가장 비싼

집과 차를 가리키길 좋아하는 사람들을 알고 있다. 그리고 이런 종류의 집착이 그들이 사람을 대하는 방식에도 영향을 미치고 있다는 것도 알고 있다. 이런 사람들은 처음 누군가를 만나면 그 사람의 경제적 상태를 평가하려 들고, 그 평가에 따라 그 사람에 대한 태도를 바꾼다. 이들이 판단하기에 상류층이라고 생각되면 떠받드는 반면 하류층이라고 판단하면 가차 없이 무시해버린다.

현재 세계에서 가장 많이 팔리는 보드게임이 상대편을 파산시키고 모든 부를 혼자 독점하는 모노폴리라는 것은 우리 시대가 어떤 시대인지를 통렬하게 보여주는 상징이다. 현재까지 2억 개가 넘는 모노폴리 세트가 판매됐으며, 그 게임은 26개 언어로 제작되고 있다.

우리 인간은 복잡 미묘한 존재다. 각자의 마음속에는 도널드 트럼프가 조금 들어 있기도 하고, 주로 물질적인 면으로 성공을 측정하는 사회에서 보상받고 그런 믿음을 강화하는 면도 일부 있다. 하지만 마찬가지로 우리 속에는 테레사 수녀도 조금 들어 있다. 우리 모두에게는—도널트 트럼프 자신도 포함된다고 난 확신한다—타인과의 관계, 우리 영혼과의 관계, 그리고 삶과의 관계 자체가 더 중요하다는 것을 이해하는 부분도 있는 것이다.

뭔가를 움켜쥐는 데 뛰어난 사람들을 미화하는 대신 뭔가를 주는 사람들에게 박수를 쳐주고 존경한다면 어떤 일이 일어날까? 날이면 날마다 단지 돈을 많이 벌기 위해서가 아니라 세상을 좀 더 나은 곳으로 만들기 위해 열심히 일하는 많은 용기 있는 사람들의 노고를 알아준다면 어떤 일이 생길까?

내가 보기에는 진정으로 부유한 사람은 은행 계좌에 거액이 들어 있는 사람이 아니라 매 순간 뭔가 소중한 것을 발견하고 타인의 삶에 도움이 될 수 있는 기회에 기뻐하는 사람이다.

그들이 알든 모르든 그런 사람들은 압하지야, 빌카밤바, 훈자, 오키나와 사람들과 우리가 다른 사람들에게 얼마나 크게 의지할 수 있는 힘이 될 수 있는지 이해하고, 자신이 가진 재산을 써서 다른 사람들의 삶을 변화시키는 사람들의 전통을 실천하고 있는 것이다. 한 오키나와 여성은 내게 이런 말을 했다. "어떤 사람들은 다른 사람들보다 돈이 많아요. 만약 당신이 돈을 더 많이 가지고 있다면 그것은 그렇지 못한 사람들을 도울 수 있기 때문에 그렇게 가지고 있는 겁니다. 만약 우리가 다른 사람들을 돕지 못한다면 그 많은 돈이 대체 무슨 소용이 있겠어요?"

파란만장한 내 인생

내 아버지(어바인 로빈스)와 삼촌(버트 배스킨)은 아이스크림 회사를 창립해서 소유주가 됐다. 아무것도 없이 맨주먹으로 시작한 그들은 큰 성공을 거뒀다. 배스킨라빈스는 세계에서 가장 큰 아이스크림 회사가 돼서 세계적으로 수천 개의 매장을 열고, 연 매출이 수십억 달러에 이른다. 우리 집 뒷마당에는 아이스크림콘 모양의 수영장이 있었고, 우리 집에서 키우는 애완동물들은 아이스크림 맛의 이름을 따서 이름을 지었고, 나는 셀 수 없이 많은 아이스크림을 먹었다. 사람들은 요즘 내가 더 이상 아이스크림을 먹지 않는다는 말을 들으면 가끔 날 불쌍하게 생각한다. "제발 그렇게 생각하지 마세요." 난 그렇게 말했다. "나는 어렸을 때 평생 먹을 아이스크림의 스무 배는 더 먹었어요." 가끔 난 아침밥으로 아이스크림을 먹기도 했다.

아버지는 언젠가는 내가 사업을 이어받기를 원하셔서 내가 어렸을 때부터 후계자 수업을 시작하셨다. 다른 아이들처럼 나도 아이스크림을 사랑했다. 하지만 삼촌인 버트 배스킨은 고작 51세의 나이에 심장마비로 돌아가셨다. 체격이 비대하셨던 삼촌은 항상 회사에서 만드는 아이스크림을 즐겨 드셨다. 나는 아버지에게 삼촌이 먹어치운 막대한 아이스크림 때문에 치명적인 심장마비를 일으켰다는 생각이 들지 않느냐고 물어본 적이 있다. "아니다. 그냥 삼촌의 심장이 피곤해서 멈춰버린 것뿐이야." 아버지는 이렇게 말씀하셨다.

나는 아이스크림이 삼촌을 죽게 한 원인이었을지도 모른다는 가능성을 아버지가 왜 부인하셨는지 이해한다. 당시 아버지는 지구상에 있는 어떤 사람보다 더 많은 아이스크림을 생산해서 팔았다. 그는 아이스크림이 누군가에게 해가 된다고 생각하고 싶지 않았을뿐더러 그것이 사랑하는 처남이자 사업 파트너가 사망하는 데 일조했을 거라고는 생각하고 싶지 않았던 것이다. 게다가 1960년대 후반인 당시는 아이스크림과 질병 사이의 관련성에 대해 알려진 것이 별로 없었다.

하지만 나는 둘 사이에 관계가 있다는 것을 알았고, 아버지가 당뇨와 고혈압을 일으키셨을 때도 그렇다는 것을 알았으며, 수년 후 아이스크림 회사 벤 앤드 제리의 공동 창립자인 벤 코헨이 49세란 나이에 5중 혈관 우회술을 받게 됐을 때도 둘 사이에 관계가 있다는 것을 알았다.

물론 아이스크림콘 한 개는 누구에게도 해를 끼치지 않는다. 그러나 아이스크림이 맛있긴 하지만 그 안에는 설탕과 포화지방이 아주 많이 들어 있다. 설탕과 포화지방을 더 많이 섭취할수록 심장병과 당뇨에 걸리거나 비만이 될 가능성이 더 높은 것은 의학적 데이터에 분명하게 나와 있다.

내 아버지는 아메리칸 드림을 이뤄내셨다. 하지만 나는 다른 꿈의 부름을 받았다. 돈이 충분히 있어서 기본적인 욕구를 충족하는 것은 꼭 필요하고 중요한 일이지만 그 밖에도 아주 중요한 일이 많다. 나는 세상을 더 건강한 곳으로 만드는 데 내가 그 일부가 될 수 있는지 알고 싶었다. 나는 생명을 존중하며 그에 따라 살고 싶었다.

1960년대 많은 미국인과 함께 나는 시민 평등권 운동에 참여했다. 나는 마틴 루터 킹 박사와 함께 일하고 행진했으며, 그를 사랑하고 무한히 존경했다. 이 평화와 사랑의 사도가 암살됐을 때 나는 총알이 내 심장마저 뚫고 지나가버린 것 같은 비통함을 느꼈다.

나는 킹 박사와 다른 많은 미국인과 함께 폭력적이고 무모한 베트남전을 혐오했다. 킹 박사가 살해된 지 불과 몇 달 후에 많은 사람이 희망의 전도사로 생각했던 로버트 케네디도 암살됐다. 그 당시는 아주 암울한 시기였고 나는 한없이 절망했다. 점점 더 늘어나는 폭력, 냉소주의, 막막함, 공포 속에서 표류하는 것처럼 보이는 세상에서 나는 분별과 사랑으로 가는 길을 간절하게 찾고 싶었다. 나는 전 세계적인 변화의 일부가 되고 싶었고, 그렇게 거대하고 이상적인 일을 어떻게 해야 할지 정확히는 모르지만 아이스크림을 만들고 파는 일은 나의 길이 아니라는 걸 알고 있었다.

하지만 보수적인 사업가로서 자신의 막대한 재산 때문에 살 수 있었던 많은 것을 자랑스럽게 생각하고, 내가 알기로는 하루도 거르지 않고 〈월 스트리트〉 저널을 읽는 아버지에게 그런 내 생각과 감정을 설명하기란 쉽지 않다는 것을 깨달았다. 그는 1930년대 대공황 시절에 성인이 된 반면 나는 1960년대에 성인이 되고 있었다. 우리의 삶은 아주 다른 시대에 형성된 것이다.

"아버지가 성장하시던 때와 저 때는 세상이 달라요." 나는 아버지에게 이렇게 말했다.

"사람들이 하는 일들 때문에 환경은 급속도로 악화되고 있어요. 2초마다 어디선가 한 아이가 기아로 죽는 반면 또 다른 곳에서는 많은 재원이 낭비되고 있어요. 있는 사람들과 없는 사람들의 간극이 점점 더 벌어지고 있고요. 우리는 지금 핵무기의 그늘 아래 살고 있는데 언제 형언할 수 없는 참사가 터질지 몰라요. 서른두 번째 아이스크림 맛을 만들어내는 일이 제게는 맞지 않는다는 걸 모르시겠어요?"

아버지는 이런 내 이야기에 아주 힘들어했다. 평생을 힘들게 일하신 아버지는 금전적으로 엄청난 성공을 거뒀고, 그런 업적을 외아들과 나누고 싶은 마음이 아주 컸다. 아버지는 나를 대책 없는 이상주의자라고 생각했고, 그런 이상주의자들은 결국 비참한 가난뱅이가 될 뿐이라고 엄격하게 경고했다. 하지만 나는 아버지가 내게 원하는 삶이 내키지 않았다. 그 인생이 대책 없이 이상주의적이건 아니건 나는 좀 더 온정적이고 건강한 세상을 만드는 노력의 일부가 되고 싶었다. 나는 모든 사람을 위해 번성하고 지속 가능한 방식으로 유지되는 삶을 위해 일하라는 소명을 받은 느낌이었다.

그 상황에서 나는 용기 있게 삶의 긍정적인 면을 부각하는 방법은 가족 사업에서 물러나고, 아버지 재산과의 모든 관계를 끊는 것이라고 결심했다. 이것이 내가 할 수 있는 가장 정직하고 자유로워지는 선택이라고 느꼈다. 이는 나의 진실성을 위한 선택이었다.

하지만 그 당시에 아버지는 내 선택을 이해하지 못했다. 슬프게도 그것이 우리 사이를 멀어지게 만들고 말았다. 아버지는 내가 가는 길을 좋게 생각하지 않았고, 내가 왜 아버지가 제시하는 황금 같은 기회를 거부하는지 이해하지 못했다.

나도 아버지를 실망시켜드리긴 정말 싫었지만 나 자신에게 떳떳해야 했다. 1969년 아내 데오와 나는 캐나다의 브리티시컬럼비아 연안에서 조금 떨어진 작은 외딴섬으로 이사 가서 방이 하나인 통나무집을 짓고 거기서 10년을 살았다. 우리는 우리가 먹는 음식의 대부분을 재배했고, 우리의 채소밭은 완전히 유기농이었다. 필요한 생활비는 내가 가르치는 요가와 명상 수업에서 나왔다. 우리는 재정적으로 빈곤해서 여러 해 동안 1,000달러 미만을 썼지만 필요한 것은 많지 않았다. 우리는 서로를 깊이 사랑했고, 누구에게도 얽매이지 않고 우리의 시간을 마음껏 쓸 수 있었다. 우리는 음식과 치유와 우리 자신에 대해 많은 것을 배웠다.

1973년 섬에서 생활한 지 4년째 됐을 때 아들인 오션을 내가 집에서 직접 받았다. 오션이 커가는 동안에도 우리는 돈을 거의 쓰지 않았기 때문에 서로에게 그리고 우리에게 중요한 일에 시간을 쓸 수 있었다. 우리는 "욕망을 줄이면 부자가 된다"라고 소로(《월든》의 저자인 헨리 데이비드 소로—옮긴이주)가 한 말의 의미를 이해했다. 우리는 소박함을 찬미했다.

오션이 성장하면서 나는 자연스럽게 그에게 바라는 목표가 생겼지만 그가 그 기대에 부응하는가보다 더 중요한 것은 그에 대한 내 기대와 그의 숙명이 일치하는지 아닌지를 알 수 있을 만큼 자신의 내면의 소리를 잘 들을 수 있는 능력을 갖추는 일이었다. 내가 결코 원하지 않았던 것은 바로 나 자신의 두려움과 이루지 못한 꿈을 가지고 아이를 억누르는 것이었다. 중요한 것은 아이가 날 실망시키는 것이 아니라 자신의 영혼을 배반하지 않도록 하는 것이었다.

결국 우리는 캘리포니아로 다시 돌아왔고, 우리 자신과 세상을 치유하는 것을 주제로 쓴 내 책 몇 권이 베스트셀러가 돼서 재정적으로 어느 정도 든든해지게 됐다. 언론에서는 나를 '아이스크림콘이 없는 반항자'와 '비영리 단체의 선지자'라고 부르기 시작했다.

한편 아버지는 당뇨와 고혈압 때문에 식생활을 대대적으로 바꾸기 시작했다. 아버지는 서서히 아이스크림이나 다른 형태의 설탕을 포기했고, 고기 섭취량을 크게 줄였다. 그 결과 아버지의 건강은 극적으로 좋아졌다. 아버지는 자신이 '정식 채식주의자'는 아니라는 걸 내게 자주 일깨워주셨지만, 내가 선택한 삶의 방식과 내가 하고 있는 일을 점점 더 존중하기 시작했다.

쌍둥이 손자들이 태어난 지 1년 정도 지난 후에 이제는 80대 중반인 부모님이 우리를 보러 오셔서 며칠 동안 머무르셨다. 부모님은 그들에게는 익숙하지 않은 방식으로 우리 3대가 한 지붕 밑에서 함께 살아가는 걸 보셨다. 부모님은 우리가 갓난아기들을 함께 돌보며 기쁨과 어려움을 함께하고, 우리가 끈기 있고 다정하게 갓난아기들의 특별한 욕구를 보살피는 모습을 지켜보셨다.

내 손자들은 아주 이른 조산아로 태어나 생의 첫 2개월을 병원의 신생아 집중치료실에서 보냈고, 아주 허약한 상태로 집에 왔다. 또한 조산된 아이들은 종종 자신의 몸을 만지는 것을 극도로 싫어한다. 우리는 의사들에게 아이들이 인간적인 접촉에 정상적으로 반응하지 않을지도 모른다는 경고를 들었다. 우리는 그 경고에 대해 갓난아기를 사실상 24시간 내내 끊임없이 안아주면서 살갗을 만지며 접촉했고, 밤에는 우리 몸 위에서 재우기까지 했다. 우리 부모님은— '매를 아끼면 아이를 망친다'와 '아이를 너무 안아주면 버릇이 나빠진다'와 같은 믿음이 만연하던 시대의 부산물이셨던 분들—우리가 갓난아이들에게 신체적 접촉을 할 수 있는 기회를 끊임없이 제공하는 모습을 보셨다. 그리고 그 결과 갓난아기들이 꼭 껴안아주는 것을 좋아하는, 호기심이 많고 늘 기뻐하는 꼬마들로 성장하는 모습을 주시하셨다.

나는 우리가 이 갓난아기들을 아주 다른 방식으로 키우는 모습을 부모님이 보시기에 힘들 거라고 예상했고, 우리 집에서는 여자나 남자나 기저귀를 갈고, 청소를 하고, 식사를 준비하는 모습 역시 언짢아하실 거라고 예상했다. 부모님의 삶이 종착역에 가까워지고 있기 때문인지 부모님은 내가 전에 예상했던 것보다 훨씬 더 많이 우리의 차이를 받아들이시는 것처럼 보였다. 그러나 부모님이 얼마나 깊게 우리를 받아들이고 있었는지는 몰랐다.

한번은 아버지가 날 옆으로 부르셨다. "네가 배스킨라빈스를 떠날 때 나는 네가 미쳤다고 생각했다." 아버지는 이렇게 회상하셨다.

"네, 저도 기억나요."

"저기" 아버지는 이제 좀 더 천천히 말하면서 얼굴을 돌려 나를 바라보셨다. "시간이 지나니 너만의 별을 따르기로 한 네 생각이 옳았다는 게 입증됐구나."

아버지가 이렇게 말씀하시는 걸 듣고 나는 처음으로 내 인생에 아버지가 축복을 내렸다는 느낌을 받았다. 그리고 부모님이 떠날 때가 되었을 때 어머니 역시 전에는 한 번도 들어보지 못한 말씀을 하셨다.

"넌 물질적으로는 부자가 아닐지 몰라도 사랑은 아주 많다는 게 분명해 보이는구나." 어머니는 심호흡을 하셨다. "사실 결국은 그게 더 중요하단다."

인간의 삶에서 사랑이 가장 중요하며 가장 큰 치유의 원천이라는 사실이 부유하고 유명해지고자 하는 현대인의 욕망과 어긋나는 것처럼 보일지 몰라도 이는 실로 상당히 오래된 지혜다. 칼럼니스트 로첼 페닝턴은 한 오래된 이야기를 다시 들려줬다.

독일의 와인버그 성에서 사는 아내들은 성에 금은보화와 막대한 재산이 있다는 사실을 잘 알고 있었다.

그러다 1141년 그들의 모든 보물이 위협을 받는 날이 왔다. 적군이 성을 포위하고, 그 요새와 재물과 그 안에 있는 남자들의 목숨을 요구했다. 항복하는 것밖에 달리 할 수 있는 일이 없었다.

적군의 사령관이 모든 여성과 아이들이 안전하게 풀려날 수 있는 조건을 제시했지만 와인버그 성의 아내들은 한 가지 조건을 들어주지 않으면 성을 떠나지 않겠다고 했다. 이들은 두 팔로 가지고 나갈 수 있을 만큼의 재산을 가지고 떠나게 해달라고 요구했다. 여자들의 요구를 들어준다 해도 성의 막대한 재산이 축나지 않을 것을 안 적군은 그 요구를 들어줬다.

성문이 열렸을 때 성 밖에 있던 군인들은 모두 눈물을 흘렸다. 여자들은 모두 남편을 안고 나왔다.

지구상에서 가장 오래된 문화

지구상의 모든 문화 중에서 가장 오래된 문화들은 아프리카 피그미족처럼 인간관계에 가장 높은 가치를 둔 문화들이다. 전 세계적으로 유명한 인종학자이자 아프리카 피그미족 연구에 대한 세계 최고의 대가인 작고한 장 피에르 알레는 중부 아프리카의 에페 피그미족이 아주 쉽고 공공연하게 서로에 대한 애정을 표현하는 방법과 그가 지속적으로 목격한 피그미족 간의 풍부한 육체적 접촉과 애정에 대해 묘사했다. 갓난아기들과 어린아이들은 어른들이 끊임없이 안아주고, 안고 다닌다. 좀 더 나이가 든 아이들과 어른들은 종종 서로를 어루만져준다. 알레는 피그미족이 매우 자주 서로를 꼭 껴안아주고, 손을 잡거나 친구의 어깨에 손을 두르고 앉거나 친구의 무릎에 머리를 베고 눕는 모습을 보고 감동을 받았다.

피그미 세계에서의 핵심적인 믿음은 인간은 친구이자 관계를 맺기 위해 만들어진 존재란 것이다. 만약 음식이 부족하면 가장 먼저 먹여야 할 사람들은 아이들과 노인들이다. 즉 가장 약한 사람들부터 먹이는 것이다. 상당히 깊이 그들의 종교를 연구한 후 할렛은 이런 결론을 내렸다. "피그미 종교의 전체적인 요지와 의미는 타인에게 잘 대하라는 것이다. 타인을 존경하고 보호하고 지켜준다는 것이다."

피그미족과 함께 살아본 인류학자나 인종학자는 모두 그들의 다정함과 가족에 대한 헌신에 깊이 감동받았다. 피그미 사회에서 모든 아이는 보물과 같은 대우를 받았으며, 소년과 소녀는 똑같이 중요하게 여겨졌다. 부모가 죽은 아이는 곧장 친지나 친한 이웃이 거두기 때문에 고아원이란 것도 없었다.

피그미 여성은 전통적으로 완전한 자유와 평등을 누리고 있다. 거기에는 범죄도 없고, 경찰도 없고, 벌을 받는 사람도 없다. 모든 사람이 상냥하게 존중받으며 그 결과 모든 연령대의 사람들이 모두 놀랄 정도로 큰 자신감과 편안함을 느낀다. 이곳에는 탐욕이나 호전성이나 시기라는 것이 없다.

이들의 언어에는 '증오'란 말과 '전쟁'이란 말이 없다. 하지만 에스키모가 각기 다른 종류의 눈에 대해 여러 표현을 가지고 있듯이 피그미 역시 각기 다른 종류의 애정과 배려에 대해 다양한 표현을 가지고 있다.

사람들이 가장 큰 죄로 생각하는 것이 어떤 것인지 알면 그 사람들에 대해 많은 것을 알 수 있다. 피그미족의 법과 계명의 가장 큰 위반은 아이들이나 노인들에게 잔인하게 대하는 것이다.

작가이자 의사인 버니 시겔은 피그미족의 정신적 건강에 대해 너무나 깊은 감동을 받은 나머지 이런 글을 썼다.

"우리가 피그미족이 아이들을 사랑하는 것처럼 세상의 모든 아이를 사랑한다면 세상은 변하고 우리의 모든 문제는 사라질 것이다."

피그미족을 연구한 연구자들은 그들의 정서적 건강과 영혼의 건강에 대해 말할 뿐만 아니라 그들의 활력과 고도로 민감한 감각적 예민함에 대해서도 말한다. 알레는 "이 건강하고, 행복하고, 표현을 아주 잘하는 사람들은 지구상에 살아 있는 사람들 중 가장 시력이 좋다"라고 말했다.

피그미족은 단순히 삶을 긍정하는 사회이기만 한 것은 아니다. DNA와 유전학 연구로 이들은 지구상에서 가장 오래된 조상인 호모 사피엔스라는 것이 밝혀졌다. 한 인류학자는 이들이 "스핑크스보다 오래되고, 피라미드보다 오래됐으며, 파피루스에 쓰인 문서보다 오래됐고, 낙타 뼈, 청동, 벽돌 혹은 돌보다 더 오래됐다"라는 결론을 내렸다. 그와 다른 과학자들은 피그미족을 역사상 가장 최초로 문명화된 사람들이라 부를 만하다고 주장했다.

친밀한 인간관계와 살아 있는 자연적인 세계에 대한 존경 덕분에 피그미족은 5만 년 동안 살아올 수 있었다. 이는 콜럼버스 시대 이후의 시기보다 100배나 더 긴 시간이다. 하지만 애석하게도 지난 100년 동안 피그미족의 집이었던 숲이 외부 세력에 의해 파괴됐고, 그로 인해 이 마음이 따뜻한 사람들은 크게 고통 받았다. 이들이 현재 멸종 위기에 있다는 것이 나로서는 비통할 뿐이다.

치유로 마음이 행복해진다

수만 년 동안 번성할 수 있었던 문화의 근본적인 특징에 대해 우리에게 뭔가 심오한 것을 가르쳐줄 수 있는 생활방식을 지닌 고대 부족이 피그미족만은 아니다. 부시먼—남부 아프리카의 산족으로 알려지기도 했다—은 세상에서 가장 오래된 또 다른 부족이며 아마 피그미족만큼 오래된 부족일 것이다. 대부분의 인류학자들은 부시먼이 한 문화로 최소한 4만년 이상 존재했으며, 어쩌면 그보다 더 오래 존재했을지 모른다는 점에 동의했다.

1980년대에 전 세계적으로 많은 관객이 본 영화 〈부시먼(The Gods Must Be Crazy)〉은 많은 서구인에게 부시먼의 엄청난 상냥함과 다정함과 순수함을 보여줬다. 이 영화의 스타는 니카우란 이름의 부시먼으로 영화에 출연하기 전에는 좀 더 넓은 바깥세상과 거의 접촉하지 않고 지내던 사람이었다. 그는 영화를 찍기 전까지 살면서 백인을 딱 세 명 봤고, 그의 부족인 산족이 사는 마을보다 더 큰 정착지는 본 적도 없었다. 돈에 대해서는 아무것도 몰랐기 때문에 그는 첫 월급으로 받은 현금 300달러를 바람에 날려 보냈다. 수백만 명의 사람들이 이 영화를 봤는데 사실상 영화를 본 사람들은 모두 니카우의 인간적인 따뜻함과 기쁨에 차 밝게 빛나는 모습과 내면의 평화에 매료됐다.

우리는 피그미족에게서 배울 수 있는 것처럼 부시먼에게서도 그들의 문화뿐 아니라 인간 본성과 인간으로서 우리는 어떤 존재인가를 많이 배울 수 있다. 이들은 항상 품위 있게 살면서 서로의 건강과 행복을 위해 헌신적으로 노력한다. 이들은 수만 년 동안 전적으로 협력해서 살면서 거의 완전히 화목하게 함께 살았다. 이들은 인간이 산다는 것을 생각도 할 수 없을 정도로 황량한 사막에 살고 있지만 한 번도 그런 환경적 결핍과 역경에 대해 혼자서 재물을 축적하거나 폭력으로 대응해본 적이 없다. 그 대신 가진 것은 뭐든 나눔으로써 역경을 극복해왔다. 이들은 개인적인 안녕이 그가 속한 집단의 안녕과 떼려야 뗄 수 없을 정도로 복잡하게 얽혀 있다는 믿음으로 살아왔다.

내 친구인 톰 버트는 부시먼과 오랜 시간을 함께했다. 그는 내게 이런 말을 했다. "거기 있을 때면 매일 밤 그들의 오두막에 가까운 곳에 앉아서 그들이 즐겁게 나누는 이야기 소리와 웃음소리를 듣곤 했지. 이들이 매일 일상적인 삶에서 얼마나 큰 행복을 느끼는지 정말 놀라울 정도야. 그들이 서로와 모든 생명에 대해 갖는 무조건적인 사랑은 전 세계인이 따라야 할 모범이야."

피그미족처럼 부시먼 역시 거의 완벽한 양성평등 사회다. 또한 이들은 동물을 포함해서 폭력을 행사하거나 잔인하게 대한다는 생각만 해도 소름 끼쳐 했다. 아이들과 노인들은 소중이 대하며, 어린이들에게 가장 중요한 재산은 이웃의 선의라고 가르친다. 이들이 주로 쓰는, 모든 종류의 질병을 치료하는 방법은 치유의 댄스로 공동체를 하나로

화합시키고 모든 사람을 중요하게 생각하는 심오한 정신을 유지한다.

치유의 댄스는 유전자 조작과 장기이식 같은 현대 치료법과 비교하면 끔찍하게 원시적으로 보일 수도 있지만 이런 관습들을 완전히 거부하기 전에 이들이 수만 년 동안 번성해왔다는 점을 기억하는 것이 현명하며, 머나먼 미래의 세대가 현재 우리의 문명에 대해 같은 평가를 내리지는 못할 거란 생각이 든다. 사랑에 찬 인간관계의 치유력에 관해서라면 피그미족처럼 부시먼 역시 현대 의학과 현대 사회가 생존하려면 다시 배워야 할 필요가 있는 점에 대해 아주 많이 알고 있는 것처럼 보인다.

지상에서 가장 오래된 종족들인 피그미족과 부시먼은 탐욕, 경쟁, 배타성뿐 아니라 상호성, 협력, 공감능력 또한 인간성의 일부란 점을 일깨워주고 있다. 아이들을 무한히 존중하며 각각의 아이가 무한한 가치가 있는 것처럼 대하면서 아이들을 키우는 그들은 과학사에 알려진 어떤 문화보다 더 오래 살아남았다. 피그미족과 부시먼은 인간성의 살아 있는 기원을 대표하며, 한 사회로서 '네 이웃을 네 몸같이 사랑하라'는 성서의 계율을 지구상 어떤 종족보다 더 잘 실천하고 구현해왔다.

유감스럽게도 한 문화로서의 부시먼의 생존은 피그미족처럼 현재 아주 큰 위기에 처해 있다. 환경을 훼손하지 않으면서 삶을 긍정하고, 4만 년이 넘게 살아온 이들이 이제 우리 현대 세계에서 살아남을 수 없다는 사실을 깨닫고 있다는 것은 비극이 아닐 수 없다.

나는 우리가 이들에게서 배울 점이 아주 많다고 믿지만 그렇다고 그들처럼 기술적으로 원시적인 사회로 돌아가자거나 모든 형태의 진보를 거부하자고 주장하는 것은 아니다. 물질적이고 과학적인 발달 덕분에 우리는 많은 것을 누릴 수 있었으며, 나는 그 점을 감사하게 생각하고 있다. 하지만 장차 닥쳐올 여러 고난과 어려움을 극복하고 살아남으려면 우리가 쓰는 기술적 진보를 압하지야, 빌카밤바, 훈자 그리고 오키나와 노인들처럼 피그미족과 부시먼이 오랫동안 이해해왔던 사실과 통합할 필요가 있다. 즉 우리는 서로의 일부라는 점이다. 우리에겐 서로가 필요하다. 서로와 이 아름다운 세상에 대한 사랑이 없다면 우리는 멸망할 것이다.

네 이웃을 네 몸같이 사랑하라

역사적으로 인간 조건의 기본이 되는 근본적인 단결의 중요성에 대해 역설한 위대한 사상가들이 항상 존재했다. 이들은 우리 각자는 실로 세상의 모든 사람을 포함한 확대가족의 일부라는 사실을 깨닫고 가르쳐왔다. 하지만 현재 이 개념을 이해한 소수의 현인들보다 더 많은 사람에게 미래가 달려 있다. 미래의 인류가 누릴 수 있는 삶의 질은 그 깨달음을 점점 더 많은 사람이 일상생활에서 실천하느냐에 달려 있다. 앞으로 인류의 건강과 생존은 우리가 서로 의존하고 있다는 현실을 얼마나 깊이 이해하느냐가 관건이다.

많은 사람은 인류의 본성이 경쟁적이며 파괴적으로 타고났다고 생각하는 경향이 있다. 우리의 유전적 구조 자체가 우리를 이기적인 사람으로 만들고, 서로 싸우도록 미리 정해놓는 것처럼 '이기적인 유전자'가 있다는 말도 있다. 인간이라는 종에는 내재된 '살인 본능'이 있으며, 따라서 전쟁을 일으키고, 학살하는 것이 정상이고 불가피한 일이란 말도 있다. 선사시대의 혹독한 환경에서 살아남기 위해 잔인하고 가차 없이 공격적이어야 했던 '살인자 유인원'에서 우리가 진화해 왔다는 이론도 널리 퍼져 있었다. 이런 개념에 따르면 자연적인 세계는 생존을 위한 치열한 전장이며, 사람들이 어느 정도 긴 시간 동안 서로 평화롭게 환경 친화적으로 살아갈 수 있다고 믿는 것이야말로 낭만적 오류다. "전쟁은 인류의 자연스러운 상태"라고 미국의 부통령이었던 딕 체이니가 2004년 말했다.

체이니와 그처럼 생각하는 사람들은 인간 조건이 원래부터 변화할 수 없이 경쟁적이라고 믿으며, 모든 인간의 경험은 '적자생존'의 다윈의 원칙을 표현한 것이라고 생각한다. 이들이 옳다면 핵무기가 있다는 점을 고려해볼 때 우리 종족은 멸망할 것이 거의 확실하다. 하지만 《인류의 혈통》에서 찰스 다윈은 적자생존을 단 두 번 언급했을 뿐이며, 그중 한 번은 부적당하고 오해를 일으키는 표현이라고 그가 느끼게 된 그 표현을 사용한 점에 대해 사과하기 위해서였다. 그와는 대조적으로 다윈은 사랑에 대해 아흔다섯 번 썼다. 나중에 쓴 글들에서 다윈은 '적자생존'의 자연 선택 모델이 인간의 진화 과정에서 별로 중요하지 않으며 그보다는 도덕적 민감성, 교육, 협력이 더 중요하다고 거듭 강조했다.

우리는 가끔 우리 자신이 본질적으로 볼 때 단정하게 옷을 차려입은 침팬지에 지나지 않다고 생각하며, 침팬지가 사기성이 농후하고, 폭력을 쓰고, 도둑질을 하고, 유아를 살해하고, 심지어 동족을 잡아먹는 점에 주목한다. 하지만 침팬지 중에서 가장 강력한 라이벌들도 싸움을 치른 후에는 화해하고, 서로에게 손을 내밀고, 웃고, 키스하고, 껴안는 것도 사실이다. 침팬지처럼 우리와 유전적으로 유사한 또 다른 영장류인 보노보가 있다. 보노보는 콩고 태생의 유인원이다. 인간 행동의 기원에 대한 단서를 찾기 위해 침팬지를 연구하는 대신 보노보를 연구했더라면 아주 다른 결론이 나왔을 것이다. 살인자 유인원 모델 대신 우리는 연인 유인원 모델을 확보했을 것이다. 이 영장류는 서로의 행복에 대해 더할 수 없이 민감하게 반응하기 때문이다. 작가인 마크 바라시는 2005년 출간한 책 《연민에 찬 삶에 대한 현장 보고서》에서 이렇게 적었다. "영장류 동물학자들은 보노보를 연구하면서 필사적인 경쟁이 아니라 달래기, 껴안기, 협력이 인간 진화의 핵심적인 구성 원칙일지도 모른다는 점을 발견하고 있다." 영장류의 행동에 대한 세계 최고 전문가 중 하나인 프란스 드 발은 이를 '가장 친절한 자의 생존'이라고 부른다.

그렇다면 우리는 어떤 종류의 생물일까? 인간은 근본적으로 이기적이라고 믿는 사람도 있고, 우리는 근본적으로 친절한 생물이며 번성하기 위해서는 오직 사랑만 필요한 생물이라고 믿는 사람도 있다. 하지만 나는 어느 편도 들지 않으며, 아마 둘 다 믿고 있다고 말할 수 있다. 내가 보기에 우리는 어느 쪽으로든 무한한 가능성을 지니고 있다. 부분적으로는 이기적이고, 부분적으로는 성스러운 영감을 받는 우리는 경쟁할 잠재력도 갖추고 있고, 협력할 가능성도 가지고 있다. 우리는 루스 베네딕트가 부르는 것처럼 '부루퉁하고 고약한' 사회를 만들 수도 있고, '상조적'이라고 하는 사회를 만들어낼 수도 있다. 어떤 대상을 지지하기로 선택하고 키워내는 것에 따라 우리는 함께 이 지구를 지옥으로 만들 수도 있고, 천국으로 만들 수도 있다. 좋든 싫든, 받아들일 수 있든 없든 우리의 선택이 엄청난 변화를 만들어낸다. 그래서 자신과 서로를 대하는 방식이 항상 중요하다.

지구에 도착한 진짜 뉴스

그래서 나는 세계에서 가장 건강하게 장수하는 사람들이 우리 시대에 희망의 비전을 제공한다고 믿는다. 오키나와, 압하지야, 빌카밤바, 훈자에서는 인간관계와 사회적 고결함에 대한 심오한 의식이 자리 잡고 있다. 사람들은 끊임없이 서로를 돕고 믿는다. 실수를 저지르면 그에 대한 보상을 하고 용서받기 때문에 버림받거나 거부되는 일은 없다. 부는 혼자서만 축적하기보다 모두 나눠 가진다. 압하지야 속담에 이런 말이 있다. "당신이 완전하기 때문에 나도 완전하다."

여성, 아이, 노인을 크게 존중하는 이런 사회에서는 폭력이나 학대가 거의 없고, 가혹한 처벌이나 범죄도 거의 없다. 시기와 탐욕 대신 타인뿐 아니라 자연에 대한 신뢰에 가득 차 있다.

> 훈자에서 나는 또 다른 세상, 우정과 친절로 이루어진 세상에 있는 것 같았다. 거기에 탐욕, 시기, 질투는 존재하지 않았다. 질서를 지키기 위해 경찰도 필요하지 않았다. 열어놓은 문도 유혹의 대상이 되지 않았다. (알렌 바닉 박사)

> 나는 빌카밤바 사람들이 장수한다는 말을 듣고 그곳을 찾아갔다. 하지만 내가 그들과 함께 지냈던 이유는 그들이 있는 그대로 꾸밈이 없고, 아주 사랑스러운 사람들이며, 배울 점이 아주 많은 사람들이었기 때문이다. 모두들 베푸는 만큼 좋은 사람이 된다고 믿는 것 같았다. 나는 이렇게 가진 것이 없으면서 많은 것을 주는 사람들을 만나본 적이 없다. (그레이스 할셀)

나도 물론 현대 세계에서 압하지야, 빌카밤바, 훈자, 오키나와 노인들이 살았던 것과 똑같은 방식으로 살고자 하는 것이 현실적이지도 않을뿐더러 도움이 되지 않는다는 것을 잘 알고 있다. 우리에게는 그들과 다른 문제와 기회와 운명이 있으며, 그들을 모방한 삶을 산다고 해서 얻을 수 있는 것은 하나도 없다. 하지만 동시에 나는 우리가 그들의 삶에서 뭔가 배울 수 있다면 우리가 좀 더 건강해지고, 인간적이고, 사랑에 넘치는 사람이 될 것이라고 믿고 있다. 그들은 우리에게 비록 우리가 '자신만을 위한' 사회에 살고 있더라도 우리의 인간성과 건강을 다시 긍정할 수 있는 방법들이 있다는 것을 보여줬다.

현재 친구들과 가족 간에 그리고 좀 더 큰 인간 공동체 안에서 배려와 지지와 확실성과 신뢰성으로 이루어진 네트워크를 만들려고 하는 노력이 당신이 취할 수 있는 가장 치유력이 강한 행동일 것이다. 당대의 삶에 만연한 소외와 고독을 극복하기 위해서는 모든 인간의 삶이 소중하며, 우리 각자에게는 타인에게 줄 독특한 형태의 재능과 사랑이 있다는 깨달음을 기반으로 한 인간관계를 만들고, 기르고, 우선시해야 한다.

우리 중 많은 사람이 어렸을 때 우리가 받을 만한 자격이 있는 보살핌과 정서적 지지를 제공하지 못하는 환경에서 자랐다. 성인이 된 우리는 아직도 삶에서 친밀한 인간관계, 애정, 지지가 부족해서 고통 받고 있다. 우리는 현재 이런 고독이 정서적 고통의 원인이 될 뿐만 아니라 건강에도 심각한 영향을 미친다는 것을 알고 있다.

이런 고독의 유산을 넘어서는 것보다 더 중요한 업적은 없다. 이런 방향으로 노력하면 당신뿐 아니라 당신이 사랑하는 사람들이 치유되고, 더 오래 살 수 있는 길로 나아가게 될 것이다. 하지만 타인에 대한 당신의 배려가 미치는 영향은 거기서 끝나지 않는다. 사람들과 친구가 되고, 그들을 소중히 여기는 당신의 행위에서 퍼진 물결이 좀 더 넓은 곳까지 미치게 될 것이다. 이런 물결이 우리 시대에 좀 더 정치적이고, 정신적으로 큰 영향을 미치게 될 것이다. 이 물결은 당신과 당신이 돌보는 사람들의 삶만 향상시키는 것이 아니다. 이 물결은 또한 우리의 집단적인 미래에 좀 더 좋은 영향을 미치게 될 것이다.

우리는 종종 우리가 생각하는 것보다 훨씬 더 깊게 타인과 연결되어 있다. 서로 깊이 연결된 우리는 서로에게 말하는 방식으로 다른 사람의 행복이나 질병에 기여하게 되며, 다른 사람을 대하는 방식으로 그들의 성취나 좌절에도 원인을 제공하게 된다. 우리는 서로가 품은 희망의 일부이며, 치유의 일부이자 꿈의 일부다.

현재 우리가 서로를 대하는 방식, 아이를 양육하는 방식, 우리가 만드는 가정과 지역 공동체의 종류에 대한 선택이 미래가 어떻게 전개되는지를 결정할 것이다. 우리가 서로를 일방적으로 대한다면 우리는 죽음의 충동에 내몰리는 사람들, 의기소침하고 비열한 사람들을 키워낼 것이다. 우리가 서로를 격려하고, 우리의 선한 성향을 토대로 해서 사랑에 찬 관계를 만들어낼 수 있는 능력을 높이 평가한다면, 우리는 건강하고 완전한 사람들 그리고 그들과 접하는 사람들에게 치유와 평화와 기쁨을 가져올 수 있는 사람들로 이뤄진 사회를 키워낼 수 있다.

나는 지구에 도착한 진짜 뉴스는 사랑이라고 믿는다. 사랑이 왜 존재하는지, 사랑이 어디서 왔는지 그리고 어디로 가는지가 뉴스인 것이다. 나는 결국 우리의 가장 큰 치유와 장수를 가능하게 만드는 근본적인 힘은 바로 우리의 삶에 깃든 사랑이라고 믿는다.

인정하든 인정하지 않든 우리는 모두 현 상태를 그대로 유지하는 공범이 되거나 아니면 일상적인 혁명가가 될 수 있는 기회를 가지고 있다. 우리는 문화적 혼수상태에 빠져 패스트푸드를 먹고 밤까지 경쟁하거나 아니면 배려와 실속과 치유가 있는 삶을 만들어갈 수 있는 선택권이 있다. 그 선택에 아주 많은 것이 달려 있다.

슬픔과 고통을 직시할 수 있는 용기

모든 것이 끝났다고 믿는 때가 올 것이다.
그때가 바로 시작이다.
— 루이스 라무르

선진 문명의 가장 중요한 표지 중 하나가 그 공동체가 가진 무조건적인 사랑의 양이라면 현대 서구 문화는 우리가 보통 생각하는 것보다 훨씬 더 미개한 반면 피그미족과 부시먼은 선두를 차지할 것이다. 그렇다면 피그미족과 부시먼이 현재 멸종 직전이라는 사실이 더욱 서글프게 느껴진다.

더 슬픈 일은 이들만 그런 것이 아니라는 점이다. 현대 세계는 많은 전통 사회가 살아가기에 점점 힘든 곳이 되어가고 있다.

오랫동안 지리적으로 목가적인 고립 상태를 만끽했고 건강과 장수로 유명해진 압하지야는 소비에트 연방이 해체된 후 최근 몇 년 동안 심각하게 그 명성에 손상을 입었다. 1993년 전까지 압하지야는 자체적인 문화와 종교가 있었지만 그루지야 소비에트 공화국에 속해 있었다. 많은 압하지야인이 전통적인 생활방식으로 평화롭게 사는 반면 일부 사람들은 현대적인 생활방식을 선호해서 옛 방식을 버리고 점점 더 정치에 관심을 가지게 됐다. 1990년대 초반 소비에트 연방에서 그루지야가 독립한 후 압하지야 당국은 자치 공화국이 되고자 하는 염원을 추구하기로 결심하고 이 지역의 독립을 선포했다. 곧바로 그루지야는 그 지역을 재탈환하기 위해 압하지야에 군대를 보냈다. 1993년, 이는 엄청난 파괴력을 지닌 비극적인 전쟁으로 발전해서 압하지야에서 무려 10만 명이 죽고 엄청난 격변과 파괴가 일어났다.

압하지야의 미래가 어떨지는 불확실하지만 지난 10년 간의 전쟁과 그에 관련된 사건들이 코카서스 전체의 사회적, 경제적 구조를 심각하게 훼손했다. 인류 역사상 전쟁과 폭력이 삶을 긍정하는 사회를 말살한 경우는 이번이 처음도 아니며 마지막도 아닐 것이다.

현재 전 세계 곳곳에서 가장 현명하고 오래 장수한 문화들이 살아남기 위해 힘든 시간을 보내고 있다. 오키나와에서는 오랫동안 노인들을 위한 놀라운 성과를 낳은 삶의 방식을 그 이후 세대들이 포기하고 있다. 대대적인 미군의 주둔 결과 정크푸드에 노출된 오키나와의 젊은 주민들은 패스트푸드 버거, 소다수, 도넛, 가공된 육류, 통조림 음식을 열성적으로 소비해서 건강상태가 심각하게 악화되고 있다. 중국에서도 마찬가지로 미국식 식습관을 모방하면서 비만, 암, 심장병 발병률이 급상승하고 있다.

현재 세계적으로 청량음료 판매를 늘리기 위한 광고의 폭격을 받지 않는 도시를 걷기란 아주 힘들다. 코카콜라, 맥도널드, KFC, 배스킨라빈스와 이들과 비슷한 다국적 기업들이 사람들이 돈을 쓸 수 있는 곳이라면 어디든 재빨리 매장을 열고 있다. 전 세계적으로 던킨 도넛은 현재 매일 640만 개의 도넛을 팔고 있다(지구를 두 바퀴 돌 수 있는 수치다). 그리고 맥도널드에서는 현재까지 대략 1,000억 개의 버거를 팔

앉는데 이는 지구상의 모든 남성, 여성, 아이들이 열여섯 개의 버거를 먹을 수 있는 분량이다.

일부 도시에서는 '분당 먹을 수 있는 음식'이란 레스토랑들이 있는데 이런 레스토랑에서는 먹은 음식에 따라 돈을 지불하는 것이 아니라 테이블 앞에 앉아 있는 시간에 따라 돈을 내고 있다. 따라서 당연히 이런 식당에서 식사를 하는 사람들은 거의 말을 하지 않는다. 이들은 가능한 한 빨리 아주 많이 먹고자 굳게 마음을 먹고 온 것이다.

체중 증가, 심장병, 암, 당뇨를 일으키는 유독한 식품 환경이 급속히 전 세계적으로 퍼지고 있으며, 그 결과 지구상 모든 국가에서 비만과 그에 수반되는 질병이 늘어나고 있다는 것이 이 시대의 고민 중 하나다. 이런 경향이 심지어 전에는 고립돼서 소박하게 살아가던 훈자와 빌카밤바 같은 곳까지 퍼지고 있다는 소식을 전하게 돼서 유감이다.

최근 훈자에서 일어나는 일

훈자 계곡은 아직까지 지구상에서 볼 수 있는 그 어떤 곳보다 장엄하고 근사한 산악지대. 몇십 년 전만 해도 훈자 계곡으로 가는 유일한 길은 아주 험난한 산길로, 종종 산 옆에 붙은 바위들로만 이어진 부분도 있었다. 가끔 겨울에는 훈자 강이 얼어붙어서 그곳으로 건널 수 있었다. 하지만 일반적으로 훈자에 가려면 무섭게 소용돌이치는 강물 위에 걸린 아주 위험한 밧줄 다리 위를 기다시피 건너는 수밖에 없었다.

하지만 1960년대 후반, 이 모든 것이 변하기 시작했다. 인도와 전쟁이 일어날 경우 중국의 도움을 얻을 수 있기를 원했던 파키스탄 정부는 특별히 제조된 차량들이 다닐 수 있는 원시적인 도로를 건설하기 시작했다.

1973년 알렉산더 리프가 〈내셔널 지오그래픽〉을 위해 훈자를 방문했을 때 그 도로가 미치는 영향은 이미 분명하게 드러났다. 그는 이렇게 썼다.

> 과거에는 모두 그들이 키우는 양에서 난 모직으로 짠 옷을 입었지만 지금은 일본에서 수입한 밝은 색깔의 사라사로 만든 옷을 입고 있다. 수입한 차가 이들이 전통적으로 마시는 음료인 과일 주스를 밀어내고 있다. 주민들이 생계를 위해 농사를 짓기보다 상업으로 직업을 바꾸면서 동네에 작은 가게들이 생기고 있었다. 노인들은 우리에게 "더 이상 누구도 여유롭게 축제 기분을 내며 즐길 시간이 없다"라고 거듭 말했다.

훈자의 지도자는 리프에게 이런 말을 하며 한탄했다.

> 도로가 깔리면서 젊은이들이 군대에 입대하거나 일자리를 찾아 파키스탄으로 갑니다. 그랬다가 돌아와서 주민들의 전통적인 생활방식을 바꿔놓고 있어요. 식습관이 변하고 건강이 나빠지고 있어요. 지금은 전보다 노인이 많이 줄었어요.

그러다 1979년 카라코람 고속도로가 완공되면서 이 산악지대 왕국은 세상 사람들이 훨씬 더 접근하기 쉬운 곳이 됐다. 세계적으로 위대한 공학기술의 위업 중 하나인 카라코람 고속도로는 거의 수직으로 떨어지는 산의 바위를 1,000킬로미터나 깎아내서 만든 도로다. 수만 명의 중국인 노동자들이 동원돼서 공사를 했는데도 이 도로를 짓는 데 거의 20년이 걸렸다. 도로를 건설하는 동안 산사태와 사고 때문에 1,000명이 넘는 사람들이 사망했다. 도로가 완성되자 세월이 흘러도 변치 않던 고요한 훈자에 즉각적인 영향이 미쳤다.

몇 년 후 훈자 노인들의 지도자인 굴람 모함마드 베그가 한 미국 리포터에게 바깥세상이 마구잡이로 들어오면서 훈자가 어떻게 바뀌었는지 설명했다.

카라코람 고속도로가 우리의 조용한 삶을 침범한 이후 훈자는 변해버렸습니다. 그 전에는 아무도 집의 문을 잠그고 다닌 사람이 없었습니다. 도둑이란 건 들도 보도 못했죠. 그 전에는 정직해야 한다는 사회적 압력이 강했습니다. 게다가 훔칠 돈도 없었죠. 이젠 모두 정신없이 돈을 벌려고 하면서 그렇게 번 돈으로 카라치에서 들여온 통조림 식품을 사 먹고 건강을 해치고 있습니다. 해가 갈수록 범죄도 늘어나고 있습니다. 10년 전만 해도 여기에는 감옥도 없고 경찰도 없었습니다! 하지만 가장 슬픈 것은 훈자 사람들이 자신들의 문화를 잊고 있다는 것입니다. 우리는 과거에 모든 것을 함께 나눠 가졌습니다. 겨울에는 매일 몇 시간씩 춤을 추며 시간을 보냈습니다. 우리는 함께 더불어 살았고, 그걸로 충분했습니다.

카라코람 고속도로가 완공되면서 훈자인에게는 사회적으로나 경제적으로 완전히 새로운 현실이 열렸다. 1965년만 해도 이들은 돈을 사용하지 않았다. 세금도 내지 않았고 은행도 없었다. 모든 거래는 물물교환으로 이루어졌다. 하지만 지금은 호텔과 상점들이 들어섰고, 세계적으로 뛰어난 절경을 감상하고 등산을 하기 위해 오는 사람들을 상대하기 위한 관광업이 생겼다. 파키스탄 연구를 위한 미국 연구소에 있는 학자인 줄리 플라워데이 박사는 지난 20년 동안 훈자에서 일어난 변화를 '문화적 지진만큼 대단한' 변화로 묘사했다.

도로가 건설된 이후 완전히 새로운 정착지들이 생겨났으며, 많은 훈자인이 파키스탄에 있는 더 큰 마을들과 도시들로 이주했다. 젊은 훈자 남성들은 파키스탄 군대에 입대했다가 담배와 캔디에 입맛을 들여서 돌아왔다.

최근 몇 년 사이에 훈자는 파키스탄에 공식적으로 합병됐다. 하지만 훈자인이 고유한 문화를 유지하는 몇 가지 방식이 여전히 남아 있다. 예를 들어 파키스탄의 많은 여성은 아직도 베일을 쓰고 다니지만 훈자 여성은 베일을 쓰지 않으며, 대부분의 파키스탄 여성보다는 더 광범위한 공동체 활동에 자유롭게 참여하고 있다. 훈자인은 아직도 그 훌륭한 계단식 논과 밭을 완전히 유기농으로 경작하고 있다. 하지만 하루하루 지날수록 훈자는 점점 더 파키스탄처럼 변하고 있다. 목가적인 과거를 지니고 있지만 훈자는 더 이상 파키스탄 사회로부터 고립 상태를 유지할 수 없다.

젊은 훈자인은 이제 식습관과 생활방식을 서구화하기 시작했다. 통조림에 든 육류, 캔디 바, 흰 밀가루가 점점 더 흔해지고 있다. 전에는 있는지도 몰랐던 질병들이 나타나기 시작했다.

수천 년간 살아오면서 카라코람 산에서 일어난 만 번의 산사태에도 살아남았던 훈자인의 탁월한 건강과 장수가 이제는 현대 서구 문명이라는 더 큰 사태 밑에 묻히기 시작했다.

빌카밤바의 현재

세상의 반대편에 오랫동안 건강과 장수로 명성을 떨쳐온 또 다른 사회인 빌카밤바가 있다. 훈자처럼 1970년대 근대의 물결이 빌카밤바에 들어오기 시작했다. 1990년대가 되자 포장된 고속도로, 전기, 원시적인 단계의 전화, 텔레비전과 코카콜라와 막대사탕을 포함해서 고도로 가공되고 정제된 식품들의 형태로 빌카밤바에 진보가 도달했다.

고속도로와 함께 현대의 의료 관행이 들어왔다. 에콰도르의 농촌 의료 프로그램을 통해 젊고 열정적인 의대생들이 빌카밤바에 도착해서 항생제와 다른 약들을 처방하기 시작했다. 이 프로그램의 장점도 있었지만, 젊은 의사들이 도착한 지 몇 달 되지 않아 항생제가 그들의 결장에 있던 몸에 좋은 박테리아를 전멸시켜서 몇몇 노인이 이질로 사망했다.

빌카밤바가 이전의 고립 상태를 잃으면서 사람들의 태도 역시 변하기 시작했다. "전에는 노인들이 지혜롭고 많은 경험을 쌓았다고 해서 존경받았지만 이제는 그저 늙은이로만 여겨지고 있죠. 역사와 문화의 구전 전승자로서의 이들의 전통적인 역할, 위기의 시대에 지혜의 원천이었던 이들의 위치는 쇠퇴했고 이제는 그저 시대에 뒤떨어진 사람들로 대하고 있죠"라고 빌카밤바의 한 노인이 회상했다.

최근까지만 해도 로하주(가장 가까운 마을)에서 빌카밤바로 가는 유일한 길은 고생스럽고, 시간을 많이 잡아먹고, 위험했다. 하지만 지금은 로하주에서 출발하는 버스와 택시들이 다니는 2차선 고속도로가 깔려 있다. 몇 년 전만 해도 빌카밤바의 중심지는 작은 공원과 교회가 있는 고요한 광장이었다. 공기는 맑고 깨끗했다. 거기에는 차도 없고, 전기도 없고, 보도도 없었다. 이제는 관광 시즌에는 지프차와 SUV의 소음과 배기가스가 광장을 꽉 채운다. 그리고 미국인 배낭여행객과 부유한 에콰도르인의 구미에 맞춘 인터넷 카페들이 생겼고, 심지어는 관광 안내소도 있다.

마을을 통과해서 흘러내리던 미네랄이 풍부한 물은 아직까지 무료로 목욕할 수 있으며, 기온은 아직도 천국 같다. 하지만 건강하게 100세를 넘긴 노인들이 사는 곳을 찾을 것이라 예상하며 요즘의 빌카밤바를 방문한다면 실망할 가능성이 크다. 마을 노인들이 재미있는 이야기를 들려주거나 광장에 앉아 있는 모습도 보지 못할 가능성이 크다. 남아 있는 노인들 중 많은 사람이 더 높은 산으로 이주했다. 당신이 보게 될 것은 막대사탕을 먹고, 청량음료를 마시고, 비디오 게임을 하는 젊은 세대다. 이들은 간절하게 대도시로 이사 가고 싶어 하지만 그곳에 도착했을 때 어떤 일이 일어날지 그리고 자신들이 지금 잃고 있는 것의 가치를 깨닫지 못하고 있다.

헤아릴 수 없는 시간 동안 번성해왔던 건전한 문화와 생활방식이 우리 눈앞에서 멸망하는 모습을 지켜보는 것은 참 슬픈 일이다. 물론 가끔은 전통을 뒤로 하고 떠나는 것이 진보를 향한 유일한 방법이기도 하다. 그러나 서구의 소비주의가 전 세계적으로 맹위를 떨치는 윤리가 되고, 고지방과 설탕이 많이 들어 있는 음식이 전 세계인이 주로 먹는 음식이 되는 것을 보면 오싹하다.

요즘 많은 사람이 인간이란 종족의 생존이 우리가 알고 있는 형태로서의 현대 사회의 붕괴로 인해 위협받을 수 있다고 두려워하고 있다. 나는 우리가 아는 형태의 현대 사회가 지속돼도 여전히 우리의 생존은 위협받는 것이 아닌지 궁금해지기 시작했다.

슬픈 마음으로 살아가다

현재 우리가 사는 세상에는 크나큰 폭력과 상실감이 존재하고 있다. 인간 사회에서 가장 오래되고, 무조건적인 사랑으로 가득 찬, 부시먼과 피그미족처럼 막대한 수의 종족이 멸종되고 있다. 그리고 세계에서 가장 건강하며 가장 삶을 긍정하는 전통적인 문화들이 지속적인 서구 소비문화의 확산에 직면해 살아남기 힘들다는 사실을 깨닫고 있다.

이런 현실은 우리 모두에게 큰 영향을 미치고 있다. 이런 시기에 치료법을 찾으려면 어떤 일이 일어나고 있는지 제대로 파악하고, 고민의 원인을 인식하고, 우리가 사랑하는 이들을 위해 행동할 필요가 있다.

서구 사회를 살아가는 많은 사람은 자신의 고통을 외면하라고 배웠다. 하지만 그렇게 하면 자신의 실체와 맞서 싸우게 되며 그러다 여러 가지로 병이 나게 된다. 현대 사회에서 병에 걸리는, 가장 잘 드러나지 않은 원인 중 하나는 감정을 억누르고 그에 따라 기쁨과 활기를 느낄 수 있는 능력이 줄어들었기 때문이다.

패배감을 느끼지 않기 위해 정신적으로 무장을 하다 보면 정서적으로 고갈되고, 근본적인 치료가 이루어지기 힘들다. 지속적으로 감정을 자제하는 것은 진이 빠지는 일이다. 고통을 외면할 때 우리는 무감각해지고 감정을 제대로 느낄 수 없게 된다. 그래서 체념하면서 수동적이 되는데, 관심이 없어서가 아니라 슬프지 않기 때문이다. 우리는 마음속을 패배감으로 꽉 채웠기 때문에 더 이상 다른 감정을 느낄 여지가 남아 있지 않아 마음을 닫아버린다. 푹 쉬고, 운동하고, 놀고, 비현실적인 기대를 발산하는 이 모든 일이 현실을 있는 그대로 대처할 수 있게 도와준다. 그러나 때로는 고통과 함께 살아가는 방법을 배울 때에, 우리의 고통과 깊게 친밀해질 때에, 제대로 슬퍼하는 방법을 배울 때에 진정 낫기 시작하는 경우도 있다.

이렇게 하는 것이 결코 쉬운 일은 아니지만 현재 일어나고 있는 일을 직시하길 거부하고 어떤 대가를 치러서라도 마음이 편해지려고만 한다면 우리는 건강하고 완전해지기 위해 필요한 타인과 정서적으로 친밀한 관계를 맺을 수 없게 된다. 만약 우리가 슬픔을 억누른다면 우리의 마음을 질식시키고 있는 것이다.

현대 사회와 우리의 마음속에는 수많은 목소리가 존재한다. 우리는 삶에서 마주치는 슬픔으로부터 달아나기 위해 그런 소리들을 쫓고 있다. 우리는 일찍부터 고통을 이겨야 할 적, 불쾌하고 힘들고 실망스러워서 거부해야 할 대상으로 대하라고 배운다. 종종 우리는 상처 받았다고 해서 자신을 가혹하게 판단한다. 하지만 치유란 고통이 없는 상태가 아니다. 치유는 우리의 고통에 대처하면서 우리가 좀 더 건전하고 인간적인 사람이 될 수 있게 반응하도록 만든다. 치유란 있는 그대로의 내 상태로, 있는 그대로의 현실에 정직해질 때 시작된다. 연민을 느끼려면 고통을 직시할 수 있는 용기가 있어야 한다.

건강하고 행복하게 장수하는 문화의 비결 중 하나는 기쁨을 표현하고 다른 사람들과 기쁨을 나누는 것이며, 그보다 훨씬 더 중요한 것은 두려움과 슬픔을 함께 나눈다는 점일 것이다. 이들은 우리 모두 손을 쓸 수 없을 정도로 벅찬 일에 패배감을 느낄 때, 끔찍하게 외롭다는 느낌이 들 때, 낙담해서 한쪽 구석에 숨고 싶을 때가 있다는 것을 안다. 그들은 우리 모두 영혼의 어두운 밤을 가지고 있다는 것을 알며, 그럴 때에는 감정적으로 약한 부분을 드러내고 솔직하게 대할 수 있는 사람들이 찾아와주어야 한다는 것을 이해하고 있다. 그렇게 하면 깊은 절망에 빠져 있다 해도 우리가 공동체의 일부이며, 우리에게 마음을 쓰는 사람들이 있고, 우리가 아직도 삶의 흐름의 일부라는 점을 다시 깨닫게 된다. 우리의 슬픔은 우리 자신, 우리의 정열, 헌신, 용기, 약점과 연결될 수 있는 원천이 된다.

누구도 지금 우리 세계에서 일어나는 일을 제대로 깨닫지 못하고 있으며, 그래서 우리의 집단적인 미래와 삶에 대해 고통을 느끼지도 않고 두려워하지도 않는다. 이는 현재 우리가 깨달아야 할 아주 중요한 점이다. 물론 우리 각자에게는 나름의 고통과 개인적인 패배감과 실망과 좌절이 있을 것이다. 하지만 현재 우리 내면의 고통은 개인적인 고통을 넘어서는 것이다. 이 고통은 우리의 개인적인 삶에 영향을 미칠 뿐만 아니라 그보다 더 큰 것에도 영향을 미친다. 지금 위기에 처한 것은 지구에서 앞으로 살아가야 할 삶인 것이다.

이 슬픔은 우리 모두의 것이다. 이 슬픔은 우리 시대의 본질이며, 우리가 껴안아야 할 것이다. 함께 나눈 깊은 고통을 통해 우리는 서로 돌봐주고, 서로를 위해 기도하고, 행동할 수 있는 능력의 근원을 경험할 수 있을 것이다. 우리가 느끼는 고통은 반응할 수 있는 우리의 능력을 둘러싼 껍질을 부수는 것이다. 그런 과정에서 뭔가 소중한 것이 태어날 수 있다. 고통을 나눈다는 건 그 소중한 것이 태어날 수 있도록 노력하는 것이다.

우리는 '위대한 전환기'라고 불리는 시대에 살고 있다. 이런 때에는 죽어가는 것과 태어나는 것, 망가진 것과 아름다운 것을 계속 주시하면서 관심을 기울이는 것이 우리가 해야 할 일이라고 생각한다. 우리는 변화를 이루기 위해 겪을 고통이나 기쁨을 두려워하지 말고, 어떤 감정도 그걸로 끝이 아니며, 우리에게 힘이 있다는 것을 인정해야 한다는 부름을 받았다.

우리는 성서에 묘사된 수준의 전쟁, 파괴, 기아, 역병이 당대에 창궐하는 것을 두 눈으로 목격했다. 하지만 그 재난에 어떻게 대처할지는 우리에게 달려 있다. 그것이 우리의 결의와 책임감을 부숴버리게 놔둘 수도 있다. 아니면 그 고통을 이용해서 우리 자신과 세상의 모든 선과 생명을 주는 것을 위해 더욱더 헌신적으로 노력할 수도 있다.

이런 시기에는 다른 때와 마찬가지로 여전히 갓난아이들이 태어나고 있으며, 어린아이들이 놀고 있고, 사람들이 노래하고 있다는 것을 기억하는 것이 좋다고 믿는다. 사람들은 읽는 것을 배우고, 듣는 것을 배우고, 자신과 서로를 이해하는 법을 배우고 있다. 갈등을 해결할 수 있는 새로운 방법을 찾으면서 사람들 사이에 우정이 싹터서 공고해지고 있다. 지금 수백만 명의 사람들이 자신의 건강에 책임을 지고 자신의 가족과 지역 공동체가 번성할 수 있도록 노력하고 있다.

현재 우리가 자신과 서로에 대해 포기하지 않고 인간 본성의 잠재력에 대해 믿음을 유지한다는 것이 매우 중요하다. 한 종으로서 우리는 루스 베네딕트가 '부루퉁하고 고약하다'고 부른 문화를 만들어냈다. 그 문화권의 사람들은 호전적이고 비열하다. 하지만 우리는 또한 피그미족과 부시먼과 압하지야인과 빌카밤바인과 훈자인과 오키나와인과 사람들이 서로를 존중하고 더 큰 지구 공동체를 위해 살았던 문화를 낳은 종이기도 하다.

갈수록 우리의 가능성을 지지하고, 우리의 미래에 대해 자신감을 느끼기 쉽지 않다. 인간이 그렇게 파괴적일 수 있다는 사실은 형언할 수 없을 정도로 나를 슬프게 만든다. 하지만 나는 마틴 루터 킹 박사,

넬슨 만델라, 아웅산 수지 여사와 이들처럼 유명하지는 않지만 관대함, 지혜와 용기를 보여준 수백만 명의 또 다른 사람들을 낳았다는 현실에서 힘을 얻는다.

나는 하루도 빠짐없이 수십 년 동안 연구해서 이제 지구상에서 천연두와 소아마비의 마지막 남은 흔적마저 지워버릴 수 있을 정도로 훌륭한 성과를 거둔 수천 수만의 사람들을 생각하고 있다. 그리고 환경적으로 지속 가능하고, 영혼을 충만하게 하며, 이 지구상에서 사회적으로 정당한 인간을 만들어내기 위해 전 세계적으로 노력하고 있는 수억 명의 사람들이 있다.

누군가 당신에게 당신의 행동과 사랑이 중요하지 않다고 말하는 사람이 있다면 여기에 바로 그들이 알아야 할 사실이 있다. 소중히 여기는 뭔가를 위해 삶으로 무언가를 주장하는 사람들은 모두 거대한 것의 일부라는 것이다. 정의를 위한 투쟁은 학정만큼이나 오래됐으며, 사랑으로 이끄는 세상에 대한 갈망은 인간의 마음만큼이나 오래됐다.

당신은 얼마나 많은 것을 주고 떠나는가

나도 모든 사람이 언젠가는 죽는다는 것은 알고 있다.
하지만 나는 예외일 줄 알았다.
– 윌리엄 사로얀

몇 년 전 나는 남부 캘리포니아의 한 여성으로부터 편지를 한 통 받았다. 그녀는 남편과 함께 오랫동안 열심히 건강관리를 했다고 편지에 썼다. 부부는 요가와 명상을 했고, 정제된 설탕이 들어 있는 음식은 한 입도 먹지 않았다. 그리고 규칙적으로 운동하고 약은 절대 먹지 않았으며 심지어 아스피린 같은 것도 먹지 않았다. 이 부부는 금실이 아주 좋았고, 몸에 좋은 음식을 먹고 건강에 좋다는 일들을 하면 결코 병에 걸리지 않을 거라고 믿었다.

하지만 지금 그녀는 비통하고 분하고 속은 기분이다. 50대인 남편이 암에 걸려 사망한 것이다. 이런 일이 일어날 수 있다면 그간 건강을 유지하기 위해 해온 일들이 다 무슨 소용이냐고 그녀는 한탄했다. 낙담하고 배신당한 기분이 든 그녀는 건강을 관리하기 위한 모든 노력을 포기하고 햄버거와 캔디를 비롯하여 오랫동안 먹지 않았던, 몸에 좋지 않은 음식들을 마구 먹어치웠다. 그녀는 더 이상 운동을 하지 않았고 그 결과 남편이 죽은 후 3년 만에 체중이 35킬로그램이 불었다. 그녀는 당뇨에 걸린 데다 극심한 우울증에 빠졌다.

이 여인의 편지를 읽으면서 난 슬퍼졌다. 나는 그녀가 남편과 사별했다는 것이 슬펐고, 아주 침울하고 의기소침하고 비통한 사람이 됐다는 것이 슬펐다. 그리고 그녀와 남편이 건강에 좋은 식생활과 생활방식을 유지하면 영원히 건강을 유지할 수 있다는 잘못된 믿음을 품었다는 것 역시 슬펐다.

몸에 좋은 음식을 먹고, 운동을 충분히 하면 결코 병에 걸리지 않을 거라는 믿음에는 순수하면서 천진한 면이 있다. 우리 모두는 마법과 같은 규칙을 따르거나 절대 오류가 없는 권위자에 순종하면 모든 고통으로부터 자유로워질 것이라고 믿고 싶어 하는 구석이 있다. 하지만 삶은 그런 식으로 흘러가지 않는다. 삶은 그보다 훨씬 더 예측하기 힘들고 좀 더 신비롭다.

나는 모든 조리된 음식은 건강에 해롭다고 믿고 병에 걸리면 최근에 먹은 조리된 음식 한 조각 때문에 그렇게 됐다고 탓하는 한 생식 애호가를 알고 있다. 또한 탄수화물을 죄악으로 여기는 앳킨스 다이어트의 강력한 신봉자로 잠깐 의지력을 잃고 구운 감자 한 조각 먹었다고 몹시 괴로워하는 사람들도 알고 있다. 그리고 깨끗하고 불순물이 들어가지 않은 음식만 먹고 수천 달러나 되는 영양 보충제를 먹으면 영원히 살 거라고 생각하는 사람들도 알고 있다.

몸에 좋은 식습관과 운동은 건강하게 살아가는 데 큰 차이를 만들 수 있다. 하지만 우리의 삶에는 건강에 큰 영향을 미치는 많은 요인이 있다. 어떤 사람들은 10대 때 햇볕에 탄 것이 원인이 돼서 50세에 피부암으로 사망할 수도 있다. 일부 암들은—특히 유방암, 자궁암, 난소

암, 전립선암—자궁 내에서 시작되기도 하고, 부분적으로는 우리의 엄마들이 먹는 음식과 환경에 있는 화학물질로 생기기도 한다.

우리는 점점 더 유독해지고 오염이 심해지는 세상에서 살고 있다. 우리가 전혀 통제할 수 없이 노출된 환경적 조건도 많다. 어떤 질병들은 그 원인이 하나도 밝혀지지 않은 채 그들의 생활방식엔 아무 상관도 없이 사람들을 덮치기도 한다. 인간관계를 저해하고, 어이없을 정도로 오랜 시간 사람들을 일하게 만들고, 공기와 물을 오염시키게 만드는 강력한 힘이 우리 세계에 자리 잡고 있다.

우리가 먹는 음식이 우리가 통제할 수 있는 한 가지 요인이기 때문에 우리는 가끔 현실과 어긋날 정도로 음식에 큰 중요성을 부여하기도 한다. 그렇게 하면 완전히 자신의 건강을 통제하고 있다는 환상에 빠지게 된다. 그렇게 마법과 같은 힘을 부여한 식습관을 열심히 따르면 어떤 나쁜 일도 우리에게 생기지 않을 것이라고 느낀다. 문제는 완벽한 식습관을 지닌 사람들도 가끔 암에 걸린다는 점이다. 종종 그럴 일을 당할 것 같지 않은 사람들에게도 끔찍한 일들이 일어난다.

내게 편지를 쓴 여성은 그녀와 남편의 생활방식이 병에 걸리지 않으면서 장수를 누릴 수 있게 보장해줬다고 믿었다. 이 믿음이 그렇게 고통스럽게 파괴됐을 때 그녀는 혼자 남아 현실에 대처할 수 없었던 것이다. 이 이야기는 아주 슬픈 이야기였다. 나는 그녀에게 당황하지 말고 어떤 식으로든 자신을 탓하지 말고 그 대신 그녀의 경험으로부터 다른 사람들이 뭔가를 배울 수 있기를 희망하는 것이 좋다는 것을 이 자리를 빌려 말한다.

나는 그녀에게 남편과 사별하게 돼서 유감이며 그런 큰 아픔을 겪어서 유감이라고 답장을 썼다. 나는 내 인생에서 겪었던 고통과 환상이 깨진 경우들을 말해주면서 내가 믿었던 이상과 꿈들이 산산조각 났을 때, 그리고 그런 환상이 깨지고 절망했을 때 찾은 또 다른 삶에 대해 이야기했다.

나는 편지 후반부에 시간이 흐르면 그녀가 결코 병에 걸리지 않거나 죽지 않을 거라고 믿어서가 아니라 모든 인간의 삶에 고통스러운 일이 일어날 수 있는 걸 알지만 되도록 많은 질병을 예방하고 고통을 줄일 수 있게 하기 위해 건강한 선택을 한하는 게 가능하다는 것을 알게 되길 빈다고 썼다. 자신의 건강과 삶에 대해 책임을 지는 것은 가능하지만 인간이 겪을 수 있는 경험 중에서 고통스러운 경험을 피하려고만 하지 말고 그보다는 고통을 줄이면서 자신의 삶을 지혜와 사랑으로 풍요롭게 밝히라고 썼다.

그녀의 편지를 읽으니 전에 한 현자로부터 들었던 말이 생각난다고 썼다. "앞으로 나아가도 죽을 것이요. 뒤로 물러서도 죽을 것이다. 그러니 앞으로 나아가는 것이 낫다."

앞으로 나아가기

앞으로 나아간다는 말의 요지―당신의 삶이 당신의 가장 숭고한 비전의 긍정적인 표현이 되도록 한다는 것―는 인간으로서는 가능하지 않은 일이기 때문에 모든 고통과 죽음을 피하려고 하지 않는다는 것이다. 이 말의 요지는 가장 어려운 것까지 포함해서 인생에서 겪을 수 있는 모든 일을 사랑과 치유의 힘을 가지고 대처하라는 것이다. 앞으로 나아갔을 때의 장점은 육체적으로 쇠퇴하거나 병에 걸릴 가능성을 줄이고 삶을 좀 더 완전하게 살아갈 수 있고, 살아가면서 일어나는 일들을 우아하고 지혜롭게 대처할 수 있게 된다는 것이다.

만약 당신이 그렇게 해서 기분이 나아지고, 자신과 좀 더 가까운 느낌이 들고, 활기가 생겨서 첨가물이 들어가지 않은 자연식품을 먹거나, 조깅을 하거나 명상을 한다면 당신이 원하는 것보다 훨씬 더 빨리 죽는다고 해도 그렇게 자신을 돌보고 보살폈던 것에 대해 후회하지 않을 것이다. 만약 당신이 좀 더 큰 존재감과 행복감을 느끼기 위해 특별한 식습관이나 생활방식을 선택해서 실천한다면 어떤 일이 일어난다고 해도 당신은 당신이 한 선택에 대해 고맙게 생각할 것이다. 만약 역기를 들거나 요가를 하거나 에어로빅을 해서 좀 더 자신의 몸과 친밀하게 되고, 균형감과 힘이 키워지고, 당신의 몸이 하는 이야기를 들을 수 있게 된다면 심각한 병이 생긴다 해도 당신의 건강을 위해 당신이 할 수 있는 모든 것을 다 했다는 것을 알고 기뻐하게 될 것이며, 당신이 살아온 삶에 감사하게 될 것이다.

몸에 좋은 식습관과 생활방식은 건강한 삶으로 이어진다. 이 둘을 병행하면 활력이 늘어나고, 병에 대한 내성이 향상되고, 일체감과 자유로움이 한결 더 커진다. 하지만 가장 훌륭한 운동과 식단으로도 노화라는 불가피한 일을 막을 수는 없다. 결국에는 가장 잘 관리한 신체도 약해지기 마련이고, 일단 그렇게 약해지면 더 이상 예전과 같은 몸으로 돌아가지 못한다.

외모에 집착하는 우리 사회에서 노화는 불행처럼 보일 수도 있다. 하지만 나이를 먹는 과정에서 사람들은 종종 삶의 완성과 성취에 아주 중요한 깨달음을 얻게 된다. 이들은 패배감과 그 패배감을 받아들이는 것에 대해 배우게 된다. 이들은 어쩌면 남편이 죽고, 부인이 암에 걸리고, 심지어 아이가 죽는 것 같은 어마어마한 어려움에 대처해야 할지도 모른다. 그러면서 사람들은 모든 사람이 얼마나 약한 존재인지 알게 된다. 세상에는 쉬운 답이란 없으며, 삶은 모든 이에게 힘들 때가 있다는 것도 알게 된다.

우리는 노인들로부터 배울 게 무척이나 많다. 가족과 친구들이 죽는 것을 보고, 여러 세대에 걸쳐 아이들이 태어나는 것을 본 노인들은 비극을 좀 더 깊은 차원에서 이해할 수 있다. 죽음이 가까워진 이들은 삶의 순환을 좀 더 많이 접하고 있다. 노인들은 삶이 가치 있기 위해서는 뭐가 필요한지 이해하고 있다. 노인들은 자신의 삶을 사랑하지 않으면 콜레스테롤이 낮고, 바윗돌처럼 단단한 복근이 있어도 아무짝에도 소용이 없다는 걸 잘 알고 있다.

모든 것에서 아름다움을 찾다

아침 먹는 자리에서 어린 딸에게 기도를 하라고 한 엄마에 대한 이야기가 하나 있다. 꼬마 소녀는 기도를 시작했다. "감사합니다, 하느님, 이렇게 화창한 날을 주셔서 감사합니다."

"잘했다, 아가야. 그런데 기도하기 전에 밖을 내다보지 않았구나. 지금은 비가 오는 데다 음울한 날이야." 엄마가 말했다.

"엄마, 날씨만으로 그날 하루를 판단해선 안 되죠." 그 꼬마 소녀는 이렇게 응수했다.

그 어린 소녀는 우리의 모든 기분과 경험에 사랑을 담는 것이 얼마나 중요한 것인지 이해하고 있었던 것이다. 이 이야기는 인생의 모든 면에서 아름다움과 감사할 수 있는 기회를 찾아야 한다는 뜻을 담고 있다. 이렇게 하는 것이 항상 쉬운 건 아니지만 이 일에는 아주 큰 의미가 있다.

우리는 모두 삶의 신비 앞에서 약하며 벌거벗은 존재다. 가끔 우리가 받은 상처를 솔직하고 깊게 들여다보면 거기서 우리의 힘, 기쁨, 그리고 살고자 하는 의지를 발견하게 된다. 우리는 스스로가 불완전한 존재라는 것을 받아들일 수 있으며, 완벽한 삶이 전부가 아니라는 걸 깨닫게 된다.

인간의 삶에는 자연이 그런 것처럼 그만의 계절이 있으며, 그 계절 하나하나에 독특한 아름다움과 가능성이 있다. 삶이 영원히 봄에 머물러 있기를 원한다면 이는 삶의 자연스러운 과정을 찬미와 감사의 과정보다는 상실의 과정으로 돌려놓는 것과 같다.

사랑을 받는 대상은 아름다워진다

거울을 보고 나이 드는 조짐을 보면—새로 난 흰머리, 새로 생긴 주름 혹은 결점—곧장 크림이나 연고나 염색약을 들고 그것을 감추려고 애를 쓰는 사람들이 있다. 최고로 멋지게 보이고 싶은 마음에 잘못은 없지만 만약 당신이 노화와 전쟁을 벌이고 있다면 당신은 필연코 지게 돼 있다. 나이를 먹지 않은 척 노력하는 사람들은 죽음과 결코 이길 수 없는 경쟁을 하는 자신을 발견하게 될 것이다. 모리스 슈워츠는 이런 말을 했다. "당신이 항상 노화와 전쟁을 벌이고 있다면 당신은 항상 불행할 것입니다. 어쨌든 당신은 늙을 것이기 때문이죠."

몇 년 전 한 대형 화장품 회사와 일하는 광고회사 중역 한 사람이 훌륭한 아이디어를 생각해냈다. 그 화장품 회사는 사람들에게 그들이 아는 가장 아름다운 여인의 사진과 함께 그녀에 대한 짧은 편지를 써서 보내달라고 요청했다. 얼마 지나지 않아 그 회사에 1000통이 넘는 편지와 사진들이 도착했다.

그중 편지 한 통이 눈길을 끌었다. 여기저기 맞춤법과 구두점이 틀린 그 편지는 아주 험악한 동네에 사는 한 소년이 썼다. 그 소년은 길 아래 사는 한 아름다운 여인에 대해 썼다.

"나는 그녀를 매일 찾아갑니다. 그리고 그녀는 날 세상에서 가장 중요한 아이처럼 느끼게 해줍니다. 우리는 체스를 두고, 그녀는 내 이야기를 들어주고, 사과를 줍니다. 그녀는 날 이해해줍니다. 내가 집에 갈 때면 그녀는 항상 문밖에 대고 온 세상이 들을 수 있게 그녀가 날 자랑스러워한다는 걸 말해줍니다."

그 소년은 이렇게 말하면서 편지를 맺었다. "이 사진으로 판단이 서실지 모르겠지만 그녀는 내가 지금까지 본 여자 중 가장 아름다운 여자입니다. 나는 언젠가는 그녀처럼 아름다운 여인과 결혼하고 싶습니다."

호기심이 생긴 회장은 편지에 들어 있는 사진을 보자고 했다. 비서가 그에게 편지를 건넸다. 사진에는 흰머리가 여기저기 난 머리를 단정하게 쪽을 지고 미소를 띤 여인이 있었다. 그녀는 나이가 많았고, 얼굴엔 주름이 많았으며 휠체어에 앉아 있었다. 하지만 그녀의 눈은 친절함과 기쁨으로 가득 차 있었다.

청춘의 샘

정말 중요한 것은 당신이 머리를 염색했는지 보톡스를 맞았는지 여부가 아니다. 중요한 것은 노화의 신호를 무시하기보다는 사랑하고 수용하는 마음으로 인생의 모든 경험을 맞이해야 한다는 것이다. 삶의 모든 단계에는 독특한 선물과 힘이 깃들어 있다. 가장 중요한 것은 내면의 아름다움이 삶을 비춰야 한다는 것이다.

모든 길이 결국 그런 것처럼 건강에 좋은 길이 당신이 이 생을 떠나는 순간까지 이어진다. 당신의 하루하루를 업적, 평화, 만족으로 가득 찰 수 있도록 도와주는 삶의 선택들은 결코 작은 성취가 아니다. 수명을 연장하고, 내면의 자원을 동원할 수 있도록 해주고, 행복감과 편안한 마음을 더해주고, 당신의 나날을 밝혀줄 수 있는 영혼의 힘을 키우는 삶의 방식은 아주 큰 축복이다.

세상에서 가장 건강한 문화들은 노화를 저주로 보지 않으며, 죽음 또한 적으로 보지 않는다. 이러한 흐름을 성장과 성취와 사랑을 위해 끊임없이 변하는 일련의 기회들로 보고 있다. 누군가 죽으면 그 공동체 전체가 계속적으로 변하는 삶의 본질을 찬미하기 위해 모인다.

이 문화들은 전체적인 삶의 흐름을 이해하고 받아들인다. 죽음은 실재하며 가까이 있는 것이고, 사람들은 그 죽음을 통해 인생무상을 지속적으로 경험하고 있는 것이다. 이미 고인이 된 이들을 공경하는 의식들이 일상의 삶 속에 편입됐다.

반면 현대 서구에서 우리는 죽음을 부인할 뿐만 아니라 실패로 보도록 길들여졌다. 대부분의 사람들이 병원이 아닌 집에서 죽고 싶어 하고, 생명 유지 장치에 연결돼서가 아니라 자연스럽게 죽고 싶어 하지만 결국에 그런 소원을 이루는 사람은 극소수다.

서구의 병원에서 한 78세 된 노인이 겪은 일은 사실 아주 흔한 일이다. 의사들이 옆에 있는 환자의 목에 관을 삽입하고 소생시키려고 하다가 실패한 경우를 목격하자, 그 환자는 혼자 있게 해달라고 애원을 했다. "들어보세요, 선생님." 그는 의사에게 이렇게 간청했다. "나는 온몸에 튜브를 꽂은 채 죽고 싶지 않아요. 내 아이들이 아버지를 이런 식으로 기억하게 하고 싶지 않아요. 살아 있는 동안 나는 좋은 사람이 되려고 노력했어요, 이해하시겠어요? 나는 부자는 아니지만 애써서 아들들을 대학에 보냈어요. 나는 돈도 별로 없고 영어도 잘하지 못하지만 당당하고 품위 있는 사람이 되길 원해요. 이제 난 죽어가고 있어요. 좋아요, 그건 불평하지 않아요. 난 늙었고 지쳤고 살 만큼 살았어요. 그래요. 하지만 난 누군가 와서 매일 물을 뿌려주는 식물인간이 되고 싶진 않아요. 저기 저 환자처럼 말이죠."

이 노인은 사고가 명료한 성인으로 자신의 뜻을 분명하게 밝혔지만 그의 뜻은 존중되지 못했다. 그의 몸에는 모든 대가를 치르고라도 의료진이 '소생시키라'는 코드가 붙었다. 결국 그는 간신히 기계에서 자신을 떼어내고 담당 의사에게 쪽지를 남겼다. "죽음은 적이 아닙니다, 선생님. 비인도적인 행위가 적이지요."

이제 호스피스 운동이 시작된 지도 40년이 됐다. 호스피스는 사람들이 편안한 자신의 집에서 품위를 지키며 평화롭게 죽을 수 있도록 해주는 데 역점을 두고 있다. 하지만 서구 의학에서는 삶의 말기에 병원이 너무 깊게 개입해 있다. 누군가 죽음이 가까워지면 우리는 여전히 죽을 때까지 매 순간 죽음과 싸운다.

죽음을 존중하는 법을 배우기

죽음을 받아들이는 데 특히 힘들어하는 사람들도 있다. 미국 야구 스타이자 국가적인 아이콘인 테드 윌리엄스가 2002년 사망한 직후 그의 척수와 머리가 신체에서 분리됐다. 그다음 그의 머리와 몸, 둘 다 글리세린을 기본 재료로 한 용액을 입힌 후 영하 206.5도 온도에 맞춘 액체 질소에 담겨서 극저온 냉동 상태로 보관됐다. 엄청난 거금이 들어간 이 절차는 윌리엄의 아들의 요청에 따라 행해졌다. 그는 언젠가 의학이 더 많이 발달하면 아버지가 다시 살아날 수 있을 거라고 믿고 있었다.

대부분의 사람들은 이보다는 덜 극적인 형태로 죽음을 받아들이지만 우리 모두에게 죽음은 대처하기 아주 힘든 일이다. "심지어는 현자조차도 죽음을 두려워한다. 살아 있는 생물은 삶에 집착한다"라고 부처도 말했다. 이런 두려움을 극복한 사람들도 있겠지만 대부분은 죽음을 두려워하고 있다. 이것은 우리의 본성이기 때문에 수치스러워할 일은 아니다. 우리 모두 죽음을 밀어내고 싶은 욕망을 느끼고, 삶이 영원히 계속될 것처럼 행동한다. 하지만 여전히 매일 지구상 어딘가에서는 수많은 사람이 죽는다.

이 리듬은 심장박동처럼 꾸준하며 낮이나 밤이나, 겨울이나 여름이나 인간이 사는 곳이라면 어디서나 수그러들지 않고 계속된다. 수십 년 동안 죽음을 앞둔 불치병 환자들을 상담해온 스티븐 레빈은 어떤 사람은 기아로 죽는 반면 어떤 사람은 과식으로 죽는다는 사실을 일깨워준다. 목말라 죽는 사람도 있고 물에 빠져 죽는 사람도 있다. 아주 어렸을 때 죽는 사람도 있고, 늙어서 죽는 사람도 있다. 어떤 사람은 결코 받아들일 수 없는 죽음을 피해 완전히 살아보지 못한 삶을 살아가다가 혼란스러워하면서 죽는다. 또 어떤 사람은 마음을 활짝 열고 죽음을 받아들인 채 평화롭게 죽는다.

우리는 종종 인위적으로 '죽어가는 사람들'을 구분해서 그들의 삶에 한계가 그어졌다는 것을 아는 사람과 살날이 얼마나 남았는지 모르는 우리 같은 사람으로 구분한다. 이런 식으로 생각하면 우리도 죽는다는 생각을 하지 않을 수 있게 된다. 죽어가는 사람들을 개별적인 집단으로 분리해 생각한다면 우리는 죽지 않는다고 상상할 수 있는 것이다. 우리는 죽지 않을 것처럼 행동할 수 있다. 하지만 매일 우리는 조금씩 죽음에 가까워지고 있다. 우리 모두는 죽어가고 있으며, 우리가 알고 사랑하는 사람들도 모두 죽어가고 있다.

불교 구전에 외아들이 죽은 여자의 이야기가 나온다. 슬픔에 지친 그녀는 죽은 아이의 시체를 안고 집집을 돌아다니며 아이를 치료할 약을 달라고 부탁한다. 동정하는 사람들도 있고, 그녀를 피하는 사람들도 있지만 모두 아들을 잃은 고통이 너무 커서 그녀가 돌아버렸다고 생각하고 있었다. 결국 그 여인은 부처에게 가서 소리쳤다.

"부처님, 제게 아들을 살릴 약을 주세요!"

부처가 대답했다. "내가 널 도와주마. 하지만 먼저 내게 겨자씨를 한 줌 갖다 주어라." 여인은 기쁨에 들떠 곧장 그렇게 하겠다고 했을 때 부처가 다시 말했다. "단 그 겨자씨 하나하나는 죽음을 모르고, 아이나 남편이나 부모나 친구가 죽은 사람이 하나도 없는 집에서 가져온 겨자씨라야 한다."

여인은 다시 한 번 마을의 집집을 찾아다니며 겨자씨를 달라고 청했다. 사람들은 흔쾌히 겨자씨를 내주려고 했지만 그녀가 이런 질문을 했다. "당신의 집에서 아들이나 딸이나 아버지나 어머니가 죽은 적이 있습니까?" 그러자 그들은 대답했다. "아이고, 그렇습니다." 그리고 그들은 사랑했지만 죽은 이들에 대해 말했다. 그녀는 며칠 동안 찾아다녔지만 사랑하는 사람이 하나도 죽지 않은 집은 찾지 못했다.

마침내 그녀는 자신이 지치고 절망한 채 길가 한쪽에 서 있다는 것을 깨달았다. 그녀는 깜박거리는 마을의 불빛들을 보다가 하루가 저물면서 그 불빛들이 꺼지는 것을 지켜봤다. 사방에 밤의 어둠이 찾아왔고, 그녀는 앉아서 인간의 바꿀 수 없는 운명에 대해 생각에 잠겼다.

그녀가 부처에게 돌아왔을 때 부처가 이렇게 말했다. "이승에서 인간의 삶은 고통스럽고 짧다. 태어난 이는 죽음을 피할 수 있는 방법이 없기 때문이다." 고통을 있는 그대로 받아들인 여인은 아들의 시신을 숲에 묻었다. 더 이상 진실을 거부하지 않은 채 그녀는 남은 생을 이 세상에서 연민과 지혜를 키우는 데 바치기로 맹세했다.

집에 가기

의학박사인 레이첼 나오미 레멘이 샌프란시스코의 마운트 지온(Mount Zion) 병원에서 소아과 병동의 과장이었을 때의 일이다. 출근했는데 그녀의 사무실에서 성난 목소리가 들렸다. 사무실에는 간호사와 레지던트 몇 명이 모여 있었는데 모두 흥분해 있었다. 누군가 백혈병 말기인 다섯 살 먹은 소년에게 그날 집에 간다고 말을 해준 모양이었다. 소년은 간호사에게 짐을 챙겨달라고 말하면서 벽장에 있는 아주 작은 가방을 가리키며 흥분해서 말했다. "나, 오늘 집에 가요." 소년은 간호사에게 이렇게 말했다. 레멘 박사는 그 장면을 이렇게 묘사했다.

그 간호사는 충격을 받았다. 누가 이렇게 끔찍하게 아픈 소년에게 집에 갈 수 있다고 말했단 말인가? 아이는 혈소판도 없고, 백혈구도 없는데. 아이가 너무나 약해서 조금만 다쳐도 그 상처에서 흘린 피로 죽을 수도 있다는 걸 모두 알고 있는데. 그녀는 같은 근무조의 간호사들과 그 전 근무조에게 그 아이에게 집에 간다고 말한 사람이 있는지 물었다. 아무도 소년에게 그런 말을 하지 않았다고 대답했다.

그러자 격노한 간호사들은 젊은 의사들을 비난했다. 의사들은 그들 중 하나가 무심하게 그런 불가능한 일을 약속했을 거라는 간호사들의 비난에 격분했다. 이들의 논쟁은 점점 더 뜨거워져서 내 사무실까지 오게 된 것이다. "한 시간만이라도 집에서 있을 수 있게 구급차를 타고 갈 수는 없을까요?" 그들은 소년을 실망시키고 싶지 않아서 내게 간청했다. 그러나 내가 보기엔 너무 위험한 일이었다. "누가 그 아이에게 집에 갈 수 있다고 말했는지 물어봤어?" 내가 말했다. 물론 아무도 아이에게 그 말은 하고 싶어 하지 않았다.

몇 시간이 지난 후 아이는 피곤하다고 말했다. 아이는 누워서 이불을 머리 위까지 뒤집어쓰고 조용히 잠이 든 채로 세상을 떠났다. 직원들은 모두 아이의 죽음을 받아들이기 힘들어했다. 아이는 아주 사랑스러운 소년이었고, 그들은 그 아이를 오랫동안 보살펴왔다. 하지만 많은 사람이 내게 은밀하게 누군가 아이에게 거짓말을 해서 그날 집에 갈 수 없다는 사실을 알아내기 전에 죽어서 안도했다는 말을 했다.

죽음을 적이라고 생각하는 데 길들여진 병원의 의료진들은 그 아이가 실제로 심오한 차원에서 뭔가를 깨닫고 자신이 정말 그날 '집에 간다'는 것을 감지했을지 모른다는 점은 생각하지 못했다.

우리 사회는 죽음을 두려워하게끔 가르쳤지만 죽음을 바라보는 다른 방식도 있다. "죽음은 불을 끄는 것이 아니다"라고 인도의 시인이자 선지자인 라빈드라나트 타고르가 말했다. "죽음은 새벽이 왔기 때문에 램프를 끄는 것이다."

레바논의 시인이자 철학자인 칼릴 지브란은 아랍어를 구사하는 수백만 명의 사람들의 사랑을 받아왔다. 생의 마지막 20년 동안 지브란은 미국에서 살면서 영어로 시를 쓰기 시작했다. 그의 책 《예언자》에 이런 글이 나온다.

죽음이란
벌거숭이가 된 채 바람 앞에 서는 것이며
태양 속으로 녹아버리는 것이다.
숨이 멈춘다는 것은
쉴 새 없이 숨을 들이쉬고 내쉬는
고역에서 해방되는 것이며
아무런 제약 없이 언제든
신을 만날 수 있게 된다는 것이다.

강물 같은 고요 속에 있는 자만이
진실로 노래할 수 있으며
산 정상에 올라가본 사람만이
진정으로 산을 오르는 즐거움을 알 수 있듯이

대지가 육신을 다시 가져가고 나면
그대들의 영혼은 진실로 진실로
자유로이 춤추게 되리라.

자각

죽음을 의사나 환자의 실패로 보는 우리 문화의 이런 태도는 거의 모든 전통적인 문화와 배치된다. 하지만 태도는 우리 모두에게 깊숙이 스며들어 있다. 우리 문화에서 죽음을 부인하는 것이 노화에 대한 우리의 두려움과 노인에 대한 공경 부족의 근본적인 원인이 아닐까?

우리가 내일이 어느 누구에게나 약속된 게 아니라는 걸 깨닫게 된다면 우리의 삶은 어떻게 달라질까? 우리가 단지 빌려 온 시간을 살고 있으며, 일시적으로 주어진 시간을 사는 존재란 걸 이해하게 되면 우리의 삶은 어떻게 달라질까?

만약 우리가 우리 역시 언젠가는 죽는다는 것을 완전히 이해하게 된다면, 시인 매리 올리버의 질문에 대답할 수 있을까? "당신의 하나뿐인 격렬하고 소중한 삶을 어떻게 살려고 하는가?"

모든 인간의 삶에는 두 개의 아주 중요한 날이 있다는 말이 있다. 하나는 우리가 태어난 날이다. 또 하나는 우리가 왜 태어났는지 그 이유를 알아낸 날이라고 한다. 나는 그 두 번째 날을 한 번도 경험해보지 못한 사람들, 삶의 목적을 한 번도 이해하지 못한 사람들, 그래서 죽음이 와도 정말로 자신이 제대로 삶을 산 건지 모르는 사람들을 많이 알고 있다. 감리교의 주교인 제럴드 케네디는 한번은 어떤 목사가 주관했던 가장 비극적인 장례식에 대해 묘사했다.

그것은 겉으로 보기에는 결코 비극적으로 보이지 않았다. 이 장례식은 채 성숙해지기도 전에 꽃다운 나이에 저버린 젊은이의 장례식도 아니었고, 한번 살아볼 기회를 갖지 못한 갓난아기의 장례식도 아니었다. 이 장례식은 한 번도 제대로 사는 법을 배우지 못한 사람들, 죽을 때 친구도 없고, 그들에게 맡겨진 시간과 재능으로 어떤 것에도 기여하지 못한 채 죽은 사람들을 위한 장례식이었다.

마틴 루터 킹 박사도 이와 비슷한 말을 했다. "비극 중에서도 가장 큰 비극은 요절이 아니라 75세까지 살고도 한 번도 진정으로 살지 않았던 것입니다." 킹 박사는 비록 39세라는 젊은 나이에 암살됐지만 그는 인간이 겪는 경험에 대한 위대한 비밀 중 하나를 알고 있었다. 몇 살에 죽느냐 하는 것은 사실 별로 중요하지 않다. 인간의 삶의 질은 살아온 시간으로 잴 수 없다. 정말 중요한 것은 그 생에 얼마나 많은 사랑과 지혜와 용기를 주었느냐는 것이다.

청춘의 샘을 찾는 것은 영원히 사는 것을 의미하는 것이 아니다. 그것은 영혼의 아름다움이 이끄는 대로 삶을 사는 것이다. 그것은 기쁨과 생명의 샘을 찾는 것이다. 그것은 아주 완전히 삶을 살아서 정말로 당신이 제대로 살았다는 것을 아는 것이다. 그것은 정말 완전히 사랑해서 당신이 진정 사랑했다는 것을 아는 것이다.

당신이 어딘가 숨겨진 외딴곳의 이국적인 장소가 아니라 당신의 내면에서 청춘의 샘을 찾기를 바란다. 당신의 기쁨뿐 아니라 슬픔이 더 큰 마음으로 가는 문이 될 수 있기를 바란다. 무한히 깊은 삶의 신비를 통해서 길을 찾아 선하고 진실한 것의 근원으로 갈 수 있기를 빈다.

당신이 태어날 때 당신은 울음을 터뜨렸고 세상은 크게 기뻐했다. 당신이 삶을 완전하게 살아서 당신이 죽을 때 세상은 눈물을 터뜨리고 당신은 크게 기뻐하길 빈다.

할 수 있는 방법들

- 당신에게 중요한 것을 이야기하라. 설령 목소리가 떨릴지라도 당신이 보는 그대로의 진실을 말하라.
- 자주 웃어라. 울어야 할 때는 울어라. 광막한 우주 앞에서 겸손해져라.
- 변화를 찬미하라. 삶의 각각의 새로운 단계를 경험하고 즐기는 방법을 확인하는 의식을 만들어라.
- 하지와 동지와 춘분과 추분을 경축하라. 각 계절이 가져다주는 특별한 선물과 아름다움을 눈여겨보라.
- 사소한 것에서 기쁨을 찾으라. 더 많은 것이 항상 더 좋다는 잘못된 믿음에 맞서라. 겸손함이 지닌 힘에 기뻐하라. 작은 것이 아름답다는 것을 기억하라.
- 어느 정도면 충분한지 알아라. 즐거운 관계, 보람된 일, 그리고 꿈을 실현하는 데 좀 더 많은 시간을 쓰면서 좀 더 천천히 사는 것에 대한 갈망을 존중하라. 다른 사람들도 소박하게 살 수 있도록 소박하게 살아라.
- 삶을 어지럽히는 것들은 모두 주어라. 당신의 집에 필요하지 않

거나 아름답지 않은 것은 하나도 없게 하라.

- 이 세상을 밝히는 것은 당신이 매일 하는 사소하고 단순한 일이라는 것을 항상 기억하라.
- 살날이 6개월밖에 남지 않았다면 뭘 하고 싶은지 생각해보라. 향후 2년 동안 당신이 그중 얼마나 많은 일을 할 수 있는지 생각해보라.
- 당신의 삶이 어떤 단계에 있든 당신을 위한 목표를 반영하는 진술문을 만들거나 시각화를 해보라. 하루에 두 번, 아침에 잠에서 깰 때와 밤에 잠이 들 때 마음속으로 그 진술문을 읊거나 시각화를 반복해보고 당신의 목표가 현실이 될 수 있도록 상상력을 활용해보라.
- 당신이 원하는 대상이 될 수 없다는 사실 때문에 당신이 될 수 있는 대상이 돼서 그 사실을 감사하게 여길 수 있는 기회가 없어지지 않도록 하라.
- 실현 가능한 비전을 위해 당당히 나서고, 변할 수 있는 당신의 힘을 절대 과소평가하지 마라.
- 노래할 수 없다고 생각하더라도 노래하라.
- 당신의 삶에 찾아온 특권에 수치스러워하지 마라. 당신에게 주어진 재능에 수치스러워하지 마라. 우리 모두에게 좋은 쪽으로 그 특권과 재능을 써라.
- 잠을 충분히 자라. 당신의 꿈을 기억하고 그 꿈을 남들과 나눠라. 꿈을 적은 노트를 간직하라. 시간이 지나도 계속 떠오르는 이미지나 주제를 기다려라. 거기서 뭘 배울 수 있는지 보라.
- 시간을 내서 명상하거나 시를 쓰거나 일기를 써라.
- 자연에서 뭔가를 보고 겸허해지고 위로를 받아라. 경탄했을 때 그 이야기를 가족 또는 친구와 나누거나 노트에 써라.

- 당신의 삶과 건강과 이 아름다운 지구에 감사하라.
- 자연 속에서 조용히 앉아 들어라. 모든 생명을 존중하라.
- 고양이와 개와 다른 동물들을 귀여워하라. 그리고 사람들을 많이 안아줘라. 당신은 다른 사람들에게 안아달라고 말하지 못할 만큼 나이가 많은 것도 아니고, 다른 사람들을 안아주지 못할 만큼 나이가 많은 것도 아니다.
- 죽어가는 누군가의 옆에 앉아라. 그들을 위해 명상하고 기도하거나, 노래를 하고 책을 읽어줘라.
- 호스피스 자원봉사자가 돼라.
- 죽을 날이 머지않은 사람의 가족이나 그의 파트너를 도와주라. 음식을 갖다 주고, 심부름을 해주고, 집 청소를 해주고, 그 사람의 어깨를 주물러줘라.
- 당신에게 가까운 사람들에게 당신이 앓는 큰 병에 대해 말하라. 아팠을 때 얻게 되는 자신과 삶의 방식에 대한 통찰력을 존중하라.
- 심각한 건강상의 위기에 처하게 된다면 할 수 있는 한 최선의 치료를 받고, 당신의 몸뿐 아니라 마음과 정신과 영혼을 존중하고 보살필 수 있는 시간을 내라. 위기를 단순히 극복해야 할 장애로 보는 대신 삶에서 가장 중요한 것을 발견할 수 있는 기회로 삼아라. 갓난아기를 안는 것처럼 다정하고 친절하게 당신 내면의 두려움과 고통과 방치된 감정들을 껴안아라. 행복해지고 사랑받을 만한 가치가 있는 사람이 되기 위해 뭔가를 해야 하거나 자신이 아닌 다른 사람이 될 필요가 없다는 걸 기억하라.
- 사랑하는 누군가를 잃었다면 그에 대한 비탄의 감정을 적는 노트를 만들어라. 매일 자신을 탐구하고 표현할 수 있는 수단으로 당신이

겪는 모든 감정을 그 노트에 적어라. 분노가 일고 절망감에 빠진다면 그것까지 포함해서 당신이 겪는 모든 감정을 적어라.

• 당신과 동일시하는 조상이나 역사적 인물을 알아내서 그의 영혼에 헌사를 바칠 수 있는 뭔가를 하라.

• 생일처럼 죽음의 날도 경축하라. 사랑하는 사람의 기일에는 그를 기억하고 그의 영혼이 당신 속에 살아 있는 것에 경의를 표할 수 있는 방법을 만들어라. 추억을 간직한 사진, 편지, 물건들을 사용해서 그를 기억할 수 있는 제단을 만들어라.

• 당신의 죽음에 대해 일기에 적거나 친구나 가족과 이야기하라. 어떻게 죽고 싶은지에 대한 비전을 묘사하라.

• 당신이 지상을 떠나는 마지막 날 중요한 질문은 당신이 얼마나 많은 것을 가지고 있느냐가 아니라 당신이 얼마나 많은 것을 주었느냐라는 것을 기억하라. 당신이 얼마나 많이 이겼느냐가 중요한 것이 아니라 얼마나 많이 사랑했느냐가 중요하다.

• 당신의 독특함을 찬미하고, 이 지상에 당신의 재능과 당신의 눈 혹은 심장, 당신의 지문이나 꿈을 가진 사람은 없다는 것을 깨달아라.

• 자신에게 무한한 건강과 행복과 자유를 허하라.

• 감사의 언어를 잊어버리는 사람은 행복과 친해질 수 없다는 걸 기억하라.

Epilogue
감사의 글

나이 들어갈수록 나는 다른 사람들의 사랑과 지지에 내가 얼마나 많이 의존하고 있는지 깨달아간다. 한때는 내가 약해서 다른 사람들에게 의존한다고 생각한 적도 있다. 하지만 시간이 흐르면서 아주 다른 식으로 보게 됐다.

19세기 랍비인 메나햄 멘델은 이런 말을 했다. "인간은 신의 언어다." 나는 이 말이 우리의 욕구와 기도에 대한 응답으로 신이 우리에게 다른 사람들을 보내셨다고 생각한다. 친구, 연인, 가족, 이웃, 심지어는 우리의 적으로 보이는 사람들마저도 지금의 우리를 만드는 데 일조한 사람들이다.

아주 힘든 시기에 이 책을 쓸 수 있도록 옆에 있어주고 변함없는 사랑을 베풀어준 사람들에게 말로는 다 고마움을 표현할 수 없다. 그들의 도움이 없었다면 이 책은 결코 나오지 못했을 것이다.

40년간 같이 살면서 날 무한히 보살펴준 아내 데오 로빈스에게 고맙다는 말을 전하고 싶다. 내가 필요할 때는 언제나 그 자리에 있어준 아들 오션 로빈스에게도 고맙다는 말을 하고 싶다. 우리 가족이 번성하고 행복할 수 있도록 애써준 머느리 미셸 로빈스에게도 고맙다는 말을 전하고 싶다. 이 세 사람은 삶에 대한 헌신과 사랑으로 내게 끝없는 영감을 주었다. 내 삶을 이들과 공유할 수 있는 무한한 특권을 누리게 돼서 기쁘다.

날 믿어주고 성장하고 배우며, 정열을 나누고자 하는 의지를 지닌 더그 아브람스에게 고맙다는 말을 하고 싶다. 그는 나의 저작권 대리인일 뿐만 아니라 친구이며 이 책이 만들어지기까지 그의 도움을 받을 수 있어 난 무척 운이 좋았다.

그리고 다양한 저술 단계에 있는 원고를 읽고 좋은 제안을 아주 많이 해준 '거침없는 독자들' 팀인 친구들과 동료들에게 감사를 전한다. 특히 킴벌리 카터, 존 보더, 존 아스틴에게 고맙다는 말을 하고 싶다. 이들은 원고를 꼼꼼하게 읽어보고 아주 소중한 의견을 내줬다. 또한 밥 스톨, 마이클 클래퍼, 톰 버트, 패티 브레이트맨, 제프 넬슨과 사브리나 넬슨에게 내 원고에 관심을 가져주고, 통찰력과 피드백을 제공해준 점에 감사드린다. 우리 모두는 우리가 듣고 싶은 말뿐 아니라 성장하기 위해 들어야 할 필요가 있는 말까지 해주는 친구들이 필요하다. 이 책은 그들의 솔직함과 명석함이 없었더라면 아주 다른 책이 됐을 것이다.

또한 찾기도 힘들고 절판된 논문들을 나와 공유해서 큰 도움을 준 돈 위버에게도 감사하다는 말을 전하고 싶다.

이 책을 쓰고 내가 번성할 수 있게 사랑과 관심을 기울여준 또 많은 사람이 있다. 크레이그 신들러, 캐치 에거, 앤 모티프, 제시카 심코빅,

이들의 사랑은 내게 더없이 소중하다. 그리고 또 많은 사람이 있다. 여러분은 내가 누구를 말하는지 아실 것이다. 당신을 내 마음에 그리고 내 인생에 둘 수 있는 나는 축복받은 사람이다.

인간의 영혼과 상호의존과 지구 공동체 전체를 존중하는 데서 건강을 찾는 삶의 방식을 추구하는 과정에 나를 끼워준 독자 여러분에게도 감사드린다.

불빛이 밝은 방에 켜놓은 촛불 하나는 아름다운 장식이자 상징이다. 하지만 완전히 깜깜한 방에 켜놓은 촛불 하나는 그 이상의 역할을 한다. 우리는 그 촛불 덕분에 볼 수 있다. 마찬가지로 이 세상에 너무나 많은 고통과 폭력이 존재하는 이 암울한 시기에 진실과 연민을 찾아 영혼의 불을 밝혀놓는 사람들은 우리 모두에게 축복이다.

당신과 우리의 고난에 찬 세상에 사랑과 지혜를 가져온 여러분이 행한 모든 노력에 감사드린다. 좀 더 현명하고, 건강하고, 정의로운 세상을 위해 여러분이 밟은 단계들, 그리고 앞으로 밟게 될 단계들을 고맙게 생각하고 있다.

모든 사람이 굶주리지 않기를, 모든 사람이 치유되기를, 모든 사람이 사랑받기를 빈다.

옮긴이 박산호

한국 외국어대학교 인도어과와 한양대학교 영어교육학과를 졸업하고 전문 번역가로 활동하고 있다. 번역한 책으로는 《석유 종말 시계》《세계 대전 Z》《카르페 디엠》《내 인생은 로맨틱 코미디》《경영의 창조자들》《당신을 키워주는 상사는 없다》《도살장》《차일드 44》《내 안의 살인마》《솔로이스트》 등이 있다.

존 로빈스의 100세 혁명

초판 1쇄 발행일 2011년 1월 28일
초판 6쇄 발행일 2022년 9월 20일

지은이 존 로빈스
옮긴이 박산호

발행인 윤호권
사업총괄 정유한

편집 최안나 **디자인** 홍지연 **마케팅** 윤아림
발행처 ㈜시공사 **주소** 서울시 성동구 상원1길 22, 6-8층 (우편번호 04779)
대표전화 02-3486-6877 **팩스(주문)** 02-585-1755
홈페이지 www.sigongsa.com / www.sigongjunior.com

글 ⓒ 존 로빈스, 2011

이 책의 출판권은 (주)시공사에 있습니다. 저작권법에 의해
한국 내에서 보호받는 저작물이므로 무단 전재와 무단 복제를 금합니다.

ISBN 978-89-527-6086-9 13330

*시공사는 시공간을 넘는 무한한 콘텐츠 세상을 만듭니다.
*시공사는 더 나은 내일을 함께 만들 여러분의 소중한 의견을 기다립니다.
*잘못 만들어진 책은 구입하신 곳에서 바꾸어 드립니다.